デザイン・ジャーナリズム 取材と共謀 1987→2015

森山明子

美学出版

デザイン・ジャーナリズム 取材と共謀 1987→2015

序――日付のあるデザイン、日付のいらないアート

今世紀の始まりの年にワールド・トレード・センター崩落が、その十年後に東日本大震災が起こった。「9・11」「3・11」と通称される衝撃的な二つの出来事である。それに関連して筆者が書いた短い文章が手元にある。「『デザインの風　DESIGN SPIRIT OF JAPAN』における風とSPIRIT」(同展カタログ、二〇〇一年十月六日―十一月二十五日、東京藝術大学大学美術館)の末尾がその一例。開催実行委員会の末席に連なったこの展覧会は、デザイン日本の源流(室町〜江戸)、デザイン教育の原点(明治〜大正)、デザイン実践の現場(戦後)、デジタル映像の劇場(現在・近未来)と、芸大の「G」にちなむ四つの「G」をテーマとする四部構成となったのだが、準備終盤に事件が報じられた。そのため、図録掲載文の末尾を書き換えずにはいられなかったのだ。

二十世紀は人口爆発の世紀、戦争の世紀、映像の世紀と、さまざまに形容される。そうした形容の一つに「デザインの世紀」もある。いずれも科学技術が可能にした面が強い。その世紀の終わりに、超音速旅客機コンコルド墜落、攻撃型原子力潜水艦クルスク沈没が、次の始まりにワールド・トレード・センター崩落が起こり、そうした映像は瞬時に世界中に流される。世界はふたたび荒々しい相貌をみせるかのようだ。この二〇〇一年秋、どこまでも人間肯定の側に立つデザイン、それを〈源流、原点、現場、劇場〉で構成する芸大美術館にはどのような風が巻き起こるのだろうか、それとも起こらないのだろうか。

東日本大震災が起こった時には、テキスタイル・プランナーを自称する新井淳一の評伝に着手していた。一九四七年に関東・東北一円を襲ったキャサリン台風の被害のせいで大学進学を断念、その後も経営破綻や病に苦しめられた桐生の新井であった。

理事の任にあった日本デザイン振興会から求められて同会のサイト「DESIGN NEWS　評議員・理事インタビュー〈12〉」として二〇一一年十一月に掲載された一文、そして翌年に東京ミッドタウン内のデザイン・ハブにおいて同振興会ほかが企画した「信じられるデザイン」展向けに具体例と信じられる理由について問われて書いたのは、次のようなものだ。いずれのコメントにも、不屈の人・新井淳一の思考の反映がある。

そのころデザインは〝希望〟だった――『昭和のデザイン〈パイオニア編〉』(「日経デザイン」別冊、一九九五年)の黄色い帯にそう書いたことを思い起こします。一九〇五年生まれの豊口克平・岡秀行から一九二一年に米国で誕生した石元泰博まで十六人の連載小伝を、戦後五十年の一九九五年にまとめた折のことです。だれもが戦争を体験し、だれもが戦後をみつめ、その復興に役割を果たしました。

津波で流され尽くした岩手の風景を焼け跡に重ねるつもりはありません。ですが、大震災からの復興、そして減災にとって、デザインが〝希望〟となることは切に望みたい。自然と人工の両面にわたって人々の営みの〝地面〟がもろくも崩れ去った年――蒔かれぬ種は芽生えない、新しい生命は自ら種蒔く人によってのみもたらされることを再度、確認したいのです。大量生産・大量消費・大量廃棄の年月に歴史は「異常な百五十年」と断を下すだろうと書いたのは、オランダデザイン研究所所長のジョン・サッカラ氏でした。それぞれの場で、社会にとって、文明と文化にとって、デザインの底力を示す営為を探る人々がいることを〝希望〟としたいと思います。

ひとりの人間のたゆまぬ思索の結果として出現したデザイン。それが他者の共感を得、広がりを獲得して社会化される。想像力と創造力が動員されたそうしたデザインなら信じることができる。自然に醜いものはなく、歴史に残ったものに駄作はまずない。怖いのは手を抜いたテクノロジーの産物だろう。愚者は経験に学び、賢者は歴史に学ぶのだという。戦後の貧しかったころ、デザインは希望だった。わが国のパイオニアたちは―先の意味での愚者であれ賢者であれ―そう信じたにちがいない。未来は未来からやってくるわけではなく、いまを生きる人の頭と手から紡ぎだされる。信じるとは、希望の別名なのだと思う。

フォトグラファー・石元泰博の写真、テキスタイルクリエーター・新井淳一の布。シカゴのニューバウハウスで学んだ写真家・石元泰博は、みずからの眼を「デザイン的すぎる」と警戒し、「モダンの極み、モダンを超える」作品群に到達した。その石元を「日本のデザイナーに最も影響を与えた写真家」と評したのは田中一光である。桐生を砦とする布の人・新井淳一は、地場の内懐から創作を始め、「ドリーム・ウィーバー」「フューチャリスト」の称号を世界で欲しいままとする。二人の対照的な営為と作品とを、いま信じられるデザインを映す鏡としている。

それから二年、小池千枝逝去が報じられたのは二〇一四年五月末のことである。元・文化服装学院学院長、九十八歳。「シリーズ・証言」として一九八七年から雑誌連載し、『昭和のデザイン〈パイオニア編〉』に収録した小伝の十六人は、この時みな鬼籍に入ったことになる。シリーズの取材開始より三十年近く経っていたから、こうした事態は予想できた。実際に筆者が取材・執筆を担当したのは十一人、一九〇五年から一九二一年生まれのパイオニアまで、みな長命ではあったが、訃報のたびに感慨を覚えた。

同じころ、ノンフィクション作家・前間孝則の『技術者たちの敗戦』(草思社文庫、二〇一三年)を手にしていた。こちらは第一章を零戦設計チームの堀越二郎・曾根嘉年、第二章を新幹線設計で知られる島秀雄にあて、計六人の優れた技術者の半生を活写している。その「あとがき」で前間は、昭和三十年代に盛んに取りざたされた戦時下の「転向」問題で技術者が対象にされなかったことを妥当としながらも、彼等の営為の価値を解明する試みの手薄いことを嘆く。技術者の多くが「乗り遅れるな」の掛け声に従ったように、デザイナーも「バスに乗り遅れるな」とばかりにデザインを報道技研、報道工芸などと改名して時局に対応し、同じく「転向」の俎上には乗らなかった。


これらをきっかけとして本書を発刊することとした。筆者にとってライター事始めというべき記事をまとめた先の書籍は絶版となっていたし、単行本として発刊した評伝『まっしぐらの花——中川幸夫』『石元泰博——写真という思考』『新井淳一——布・万華鏡』や監修・編著書以外に、一般雑誌・PR誌・学会誌などに掲載した文章がひとまとまりあったからだ。したがって、本書はデザイン・ジャーナリズムを論ずるものではなく、その実践の記録である。

サブタイトルを「取材と共謀」としたのには理由がある。「バルテュス展」(東京都美術館ほか、二〇一四年)の関連TV番組で、この画家の「下心なくモデルと共謀してきた」との発言を聴いたためだ。デザインジャーナリストの仕事は取材と考察から成り立つが、取材の相手は人であるため、極論すれば、記事はまず対象者との共謀の結果として生まれる。この点は徹底して事実関係を追うジャーナリズム一般とはやや異なるかもしれない。取材対象者の言葉に発して、当事者の潜在意識、その作品と事象に秘められた意味を探りだすのが、ここでの「共謀」の意味である。そうした作業は、画家が目の前のモデルを見つめることに近いのではあるまいか。バルテュスはきっかけに過ぎないが、記事は造形家の素描に相当するようにも思えたのである。

パートⅠは「Design History」の基礎作業として、「日経デザイン」を初出とする先の小伝を収録した。パートⅡは発表年月日を記せずには成立しそうにない「Design Journalism」としての記事で、旧聞に属する個別の商品や企業ものは収録せず、対談録や講義録やインタビュー記事といった種々の形式を含む。パートⅢも同様であるが、「Design Culture」に関連するテーマを選んでデザイン・ミュージアム問題につなげようと意図している。

記事の対象は造形、手段はおもに言語であることから、「Design/Art/Spirits」としてまとめたのがパートⅣの「言語と視覚言語の交感」。若い世代から質問されることが少なくないアートとデザインの共通性や差異について答えたい、との気持ちもある。「戦後文化の軌跡　1945―1995」展（目黒区美術館ほか、一九九五―九六年）ではいわゆるファインアートばかりでなく新興の写真や前衛いけ花やデザインもキュレーションの対象とされた。戦後文化を形成したことにおいて、デザイナーとアーティストに違いはないのだ。

閑話休題。伊藤邦武著『物語　哲学の歴史』（中公新書、二〇一二年）は人間存在論を軸として四章からなる。魂の哲学――古代・中世、意識の哲学――近代、言語の哲学――二〇世紀、生命の哲学――二一世紀へ向けて。ヒストリーとストーリーは語源を同じくするとのことだが、魂と意識と言語につづく「生命」の哲学では身体と時間の問題がせりあがっている。この壮大な歴史にとって、アートとデザインはどう記述されるのだろうか。二十世紀を画する美意識としては、イタリア未来派のマリネッティが一九〇九年に発したスローガン「レーシング・カーはサモトラケのニケよりも美しい」、が刻まれている。それから一世紀である。

よく指摘されることだが、デザインは動詞であり名詞であることがその定義を複雑にしている。ただ、記事執筆に限って言えば、デザインとアートの違いは日付が必要か、日付なしに成り立つのかといった違いがあるというのが実感だ。扱う対象が成立した日付と条件、執筆・発表の日付の両方があるが、デザインは変転極まりない経営・技術・市場と不可分であるため、デザイナーという〈表現者〉の〈作品〉としてただちに記述するには無理があるだろう。

また、人間存在の暗部に錨を降ろすことが少なく、徹底して人間肯定の思考であるデザインは、その点でニュートラルな技術とも、否定を契機とすることの多いアートとも異なる。川端康成は夭折した古賀春江の絵について「虚無を超えた肯定である」(「末期の眼」)と記し、グラフィックデザイナー・山城隆一は「デザインに哀しみは盛れない」との名言を残した。そんな両方が、日付の有無についての実感のわけではなかろうか。

米国を代表するデザイナー、チャールズ・イームズが「デザインは芸術の一表現か」と問われての答えは、「私は目的の表現だと思う。(十分に優れたものであれば)後に芸術だと見なされるかもしれないがね」だった。一九七二年のこの回答は二〇〇〇年の日本展の図録に収録され、英国のデザインジャーナリスト・評論家であるアリス・ローソーンの近著『HELLO WORLD 「デザイン」が私たちに必要な理由』(フィルム・アート社、二〇一三年)に彼女のお気に入りの言葉として特記されている。デザインは送り手と受け手、送り手と時代との〈間〉で成立することに面白さがある。

デザイン・ジャーナリズムの世界へようこそ——そう言いたい一方で、これらささやかで極私的な試みをそう呼べるかどうか心もとなく、読者の判断を待つほかはない。

デザイン・ジャーナリズム　取材と共謀 1987→2015　目次

II［Design Journalism］時代の諸相を描出する

Ⅲ［Design Culture］デザインカルチャー断章

Ⅳ［Design/Art/Sprits］言語と視覚言語の交感

I

[Design History]昭和デザインのパイオニアたち

[グラフィック]河野鷹思…岡秀行…亀倉雄策

[プロダクト]豊口克平…真野善一

[テキスタイル/ファッション]山脇道子…小池千枝

[街づくり]浦辺鎮太郎

[舞踏/いけ花/写真]大野一雄…中川幸夫…石元泰博

[昭和デザイン史点描]パイオニア編、エポック編、プロダクト編から

山脇道子「茶道に精通していた両親の生活・調度が、
バウハウスが教える素材の性質、造形の原理、
機能的空間の審美性と通じるものがあった」

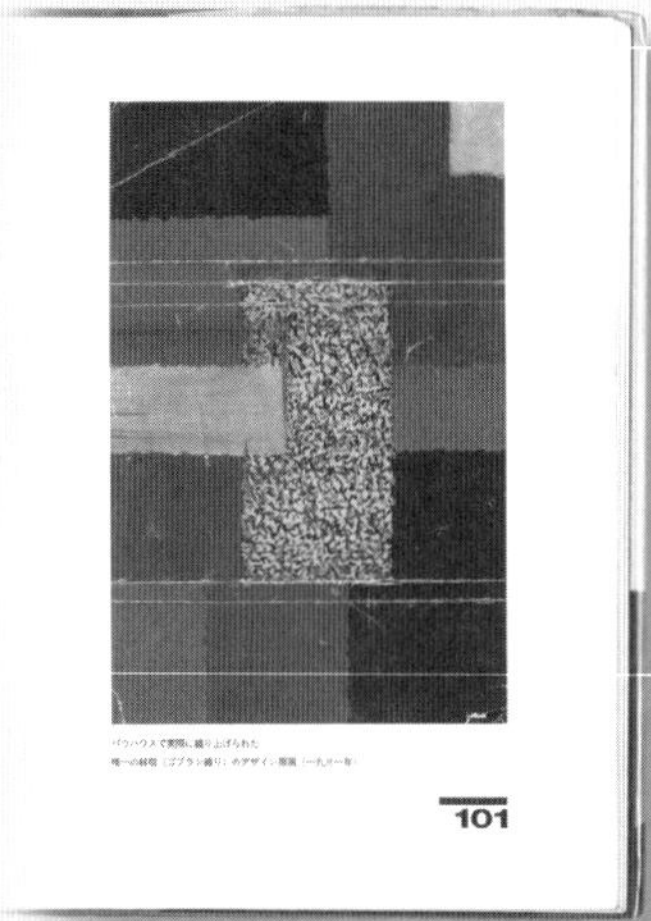

河野鷹思「私の作品のイラストは、
すべてタイポグラフィーとしてのイラストである」

小池千枝「まもなくプレタ・ポルテの時代が来る。プレタならフランスと同じスタートに立てるはず」

［**昭和**デザインのパイオニアたち］**関連略年表**

一九二八（昭三）　商工省工芸指導所開所
　型而工房結成

一九二九（昭四）　写真植字機実用機完成

一九三〇（昭五）　大原美術館開館

▲山脇道子　バウハウス留学中のテキスタイル原画（一九三一年）
出典＝『バウハウスと茶の湯』、新潮社、一九九五年

一九三三（昭八）　一九一九年開校のバウハウス閉校

一九三四（昭九）　日本工房「NIPPON」創刊

一九三五（昭一〇）　文化服装学院が「装苑」創刊

一九三六（昭一一）　日本民藝館開館

▲河野鷹思　「NIPPON」七号表紙（一九三六年）
写真提供＝武蔵野美術大学

一九三七（昭一二）　シカゴでニューバウハウス開校

一九三九（昭一四）　第二次世界大戦開戦

一九四一（昭一六）　太平洋戦争開戦・終戦は一九四五年

一九四二（昭一七）　東方社「FRONT」創刊

真野善一「遊びがあるために、
造形にある種の甘さがあり、
それが無意識に受け入れられてきたのかもしれない」

石元泰博「ニューバウハウスでは〝機能主義〟といった言葉で
バウハウスの精神が代表されることはなかった」

一九四六(昭二一) 進駐軍家族用住宅二万戸建設計画始動
東京通信工業(ソニー)創業

一九五一(昭二六) 日本宣伝美術会発足
松下電器産業に製品意匠課開設

一九五二(昭二七) 日本インダストリアルデザイナー協会発足
広島平和記念資料館竣工

一九五三(昭二八) 日本デザイン学会設立

▲小池千枝 在職中の文化服装学院で開催された
ディーオールショー(一九五三年)
写真提供=文化服装学院

▲真野善一 ラジオDX-350(一九五三年)
写真提供=パナソニック株式会社

▲石元泰博『桂 日本建築における伝統と創造』
(撮影=一九五三—五四年
初出は造型社・イエール大学、一九六〇年)
出典=中央公論社、一九七一年

一九五四(昭二九) 東宝が「ゴジラ」「七人の侍」公開

一九五五(昭三〇) 「グラフィック'55」展開催
毎日産業デザイン賞創設
「ザ・ファミリー・オブ・マン」展世界巡回開始

一九五七(昭三二) Gマーク商品選定開始

一九六〇(昭三五) 東京で世界デザイン会議

豊口克平「批判する者の中に、日本の生活様式、すなわち文化に対する偏見がある」

亀倉雄策「男性的にすべてを割り切り、いつも攻めにまわって胸のすくような仕事がしたい」

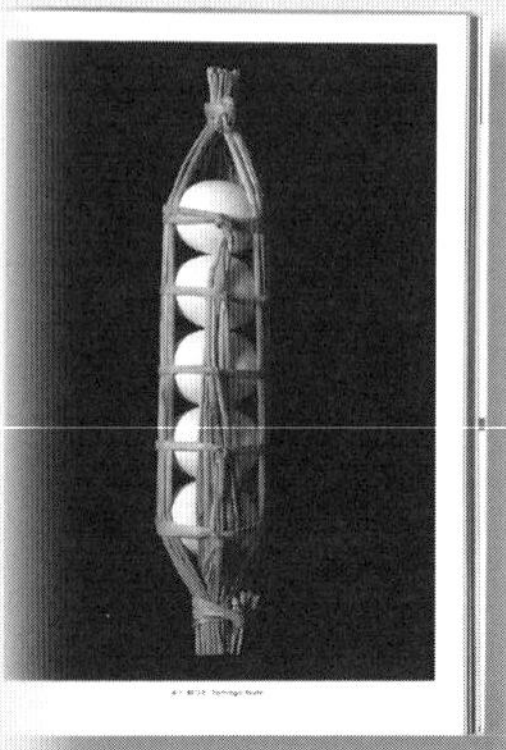

岡秀行「この機能性に富んだ包装は、現代デザインの観点からも非の打ちどころがない」

▲豊口克平「スポークチェア」(一九六三年)
写真提供＝武蔵野美術大学

▲亀倉雄策「スタート」(東京オリンピック公式ポスター、一九六二年) 写真提供＝武蔵野美術大学

一九六四(昭三九) 東京オリンピック

▲岡秀行「包む」展のシンボル「卵苞」
(初出は『日本の伝統パッケージ』、美術出版社、一九六五年)
出典＝「包む―日本の伝統パッケージ」、目黒区美術館、二〇一一年

一九六六(昭四一)「空間から環境へ」展

一九六九(昭四四) 国民総生産が世界二位となる

一九七〇(昭四五) 大阪で日本万国博覧会

一九七二(昭四七) ローマクラブが「成長の限界」発表

一九七三(昭四八) 第一次石油ショック
京都で世界インダストリアルデザイン会議

一九七五(昭五〇)「包む」海外展開始

▲大野一雄「ラ・アルヘンチーナ頌」(一九七七年)
写真＝池上直哉 写真提供＝大野一雄舞踏研究所

浦辺鎮太郎「街は保存し開発しなければ、街としての骨格を失う」

大野一雄「現実の裏に秘められている多重像を露出して表現に定着するのが想像力の力だろう」

中川幸夫「色に驚き、匂いに誘われ、フォルムに驚嘆し、かさなり合った花弁の魔力」

一九七八（昭五三）　第八回世界クラフト会議・京都
「間」展がパリ発で巡回

▲浦辺鎮太郎「倉敷市庁舎」（一九八〇年）
写真＝フォワードストローク　写真提供＝㈱浦辺設計

一九八〇（昭五五）　ロンドンで「ジャパン・スタイル展」

一九八五（昭六〇）　プラザ合意
工業製品輸出世界一
つくばで国際科学技術博覧会

一九八六（昭六一）　パリで「前衛芸術の日本 1910—1970」展

一九八九（平一）　名古屋で世界デザイン博覧会・
世界デザイン会議

一九九〇（平二）　東西ドイツ統一で冷戦終結

▲中川幸夫　上「聖なる書」（一九九三年）、
下「ぼくの昆虫記」（一九九〇年）
写真＝館健志、写真提供＝樂翠亭美術館

一九九一（平三）　バブル経済崩壊
ソ連邦消滅

河野鷹思

Takashi Kohno

視覚伝達の全領域をまたぐ天才
その「NIPPON」へのアンビバレンツ

視覚伝達には壮大な領域が広がる。演劇・映画・舞踊の〝美術〟から、スペースまで――。河野鷹思はこれらの全領域を若くして開拓、そのことで戦前・戦後のリベラルな文化人の運命を担った。〝図按《ずあん》〟は商業美術、商業デザイン、グラフィックデザインへ。その間の窮屈な昭和の風土を超えようとした河野の、「NIPPON」に抱く今日的問題意識を探る。

イラスト＝U・G・サトー（以下同）

河野鷹思はデザイン界の〝双頭の鷲《わし》〟だろうか。もしそうだすれば、この鷲の一つの頭は世俗的な成功者のそれである。もう一つの頭は、いい仕事ができることだけを求めて結局時代に棹さす、上等でシャイな職人のそれである。第一級のものを切望して欧米のモダンムーブメントに反応する一方、失われた江戸文化への傾倒も隠さない。この第一級好みと江戸っ子の含羞《がんしゅう》は、彼を時代の寵児《ちょうじ》にも文化人にも仕立てたが、デザイン運動の理論家・主導者にすることを阻んだ。

河野の中には、〝統べる者〟の原理と〝生む者〟の原理とが、微妙なバランスで同居した――。

一九八七年七月二十四日、河野は愛知県庁に辞表を提出して、愛知県立芸術大学学長の職を辞するという。四十年近く続けたデザイン教育から離れる彼は八十一歳。「デザイン中心の仕事に戻りたい」というのがその理由である。世界デザイン博のためのポスター・コレクションの交渉で英国に出かけることを計画中。また、筑波研究学園都市に共同設計の研究所が出来上がり、新作のタピストリーが事務所に届いたばかりだ。今なお現役のデザイナー、河野の手帳はレタリングのように整然と書かれたタイムスケジュールで埋められ、腕にはモダンな世界時計が光っている。

トータルデザイナー誕生

一九一五年（大正四）生まれの亀倉雄策は十代のころ、河野孝（本名）の「映画往来」の表紙に注目していた。これは河野がまだ東京美術学校（現・東京藝術大学）図按科の学生だった時の仕事である。翌年生まれのイラストレーター・大橋正は、松竹映画「髯《ひげ》と淑女」（一九三〇年）に魅せられてデザイナーになった。西條八十主宰の詩雑誌「蠟《ろう》人形」の表紙（一九三〇年―）に「絵でもない挿絵でもない」と衝撃を受けたのは、「西の早川、東の河野」とその才能を河野と並び称された一七年誕生の早川良雄*だ。河野は二十

河野鷹思（一九〇六―九九）。グラフィックデザイナー。東京神田生まれ。一九二九年に東京美術学校（現・東京芸大）卒業、松竹に入社して映画・演劇・バレエ等の舞台装置を担当、三四年より日本工房に参加し対外宣伝誌「NIPPON」のデザインを担当して傑作を生む。パリ万博日本館壁画デザインなどを担当、ジョグジャカルタ陸軍報道部長として敗戦を迎える。戦後は『商業デザイン全集』『New Japan』などを皮切りに多方面で活躍し、五七年にDESKA設立。第一回毎日産業デザイン賞受賞（五五）、英国王立芸術協会ロイヤル・デザイナー・フォー・インダストリー選出（八三）、愛知県立芸術大学学長を歴任。主著は『河野鷹思のデザイン』（五六）、『マイデザイン・河野鷹思』（八四）。

代にして、すでに時代の寵児だった。

河野鷹思は一九〇六年（明治三十九）、東京・神田に生まれた。母親はみこし造りの名匠の家の出身。河野は江戸文化をとどめる下町で、黒板塀の町並み、紺屋のやぐら、金ぴかの神輿《みこし》とで育った。「職人かたぎと納まりに対する執着は母方の血のなせる技だ」と河野。関東大震災で行方不明になった母親に代わって、美校の「規則書」を取り寄せたのは、彼が一時寄寓した母方の叔母だった。

河野の卒業制作は「活動」（映画）のポスター「ある自殺」である。一八九六年の美校図按科始まって以来の、この才気を放つモダンな「ポスター」は教授陣を驚かせた。それもそのはず、彼は在学のまま松竹宣伝部に入って、斬新な映画ポスターを次々と発表していたのだから。

ジャーナリズムにおける河野の名前を決定的にしたのは、東京日日新聞（現・毎日新聞）のユーモア小説「肥料と花」のイラストだった。これは美校卒業の翌年、一九三〇年のことである。水谷八重子、石井漠、小津安二郎、林芙美子、宇野千代らが、これ以降彼が腕をふるった新派・舞踊・映画の美術および小説のイラストの主である。「鐵人形」の表紙を竹久夢二*から引き継いだのもこの年だ。

デザイナーとしての出発のころを、河野はこう語る。「僕たちの世代はアール・ヌーヴォーやアール・デコの影響が強いと思われやすい。けれど僕が関心があったのはアーキペンコやザッキンやカンディンスキーといったモダンアート。それにハーバート・バイヤー*などバウハウス系の人々だった。また僕には小林古径のような日本画家になりたい夢も、それと矛盾せずにあった」と。

河野にはジャンルといった縦割りに対する疑問よりも、コミュニケーションにおける視覚と言語、デザインとそれを支える技術といった問題意識の方が強い。「平面だけではいやなんです」と、空間に関わるよりダイナミックでトータルなメディアを志向する。

***早川良雄**（一九一七―二〇〇九）。グラフィックデザイナー。大阪市立工芸学校工芸図案科卒、戦前は大阪の三越百貨店、戦後は近鉄百貨店などで活躍し、東京に転居。代表作は「女の顔」や「形状」のシリーズなど。

***竹久夢二**（一八八四―一九三四）。画家、グラフィックデザイナー。早稲田実業学校専攻科中退。アール・ヌーヴォー様式に影響を受けながら「夢二式美人」を確立し、多彩な分野で人気を博す。

***ハーバート・バイヤー**（一九〇〇―八五）。画家、グラフィックデザイナー、写真家。オーストリアに生まれ、ワイマールのバウハウスで学び、デッサウで同校の教官となる。アメリカに移住して多方面で活躍。

最初からグラフィックデザイナーだった河野はまた、最初のトータルデザイナーでもあった。「どうして皆そういうことをやらないいんだろう」と思いながら、視覚伝達全領域のパイオニアとなった。

一九三三年設立、日本工房の多彩な陣容

戦前の河野鷹思の代表作には日本工房発刊の雑誌である「NIPPON」のデザインが挙げられる。

一九三三年設立の出版社兼デザイン事務所「日本工房」には、戦後デザイン界を領導するほとんどすべての役者が出揃っている。主宰者は「ルポルタージュ・フォト」を日本に定着させたドイツ帰りの写真家、名取洋之助*。参加メンバーは写真家の木村伊兵衛、土門拳、デザイナーの原弘*、河野鷹思、山名文夫、亀倉雄策ほか。ブレーンとして評論家の大宅壮一、伊奈信男、長谷川如是閑、古谷綱武、哲学者の谷川徹三といった面々である。

日本工房は設立翌年に原弘らが去り、ただちに第二次日本工房を設立してグラフ誌「NIPPON」を発刊。三九年に国際報道工芸、さらに国際報道と時局に合わせて名前を変え、「CANTON」、「SHANGHAI」など中国発刊を擬装した対中国民衆宣伝誌も制作した。中国にも事務所を持ち、一時日本と合わせて七十人を擁する大所帯だった。河野夫人となる有田マコもここで働いた一人だ。

国際情勢が風雲急を告げる中で、「日本の文化・産業を正確に海外に報道することで、日本の孤立を回避し平和を維持できるように皆が思った」と、河野は「NIPPON」発行当時を振り返る。こうして三四年十月、英、仏、独、スペイン四カ国使用、四六・四倍判*の季刊誌が海外に向けて発刊された。鐘紡が出資し、丸善が発売元。定価は一円五十銭だった。

一九四四年まで三十六号出された「NIPPON」の表紙の中でも、前半の傑作とされる七号、十五

*名取洋之助(一九一〇—六二)。写真家、アートディレクター。ミュンヘン美術工芸学校卒。ドイツで契約カメラマンとして活動後、帰国して日本工房から「NIPPON」発刊。『岩波写真文庫』編集長。

*原弘(一九〇三—八六)。グラフィックデザイナー。東京府立工芸学校製版印刷科卒。タイポグラフィーと印刷を研究して東方社刊の「FRONT」のアートディレクションを担当、日本デザインセンター社長、武蔵野美術大学教授を歴任。

号、十六号、十七号などは、アートディレクション・名取洋之助、デザイン・河野鷹思のコンビによるものだ。「ドイツのハーバート・バイヤーらの雑誌〝ノイエ・リニエ〟等を参考にした」と河野は明かす。

三八年に〝少年図案家〟として日本工房に入社した亀倉雄策は、このころの河野を四十年ほど経って次のように記す。「NIPPONの表紙の中でずばぬけて優れているものは、ほとんど河野鷹思の制作になるものばかりだった。このころの河野の感覚の冴えはやはり歴史に残る鮮烈なものだった」(『日本デザイン小史』)。

「NIPPON」に対する愛着と疑問

「日本工房や国際報道がつくった雑誌は今見たっていい本です」と当事者河野が評する「NIPPON」をはじめとする対外宣伝雑誌。だがこれらの出版物に対して彼はまた、極めて本質的な疑問を投げかけるのが注目される。「人間は写真で見たのでは何事も信用しない。日本は特に活字でなければ駄目なんです。日本工房の仕事も名取が写真家であったために全部グラフィカルにやった。もしこの雑誌に弱点があったとすればこの点でしょう」と言うのだ。

この発言には、言葉と視覚言語の関係に対する河野の見解がうかがわれる。日本についてインターナショナルに発言すべきで、それには言葉の壁を超えて、グラフィカルな手段で訴えるべきだと当時は考えた。彼は現在、この思考に疑問を呈するわけだ。「私の作品のイラストは、すべてタイポグラフィーとしてのイラストである」と言う河野の、デザインの根拠がここにあるようだ。

「NIPPONは本当の文化宣伝にはならなかったでしょう。内容より書体とか紙とかの質で」、とも言う。「NIPPON」発刊は、日本の印刷技術の優秀さを海外にアピールすることも目的の一つ

*四六・四倍判。四六判の原紙サイズは788×1091ミリ。書籍ではこれを32に裁断した188×130ミリを指し、四カ国語使用、四六、四倍判とは面積にしてその四倍の376×260ミリ。

とした。そして印刷を受け持った共同印刷は、相当優れた技術を有していたと関係者の多くが語っているにもかかわらずだ。デザインの表現を支える材料や技術に対する専門家の厳しい視線が感じられる。「今、外国へ向けて日本の文化宣伝のための印刷物をつくるとしたら、日本の紙ではいやですね。裏うつりがして厚く、表と裏が全く違う」と続ける。

紙、活字、印刷の質はグラフィックデザインの基礎的条件である。日本ではいまだにタイプフェースが権利として保護されず、グラフィック全体の評価の高さに反して、この点に関しては海外からの批判も聞かれる。「ハンド・ドローイングで自分で文字を書いてみて活字の書体を選ぶように言っても、学生はバカバカしいと決してやらない」と河野は、表現に偏ったグラフィックの現状に警鐘を鳴らす。一九三五年当時、全編写植を使って『西條八十詞謡全集』を装丁し、その報酬を印税で払ってもらう契約をした河野ならではの発言でもある。この装丁の著作権も半世紀を経て、何ら進展を見せない。

アートディレクションについても言及する。「名取洋之助は本当のアートディレクターだった。デザインに理解力を示し、すごい時間をかけてディレクションした。日本にこういう人は育っているのだろうか。今はフィクサー、つまりプロデューサーがアートディレクターだと思われている」と。

これら三つの「NIPPON」を起点とする感慨は、ビジュアル・コミュニケーションが避けて通れない大きな関門だ。したがって河野のこの省察は、そのまま現在のグラフィックデザインを照射する。

ボロブドゥールで〝最期の月見〟

「NIPPON」の最終号は一九四四年九月発刊の三十六号である。新聞・出版物の言論統制を行なう内閣情報部が内閣情報局に改組されたのは同年十二月。紙の配給権を握ることで出版社を支配できた。宣伝の仕事をする者は情報局の指揮下に入るか、工場に徴用されるか、兵役かのいずれかだった時代である。報道技術研究会（四〇年）、宣伝技術家協会（四二年）もとっくに設立されていた。

河野は三七年に「オッチョコチョイで花火を見にいくように」、中外商業新報（現・日経新聞）の従軍画家として満州へ渡った。「そうした実績ができてしまって」四一年十一月に徴用。「鉄砲持つより絵筆の方がまだまし」と陸軍嘱託となって、ジャカルタで宣伝・宣撫《せんぶ》工作をやらされた。〝おまえら自由主義者は〟と、このとき軍に集められたのは阿部知二、武田麟太郎、大宅壮一など「画家と文士と写真家」で、デザイナーは大智浩*と二人だけだ。

総勢百数十人の部隊は四二年三月一日ジャワに上陸。オランダ人が退いた後の建物を公邸として使い、宣伝工作を開始する。欧米植民地支配の風景に一瞬日本人がはめこまれた。この部隊はナチスが組織していたプロパガンダ・カンパニー（宣伝中隊）を真似たもの。そして、これらの文化人を駆り出した演出家は大宅壮一*だったと、岡幹夫（毎日新聞社）は『追悼文集大宅壮一と私』で証言している。

〝自由主義者〟で〝文化人〟の河野は、ジャワでの活動を次のように語る。

「ジャワは日本の占領地だったから四十人の現地人、オランダ人、アメリカ人を使い謀略映画の舞台装置もやったし、郵便切手、日本語の教科書も作った。ソ連で使うお札でさえも。占領とはそういうことだ。ただこの期間が、私がデザイナーとして最も理想的なシステムで仕事をした時期かもしれない。軍の報道班という立場を別にすれば、アート・ディレクティングのシステム、スタッフの編成、器材と資料の整備などかなり理想的だった」と。軍はデザイナーを尊重して権限を与え、印刷設備・資金・人手とも考えられないほど潤沢だったと言うのだ。

敗戦の時、河野はジョグジャカルタの陸軍報道部長だった。八月十五日、ボロブドゥールの仏跡で

***大智浩**（一九〇八—七四）。グラフィックデザイナー。東京美術学校卒。実作者にして理論家、著書に『デザインの基礎』『デザインの色彩計画』、翻訳書にヨハネス・イッテン『色彩論』など多数。

***大宅壮一**（一九〇〇—七〇）。ジャーナリスト、ノンフィクション作家、社会評論家。東京帝国大学社会学科中退。「無思想人」を自称し全集は三十巻。大宅壮一文庫、大宅壮一ノンフィクション賞がある。

〝最期の月見の宴〟をやったところ捕えられて、〝動物同然の扱い〟を受けること約二年。多くの同僚が獄中で死亡、発狂したと言う。

総合デザインワーク全開のDESKA

河野鷹思は一九四七年七月、「復員船で〝バーバーKONO〟が大繁盛」のエピソードを携えて日本に帰ってきた。イブニングスター社の風刺雑誌「VAN」、『商業デザイン全集』、新東宝映画の美術監督が戦後最初の仕事である。次いで五〇年には毎日新聞社発行『New Japan』の美術担当編集委員に、原弘と共に参加している。「河野の天才型と原の努力型が戦後のデザイン界の二つの頂点」と書いたのは亀倉雄策であるが、「NIPPON」の河野と、「FRONT」の原が、『New Japan』で再会した。アートディレクター名が明記されたこの最初の年鑑に影響されたのが若き日の田中一光*だった。

一九五〇年代は〝デザイン・ブーム〟の時代である。表現とビジネス両面でデザイン界が活況を呈した。日本宣伝美術会（日宣美）が五一年に設立され、五四年に公募第一回展が開かれてデザイナーの登竜門となった。それに対して、大きな話題を呼んだ「グラフィック'55」展は、現実の優れた仕事を提示する目的で開催。原弘、河野鷹思、亀倉雄策、大橋正、伊藤憲治、早川良雄、山城隆一、ポール・ランドが出品した。これは「東京と関西の枠を超えてデザイナーが集まった最初の事件」（河野）となった。

五十歳を機に、河野は総合デザイン事務所「DESKA」を設立する。五七年のことだった。これは八幡製鐵の出資もあって資本金二千万円、所員三十人の隆とした大事務所だったという。ディスプレイの仕事が中心で、河野は大規模な見本市会場設計等に腕をふるった。福田繁雄、仲條正義などDESKAの出身者は少なくない。また、西武の堤清二が大智浩の後に迎えたデザイン顧問が河野で、

***田中一光**（一九三〇—二〇〇二）。グラフィックデザイナー。京都市立美術専門学校卒。産経新聞社、ライトパブリシティ勤務などを経て東京で独立。伝統と革新を両立し、「無印良品」設立にもかかわる。

六一年出店の西武・ロサンゼルス店のアートディレクションに奔走した。西武のデザイン顧問は鉄道の方が亀倉、百貨店が大智、河野、山城隆一*および田中一光ということになる。

ところで、五十歳以降の河野の活躍は国内に留まらない。欧州デザイン教育視察のための長期出張(五六年)、ミラノの家具会社ISA社との契約(五八年)、ミラノAGI(Alliance Graphic Design International)展日本代表(六一年)、ニューヨーク世界博およびパリ国際見本市の日本館の展示設計(六四年)、ポーランド国際ポスタービエンナーレ国際審査委員長(六八年)。この種の渡航歴はゆうに五十回を超えるとのことだ。

こうした経験が河野に、大阪万博の「日本館展示設計共同企業体代表」を引き受けさせた。この時の日本館は当初、河野、剣持勇、渡辺力、亀倉雄策、中村真の五人が一つずつ受け持つ五館複合が構想だった。これは万博企画者・堺屋太一に協力した建築家・高村英也の証言である。ところが、学生運動の台頭で〝国家とデザイン〟の問題が浮上し、剣持、渡辺、亀倉が降りた。そこで、河野を代表者として次世代の粟津潔、田中一光、黒川雅之らが加わったというのが真相らしい。日本のデザイン界はこの万博を一種の踏み絵として、ドラスチックな世代交代を遂げたように見える。

ユーモア、窮屈な日本……

デザイン史の一九六七年のページには、「河野鷹思のさかな展」が銘記されている。デザイナーたちには、この展覧会の明るさが新鮮だった。これらのさかなは、戦争中ジャカルタのホテルの大水槽で「戦争など、何処吹く風か」と泳いでいた熱帯魚が再生したものだ。ストレートな社会批判、人間批判をしない河野は、諷刺とユーモアを世の喜悲劇を扱う手法とする。五三年制作のポスター「庇護され

*山城隆一(一九二〇—九七)。グラフィックデザイナー。大阪での百貨店勤務時代には早川良雄と技量を競う。東京に転居して日本デザインセンター設立に参加。独立して「R」設立、猫のイラストも有名。

る弱虫・日本」などは、この種の作品の傑作との呼び声が高い。
ハーバード大学のデザイン教授、片山利弘*に河野のことを訊いた。彼は五〇年代のデザインブームを駆け抜け、六三年に日本を後にしたアーチストである。「日本のグラフィックデザインのためにレールを引いたのは原弘、勝見勝*、亀倉雄策、杉浦康平*でしょう」と彼は答えた。この四人には理論家、運動の主導者的側面が十分に備わっている。
「河野鷹思はレールを引く領土をできるだけ獲得し、レールなしで走れた見事な列車」との結論を得た。日本工房で共にデザイナーだった山名文夫は、「彼は昔から一匹狼であり、意表をつくアイデアと素晴らしい作品をぶっつけておいては韜晦《とうかい》した」と記し、高村英也は「境界意識の解体者」と呼ぶ。
八三年に英国王立芸術家協会のRoyal Designer for Industryの会員に推薦されて渡英した時、河野は次のように挨拶した。「多くの職人たちが長い間築きあげた江戸の造形、色彩感覚を私もいささか受け継いでいるのでしょうか。新しいデザインがすべて欧米風であるという傾向の中で、私は一人の日本人デザイナーとしてこのまま仕事を続けて行くことでありましょう」。
戦後しばらくして河野が演劇や映画からやや遠ざかった事を、この世界の仁義やルーズさが河野の都会的合理主義にマッチしないためだ、と友人は評した。河野は今、伝統を否定せず職人を信じ、トータルな視覚伝達の専門家を育てる国、日本を望む。河野鷹思はその名にふさわしい。広い領野を開拓する強い力と、デザインに対する省察を今も失わない双頭の鷲だった。彼が生きた時代の、領域を超えることに非寛容なデザイン界も、思想について生硬に右・左を問う日本の風土も、河野鷹思にとってはいささか窮屈なものだったに違いない。

（一九八七年）

***片山利弘**（一九二八―二〇一三）。グラフィックデザイナー、アーティスト。大阪に生まれ、スイス、米国など国際的に活躍。ハーバード大学視覚芸術センターで長年教育とデザインに当たる。

***勝見勝**（一九〇九―八三）。アートディレクター、デザイン評論家。東京帝国大学文学部修了。「グラフィックデザイン」の終身編集長で、東京オリンピックのデザインを指揮するなど功績大。『勝見勝著作集』五巻がある。

***杉浦康平**（一九三二―）。グラフィックデザイナー。東京藝術大学建築科卒。ウルム造形大学客員教授をつとめた後、アジアの図像研究を展開。雑誌、書籍、ダイヤグラム等に新風をもたらす。

岡 秀行

Hideyuki Oka

暮らしのドキュメント残す炯眼《けいがん》の士 その卵を包むこころ

失われつつあることで鮮やかさを増すものがある。例えば日本の伝統パッケージ、卵のツトやささらあめ。それらを発見したのはデザイナーの岡秀行だが、熱狂的に支持したのは海外の人々である。岡のキラキラ光る炯眼は、時間と距離を超えて、包む原点を、百年前の日本を、鮮やかに今に提示する。時代の変わり目にドキュメントの威力は底知れない。

海外で開催されて最も支持された日本の展覧会とそのキュレーターは?・こういう質問に出合ったら、「包む・日本の伝統パッケージ、岡秀行」、と答えなければ正解ではない。

この展覧会は一九七五年、ニューヨークのジャパン・ハウス・ギャラリーを皮切りに、二十八カ国、九十九回の展示を重ね、各地で美術館の入場者数を塗り替える〝おばけ企画〟だ。七九年のオーストラリア展からは国際交流基金がサポート。同基金でこの展示を担当する岡真理子は語る。「間違いなく、基金始まって以来のベストラー企画です。欧米でも中南米でも、人々のいろんな興味を満たすことができる。消えゆくものを、危ない所でつなぎとめた岡さんの眼の独創性が光っています」。

展示されるのは、日本各地の酒瓶、鮨桶、お香、菓子折りなど三百点ほどで、失われつつあるこの国の包む作法が息づくものばかりだ。

素材は杉、和紙、絣、陶器など、いずれも生活の身近にあったもの。包まれるものも北海道から九州までのその地の食品が多い。デザインとしては、生活の知恵というべき庶民の手技と、老舗の職人が工夫をこらした洗練を示す系列とに大別できる。

アンモナイトと卵苞

例えば、曲物桶に鮎の押し鮨を漬けこんだ奈良県下市町の釣瓶《つるべ》鮨は、「格調高く一分のすきもない」(岡)。これは老舗の手になる。だが、桶にするヒノキの値上がりと、野生の鮎の激減はこの技の存続を脅かす。秋田県の稲庭《いなにわ》うどんは、秋田杉の乱伐により、手割りの杉を使った箱は姿を消した。

そうした包みの中で最も注目を浴びたのが「卵苞《つと》」だ。山形は最上川の上流、赤湯温泉付近の農婦の手になるものと聞いて岡が入手したのが一九六〇年ころという。これは典型的な生活の知恵の系列

岡　秀行(一九〇五―九五)。グラフィックデザイナー。福岡県に生まれ、一九二四年に上京して図案家・門屋秀雄に師事。三五年にオカ・スタジオ開設。日本宣伝美術会の創立事務所をスタジオに置き(五〇)、二年後に東京商業美術家協会委員長に就任する。「日本の伝統パッケージ展」(六四)開催、続いて同名の書籍および『包　TSUTSUMU』を発刊。七五年のニューヨーク展を皮切りに世界各国で「TSUTSUMU」展および書籍が話題となる。日本デザイナー学院学院長就任(七六)、『モースの見た日本』を装幀(八八)。八八年、没後の二〇一一年と二度、目黒区美術館で包む展が開催される。

にある。「ワラの直線が交差して、卵のまろやかさを際立たせる」、「強くしなやかなワラの質を生かし、われやすい卵を巧みに包む。この機能性に富んだ包装は、現代デザインの観点からも非の打ちどころがない」(岡)。

ところが、数年を経て再び問い合わせても見当たらず、岡自身が最上川をさかのぼり、ワラ細工師の石川清治に再現してもらったものが、本に収録され、展示のために海を渡る。

バウハウスの巨匠たちがその理念の原基として発見したのはアンモナイト。半世紀を経たポストモダンの時代に、彼らの後継者たちが驚きをもって迎えたのがこの卵苞だ。アンモナイトは自然の造化の産物だが、この苞の作者は「世紀を時間の単位とするような一つの社会である」(ジョージ・ネルソン)。

米国デザイン界の重鎮、ジョージ・ネルソン*は、これら「数々のパッケージをつくり出した人々は、思うに創造神と同じことを思い、同じことを行ったのであろう」と感嘆する。彼にとって卵苞はアンモナイトと同じ水準にある。ネルソンは折り目正しく、多様な包みに「ほとんど鬼気迫る思い」、「だれも、パッケージをこんなふうに取り扱うことはない——日本人でなければ」、と記した。

*ジョージ・ネルソン(一九〇八—八六)。米国の建築家、ライター、デザイナー、教育者。ハーマンミラー社のデザインディレクター、米国デザインの立役者として広範に活動。二〇一四年目黒区美術館で回顧展開催。

職人デザイナーの発掘・糾合

岡秀行七十歳の時に初めて米国で開催された「包む・日本の伝統パッケージ展」。だが、それまでの岡の歩みは、この企画に結びつく必然性を感じさせる。

岡は一九〇五年(明治三十八)、福岡県の生まれである。関東大震災の直後に上京し、図案家、門屋秀雄に師事。図案の仕事を始め、写真撮影と併せて「オカ・スタジオ」を銀座の熊谷ビルに開設したのは一九三五年(昭和十)だった。

戦後、事務所は発展し、パイオニアとして岡はデザインの職能団体づくりに努力を重ねる。まず一九五〇年に日本宣伝美術会*（日宣美）の設立に関与、「日宣美は熊谷ビルでうまれた」との発言はこのことを指す。しかし一九五一年発足の日宣美は企業内デザイナーが主だったため、ただちにフリーの、図案家と呼ばれる人たちを糾合《きゅうごう》する必要に駆られ、翌年には東京商業美術家協会を設立して委員長に選出された。

「一体どれくらいの〝図案社〟があるか分からなくてね。図案家と呼ばれる人たちを捜し出して、その職能と生活を守る運動を起こそうとした。集まったのは百三十八人。職人蔑視の風潮があったが、会ってみるとみな腕は確かな人ばかり」。これが岡の第一の発見、発掘の出来事だった。一九六二年には地方十七団体の三百二十六人を束ねて全国商業美術家連盟を結成、理事長に就任である。

伝統パッケージを発見して出版

もともと民家や民具に興味のあった岡は大事務所主宰のかたわら、ライカ片手に日本のあちこちを旅行した。日本の風土に根差す素朴なパッケージにも惹かれ、自然にその収集を始めていた。そんな折に、ニューヨーク近代美術館で開かれる国際パッケージ展に日本の伝統的なパッケージの出品を依頼されたのがそもそもの始まりだったという。これは一九六〇年ころのことだ。

一九六四年には、全国商業美術家連盟の第一回展として「日本伝統パッケージ展」を提案する。当時、グラフィックデザインの花形は、新聞広告、ポスターで、パッケージは地味な分野だった。日宣美に対抗して全商美でもポスター展をやろう、という会員の反対を押し切って、岡は伝統パッケージ展を日本橋白木屋（現・日本橋東急ビル）で開催した。

***日本宣伝美術会**（一九五一―七〇）。広告、グラフィック関連の専門家による団体で通称「日宣美」。資生堂や多摩美術大学で活躍した山名文夫を初代委員長として結成、日宣美展はデザイナーの登竜門となるが、日宣美粉砕共闘の行動をきっかけに「自壊」する。

「モダニズムの全盛期で、日本的なものは亀倉雄策的に言えば〝貧乏臭い〟と無視されてましたね」と岡は言う。これが彼の第二の発見である。この展覧会に来た作家の安藤鶴夫は「ものを包むことは心を包むこと」との名言を残した。会員の協力もあって集められた数百点の収集品を前に、それらが散逸し、再び入手できなくなることを危惧《きぐ》した岡は、写真集にまとめるべく一年を費やした。それが海外での出版、展覧会の元となった『日本の伝統パッケージ』(美術出版社、一九六五年)一巻である。

出版は成功。詩人の草野心平*は岡の呑み友達だが、「いいんだよね、この本」と時々電話をくれるのが何より嬉しかったとの思い出を岡は語る。この本はフランクフルトのブックフェアに出品され、二年後にウエザヒル出版社(東京)から英語版が、スイスの出版社が独・仏と、三カ国語で出版された。題名は『HOW TO WRAP 5 EGGS』——五つの卵を包む方法。石川清治の手になる卵苞が表紙になり、ネルソンが感動的な序文「一つの時代の記念碑」を寄せたのがこの英語版だ。

ビジネス力学の変化で思わぬ倒産

ニューヨークのジャパン・ソサエティーのキュレーター、マリエル・セマール夫人もこの本に注目したひとりで、一九七三年に展覧会招聘《しょうへい》のために来日している。岡は新宿第二安田ビルに開設していたオカ・スタジオのアネックスを使い、ニューヨーク展のための準備に没頭した。

岡を知る者にとってオカ・スタジオの倒産は記憶に生々しい。所員六十人、デザイン史上最大の倒産と言えるようだ。一九七四年、七十歳を目前にして米国での「TSUTSUMU」展を用意していた岡は一枚の手形が落ちないことを引き金に、持てるものすべてを失った。二つの事務所、中野の自宅、那須の山荘、書籍、各国の民芸品コレクション。そして、人々とのきずな。空襲で焼け出されて以来の

*草野心平(一九〇三—八八)。詩人。中国の嶺南大学で学ぶ。「銅鑼」を創刊、「歴程」同人。擬声語を駆使した作風で知られ、詩集に『第百階級』『蛙』『富士山』など。

丸裸だ。

「広告代理店の支配が強まり、スタジオを拡大して総合化しなければ対抗できなかった。そこに無理がきた」。オカ・スタジオはいち早く写真家、コピーライター、デザイナーをそろえ総合スタジオ化していたため、運営の経費はかさむ。経営は年下の血縁の者に委ねて弱体、社長の岡はライフワークの包む展に没頭。スタジオワークは近代化しながら、マネジメントは立ち後れた。大阪万博後じわじわと体制を強化する大資本に対抗できなかった——関係者の話を総合すると、これが倒産の原因だったようだ。

展覧会はつぶされるという風評に脅かされながら岡がニューヨークに旅立ったのは、中野の知人宅からであった。

生活ドキュメントの威力

「日本の包装工芸品には、山川草木の中にも魂が宿ると考える神道や、仏教の思想が根をおろしている」。一九七五年、二カ月間のジャパン・ハウス・ギャラリーの展示に、ニューヨーク・タイムズはこう論評した。

「巨大文明の下で窒息しかかっているアメリカ人だから共感したのだろう。包装は生活様式の上に成り立つものだから、失われていくのもまた当然だ。それが僕らの生きている時代だとすれば…」。岡が展示に託すものは、最初は創造性を刺激するためだったが、やがてドキュメントを残すこと自体に比重が移っていく。一九八八年十月に目黒区美術館が展覧会を催し、出品物がそこに保存されることを彼が喜ぶのはそのためだ。

物が消費されると同時に捨てられるパッケージは、民芸の名にも値せずに無視されてきた。岡は「民藝運動とは全然別の興味」と言い、国際交流基金の長年の担当者だった柄博子はコメントする。「その言葉は岡さんの自信の表れでしょう。民芸よりももっと成立しにくいものを自身の美意識だけで展覧会として成立させてきたのですから」と。

ドキュメントはビジネスの処方箋《しょほうせん》ではない。ネルソンはそのことを、「現代社会を改変するための具体的な手引きと考えるべきではない」とした。ところが、卵苞はいま、違った作られ方と目論見でデパートの歳暮のリストに加えられ、石川県の巻鰤《まきぶり》は、真空パックの技術により観光みやげとして再生しているという。

一九四五年生まれの映画監督、押切隆生は、「自然を使い切る」伝統パッケージに打たれて、七八年に独力で記録映画「包」を制作した。この映画もビデオとなって、TSUTSUMU展と共に各国を回った。一九八〇年、英国での「ジャパン・スタイル展」に、卵苞は出品された。七九年の「日本と日本人—矛盾の統合」をテーマとするアスペン国際デザイン会議にも展示され、その議論に影響を与えたはずだ。ドキュメントの威力には底知れないものがある。

第三の発見「百年前の日本」

さて、岡秀行が発見した第三のものは「百年前の日本」である。ボストン郊外の「セイラム・ピーボディー博物館」にモース・コレクションと呼ばれる三万点の日本民具が収蔵されていることは、最近まで一般には知られてはいなかった。エドワード・モース*——シャミセン貝を求めて一八七七年（明治十）から三度日本に来た動物学者。わが国の日常生活を研究してそれらの品々を持ち帰り、後にピーボ

***エドワード・モース**（一八三八—一九二五）。米国の動物学者、ピーボディー博物館名誉会長。三度日本に滞在し、大森貝塚を発見、教授を務めた東京帝国大学に一万二千冊の蔵書を遺贈する。勲二等瑞宝章受章。

ディー博物館の館長を務めた人だ。
米国招待の折に岡はここを訪れ、それを聞いた押切隆生が「包む」の世界の延長をそこに見た。押切、小学館、民族学博物館へと輪は広がり、一九八三年に写真集『百年前の日本』が、八八年に研究書『モースと日本』および写真集『モースの見た日本』(いずれも小学館)が発刊された。百年前のすり減った下駄や森鴎外がモースに贈ったかつお節が、そのまま保存されていたことで研究に付されたのだ。さらに、映画「包」の脚本を書いた詩人、長谷川龍生*の尽力で、八九年早々に西武百貨店でのモース展開催が予定されているという。

〝包む〟とは〝慎ましい〟と語源を同じくすると岡は言う。〝包む〟に魅せられた彼のデザイナー生活は、華やかな名声とも勲章とも無縁で、いかにも慎ましい。「カネ、カネ、カネのむごい時代」に憤り、「きれいなだけでインパクトに乏しい」と、今のグラフィックデザイン界を厭う声はそう多くの人に届くわけではないかもしれない。

だが、目新しさと強さを旨とした近代が疑わしい時、岡の炯眼はドキュメントが一つの英知であることを示して余りある。低いものとされていた職人を、日本の包む作法を、百年前の日本の暮らしを、だれよりも早くその手で掬《すく》ったのは彼だった。元祖〝路上探偵団〟のようであることで、近代を検証する裸眼を時代にもたらす。

岡秀行の部屋に集められた、アフリカやアジアやアメリカの、仮面も雑器も書物も、ところを得て安らいで見える。それらはまるで、藁の苞に包まれて輝く卵の表情をしているではないか。(一九八八年)

***長谷川龍生**(一九二八―)。詩人。処女詩集は『パウロウの鶴』、『詩的生活』『バルバラの夏』『立眠』などがあり、「シュールドキュメンタリズム」を標榜。詩誌編集長、コピーライターとしても活躍。

亀倉雄策

インターデザインの雄 その直言滑走する戦後史

Yusaku Kamekura

『離陸 着陸』とは、亀倉雄策の著書の題名である。社会から離陸し社会に着地するデザインワークをよく示す。もう一冊、『曲線と直線の宇宙』の方は、右手にコンパス、左手に定規の、抽象デザインの開拓者・亀倉そのものだ。そのコンパスと定規は今、妙なる音楽を奏でる楽器に変貌している。スキーを好むデザイン界の巨人が直滑降で滑り終えた昭和史。そこには、七つの先駆けと三つの〝事件〟があった。

アメリカ軍が駐留して三日目の東京駅。朝もやの中に亀倉雄策は濃いブルーの小さな箱を見つけた。カービン銃を持った米兵が捨てた携帯食糧のパッケージらしい。抽象的なデザインに、文字がきれいにレイアウトしてある。びっくりして拾い上げ、しばらく呆然。失われていた大切なものを発見した喜びをかみしめていた。これは亀倉の世代から、デザイナー志望だった若者まで共通の戦後風景だろう。三十歳の亀倉はこの時、「近代産業が求めているデザインは西洋的な感覚だ」と思い定めて、グラフィックデザイン界に確かなレールを敷いていった。

「闘いにかけた勝負師」を自認

これによく似た「焼け跡のラッキーストライク」は敗戦直後の語り草だ。
それに次いでは、五〇年代山城隆一の「デザインに哀しみは盛れない」と、七〇年代の「リッチでないのにリッチな世界などわかりません」が時代を象徴して胸に刺さる。哀しみはポエジーの別名。広告に対して批評的な態度を維持しながら、不安定な美しさを求めた山城の信条を表していた。これらはデザインが商業的に認知されつつあったころの名言だ。二つ目は七三年に世を去ったCFディレクターの遺書の冒頭である。こちらはオリンピックと万博に沸いた日本の高度成長の底の浅さを思わせて、しばらく語り継がれた。

亀倉雄策の人と仕事に、これら二つのフレーズほど似合わないものはない。哀しみは喜びに変え、豊かさは獲得するのが亀倉流だ。彼はオリンピックをはじめとして、常に国家の大イベントのマークや公式ポスター制作に名をはせてきた。

同世代の早川良雄は「亀倉は太陽だね、つらいね」とよく冗談まじりにひやかすという。「〝時代の子〟

亀倉雄策（一九一五—九七）。グラフィックデザイナー。新潟県に生まれ、一九二四年に東京転居。三三年、共同広告事務所で「少年図案家」として活動を始め、三八年に日本工房に入社、同社が改名した国際報道工芸の美術部長を務める。五一年日本宣伝美術会設立に参加、七八年の日本グラフィックデザイナー協会設立で会長となるなど、デザイン界を牽引。日本デザインセンター専務の後、亀倉デザイン室開設。代表作は東京オリンピックの連作ポスター、ICSID'73シンボルマークなどで、勲三等瑞宝章（八五）ほか受賞歴多数。主著は四カ国発刊の『世界のトレードマークとシンボル』、『亀倉雄策のデザイン』。

として、この国のグラフィックデザイン史の原点に位置したことと、あわせて、まるで任侠道の親分衆のような姿勢を崩さない」（早川）在りようが、太陽のイメージを周囲に与える。

古くさい、野暮ったい、貧乏臭いが亀倉の三つの敵だった。戦前の図案の世界に、コンパスと定規で立ち向かって以来、これはまったく変わらない。「男性的にすべてを割り切り、いつも攻めにまわって胸のすくような仕事がしたい」というのが彼の念願だった。そんな自分を「闘いにかけた勝負師」と形容する。勝負師であるからには、いつも時代に先駆け、コンペには勝利しなければ気が済まない。数えあげれば亀倉には七つの大罪ならぬ七つの先駆けがある。それがそのままデザインの戦後史になるとすれば、勇者たる由縁であろう。

第一の先駆けは、年月は定かではないがネオンサインのデザインだ。一九五四年以前、東京・八重洲口は大同毛織のミリオンテックが亀倉による日本初のものという。「ピカソの光で描いたデッサンがあるでしょう。あの影響だね」と言うとおり、ネオン管の線がきれいに走ったことを伊藤憲治*は覚えていた。ディスプレイとネオンサインがデザインの対象になったのはこの頃からだ。

五三年に中央公論画廊と神奈川県立近代美術館（通称・鎌倉近美）で「グラフィック・デザイン」と銘打つ個展を開いたのが二つ目の一番乗り。鎌倉近美の推薦文は旧知の瀧口修造*が書き、〝デザインは離陸し着陸しなければならない〟と、アートとの違いを表現した。五六年にはシカゴ・タイポグラフィック・アート協会で日本人初の個展も開かれた。

この名称を用いて亀倉は、日本橋高島屋で「グラフィック'55」展を組織する。原弘、河野鷹思、ポール・ランドら八人の作品は実際に印刷され使われたポスターばかり。五一年の設立に亀倉も参画し、新人登竜門となる日宣美（日本宣伝美術会）展が依頼主のない原画展だったのとは対照的だ。現実と提案、

***伊藤憲治**（一九一五—二〇〇一）。グラフィックデザイナー。東京高等工芸学校（現・千葉大学工学部）卒。作品にはキヤノンのロゴマーク、和光のショーウィンドー、NECのネオン塔などがあり、著書は『伊藤憲治・デザインの華麗多彩』。

***瀧口修造**（一九〇三—七九）。詩人、美術評論家。慶応義塾大学文学部卒。詩作、脱ジャンルの運動体「実験工房」主宰、美術・デザインの評論等で活躍し、『コレクション瀧口修造』十三巻別巻一がある。

確かさと新しさの両方に指導力を発揮するのは、複眼のバランス感覚による。デザイン運動を推進できたのはこうした態度あってこそだ。

これらが亀倉の三つの先駆けだ。だが、戦後デザインに果した彼の真価は何より、抽象デザインの確立であり、世界のマークの集成だろう。

光に出合った厳しい抽象

亀倉の抽象志向は、十代で見たカッサンドル*であり、バウハウス叢書に源をもつ。さらに、東京駅で拾ったパッケージのショックで、日本的なものを逃れようとした。五六年に渡米し、「空間というものに対する感度は、日本のデザインでは遠く及ばぬ」と嘆いたこともこれに拍車をかける。

五八年にニューヨークでスピーチした「伝統について」。六〇年世界デザイン会議での講演「KATACHI」。伝統とその遺産であるカタチはどれほど魅力的であっても、合理性と機能で洗い出して組み立て直す必要がある。亀倉はいずれのスピーチでも、一度近代を経ない限り現代社会では生き残れないことを強調した。これが彼のインターナショナルな立脚点だ。各国の形の伝統を讃えることと、それだけを温存せよというのでは意味が違う。

一九五〇年代、抽象は絵画ばかりかデザインでも流行児となっていた。安易で曖昧《あいまい》な抽象に亀倉は反発する。単化図案による抽象はもとの残像により受け手に説得力を持つに過ぎないと戒めた。「厳しい抽象は残像をもってはならない」。しかも、受け手とコミュニケートする必要がある。

日本光学の一連の仕事がこの問いへの答えだ。五七年、文字だけで構成した「ニコンSP」は「レイアウトの基本はタイポグラフィー」を実践したもの。二点のポスターは「抽象パターンを合目的にした

*カッサンドル（アドルフ・ムーロン・カッサンドル、一九〇一—六八）。フランス人、近代ポスターデザインの第一人者。アール・デコ様式の「ノルマンディー」「北方急行列車」を代表作に、世界的な影響力をもつ。

最初の写真、亀倉的パターンの結集」だという。「精密機械のクールで精巧なメカニズム、さらには写真という光と影の造形的ドラマが、かれのデザイン意欲をなにより刺激したのだろう」（小川正隆）。亀倉の企業ポスターの傑作がニコンでありヤマギワであることは疑う余地がない。デザインの純粋抽象は、光をモチーフにしたリズムと空間によって正確なメッセージとなる事ができた。これが「ICSID'73」のオプティカルなポスターにつながる。

そして『世界のトレードマーク』（五九年）、『世界のトレードマークとシンボル』（六五年）。亀倉編のこれらには、「形態の単純化という結晶作用の限界」がある。亀倉デザインの真骨頂はマークにあると多くの評者が結論づける。夥しいドキュメントをまとめながら、年月が経ってもマーク自体は進歩しないことを彼は悟った。企業存続の条件からみればこれは当然のこと。不易を求めて単純化の限界まで行かなければならない。

一九七〇年が分水嶺のインターデザイン

マークを通してみると、デザインと企業、社会の関係がよく見えるのだろうか。六〇年代、亀倉の先駆性の六番目と七番目は日本デザインセンター設立と東京オリンピックのデザインシステムに表れている。

五九年設立の日本デザインセンター*は、大企業八社とデザイナー三人の同額出資で発足した。技術革新の時代にあって、「日本の財界の巨頭とデザイン界の理想的結合」を画したもの。五七年に八幡製鐵の出資もあって資本金二千万で出発した河野鷹思のＤＥＳＫＡを上回る規模だ。また、原弘、山城隆一という大物を引き込んだ点が河野のやり方と異なる。ここからは、田中一光、永井一正、横

***日本デザインセンター**（一九五九年設立）。出資企業は現在のアサヒビール、旭化成、新日鉄住金、東芝、トヨタ自動車、ニコン、ＪＦＥスチール、野村證券の八社、デザイナーは亀倉雄策、原弘、山城隆一。以後、多くの人材を結集。

尾忠則など次代のスターが輩出した。しかし二年後には専務取締役を辞しフリーに戻る。企業経営と作家性の問題にぶつかったからだ。これが第一の事件。「自分の耕しがいのある土地を探して」、センター在職中にコンペを制したオリンピックに向かっていった亀倉だった。

ニコンのポスター、「デザイン」誌の表紙、オリンピックのシンボルマークとポスターが亀倉前半生の主要な三つの仕事だ。これ以降、彼は商品広告を一切やらず、教職に就くことなく、公共、文化、CIのフィールドに仕事を限定している。

オリンピックのマークに指名コンペ方式を提案したのは亀倉だ。アートディレクターにデザイン評論家の勝見勝を推薦したのもそうだという。勝見の指揮の元で田中一光、杉浦康平らの協力でできあがった国際ピクトグラム（絵文字）は、各国の国際イベントに引き継がれた。「僕がオリンピックで打ち立てた最大の貢献は、デザイナーを建築家と対等の水平線に押し上げたことだと思っているんだ」と、勝見は七九年に発言している。日本デザインコミッティー、世界デザイン会議などを通じて亀倉が追い求めたインターデザインのテーマがここにもある。

六四年のニューヨーク博日本館の建築は前川國男で予算三億円。ディスプレイは亀倉で予算百五十万円。ところが七〇年の大阪万博では、「建築に三億かければディスプレイに二億かけるようになった」という。デザインの社会的な位置の変質はどうやら七〇年が分水嶺らしい。ただ亀倉はNY博の空しさから大阪万博のディスプレイからは降りている。

戦時下、二十代の様式発言

亀倉のまとめによれば、世界のデザインの主導権は五〇年代の米国からイタリア、北欧、再びイタリアに戻る。五〇年代に定着した日本のグラフィックには抽象、写真、イラスト、ヘタウマの流行があった。その間、チャンピオンは山城隆一、田中一光、杉浦康平、粟津潔、永井一正、宇野亜喜良、横尾忠則と変わったという。八〇年代はコピーライターと日比野克彦、サイトウマコトだろう。「ここまで来ちゃうと一種の爛熟期でね、何をやっても刺激がないわけよ。ヘタウマだって、もうダメだからね。となると、もう原点に帰るしかないわけだよ」と、亀倉は八三年に木村恒久を相手に言っている。

「原点に帰る」と言って、亀倉は木村と、一九〇一年生まれのカッサンドルの話を始めた。このデザイナーこそ、十四歳の亀倉が作品を見てデザインを志した人だった。一九一五年（大正四）、新潟県生まれの亀倉は、小学校にあがってすぐに地主だった家が没落して家族で東京・武蔵境に引っ越してきた。青年時代の交友は広かった。まず日大二中時代に出会ったイタリア文学者・三浦逸雄とその仲間。三五年に学んだ川喜田煉七郎*主宰の新建築工芸学院の先輩、桑沢洋子*など。三八年に土門拳の紹介で入った日本工房の名取洋之助、河野鷹思。のちに勅使河原蒼風*、土門拳*で「三兄弟」、丹下健三*、岡本太郎*で「三つ巴の三人」と呼ばれる巨人好みの人間関係がここで培われた。

敗戦までの仕事は、日本工房が中心だ。海外向けPR誌「NIPPON」で名取にオリジナリティーをたたきこまれ、河野の天才的な冴えを見た。名取、河野が従軍し、四〇年には改名後の国際報道工芸の美術部長だ。各種のアジア向け宣撫《せんぶ》工作媒体のアートディレクションが役目である。企画力のあった彼は、陸軍報道部、内閣情報局相手に自分の意見を押し通し、アイデアも提供したという。

そのためか戦争に行っていない。「海軍に召集されたが、十日後に陸軍報道部がもらい下げにきた。表向きの理由は肺病。陸軍のインド向け謀略戦の機密を扱っていたから」だ。『戦争と宣伝技術者』（ダ

***川喜田煉七郎**（一九〇二―七五）。建築家。東京高等工業学校建築科卒。ウクライナの大劇場国際設計コンペの四席入賞で注目され、雑誌「建築工芸アイシーオール」創刊、新建築工芸学院で人材を輩出する。

***桑沢洋子**（一九一〇―七七）。ファッションデザイナー、桑沢デザイン研究所創設者。女子美術専門学校師範科卒、新建築工芸学院で学ぶ。働く女性のための服づくりとともに、バウハウス流のデザイン教育を推進。

***勅使河原蒼風**（一九〇〇―七九）。いけばな草月流創始者。「いけばなは生きている彫刻」との論をもち型を超えた自由な作風で、いけばなを世界に発信。欧米では「花のピカソ」と称される。

***土門拳**（一九〇九―九〇）。写真家。日本工房刊の「NIPPON」に参加、「FRONT」の木村伊兵衛とライバル視される。戦後はリアリズム写真の代表者となり、『ヒロシマ』『古寺巡礼』といった傑作を残す。

ヴィッド社、一九七八年)に、当時の亀倉の言葉が載っている。「〝様式〟の美しさは絶対である。〝様式〟は純粋である。この〝様式〟を誰が国家指導者と協力して実際化するか。〝様式〟の美しさ、本質を一般化し得るか。この協力こそは国家の線にそった団体のなすべき宿命的任務であり条件である」。『戦争のグラフィズム』の著者・多川精一はこれを「亀倉流の美学の展開」ととらえる。花森安治*、新井静一郎、今泉武治、原弘など戦中の各宣伝組織の中心人物の中で亀倉は最も若い。戦時下でもフル回転のデザインワークは、戦場体験者の屈曲から戦後、亀倉を隔てたのかもしれない。二十代の様式発言にはそう思わせるものがある。

『曲線と直線の宇宙』の果ての妙なる室内楽

「ポスターはデザイナーの郷愁である」。これが変化の分水嶺である七〇年を経た名言だろう。宣伝の主体が雑誌、テレビ、ダイレクトメールなどに移ったことを亀倉自身が七四年に言い放って時代を感じさせた。これに対して彼が採った方法は二つあったようだ。グラフィックを超える仕事と、郷愁としての作業を追い続ける行為である。

前者はリクルート銀座ビルの基本構想であり、安比高原開発のディレクションに表れている。取締役であるこのリクルートとのかかわりは亀倉をややネガティブな時代の子とした。だが彼は、渦中の銀座ビルに亀倉雄策デザイン研究室を移転してひるむところを見せない。

八五年にNTTのロゴマークが模倣事件に巻き込まれて以来、二度目のダメージではあったろう。これを第二、第三の事件としておこう。「亀倉の中には、よい意味でも、わるい意味でも、一種の政治力にそだち得る、組織力と実行力と、義理人情にこだわるウェットな性情とがある」と看破したのは、

***丹下健三**(一九一三—二〇〇五)。建築家、都市計画家。東京帝国大学建築科大学院修了、工学博士。同大で多彩な人材を育成。広島記念公園、代々木第一体育館などの国家プロジェクトに参画、「世界のタンゲ」と称される。

***岡本太郎**(一九一一—九六)。画家、造形作家。東京美術学校を中退して渡仏しピカソらと交友して油絵を制作。モダニズムを批判し『縄文文化論』発刊、大坂万博会場の「太陽の塔」が衝撃を与える。

***花森安治**(一九一一—七八)。アートディレクター、「暮しの手帖」発行人。東京帝国大学美学科卒。大政翼賛会宣伝部で活動、戦後は「スタイルブック」「暮しの手帖」創刊。著書は『一戔五厘の旗』。

一九六一年の勝見勝であった。

ところが八〇年代、〝郷愁〟のポスターの方は驚くべき洗練を見せだした。「誇り高いソリスト」（永井一正）として君臨した後、時には残酷に、時には甘やかに、高雅な室内楽を奏するに至る。八一年の「UCLA」のポスターのモチーフは紋章、八三年の「ヒロシマ・アピールズ」はイラストによる蝶または蛾、八八年の「JAPAN」は集積回路。これらは反復されてリズムと空間を感じさせる名品である。責任編集に当たる「クリエイション」誌は、亀倉好みの作品ばかりを並べ、彼の蝶類図鑑のようだ。アンドレ・マルローの「空想の美術館」のデザイン版かもしれない。

ところで、亀倉の巧みな話術には定評がある。各種のパーティー会場で誰もがその〝直言飛行〟を待ち構えている。話の術は相手を七分殺して三分救うといった態のものだ。例えば——。

「作風はまるで冷たくて、ユーモアもなければ機知もない。味もそっけもないというものだ。第一不器用である。不器用だから長持ちしたと評した人もいるくらいだからね」。「ただね、近ごろの作品には気品がある。力に頼らなくなったんだ。若い日に引き出しの奥にしまったサティ*のウィットやコクトー*のエスプリが、やっと効いてきたようだ。作家だね。今も毎朝の仕事始めに十分の一サイズのスケッチを欠かさないもん」。

前半は亀倉がかつて自分について書いたもののコラージュ、後半は架空のスピーチである。亀倉の右手に握られたコンパスと左手の定規は、半世紀を経て、妙なる音楽を奏でる楽器に変貌している。音楽こそ、その抽象度の高さの故に近代が芸術の最高位においた形式であった。

（一九九〇年）

＊サティ（エリック・サティ、一八六六—一九二五）。フランスの作曲家。ピアノ曲「3つのジムノペディ」、ダダを先取りする音楽喜劇、バレエ音楽など多数。「家具の音楽」という思想は次代に影響を与える。

＊コクトー（ジャン・コクトー、一八八九—一九六三）。フランスの作家。小説「山師トマ」、戯曲「オルフェ」はじめ映画の脚本、詩、評論、絵画など多方面で活躍。ピカソ、サティとも交流。

Katsuhei Toyoguchi

豊口克平

半世紀を貫いた生活デザイナーの姿勢
その〝片肺飛行〟

日本のプロダクトデザインの先駆けである豊口克平は、昭和初期から型而工房と商工省工芸指導所に深く関わった。

だが、欧米のモダンデザイン運動の影響下にあったとはいえ、目指したのは日本人の新たな生活そのものだった。

代用品研究、進駐軍家族用住宅家具・什器の製作を経て、戦後のインダストリアルデザインを開拓。

無欲で清廉《せいれん》、今日のデザインを準備する役割に徹した。

一九八七年四月十四日、豊口克平は五通の手紙を型而工房の同人宛に送った——。

国際交流基金からパリのポンピドー・センターから慫慂《しょうよう》を受けて、一九八六年十二月から八七年三月まで開かれる〝前衛芸術の日本〟展*に型而工房の作品を出品して欲しい旨申し出がありました。これは型而工房最後のアピールのチャンスであろうと事を進めさせていただきました。型而工房の椅子が前衛かどうか、少なくとも私たちは芸術運動として動いたつもりはありませんが、キュレーターはそう認めたようです。いまだに型而工房の名と製品が日本の造形史の記憶に残っている証左ということになります。

ただ、考えてみると時代とはいえ、〝まことにささやかな造形の歴史の一こま〟のように思えて気恥ずかしくなります。展覧会は好評だったとのことです。しかし純粋美術が主で、他部門はそれほどでもなかったと思われます。機会あって同人の伊藤幾次郎氏、松本政雄氏に出品の了解は得ておりますが、種々の理由で同人各位に報告がおくれましたこと御勘弁願います。

謙虚な筆致の陰に、今なお脈々と波打つ自負心を感じさせる文面である。型而工房は一九二八年（昭和三）に発足し、わが国プロダクトデザイン史の黎明《れいめい》を画した。その当事者、豊口の八七年時点での心境を、この文面ほど能弁に物語るものはない。

椅子に生活の規範原型を探って

前衛展に出品された型而工房の椅子（三四年）も「スポークチェア」（六二年）も、また〝徹夜椅子〟、〝あぐ

豊口克平（一九〇五—九一）。プロダクトデザイナー。秋田県に生まれ、一九二八年に東京高等工芸学校を卒業し百貨店ほていやの店装部に所属、同年に蔵田周忠主宰の型而工房（二八—四〇）設立に参加する。三三年に仙台の商工省工芸指導所に就職し、家具の規範原型、代用品、航空機の木製化の研究を続け、四五年に東京本所工作部長に就任。戦後は剣持勇らと進駐軍家族用住宅家具の開発を指揮し、五九年に豊口デザイン研究所開設。製品デザイン、インテリア、ディスプレイ等の分野で活動し、武蔵野美術大学教授となる。七六年に勲三等瑞宝章を授与される。八七年に『型而工房から　豊口克平とデザインの半世紀』発刊。

***前衛芸術の日本**（一九八六）。パリのポンピドー・センターで開催された「前衛芸術の日本　1910—1970」展のこと。純粋美術、建築、工芸、デザインと七百点超の展示物による大規模展。「具体」や「もの派」が注目される。

ら椅子〟、そして〝トヨさんの椅子〟と呼ばれる小椅子（五五年）も、座の高さ四十センチを限度としてデザインされた日本人のための椅子という点で軌を一にする。小椅子はあぐらをかくこともでき、スポークチェアは二人掛けもできる。〝あぐらをかける椅子〟などフランス人に評価されるはずもないし、前衛と呼ぶのもふさわしくないだろう。

だが、工業デザイナーの秋岡芳夫*などのように、〝トヨさんの椅子〟に出会って三十年、付き合い始めて二十数年間これを愛用し続ける人もいる。

自宅の居間で、まさにその椅子に腰を掛けて、豊口自身こう解説する。「これは座面三十七センチで、畳の部屋で素足で座る、外国にはない椅子なんだ。畳に座った人と椅子に掛けている人が気を使わずに話し合えるような、休息の姿勢をどんな風にでも変えられる椅子だ」と。

型而工房の椅子は畳の上で使うことを前提に畳擦りを設けて座面の高さが三十三センチ。当時の椅子が座面四十六センチもあったのとは対照的だ。

代表作と世評の高いスポークチェアは、座面が豊口の椅子の中でも最も低い三十センチで、座面の広さが際立っている。この二つの椅子には肘掛けがなく、休息姿勢を自由自在に変えられる。「狭い住居に多種類の椅子を置かずに済む」（豊口）との配慮が込められている。

小椅子もスポークチェアも天童木工の製造である。戦前、爆薬箱を作っていた天童木工は、一九六一年に「第一回天童木工家具デザインコンクール」を開催するなど、進取の気風にあふれる家具会社である。翌年には小菅家具も「第一回ファーニチャー・デザイン・コンペ」を開催。この時期、民間企業のデザイン導入が盛んになっていた。しかしデザイン料といえば建築費に含まれるか接待費として落とされるかのいずれかで、秋岡によれば、デザイン料として現金がまともに支払われるようにな

*秋岡芳夫（一九二〇―九七）。工業デザイナー。東京高等工芸学校木材工芸科卒。工業デザイン会社KAK設立を経て、消費者と地域に寄り添うグループモノ・モノ、モノ・モノを設立。二〇一一年に目黒区美術館で回顧展開催、著書多数。

るのは昭和四十年代に入ってからのことだという。産業界がデザインを認知し始めるまでには、型而工房発足以来、およそ四十年を要したわけだ。

その間、豊口の身の回りにはいくつかの転換点があった。だが、豊口のデザイン思想には終始一貫したものがある。たとえば椅子を生活に取り入れることで生活の改善・合理化を図ろうとする。しかしそれは、必ずしも西欧的生活様式を意味しないことである。「豊口さんの和風はライフスタイルとしての和風である。フロアライフ志向を先取りしていた」と秋岡が評するものなのだ。

こうした豊口の姿勢が最もよく表現され、そのために世情に物議をかもしたのは六七年のモントリオール万国博日本館のディスプレイだった。

日本的生活様式を求める戦い

この時の日本館はＪＥＴＲＯ（日本貿易振興会）の指揮の下に、建築家・芦原義信*が全体設計を、豊口克平がディスプレイを担当した。

最近でこそ、「モントリオール博の日本館の展示は三部構成からなり、第二部〈伝統と調和〉のスペースは、オーディオ製品などの機器を取り込みながら、伝統的な座生活を主体として空間の新たな姿を提示して見せたものとして、海外向けのディスプレイとして以上に、日本の住まいのインテリアにもたらした影響と海外の評価は大きいものがあった」（「ＳＤ」一九八六年五月号）と評価される。

しかし、当時の反響は全く異なるものだった。政府関係者、広告代理店の要人、女優らの著名人が〝国辱〟とでも言わんばかりの批判文をこぞって新聞・雑誌に掲載した。「それらの批判は惨酷を極めた。種々の制約で不備な点はあったにせよ、批判する者の中に日本の生活様式、すなわち文化に対する偏

＊**芦原義信**（一九一八―二〇〇三）。建築家。ハーバード大学で修士号。ソニービル、東京芸術劇場等を代表作に、著書『街並みの美学』で都市景観の重要性を訴え、影響力を発揮する。

見がある」と述べる豊口は、苦渋の色を隠さない。

この時、豊口は六十二歳。前年一九六六年には生涯の師である型而工房主宰者の蔵田周忠《ちかただ》*が死去し、もう一人の師である工芸指導所の国井喜太郎がこの六七年に他界している。「個人的には昭和二十四年から二十七年にかけて肋骨七本を切除した肺結核の治療入院、仕事の上ではモントリオール博でこうむった批判。私にとってはこの二つが、最も打撃の大きい出来事だった」と述懐する。

そのモントリオール博以降、団体等の要職を引き受けてはいるものの、実際のデザイン活動からは一歩身を引くことになる。当時、豊口デザイン研究所に在ったデザイナーの坂本和正は、「この仕事を機に豊口先生は、ある種見事な枯れ方を見せたような気がする」と振り返る。

こうした豊口の生き方は、戦前の工芸指導所、戦後の産業工芸試験所を共に歩んだ僚友、剣持勇*と対照的だ。剣持は豊口より四年早く独立して剣持デザイン研究所を設立。以来、「仕事の鬼」(豊口)となって常にひのき舞台で旺盛《おうせい》なデザイン活動を展開した。だが、自ら手掛けた京王プラザホテルオープンの七一年六月四日の前日、自死する。豊口は「稀代の勇者」と、この早すぎる死を悼んだ。

剣持の自死の理由には諸説あるが、剣持にとっても豊口にとっても、ある種過酷な〝デザインの時代〟であったのかもしれない。デザインがデザイナー個人というより、資本を背景とする集団の産物へと化すことが日本万国博覧会(大阪万博)で明らかになった時、剣持は作家的デザイナーとしての〝表現〟を目指し、豊口はデザイナーは作家と生活者を併せもつとの〝良識〟で自己を律したように見える。

型而工房から始まる

豊口は一九〇五年(明治三十八)に秋田に生まれ、日露戦争の勝利を記念して平和克復(克平=かっへい)

*蔵田周忠(一八九五―一九六六)。建築家。早稲田大学建築科選択修了。分離派建築会に参加、東京高等工芸で指導に当たる。一九二八年に教え子を中心として型而工房結成。東京藝術大学教授。

*剣持勇(一九一二―七一)。インテリアデザイナー。東京高等工芸木材科卒、商工省工芸指導所に入所して『規格家具』刊行。戦後、ジャパニーズモダンの提唱者となり、旺盛な活動を展開。大著『剣持勇の世界』がある。

と命名された。その活動は、東京高等工芸学校卒業後、研究同人「型而工房」と政府機関におけるプロダクトおよびインテリアの研究と実践、戦後のインダストリアルデザイン、ディスプレイと多岐にわたる。では、その起点となった型而工房とはいかなるものであったのか。

一九二七年頃、東京高等工芸学校に講師として招かれた三十歳の若き建築家・蔵田周忠が住む渋谷・代官山の同潤会アパートの一室に集まる建築・デザインを学ぶ若者の集団があった。「当時、分離派《セセッション》を生んだウィーンが日本の関係者に羨望のまなざしで学ばれ語られる中で、蔵田周忠は一九一九年に設立されたバウハウスの理念を語る高等工芸ただ一人の教官だった」と豊口は語る。

この集団が一九二八年に結成したのが型而工房なのだ。蔵田を主宰者に、豊口ほか洋家具の老舗や会社に勤める技術サラリーマンなど八人がいた。メンバーの交替はあったが、活動は十年ほど継続した。

会の命名について豊口は、「型而工房の名称は蔵田周忠が提案し、我々は何となく気に入って決めたような気がする。形而上学の〝形〟を、より絞り込んで〝型〟とし、プロトタイプ、規範原型、量産、様式に通ずるニュアンスを持たせ、ウィーン工房*から〝工房〟をいただいて命名したものだと思う」とする。結成時のパンフレットには、「型而工房ハ室内工芸ヲ中心トシテ出来得ルダケ大量ニ、質実ニ、尚市場ノ生産ヲ目標トスルモノデス」と目標が記されている。

工房の実験研究・調査は、リポートを意味するエスペラント語の「ラポルト」(1 パイプ家具、2 椅子、3 生活実態調査)にまとめられ、各種の標準家具が設計・試作に移された。それらは新宿紀伊国屋でのデザインの講習会や映画会、婦人之友社、婦人公論の協力による展示会と誌上頒布へと展開していった。展示会、頒布、執筆といった取り組み方と考え方は、現代にも十分適用する有効性を持つだろう。

***ウィーン工房**(一九〇三—三二)。ヨーゼフ・ホフマンとコロマン・モーザーがウィーンに開設した総合的な工房。幾何学的モチーフを多様した高度で美的な製品を世に出し、「ストックレー邸」が著名。

工芸指導所でタウトに出会う

関東大震災、世界経済恐慌、満州事変と続く時代だけに、形而上学とウィーン工房に由来する名称を掲げた型而工房の高い精神のあり様は一層際立つ。しかもバウハウス等の運動の精神を学ぶだけでなく、現実の日本の生活改善に結びつけようとしたところに工房の活動の特質がある。

豊口は三三年に国井喜太郎*所長の招きで商工省工芸指導所に入所してから型而工房が終焉を迎える四〇年まで、工房と指導所の活動を昼夜兼行で続けた。指導所入所の年、ドイツの建築家ブルーノ・タウト*が短期間ながら同所の嘱託となり、豊口は剣持とともに彼の教えに共感することとなった。工芸指導所の活動には、「新しき材料と構成と機能と経済と造形の討究」として、剣持らと取り組んだ椅子の「規範原型」の研究があった。この時、宮城県鳴子温泉で雪の上に座って「雪型」による椅子の支持面の実験」が行なわれたことを、「人間工学的原初的研究」と豊口自身は呼んでいる。こうした成果は、剣持らとまとめた「椅子の規範原型の研究リポート」、豊口の「椅子の人間工学的アプローチ」に詳しい。以後の椅子の座・背もたれの位置、傾斜、湾曲、形状はこの時の詳細な調査・研究から導かれたものなのだ。

「タウト夫妻は私どもの同潤会のアパートを見学に来ました」と、豊口夫人の富美子はタウトとの親交ぶりを懐かしむ。豊口によれば「日本の安直な近代化を考え直す根拠と機会を与えられ」た出会いだった。この当時の感動は、三六年の著作「新興工芸の形式」に横溢《おういつ》している。「新しき大衆の生活工芸の形式は機械の駆使による、機械の持つ特殊性によって生産される形式を持たねばならないのだ」、「不活発な日本髪と和服の中に封建的無意味な日本趣味を讃美しながら生活にあえいでいる民衆の生

＊国井喜太郎（一八八三―一九六七）。工芸指導所初代所長。東京高等工芸学校工業図案科選科修了。富山県立の工芸学校教諭と工業試験場長を兼務した後、工芸指導所の所長。「工芸狂」を自認し、産業工芸の政策手法を確立。

＊ブルーノ・タウト（一八八〇―一九三八）。ドイツ人建築家。独自の色彩と宇宙感の作品を作り、ベルリン芸術大学教授。一九三三年に来日して工芸指導所、大倉陶苑、群馬県でデザインの指導と開発に当たる。

活を悲しむ」といった調子だ。

「封建的な日本的生活を打破する」企ては、まず実生活において実践された。最初の就職先である百貨店「ほていや」の同僚であった富美子と結婚早々、彼女に対して断髪、兵児《へこ》帯、普段着は洋服という「生活デザイン教育」(富美子)を励行したことがそれだ。

「考現学」で知られる今和次郎*や豊口の調査によれば、銀座を歩く女性の三パーセントしか断髪・洋服でなかった時代である。「はじめて女性を同等に応対してくれた」と夫人が言う豊口は、デザインの実践と生活とを分けることがなかった。彼にとってデザインは、本質的に「生活デザイン」を意味した。それがどんなに貧しい日本の生活であったとしても、そこから遊離することはなかった。

戦中・戦後の辛酸で片肺に

戦時色が濃くなると、多くの美術家、建築家、デザイナーが職能と地位に応じて、それぞれに戦争にかかわるようになった。豊口は代用品と航空機木製化の研究に従事する。

一九三八年に工芸指導所は輸出工芸振興から一部代用品の研究試作に転換させられ、輸入中心の金属・ゴム等に代える竹といった木材、陶磁、柿渋塗料、水産皮革などの国産材が研究された。こうした作業が戦時下の木製飛行機やその部品の研究、さらには戦後の天童木工の成形合板家具などにつながることになった。

一九四〇年に仙台から東京・巣鴨に移された工芸指導所東京本所では剣持勇、小杉二郎、金子徳次郎、松本文郎らが、そして関西支所では豊口とスタッフが航空機の操縦席、ガソリンタンク、操縦桿《かん》、尾翼などの設計研究に取り組んだ。これは木製の試作機による飛行テストまで進んだが、最後は〝おと

***今和次郎**(一八八八―一九七三)。建築家、社会学者。東京美術学校図案科卒、早稲田大学建築科教授。『日本の民家』、「モデルノロヂオ(考現学)」などフィールドワークに徹した研究を展開する。

り飛行機〟の設計で幕を閉じることになった。その間、剣持勇は軍需管理官として「その指導峻烈《しゅんれつ》を極めた」という。こう語る豊口自身も同じ官職にあった。

そして終戦――。

今度は豊口に、進駐軍家族用住宅家具の設計が委託された。四六年のことで、金子徳次郎、秋岡芳夫もこの作業に加わっている。米軍のクルーゼ少佐（後に大佐）検認の下に、設計品種は約三十種に上り、生産は全国数百の工場に分けて実施された。

この経験を豊口は「工芸ニュース」（四六年十月号）に書いた。「従来、我が国内では見られなかった整然かつ統一のある近代的なものとする事ができた事は担当者のわれわれとして、喜ばしくあり、何かしら新しい工芸的な仕事の復活を自覚することができた」と。しかし彼はこう書いた理由を明らかにする。「当時のアメリカ家具の水準は決して高いものではなかったが、この報告書に対するGHQの検閲は厳しかったから」。

こうした激務の疲れから肺結核が悪化し、入院したのが四九年である。五二年にようやく退院したものの、成功率二〇パーセントという大手術の末の復帰となった。「この痩身、肋骨七本切除しての片肺飛行」とは、歌人でもある夫人が『夫婦50年』（一九八一年）の中で、豊口に贈った言葉だ。

常に足元を見つめる生き方を脚下照顧という。一九七六年、豊口は勲三等瑞宝章を授与される。だが慣行を破り、ただ一人平服のまま授与式に臨んだ。豊口克平の生活デザイナーとしての面目躍如たる場面である。

（一九八七年）

真野善一

Yoshikazu Mano

松下を支えた造形の匠 その戦後に贈った風の記憶

真野善一は**一九五一年**から**四半世紀間**、**企業内デザイナー**のパイオニアとして**松下電器**を支えた。**最初に手がけた製品は扇風機**。以降、〝家電の代名詞〟**松下**は、電化製品の普及により日本の生活風景を一変させ、それと**反比例するように**、**風景のなかから鳥は姿を消した**。**真野が造形教育のモチーフに選んだのがこの鳥たち**。**戦後に贈った風の人**、**真野善一**の静かな戦いを掘り起こす。

『松下のかたち』という出版物がある。一九八〇年に上梓されたB4判変型、百六十ページ総アート紙のこのデザイン社史は、五一年をデザイン元年ととらえ、以降七八年までの同社のデザイン展開を詳細にたどっている。
松下幸之助、松下正治、山下俊彦の巻頭言に対し、元意匠センター長・真野善一の言葉は巻末にそっと記されている。「この本を繰ってゆくときの心のゆらめきを、他の人にもれなく伝えることは難しいことである」と。この真野こそ、一九五一年に松下幸之助*に招かれ、企業内に日本で最初の製品デザイン部門を創り上げたその人だ。松下電器を舞台に四半世紀、真野は膨大な製品群を生み、日本の戦後の生活文化の変化は常にそれらとパラレルに語られる運命にあった。
五一年から七七年までの真野の業績に対して、松下電器産業は『松下のかたち』一巻を贈ったとしか思えない発刊のタイミングだった。松下の重役に列することはなかったが、真野は精緻なドキュメントを残したことで、誰よりも長く、松下電器産業と日本のインダストリアルデザイン史の記憶にとどめられるだろう。

ローウィのマヤ段階と水道哲学

「MAYA段階」という衝撃帯があるという。フランス軍大尉レイモンド・ローウィ*が、アメリカに渡って発見したものだ。ラッキー・ストライク、ペンシルベニア鉄道などのデザインで知られるローウィは、百四十社ものコンサルタントを務めるうちに、消費者の中に潜む〝新しいものの魅惑と未知のものに対する怖れ〟との臨界点を、Most Advanced, Yet Acceptable（先進的だがまだ受け入れられる）、略してMAYA段階と名付けた。

真野善一（一九一六―二〇〇三）。インダストリアルデザイナー。神奈川県生まれ、東京高等工芸学校を卒業し商工省陶磁器試験所に入所。軍隊生活ののち、香蘭工芸勤務、東京工芸専門学校・千葉大学工業意匠学科で指導に当たり、一九五一年に松下電器に入社して宣伝部製品意匠課長となる。五六年に中央研究所意匠部部長となり、翌年に真野と意匠部の活動が毎日産業デザイン賞を受賞。六四年より鳥による造形訓練を開始し、七四年に『木のとり―発想と造形―』を発刊。七七年に退社して同社客員、武蔵野美術大学教授、二年後に日本インダストリアルデザイナー協会理事長となる。

***松下幸之助**（一八九四―一九八九）。現・パナソニック創業者。ソケット製造から出発した松下電器産業を巨大企業に育てた「経営の神様」。広告と製品デザインに注目するのが早く、晩年は「松下政経塾」を立ち上げて政治家を育成する。

ローウィの著書『口紅から機関車まで』が米国で発刊されたのが一九五一年。松下幸之助が米国視察から帰国した羽田空港で「これからはデザインの時代だ」と叫んだと伝わる有名なエピソードがこの年である。松下電器産業は八八年現在、グループ企業八十数社、従業員十二万人、総売上高は四兆三千億円とGNPの一・三パーセントを担うまでに巨大化した。この松下がデザインの基本に採用したのが、ほかならぬローウィのMAYA段階だった。真野の仕事は、このMAYA段階を徐々に押し上げることだった。幸之助の「水道哲学」に照らせば、「あらゆる階層の、あらゆる傾向の、あらゆる地域の人たちに、すぐ理解され、すぐ使ってもらえるデザインでなければならない」。

発足したてのデザイン部門の責任者として、真野は製品づくりと併せて、デザインを理解させる啓蒙者の役割も担うことになった。ローウィの〝MAYA＝マヤ〟が、ゴヤ*の〝MAJA＝マヤ〟に転ずるのはこの時である。ゴヤには有名な絵画、「裸のマヤ」と「着衣のマヤ」とがある。

黒板に描く裸のマヤと着衣のマヤ

最初、黒板に女性のヌードが描かれる。これは「裸のマヤ」。背後にいる何百人かの聴衆がアレッと緊張するのを真野善一は気配で感じる。おもむろに衣服が描きこまれ、装身具さえほどこされて、ひとまずスケッチは終る。「着衣のマヤ」である。

「あなたがたは、今の女の人の裸にお化粧をし、着物を着せることがデザインであると思っているのではないでしょうか」。真野は短いコメントだけで再び黒板に向かう。次に描かれるのは受胎の瞬間の小さな点、胎児、赤ん坊、少女、成人した女性。受胎の瞬間は製品の発想・企画の段階で、着衣は表面仕上げのスタイリングを示している。デザインはその最後の段階だけを指すのではないと真野

*レイモンド・ローウィ（一八九三―一九八六）。フランス生まれ、米国で活躍したデザイナー。流線型デザインの代表者で百四十社ものデザインコンサルタントを務め、日本の煙草「ピース」のパッケージを担当。

*ゴヤ（フランシスコ・デ・ゴヤ、一七四六―一八二八）。スペインの画家。同じく宮廷画家のベラスケスと並ぶ同国最大の画家と讃えられる。「着衣のマヤ」「裸のマヤ」は病で聴力を失った後半生の作品。

は言いたかったのだ。企業の経営者や技術者、営業関係者を前に、新聞社などの依頼で真野が繰り返しこの講義をやったのはもう三十年前のことになる。「効果的だったと思うよ、意表を突いていたからね」。

幸之助から「松下電器のなかに製品デザイン部門を確立できる優秀なデザイン指導者を探すよう」命じられた竹岡リョウ一（当時・本社宣伝部長）は、千葉大学工業意匠学科の専任講師になったばかりの真野に目をつけた。幸之助は真野に会い、さっそく自ら千葉大学学長に手紙をしたためた。真野も「デザインの現場にいて、数知れず製品を生んでいくのは魅力的だ」と、転職を決意した。

ところが、松下で任された製品意匠課はまず宣伝部に属し、課員はわずか二人。着任早々でトランクを床に置く間もなく竹岡部長がやって来て、「待ってました、すぐに扇風機のデザインをやってくれませんか」と言う。出来上がったのが扇風機20Ｂ１だった。その直前に出された扇風機30Ａ型と比べると、造形の違いは歴然である。それまでの形は、設計部がほとんど決め、キャビネットなどの仕上げは宣伝部に相談する程度だったらしい。そのころのエピソードには信じられないような話が多い。例えば、照明器具の設計者が東京で売られていた学童用の蛍光灯スタンドを持って来て、〝箱根を越す前に〝対抗商品を出したいと言う。発売日から逆算するとデザインの時間はゼロ。「すみませんけど、今、目の前でスケッチを描いてくれませんか」。これでは徹夜がしばしばでも不思議ではない。

創生期のデザインワーク

昭和三十年代の松下のデザインワークを石川弘（千葉大学教授）は次のように説明する。「真野さんは遅めに出社すると部下に口頭でテーマを指示し、翌朝ポスターカラーによるＢ全判ケント紙のレンダリングが壁に並べて張られてね。全員で討議して当選者が図面に起こす。真野さんが当選することが多かったな」。真野のデザイナーとしての職人芸について、異論を唱える人はいない。石川は、「当時はアメリカ製品の改変も多かったけど、真野さんはいつも真野流の日本的なテイストを出していた。アイデアを形にまとめる能力は抜群」と言い、豊口協*（東京造形大学長）は、「スタッフのスケッチに自ら幅広のはけで一筆加えると、美しいステンレスの帯が、ケント紙に幻想のように浮かび上がっている」と思い起こす。豊口が〝プロに徹することを教わった〟のがこの真野だった。

真野のデザイン力を証明するものに、一九五四年に第二回工業デザインコンペ特選となったナショナルラジオＤＸ-３５０がある。日本建築の桟、金色の飾り金具などを生かした独自のデザインだ。これは今日でも、「詩音を放つ機械」（羽原肅郎）と讃えられている。

しかし真野のマネジメントについては、疑問視する声も聞かれる。部下に対して放任主義で、しばしば社内の会議をすっぽかしたというのだ。デザイン部門の位置づけ、デザインポリシー策定、社内デザイン教育について、真野はなすところが少なかったのだろうか。

組織の中のゆっくりとした戦い

製品意匠課はまず宣伝部に所属、三年後に中央研究所に移され、一九五六年には意匠部となった。真野はこの意匠部に、ドリーム・デザイン部門、中央研究所直属デザイナー、事業部配属デザイナーの三つの課を設け、早くもデザインセンター設立を構想していた。翌年、意匠部の活動が毎日産業デザイン賞を受賞し、〝デザインの松下〟を印象づける。七三年には本社機構の一員として意匠センターが出発し、真野はもちろん初代センター長となった。「このころ、日本製品はやっと欧米と肩を並べ

*豊口協（一九三三―）。インダストリアルデザイナー、教育者。豊口克平を父とし、千葉大学工学部工業意匠学科卒。松下電器産業、豊口デザイン研究所を経て、東京造形大学学長、長岡造形大学学長・理事長を歴任。

られる水準に達した」と彼は言う。

デザインポリシーについては、ブラウン*、オリベッティ*、ローウィ流の考え方などを対比して、商品の成功と生活文化への寄与を考え続けた。その結果、昭和四十年代に入って松下の中に事業部横断的な一群の〝ブラウン的製品〟を作ろうとして、「ＨＱ（ハイクオリティ）シリーズ」をモデルで経営陣に提示した。この時の決定は、「そんなことをしたら、他の製品が高品質でないことになる」というもので採用にはならなかった。だが、これはその後の松下デザインの基礎となり、七四年に省資源時代の商品のあり方を示す「ＨＱシリーズ」として一部実現した。

組織を動かしてデザイナーの意見を通すのは難しい。真野は声高に主張するでなく、巧妙な戦術を弄するわけでもないが、性急さを求める人には戦ったとは見えないやり方で、松下の中にデザインマネジメントをゆっくり確立していったようだ。社内で六四年に始め、他社に多大な影響を及ぼした〝造形教育〟もその一つである。

デザイナーに自己否定を迫る鳥

家電製品の〝日本初〟には、松下電器が生んだのではない物も多い。だが、ソニー人気が高い中で、松下が〝家電の代名詞〟と言われるまでに巨大化したのは、国内販売網の強さだけではあるまい。真野は成功の理由を、「言葉で言えば造形の遊びと言える部分だろうか。その遊びがあるために、造形にある種の甘さがあり、それが今まで無意識に受け入れられてきたのかもしれない」と考える。

こう意識化する一方で、デザイナーに造形上の自己否定を迫るために真野が続けたのが、鳥による造形教育だったのではないか。

***ブラウン**（一九二一年創業）。マックス・ブラウンが創業したドイツの小型電気器具メーカーで、現在はＰ＆Ｇの子会社。同社デザインを率いたディーター・ラムスによってドイツを代表するデザイン志向企業となる。

***オリベッティ**（一九〇八年創業）。カミーロ・オリベッティがタイプライター製造・販売を開始した歴史的企業だが、テレコム・イタリアが買収。エットレ・ソットサス、マリオ・ベリーニら起用のデザイン性の高い製品群で知られる。

昭和四十年当時、百数十人のデザイナーを抱えた真野は、小刀だけで朝から夕刻まで一羽の鳥を造らせることを始めた。六人ずつのグループで月に二回、半年で十二回に及んだ。「第一回目をやってみて驚いた。全く見られたものではないくらい下手なのである。造形力はまるで感じられない。稚拙な漫画ほどの面白味もない代物ぞろいで、よくこんなことで電気製品のデザインがやれるものだ」。これが真野の正直な感想だった。

デザイナーの仕事の多くは制約に縛られているため、自分の造形力が製品を仕上げるのに実にわずかしか働いていないのに気づかない。技術の進歩やマーケティングやマネジメントを学んで、意識的に前進の気構えを見せてはいるが、造形の訓練は何もやっていない。紙の上でアイデアを遊んでいるだけではないか――こうした反省が真野を襲った。この造形訓練のサンプルとして真野が造った鳥は、大阪の個展で公にされ、『木のとり―発想と造形―』にまとめられた。この本は完全に真野個人のもので、彼の詩心があふれている。例えば、「スマートな縞のとり」の解説は、「ほっそりと真っ直ぐなからだにおしゃれな服を着て、文学が好きで夜明けまで読みふけったり、妖精のように存在感が希薄で都会の片隅にひっそり呼吸し、突然旅をしたりする人が、このとりが好きだといった。このとりのイメージはそんな彼女の姿にも見える」。

豊かさを贈るデザイナーの資質

一九三九年(昭和十四)、商工省陶磁器試験所の上司だった宮崎正浩は真野の才覚を次のように「工芸ニュース」に書いた。「手の仕事は実に器用で、絵も彫刻もうまいものである。しかしまた反面、数学的な頭脳も、機械に対する知識も豊かで、中学時代には家に机上旋盤まで備えて精巧な電気機関車などを作って楽しんだとのことである。その上外国語も英独を相当やるので現代デザイナーとしての要素は申し分なく身につけていたのである」。

真野の父親は海軍軍人で大佐、母方の祖父は少将と、共に高位だった。一九一六年(大正五)生まれの真野は、父親の赴任先である舞鶴、佐世保、旅順、呉を転々とし、中学だけでも広島、和歌山、東京と三転した。父親が単身赴任先で病死し、母親の実家である東京・目白に越したところ、隣家に住む東京高等工芸学校*出身のカメラマンの叔父に勧められて受けたのが同じ学校だった。この母方には絵描きが何人もいた。父親の軍人恩給は潤沢で、叔父たちはレコード収集が趣味。卒業制作に早くもオーディオを提出した真野を宮崎は、「家庭がよいので、おっとりしたロマンチスト」と評した。それに、一族に軍人が多いこともあってか、軍隊で殴られても「あっ、僕が誰かに殴られている」と、もう一人の自分が見ているような、そんな距離のとり方をした。この兵役をはさんで真野は、商工省、高島屋東京支店、香蘭工芸、千葉大学と転身を重ねた。

松下で扇風機を第一号の製品とした真野は、日本の戦後に豊かな風を送り続けるのにふさわしかったと言えよう。造形力はもとよりだが、豊かさが当たり前の戦前の階層であったこと、定住意識をもたずに戦後の時代に距離を保てたこと、ID界で小池岩太郎と並び称される〝女好き〟。これらは家電のデザイナー真野の特権であり、組織のデザイナーとしての苦さにつながるのかもしれない。

記憶される造形の匠

企業内デザイナーのパイオニアとしての責任を果たして、一九七七年に定年退職。真野は武蔵野美術大学の工芸工業デザイン学科に着任する。ID志向が強いに違いないと真野を迎えた教授陣の心

***東京高等工芸学校**(一九二一設立)。一九一四年廃止の東京高等工業学校工業図案科を継承し、松岡寿を校長として設立された旧制専門学校。工芸図案科・同 工芸彫刻部・金属工芸科・木材工芸科・印刷工芸科でスタートし、戦後の学制改革で千葉大学工学部となる。

配に反して、彼はクラフト、ＩＤ、インテリアの共存・統合に共感をもって臨んだ。「素材に触れながらＩＤを考え、生活空間との関係でＩＤを見つめるのが理想」と真野は言う。

「主任教授として、切るべき人材はすみやかに切り、まとめるべきことはまとめる」真野流マネジメントは鮮やかだったと、同科の田中秀穂教授は語る。美術資料図書館館長がよく似合い、学生たちが吉祥寺の住まいにしょっちゅう押しかけた人気教授。松下デザインのもう一人の雄、竹岡リョウ一は真野のことを「学者的な人」と形容した。

その武蔵野美大も八七年に七十歳の定年で退いた。一月十六日の退任記念特別講義で、真野はＭＡＹＡ段階と、彼のおはこ「裸のマヤ」と「着衣のマヤ」を披露してみせた。この演目はこれが最後だろう。かつて一国の文化程度は砂糖の使用量で、次いで家電の普及率で計られた。そうした時代は終わりだ。八八年二月、松下電器では内藤政敏がデザイナー出身者としては真野に次ぐ二人目の総合デザインセンター長に就いた。内藤は真野より二十一歳も若い。

小池岩太郎*は、「いつもは大阪だが、その真野さんが出てくると、乾いていた東京がうるんでみえる」と、『木のとり』の序に記した。松下電器産業会長の松下正治は今回の取材に応じ、電話機の自由化に際して真野にデザイン選択の意見を求め、「さすがに大したものだ」と感服したエピソードを語ってくれた。「温厚で常識豊かな芸術家」というのが松下会長の真野評である。

真野善一はその地位によってでなく、豊かな存在感によって人々の記憶にしっかりとどめられる。ドキュメント『松下のかたち』と、彼の鳥たちとともに。

（一九八八年）

*小池岩太郎（一九一三—九二）。プロダクトデザイナー、教育者。東京美術学校図案科卒。福岡県商工技手、工芸指導所勤務、沖縄「紅房」工場長を経て母校に奉職。ＧＫデザインの発足に関わる。

山脇道子

Michiko Yamawaki

茶の家の〝バウハウスラー〟織機に向かったそのデッサウの秋

一九一九年創設のバウハウス、その市立デッサウ校に山脇道子が入学したのは一九三〇年、二十歳の秋である。二年間の織物の教育は徹底した素材の研究に始まり、空間の審美的な創造に向けられた。だが山脇の活動は、戦争もあってしだいに生活美学の実践に収斂していった。彼女のバウハウス・テキスタイルは、いまもわが国のデザイン史に宙吊りのままだ。

一九三〇年八月一日朝、ベルリンに滞在していた山脇巌・道子夫妻は新聞で意外な記事を目にした。「ハンネス・マイヤー突如バウハウス*より退職を命ぜられる」。さらに夕刊にはマイヤー更迭についてのデッサウ市長の見解が載った。「バウハウス内部に共産党労働細胞が組織され、それらはバウハウスの生産的労働を不可能にしている。マイヤー校長はそうした動きを容認した」というのが記事の大意であった。

五月に浅間丸で横浜を発ち、アメリカまわりでベルリンに赴いた二人にとって、この事件は不吉だった。一九一九年開校のワイマールの国立バウハウスがデッサウに市立で再興されて五年、ワルター・グロピウス*からマイヤーに校長が引き継がれて二年しか経っていなかったからだ。巌三十二歳、道子二十歳の山脇夫妻の渡航の目的は、共にバウハウスでデザインを学ぶことにあった。

二人はただちにデッサウに向かう。ベルリンから急行なら四時間。のんびりしたデッサウ駅から数分のところにグロピウス設計のバウハウス校舎がある。「まばらに建つ赤煉瓦の住宅の屋根を越えて写真で馴染みの深いバウハウスの白い建物が眼に入った。日本の秋のような太陽の光に大きな硝子の壁はまばゆく輝いている」「日本で熟知のプランで勝手も知っている、二階の受付を訪ねた。静かだ。夏休み中に違いない」（山脇巌『バウハウスの人々』）。

バウハウスで出合った日本の伝統文化

九月十七日にベルリンを引き払い、山脇夫妻はバウハウスの同志、〝バウハウスラー〟となる。突然の校長交代劇はかえって校内を活気づかせたらしい。学生は約百八十人、外国人は四十人。主任教授が十三人いて、クレー、カンディンスキーなど著名な芸術家も健在だ。「新校長に建築家のミース・ファ

山脇道子（一九一〇—二〇〇〇）。テキスタイルデザイナー。東京・築地の素封家に生まれ、一九二八年お茶の水大学付属高等女学校を卒業。三〇年に夫・山脇巌とともにデッサウのバウハウスに入学し、テキスタイルを修める。三三年に「山脇道子バウハウス手織物個展」開催、翌年には第一回帝国美術院展覧会第四部（工芸）で入選。戦前・戦後を通じ、自由学園工芸研究所、新建築工芸学院、昭和女子大学被服美学科、日本大学芸術学部でテキスタイルを指導する。八九年「バウハウスの山脇道子コレクション」展を東京・札幌で開催。九五年、セゾン美術館の「モダニズムの源流 バウハウス 1919—1933」展に出品、『バウハウスと茶の湯』を発刊する。

***バウハウス**（一九一九—一九三三）。ドイツで設立された総合的な建築・デザインの教育機関で、ワイマールでは国立、デッサウでは市立、私立のベルリン校で閉校。その後のデザインに多大な影響力を発揮する。

ン・デル・ローエ*が就任して、バウハウスで、一番華やかな時だった」(山脇)。

朝八時から夜八時まで、半年間の予備課程が二人を迎える。ヨーゼフ・アルベルスによる素材とその構造、カンディンスキーの形態の基礎、シュミットのレタリング、心理学、数学、体育。そして半年後に研究発表の展覧会がやって来た。山脇は「女学校を出たばかりで造形教育は白紙の状態だった私は必死でした。けれど間もなく、これは大丈夫だと思えるようになったのです」と言う。「裏千家の茶道に精通していた両親の生活・調度が、バウハウスが教える素材の性質、造形の原理、機能的空間の審美性と通じるものがあったから」というのがその理由である。

戦前に日本を訪れた西欧の造形家は日本の建築や工芸に深い興味を示した。例えば桂離宮をたたえたドイツ人のブルーノ・タウト、東北の工芸に魅せられたフランス人のシャルロット・ペリアン。山脇は逆に日本の造形をバウハウスに重ね合わせ、そのことで「みずからの伝統に理論的裏付けを得ていった」(山脇)。

ジャカード織機の前に立って

こうした発見は素封家であった山脇家の高い文化水準によるところが大きい。一九一〇年生まれの山脇道子は外国人居留地のある築地で、「絵で見る鹿鳴館のような洋風調度の部屋がある蔵造りの家で過ごした」(山脇)。裏千家茶道大老分の父親は能楽、木彫、焼き物、狩をよくした。「道子さんは裏千家老分の母親に純日本式に厳しくしつけられ、ドイツでは近代的な合理性を身につけた」とお茶の水付属の十二年間を共にした、帽子デザイナーの尾越帰東子は語っている。

女学校を卒業した山脇は、東京美術学校(現・東京藝術大学)出身の建築家・山脇(旧姓・藤田)巌*と結婚。「こ

*ワルター・グロピウス(一八八三—一九六九)。ドイツ生まれの建築家。「近代建築の四大巨匠」の一人。バウハウス初代校長として在任は十年ほど。デッサウの校舎を設計。亡命先の英国から米国に渡りハーバード大学で指導に当たる。

*ミース・ファン・デル・ローエ(一八八六—一九六九)。ドイツ生まれの建築家。一九二九年の「バルセロナ・パビリオン」、アメリカ亡命後のシーグラムビルなどが有名で、「近代建築の三大巨匠」の一人。

の時の養子縁組の条件がバウハウス留学でした」(山脇)というのは、当時の上層階級の〝洋行〟という一つのライフスタイルをしのばせる。例えば森鷗外の娘である森茉莉も一九二一年、夫のソルボンヌ留学に同行してパリに遊んでいる。

ただ山脇が留学の同伴者でなく、自らも学ぶ決心をしたのは巌の美校の友人などによる造形への開眼あってのことだった。

「十月入学の四十人のうち半数が脱落し」(山脇)、試験通過者として山脇は第二期織物科の工房実習、専門実習へと進む。バウハウスの織物は衣服のためでなく、徹底して建築用の織物だ。「セロファン、紙、ナイロンなど材料にはこだわらず、細長くできるものは何でも織りの素材とした」(山脇)点も特徴である。それでも、技術面の指導者ケーン博士を除くと、山脇が学んだギュンタ・シュテルツル、リリー・ライヒ、バウハウス出身のアンニ・アルベルス、オッティ・ベルゲンの四人はみな女性だった。これはやはりテキスタイル科だけの風景だったという。

バウハウスはある期間、実習工場とバウハウス商会を有して独自の生産販売のルートをもっていた。ブロイヤーのパイプチェア、壁紙、機械製造用にデザインされたテキスタイルも市販された。入学早々にジャカード織機を前にした山脇の写真が残っている。これはまだこの織り方を学ぶ前の彼女が、先輩学生が帰った後にこっそり撮影したもの。山脇の意欲のあかしと言えよう。

バウハウス・フェストが閉校の引き金

デッサウでの山脇夫妻の生活は、「円の下落により質素」(山脇巌・前掲書)でもあり、他の学生に比べれば法外に恵まれてもいた。当時のバウハウスラーの生活費は朝食・暖房・掃除付きで一カ月七十五マル

＊**山脇巌**(一八九八―一九八七)。建築家。東京美術学校建築科卒、夫妻でデッサウのバウハウスに学ぶ。工芸指導所での木製飛行機設計に当たり、新建築工芸学院、自由学園、日本大学などで教鞭をとる。

ク。山脇には日本から千二百マルクの送金があったからだ。

デッサウの八年間に、その見学者は三万人を数えるという。日本からの来訪者も絶えず、今和次郎、羽仁もと子、山口文象*、千田是也*、大野玉枝などドイツでの山脇の交流は多彩だった。千田は共産党ベルリン文化部におり、大野はベルリンの私立バウハウスに在籍し、水谷武彦、山脇夫妻に次ぐ最後のバウハウスラーとなった。

山脇はドイツで「生活を楽しむことを学んだ」として、教師を交えた週末ごとのパーティーや、年に四―五回あった底抜けに愉快なバウハウス・フェスト(祭り)を挙げている。フェストでの日本舞踊や着物姿は喝采《かっさい》を浴び、祭りは明け方まで続いた。しかしこのフェストがバウハウス閉校のきっかけになるとは皮肉だ。一九三二年七月二十日、バウハウスは解散声明を余儀なくされる。「千人集まったフェストの催し〝シナの夕べ〟が、ナチに反動的だとされた」(巌の一九七六年の講演)のが原因だという。バウハウスはベルリンに私立として移転したが、それは三カ月と短命だった。

二人は十月にデッサウを離れて帰途に就き、「グロピウスのバウハウスも膨大な白い死骸をデッサウの郊外にいたずらに横たえることになってしまった」(巌・前掲書)。デッサウ校舎のガラスのカーテンウォールはナチによってれんが壁に改変されてしまい、復元されたのは戦後も大分経ってからのこと。今は社会人教育施設に使われている。

帰国後はジャーナリズムの寵児

〝近代女性〟山脇道子は帰国後、ジャーナリズムの寵児《ちょうじ》となった。一九三三年五月には銀座資生堂画廊で「山脇道子バウハウス手織物個展」を開催。仲田定之助*・好江をはじめ、三岸好太郎・節子、深尾

***山口文象**(一九〇二―七八)。建築家。横河工務所、清水組、逓信省などで建築・土木に取り組む。渡欧後に独立、モダニズム建築、和風住宅を手掛け、協同設計組織「RIA建築綜合研究所」を設立。

***千田是也**(一九〇四―九四)。演出家、俳優。築地小劇場の一期生、ドイツのラインハルト演劇学校卒。左翼演劇のリーダーとなり、戦時中に俳優座を設立して終生代表を務める。毎日芸術賞に「千田是也賞」がある。

須磨子、堀口捨巳ら文化人が集い、美校の学生が足繁くそこへ通った。こうした人々と新聞雑誌で座談会が組まれ、取材が絶えない。

三三年だけでも、雑誌・新聞への登場は枚挙にいとまがない。「バウハウスの一研究生として」『服飾の一九三三年』(『婦人之友』)、「バウハウスの織物」(『アサヒグラフ』)、「山脇道子夫人の個展」(『アトリエ・グラフ』)、「子供部屋の手芸」『近代建築に影響された服飾品』(『婦人画報』)、「日本と逆をゆくドイツの新興織物」(読売新聞)などである。

まもなく巌の設計で東京・駒場にバウハウス流の山脇邸が完成し、モダンライフの場を提供する。四十畳もあるフローリングの一階、ブロイヤーのパイプチェア、スチール製の螺旋《らせん》階段。週ごとの大掃除で住居は磨きこまれ、そこでのガーデンパーティーやクリスマス風景が報じられた。また三三年には川喜田煉七郎主宰の新建築工芸学院の講師に、翌年には自由学園工芸研究所講師、資生堂の「花椿」の顧問に招かれている。羽仁もと子*創設の自由学園は日本の有産階級の子女に手仕事を課して、〝生活の芸術化〟を試みた。これは戦後、昭和女子大で「生活美学」を講じる山脇の共鳴するところでもあったようだ。

染織図案と隔絶した近代織物

「ドイツの新興織物が、如何に我が国の生活様式にマッチし手工芸界をリードするかが、斯界にセンセーションを捲き起こしている」。これは山脇道子が二十五歳で帝展第四部(工芸)に初入選を果たしたころの新聞記事である。その作品、三メートル×一・五メートルの壁掛けは「機械織と猫」。当時の新しい構成主義の絵画に通じる作品だ。山脇は「非写実的で荒っぽい新機軸の構図が日本向けである

***仲田定之助**(一八八八―一九七〇)。美術家、美術評論家。ドイツ留学中にバウハウスを訪問、雑誌に日本初の紹介記事「国立バウハウス」を執筆する。『明治商売往来』で日本エッセイスト・クラブ賞受賞。

***羽仁もと子**(一八七三―一九五七)。ジャーナリスト、自由学園創立者。報知新聞初の女性記者として働き、夫妻で雑誌「婦人之友」「子供之友」発刊。一九二一年に「自由学園」を創立、フランク・ロイド・ライトが設計した明日館は重要文化財指定を受ける。

かどうか心配だった」とその作品を思い起こす。刺繍的傾向が強い従来の壁掛けに対抗したのだ。

「みちこ・ておりき」を考案して九円五十銭で頒布したのもこの時期で、「家庭から工場へ移った織りを、新たな造形として家庭に戻すことも意図してのこと」（山脇）だった。もちろん大作の試し織りにも使え、四十五センチ幅で二十種以上の織り方ができる。これは高崎で製造され、その高崎からドイツで買った本格的な手織機二台の助手も雇った。自邸のアトリエで、これらが山脇の創作の陣容であった。

山脇はこうして帰国後、日本のテキスタイルデザインの草分けとなり、それをリードするはずであった。しかし彼女が懸念した「日本向けかどうか」はその後も問われる。「図案の変貌１８６８―１９４５」展の企画者、東京国立近代美術館工芸館の学芸員・金子賢治（取材時）は、「山脇さんは当時の染織図案家と隔絶し、帝展の代表的テキスタイル作家だった。ただその後の官展出品作はやや、日本向けに変化していったようだ」と語る。

例えば、自由学園所蔵の壁掛け「種播き」は、触覚《テクスチャー》、構成といった意識よりも、バウハウスにはない物語性が顕著だ。バウハウスの素材探求と建築空間のための織物は、日本の図案と発生が大きく異なり、建築はさらに違いが大きい。「テキスタイルといった概念が生まれたのは戦後も随分経ってからでしょう」と山脇は言う。織物は美術工芸、産業工芸に分けられ、建築テキスタイルが入る余地はないに等しかったと推測される。こうした状況は今もそう変わらないのかもしれない。

生活美学の実践者としての生き方

そして一九三七年の報知新聞は、「機織を休む山脇道子さん」（一月十一日）と伝えた。子供も生まれ、「家庭に専念する決心をほがらかにもしたのである」という表現が彼女のスターぶりと時代を感じさせる。山脇にあったデザイナーと生活美学の実践者双方への可能性は、この時後者に傾いた。

一九三七年は日中戦争が勃発し、日独伊防共協定が結ばれた年だ。バウハウスの理念を受け継ぐ型而工房も新建築工芸学院も、この年事実上幕を降ろした。モダンデザイン創造の芽が断たれた年と言えるようだ。

敗戦による財産の没収、巌の聴覚障害にあいながら、山脇の戦後の執筆活動はすみやかだった。工芸教育については、「上手に作ることより、まず確かに物を見、物を感じさせる教育」を説いた。そして請われて立った教壇では被服美学、生活美学（昭和女子大学）、テキスタイルデザイン（日本大学）を講じたのである。一九七〇年、山脇は六十歳でほとんどすべての公職を辞す。ドイツの手織機二台は縁深い自由学園工芸研究所に寄贈した。バウハウス時代の所蔵の作品も、近々ベルリンにある「バウハウス・アルヒーフ」（資料館）に寄贈の手はずになっているという。思い定めた潔さを感じさせる。

一九三三年に仲田好江が山脇を描いた「黒い手袋」という油絵の秀作がある。黄色のソワレに、ベルリンで買い求めた黒の手袋をした彼女は強く優雅だ。巌と同じ美校の学生だった小池岩太郎や芳武茂介*を感嘆させた山脇の表情や挙措の美しさは、今もそのまま変わらない。

創作が美学による時、表現者としてはあるもろさをはらむ。それは時代を開拓する運動の原動力にはなりにくい。だからと言って今、「誰にとってもデザインの時代がやって来たのでしょう」という山脇の言葉には、にわかにはうなずき難い。なぜなら、生活美学の受け皿なしのデザインもまた、むなしいものに違いないからだ。戦前のデザイン史に色あせることなく宙吊りにされた山脇のテキスタイル作品は、そのことを物語っている。

（一九八九年）

***芳武茂介**（一九〇九―九三）。クラフトデザイナー。東京美術学校工芸金工科卒。工芸指導所勤務後に東京クラフト設立、武蔵野美術大学教授。著書は『北欧デザイン紀行』『焼もの塗りもの金もの』。

Chie Koike

小池千枝

「文化服装」を時代に放つ母なる人
その創造教育の根源

七〇年代から世界の注目を集める東京ファッション、スーパースターを輩出する文化服装学院である。学院長の小池千枝は立体裁断、生体観察、創造教育を推し進めて、西欧へ、アジアへ、新たなファッションの息吹を伝える。昭和二十八年、船でフランスに向かった彼女は今、ファションデザイン号のキャプテン。時代を受け入れ時代を創るそのデザイン教育の根源に触れよう。

〝文化服装神話〟があるらしい。創立以来右に出る学校はなく、今や〝ブンカ〟なしにアパレル産業なく、〝ブンカ〟と関わらずにスターダムに昇れないとの声を聞く。〝文化〟祭も、〝文化〟勲章もたちまちに固有名詞と化して、この学院のものとなってしまう。

一九八三年創設の「毎日ファッション大賞」五回の大賞受賞者のうち、八五年の高田賢三、八六年の山本耀司、八七年の熊谷登喜夫の三人がこの学院の出身者。新人賞に至っては八七年の安部兼章まで五人全員が文化出身だ。日本のモード界を構成する人材の八割が同様だとされる。

文化服装学院*は一九二三年（大正十二）に設立され、在校生六千五百人、卒業生二十六万人を擁するマンモス学校。八七年の就職希望者千六百人に対し、求人企業数千二百社、求人総数七千人の売り手市場だ。

ダイアナ妃のハネムーンの時のコスチュームが高田賢三、靴が熊谷登喜夫。彼等に八〇年代をリードする山本耀司を加えたことで、この学院には海外からの視察団、取材が絶えない。特筆すべきは学院が迎える留学生だ。東南アジアを中心に、十カ国から約三百人が在籍する。国際化を掲げながら、遅々として受け入れが進まない官学系大学の古さを批判するに充分すぎる資格と言える。

海外からの目が東京に向けられると同時に、〝小池千枝神話〟も出来上がりつつある。彼女は今や〝ファッション界のゴッド・マザー〟。巫女にも女王にも擬せられる存在なのだ。

新しい職業としての洋裁

「ファッションは生活に密着しているので、そこにあるクリエーションも、生活や文化に与える影響力の大きさも見過ごされて来た。だから東京ファッションに海外からの目が集まるのはとてもい

小池千枝（一九一六—二〇一四）。ファッション研究・教育者。長野県に生まれ、一九三三年に文化裁縫女学校（現・文化服装学院）に入学。同校研究科卒業と同時に最年少の専任講師となる。北京での結婚生活をへて、夫の戦死を機に四七年学院に復職。五一年に初代デザイン科長、渡仏して五五年にパリ・クチュール組合学校を卒業する。文化学園関連の教育機関で教鞭をとり、八三年に文化服装学院学院長に就任（九一—〇二、名誉学院長）。高田賢三、山本耀司、コシノジュンコらファッションの世界的人材を輩出。九七年に出身地の長野県須坂市に「小池千枝コレクション世界の民俗人形博物館」オープン。

***文化服装学院**（一九二三—）。一九一九年に並木婦人子供服裁縫店と婦人子供服裁縫教授所を開設した並木伊三郎、シンガーミシンのセールスマン・遠藤政次郎の二人が創設。四年後の認可以来の卒業生数は三十万人超に及び、著名デザイナーを多数輩出。

いこと。国内からの取材はまだ少ないくらいでしょう。ただ私個人については、巫女でも女王でも決してない」。その小池が示したのが、フランス「クレアシオン」誌の一九八七年七月号だった。「彼女こそ日本のスタイル」と題された記事は、日の丸を背景に小池の顔写真をクローズアップし、「クリエーターたちのゴッド・マザー」「日本のモード界の母なる女王」「巫女」と、極めてフランス的な形容を贈呈している。

一方、『21世紀を孕む女のカタログ・スーパーレディ1009』(工作舎+フォーラム インターナショナル刊)という上下二巻の本がある。今世紀に活躍する千九人の女性を、日本の女性たちが選出・解説したものだ。ここには杉野芳子*、大塚末子*、田中千代*、桑沢洋子、森英恵*はいても、小池はまだ登場していない。一九七七—七八年の出版だった。

一九一六年(大正五)、小池千枝は長野県須坂市に生まれた。生地は〝女工哀史〟の歴史をとどめる生糸の町。婚家から里に戻っていた新しい物好きな祖母と、読書と芝居を楽しみとする働き者の母のもとで育った。信州のシャープな山の稜線。林立する柱や床が光る古い土蔵。夏の真昼のふとん部屋での文学全集や岩波文庫の乱読。こうした時代を送って小池は自立することを望んだ。「経済的に早く独立したかった。その時に、和裁が一般的だったのに対して、洋裁はまったく新しい〝職業〟だと思えた」。これが文化裁縫女学校志望の動機だ。「数学も理科も好きで、裁縫など大嫌いだった」彼女は、職業としての洋裁を求めて上京する。大正時代に続々発刊された婦人雑誌を定期購読する母親は、娘の志を理解して快く送り出したのだという。

小池は一九三三年、文化裁縫女学校(現・文化服装学院)に入学する。この年は学院創立十周年、学院創設者の並木伊三郎が十月に逝去する節目の年に当たった。

***杉野芳子**(一八九二—一九七八)。ドレスメーカー女学院創設者。米国で六年間、洋裁と服飾デザインを学び、一九二六年の女学院創設以降、洋服による女性の意識改革を促す。衣裳博物館開設。

***大塚末子**(一九〇二—九八)。着物デザイナー、大塚学院創設者。文化服装学院で洋裁を学び、雑誌記者、高島屋嘱託デザイナー。戦後は一貫して実用に則した現代着物を研究し、人材育成に邁進。

***田中千代**(一九〇六—九九)。田中千代服飾専門学校創設者。四年間の欧州への留学を経て鐘紡でデザイナー。専門学校を創設してファッション教育と国際交流に尽力。民俗衣装館開設。

***森英恵**(一九二六—)。ファッションデザイナー、森英恵ファッション文化財団理事長。東京女子大学卒。六五年からニューヨーク、パリで作品を発表し「マダム・バタフライ」と呼ばれる。フランス・オートクチュール協会アジア人初の会員に推挙。文化勲章受章。

創設者・並木の精神を継承

小池千枝は入学して、並木伊三郎の指導に接した。顔面蒼白な師が病をおして一人ひとりの生徒を丁寧に批評する姿に、小池の将来が決定された。彼女は並木を〝一種の天才〟と評する。根っから洋服好きだった並木は、洋裁を徒弟制度から近代的な教授法に転換させた最初の人物だ。「原型を作り、原型を覚えれば発展・展開できるようなシステムとしたこと。雑誌を通してそれを誌面で伝達する方法を考えだした」(小池)ことが、この天才の功績である。

洋服の「原型」とは、そのまま組み立てれば立体になる型のことだ。これがあれば、その都度複雑な人体を採寸し、パターン化する手間が省ける。採寸箇所が少なく、作図過程がやさしく、服づくりとの適合度が高くて応用・発展させやすいものが求められる。並木の原型をもとに、「文化式原型」が洗練度を増して、この学校の躍進を支えた。

並木に共感して、シンガーミシンから文化服装に移り、二代目学院長になったのが遠藤政次郎である。小池は一九三五年、研究科卒業と同時に遠藤学院長のもと、文化の専任教師になる。十九歳の最年少教員だった。

しかし、四〇年には結婚を機に退職。北京で四年生活した後、長野の実家で沖縄戦での夫の戦死の報を受け取った。子供を二人抱えて実家にいた彼女を再度教壇に立たせたのは遠藤学院長だ。「敗戦後すぐに起こった洋裁ブームで、教員が足りなかった」と小池は言う。四七年、新宿の焼け野原にポツンと建った学院は、すでに六千人の生徒であふれていたのだ。創設者・並木の精神をよく継承する小池は、遠藤によってそれを展開する場を得た。小池千枝、三十歳での再出発である。

隆盛極める学院をあとに、フランスに船出

一九五三年、学院は創立三十周年の大記念式典を挙行し、在校生八千人を数えた。クリスチャン・ディオール*の一行十二人(内モデル七人)を招聘しての本格的なファッションショーは、日本に「ディオール旋風」を巻き起こした。この年に、「名実共に日本第一の服飾専門学校の地位を確立した」と『文化学園60年のあゆみ』に記されている。

「数を活かせ」という遠藤の一文がある。「民主主義の世の中において自己の抱負を実現するには数は絶対条件である。しかしその数も緊密な連絡をもち、心からの協力によって組織化されてこそ初めて〝力〟となる」(五一年)。六万人の卒業生に向けたこの呼びかけは、そのまま学院発展の原動力であった。

毎日ファッション大賞の選考委員長、鯨岡阿美子*は語る。「杉野芳子、桑沢洋子、伊藤茂平らの指導に比べて、文化は個人のデザイン思考に偏しない渾沌とした人の集まりを力とした。教育が現実的、普遍的で、集団の切磋琢磨の中から本当に独自性のあるクリエーターが生まれた」。

だが、〝本当のクリエーター〟を生むために、小池は絶頂にあった学院を去らなければならない。五三年十一月、彼女は服飾研究のためにフランスを目指して神戸港を発つ。「飛行機が片道二十五万円、船が十五万円の時代。この船旅は最高。香港、シンガポール、カイロなどの寄港地でそれぞれの国の服装と歴史と文化を吸収しながらの旅だった。海外へ行く教え子にはいつも船旅を勧めた」。三十七歳にして初めての渡欧は、「もう教えるものがない」と感じた小池デザイン科長の決断だったのだ。

パリでは、「婦人文化新聞」のプレスカードを手に毎日のようにどこかのメゾンのショーを見た。「サンディカ」と呼ばれるパリ洋裁(クチュール)組合学校の三十人足らずの同級生の中には「お茶目でデッサ

*クリスチャン・ディオール(一九〇五―五七)。フランスのファッションデザイナー。徴兵をはさんで複数のファッションハウスで働き、一九四六年自分のブランドを立ち上げると「ニュールック」と評される。

*鯨岡阿美子(一九二二―八八)。服飾評論家。駿河台女学院卒。毎日新聞社政治部記者、日本テレビのプロデューサー、「アミコ・ファッションズ」の主宰者として活躍。毎日ファッション大賞に「鯨岡阿美子賞」がある。

ンの上手な」イヴ・サンローラン*もいた。「日本人は平面に強く、立体の把握に弱い」ことを強く意識し、そこで立体裁断の習得に励んだ。

立体裁断は、人体または人台をもとにして布から直接立体を構成する。採寸して平面上に型を作製する平面裁断はドイツで完成し、立体裁断はフランスが本場だ。立体裁断の学院での導入は、並木伊三郎の「原型」に次ぐ画期的な出来事であった。

身体を科学する生体観察

一九五五年六月の帰国後、立体裁断を教授法に取り入れた小池はほどなく「生体観察」の研究に着手する。東京大学の藤田恒太郎博士が日本で始めた「生体観察《ソマトロジー》」は、死体による解剖学に対して、生きた身体の研究をするものだ。「まもなくプレタ・ポルテの時代が来る。プレタならフランスと同じスタートラインに立てるはず。そのために身体を普遍化できる学問が必要」としたのは小池の卓見である。

医学博士・藤田は、生体観察を医学部だけでなく、理美容、洋裁など実際的な分野に展開したかった。文化服装学院で人体美学を教えていた東京藝術大学教授の西田正秋が小池を藤田に紹介し、彼女は内地留学の研究員として東大で一年を費やした。

その当時、藤田の研究室の助手だった中尾喜保（取材時・東京芸大教授）の話。「小池さんはプレタのためには人体の機能を知らねばならないと考えた。藤田博士はいくつもの洋裁学校にその研究を勧めたが、本気で取り組んだのは彼女だけだった。まず静止時の詳細な人体計測と、動きを伴った時の計測を実行。さらに彼女は、〝皮膚は動いてもなぜたるまないか〟という藤田博士の研究テーマにも参加して、伸縮性のある繊維の研究に貢献した」。「デルマトグラフィー」も小池の研究の一つだ。これは、体表

*イヴ・サンローラン（一九三六―二〇〇八）。フランスのファッションデザイナー。学生時代から頭角を表し、ディオールの死によって二十一歳で主任デザイナー。自身の会社設立は六二年、以後「モードの帝王」と呼ばれる。

面に線条《デルマトグラフ》を描き、動作による線条の変化から体表の偏位を知る方法で、パターンメーキングへの考察材料となる。「当時はＪＩＳの中に体型の数値がなかったので、それを調べることが必要だった。けれども、誰もそれを自分でやろうとしなかった」と小池は振り返る。そのため小池は七一年、日本人間工学会衣服部会副部会長に就いている。

生きた人間の心理と身体をもとにする〝ヒューマン・クチュール〟のために、彼女は図学、生体観察、素材の科学に踏み込んだ。その成果は、八一年刊行で五刷を重ねる『服飾造形論』にまとめられた。「今やプレタもオートクチュールもなく、〝ヒューマン・クチュール〟でないとね」と強く主張する小池なのである。

彼女は公園で石を拾う

「ファッションとは暮らし方のこと。着ることはその極く一部だ」と言うのは、一九一一年生まれでＶＡＮ創業者の石津謙介*。服をデザインするには、服だけ見ていては駄目で、しっかりした生活意識を持たなければならないとする。それでは、小池のデザイン教育はどのように行なわれたのか。「人体美学の西田先生は仏像や建築様式と流行との関係を講義し、小池先生はフランスの雑誌を広げての流行解説をやった。入学してすぐの一カ月くらいは、授業が終ってから男だけ居残りさせられて縫うことをやらされた」。これはニコルの松田光弘が話す学院の教育の一端である。

小池の「モーニング・サービス」と呼ばれた流行解説は人気の講義だったという。「ファッションのためには、人間と時代を見ることが大事。週刊誌などは雑多な時代そのものだから勉強するのに一番いい。雑誌を前にしてなら何時間でも話しが尽きない気がする」と小池は語った。

***石津謙介**（一九一一―二〇〇五）。「ヴァンヂャケット（ＶＡＮ）」創業者。明治大学卒、日本のアイビールック生みの親。東京五輪の日本代表選手団の公式ブレザー、「ＴＰＯ」発案は石津の仕事で、後半生はライフスタイル提案に励む。

彼女の教育は「生徒が最大限に自己表現するがままに」だというが、「クレアシオン」誌の編集者に敬意を表しつつ次のように答えた。「はじめに私は小石を拾うために生徒を公園に連れていく。生徒は石を観察し、触れ、飾り立てるはず。これは彼らに衣服のひだをデッサンし、紙の上に形を思い描く習慣をつけさせるためなのだ。もう随分前のことになるが、私はこうした考えをフランスで得た。ただ、フランスでは木の葉を拾わせ、私はボリュームのある物を活用するが」と——。

一九五七年に男子学生を受け入れ、翌年入学の高田賢三*、松田光弘*はメーカーに入るよう勧めた小池の言葉に従った。六四年にはやはり彼女の勧めどおり、二人で船でパリに発つ。高田は世界の「KENZO」に、松田は日本のトップデザイナーブランド「NICOLE」を作り上げた。次いで、フランス人に「アンテレクチュアル過ぎた」と批評され、それを「たぶん〝死のイメージがしすぎた〟と理解する」ようなデザイナー、山本耀司*がこの学院から出た。

デザイン科の創設、立体裁断の導入、生体観察・人間工学研究。それらに重ねられた流行解説と創造教育だった。技術に科学を結びつけ、創造の余地を学生に与える。開かれた学院は、学生同士の触れ合う熱で競争のつるぼと化す。小池の教育はさながら、古典絵画の下塗りのように、その上に個性の一刷毛を待つようなものだったろう。

小池千枝と同時代の母たち

松田光弘は小池のことを「友達みたいだった」とする。一方、「教育の場にスターはいらない。学院はスターを育て、産業界に人材を送りこむ刺激の場だ。小池学院長はそれにいかんなく指導力を発揮している」というのは、文化服装学院、文化女子大学、文化出版局などを含む学校法人文化学園の大

***高田賢三**（一九三九—）。「ケンゾー」創業者。文化服装学院デザイン科師範科卒。渡仏して独立した七〇年パリに「ジャングル・ジャップ」を開店する。作品は異文化融合でフォークロア調。外資企業にブランド売却。

***松田光弘**（一九三四—二〇〇八）。「ニコル」創業者。早稲田大学卒業後に文化服装学院、セツ・モードセミナーで学ぶ。一九六七年に「ニコル」を立ち上げ、第一次DCブランドブームの立役者の一人。

***山本耀司**（一九四三—）。「ヨウジヤマモト」「ワイズ」創業者。慶応義塾大学、文化服装学院卒。七二年にワイズを設立、八一年のパリコレ初参加は「黒の衝撃」と注目を集め、フランスより「コマンドール」受章。

沼淳理事長である。「杉野芳子が創設したドレメなど他の洋裁学校は、創設者の個性と美意識を伝承させる方針を採ったことで、やがてパワーが低下した。教育にはシステムが重要」との考えの持ち主なのだ。

自分が神格化されることを拒む小池は、こうした評を喜ぶだろう。彼女はいつも現場の人。学生の中にあるものを観察し、「動き出すのが人より一歩早い」（中尾）のだ。

文化服装学院は、プレタ・ポルテが定着した昭和四十年代に洋裁から産業技術者教育に転じて成功した。だが、この学院が果たしたもう一つの変革も見逃してはならない。それは女性たちの職業意識の変革である。自立を目指し、あるいは必要に駆られて洋裁で子供を育てた多くの大正生まれの母たちが皆、姿を変えた小池だった。そして、アジアからの学生はかつてパリで学んだ小池の分身。鯨岡は小池について、「大正生まれの時代をずらさず、自身の個別的な運命を確信もって普遍的な教育と一体化した人」とする。

「船旅は最高」と言った小池は、スーパースターというよりキャプテンに近い。今、ファッション界の国際的センターを目指す文化服装学院で、小池千枝は内なる船出を期している。（一九八七年）

Shizutaro Urabe

浦辺鎮太郎

「倉敷クラシック」に韜晦《とうかい》する吉備《きび》人 その塔に至る街づくりの思想

一九八〇年代を象徴する三つの公共建築には、倉敷市庁舎、つくばセンタービル、新都庁舎が挙がる。倉敷市庁舎の設計者・浦辺鎮太郎は明治にこの地に生まれ、新・旧倉敷をつなぐ稀有な街づくりを実現してきた。京都大学で出合ったクラシシズム、都市の建築家デュドックが、浦辺の街並み保存と開発の源泉だった。〝角櫓構想〟から塔に至るその気概のありかを辿る。

『ミカドの肖像』で西武の野望の足跡を追った猪瀬直樹が、『土地の神話』で東急の田園都市形成のからくりとその後を明らかにした。渋沢栄一・秀雄と小林一三が絡み、五島慶太が牛耳った田園調布。これはハワードによるロンドン郊外のレッチワースをモデルとした。著者は初期の考えを堅持するレッチワースと田園都市を比較し、「日本の場合、思想としての都市計画に影響を残したというより彩りを添えたにとどまったのだ」との感慨を記す。

西武の物語には村野藤吾*、丹下健三が、田園都市のサイト・プランには矢部金太郎、小絲源太郎の名がちらっと現われる。村野が学生時代にラスキンやモリスに傾倒し、ハワードの田園都市計画などに虚無的な心を癒したと回顧したのはよく知られる。丹下は香川県庁舎、倉敷市庁舎、新旧の東京都庁舎の設計をものにし、今も建築界に君臨している。しかし二人共、人口三万人のレッチワース*規模の町でさえも総合的に手掛ける機会はなかった。

そこで挙げるべきは倉敷だろう。〝文化が経済のバックボーン〟とする大実業家の大原孫三郎*・総一郎と、半世紀にわたり倉敷を設計し続けた浦辺鎮太郎。一九六四年から七九年まで十四年余り市長であった大山茂樹の英断もあって、倉敷の主立った建築はすべて浦辺の手になる。保存を伴いながら、街に現在性を獲得するこうした再開発は他に例がない。

自治都市の〝角櫓《すみやぐら》＝大原構想〟

一九〇九年（明治四十二）倉敷生まれの浦辺鎮太郎は、後の倉紡、クラレの社長である大原総一郎と岡山一中、六高の同級生である。「倉敷を地方のモデル都市にしようという大原さんの構想に共感して、今も愚直にそれをやっている。街は保存し開発しなければ、街としての骨格を失う」。これが決まっ

浦辺鎮太郎（一九〇九―九一）。建築家。岡山県倉敷に生まれ、京都帝国大学建築科卒業。一九四一年、東京で木製飛行機製造に従事。四九年の倉敷民芸館開館に協力して以来、大原総一郎・倉紡社長、大山茂樹・倉敷市長のもとで倉敷の街づくりに注力する。六二年に倉敷建築研究所（後の浦辺建築事務所、浦辺設計）開設、日本民家集『ふるさとのすまい』で毎日出版文化賞受賞。代表作の倉敷国際ホテルで日本建築学会賞と建築年鑑賞受賞を皮切りとして、倉敷市民会館、アイビースクエアなどで受賞歴多数。その後の作品には、倉敷新市庁舎、三洲足助屋敷、神奈川県近代文学館などがある。

***村野藤吾**（一八九一―一九八四）。建築家。八幡製鐵勤務後に早稲田大学建築学科卒。作品は日生劇場、有楽町そごう、迎賓館本館など、世界平和記念聖堂が重要文化財に指定される。

***レッチワース**。本書一五七―一六〇頁参照。

て返ってくる浦辺の答えだ。

一九三四年入社の浦辺の倉紡在職期間は二十八年。六二年に五十三歳で独立して後の作品には、西日本一円の大型建築が目白押しで、旺盛な創作意欲は目を見張らせるものがある。六八年の総一郎の死後の倉敷での設計は、「大原さんならどうするかなといつも考えた」、となる。

浦辺は自らの姿勢を「三笑主義」と表す。「施主と設計者と施工者が喜ぶ建築をつくることを心掛ける」ことを意味する彼の造語で、浦辺が尊敬する村野藤吾の「九九パーセントは施主の望む通りに作り、一パーセントが建築家のもの」といった発言を想起させる。しかし浦辺の解釈は、「村野さんはきかん気でしたから、本当はそんな風に思っていなかったでしょう。形は千変万化でも作家精神は不易でした」。したがって、浦辺がしばしば口にする「私は一介の技師ですから」「大原構想の通りに」といった物言いにも、上等な自己韜晦の趣きがある。

その大原構想の要点は、西欧的城壁都市と日本の城郭をダブらせた「角櫓構想」にあった。阿智神社を天守に見立て、一キロメートル四方の元倉敷の四隅に市民のための公共建築を配する。南西角に市庁舎、倉敷国際ホテル、大原美術館。南東角に市民会館とアイビースクエア。北東角に中央病院、そして北西角での駅前再開発——どれも現代の都市コミュニティーに必要不可欠のものばかりだ。六〇年竣工の丹下健三の市庁舎は浦辺の手で市立展示美術館に変わり、新市庁舎は浦辺自身の設計で八〇年に完成している。倉敷を代表する「角櫓」には、すべて浦辺の手が加わったのだ。

これらの角櫓の間に、江戸の遺構が並ぶ美観地区がある。「小堀遠州*を発端に、いわゆる天領・倉敷が成ったのが一六四二年のころ。文化文政期、物資の集散地としての人工運河である倉敷川沿いに建つ豊かな商家の邸宅と土蔵は、誇り高い彼らの城でもあった」。倉敷が近代的な自治都市であった

*大原孫三郎（一八八〇—一九四三）。実業家。倉敷紡績を経営する大原孝四郎を引き継ぎ、労働者や市民の福祉を実践しつつ大原財閥を築く。大原美術館の開館は一九三〇年。長男の大原総一郎（一九〇九—六八）は東京帝国大学経済学部卒で孫三郎を引き継ぎ、六四年に大原美術館理事長となる。

*小堀遠州（一五七九—一六四七）。江戸初期の大名、茶人・造庭家。徳川家光の茶の湯指南、書院の茶を復活して「きれいさび」と呼ばれる茶風を確立。創建した孤蓬庵は桂離宮に影響を与える。

ことを浦辺はこう強調する。篠田正浩監督の映画「心中天網島」は、こうした元倉敷を撮影の舞台として江戸のエロスを鮮やかに映し出した。だが、封切りの六九年は、この街を映像の中に記憶させ、そのことで新たな展開を示す区切りの年でもあったようだ。

六七年に倉敷・児島・玉島は合併して新市制が敷かれた。翌年には総一郎が五十八歳で急逝し、その翌年に倉敷市伝統美観保存条例が施行。倉敷川畔美観地区四百二十世帯、二〇・七ヘクタールが行政のサポートを受けることとなる。さらに七二年に新幹線岡山駅が開設となり、倉敷は年間五百万人が押し寄せる観光の街に変貌した。

一九三八年(昭和十三)に二年半の欧州外遊から帰国した総一郎は、同社の技師だった浦辺に十二世紀ドイツの自治都市ローデンブルクの話をした。それを手本に「倉敷を地方のモデル都市にしよう」と約束し、誰も見向きもしなかった伝統的な建造物の保存に私財を投じた。そうした時代の終わりであった。否応なく商業主義の波も押し寄せる。

保存の手法の代表例を創出

「古い街並みの残され方は、先覚者主導型、行政主導型、住民主導型の三つに分けられる。倉敷は第一の型だった。一九六八年が先覚者の時代から行政・住民・専門家に保存の主体が移った時。浦辺さんはそうした二つの時代をつないだ代表的な専門家」。倉敷をよく知る元・工学院大学理事長の伊藤ていじ*は、浦辺の役割をこう語る。日本の多くの都市は一九二〇年代の経済の変革期、第二次大戦中の空襲、六〇年代の高度成長期と変化し、無秩序で個性のない相貌をさらしている。古い街並みを残そうとの運動は、そうした無制限な経済至上主義の反省の上に立っていたのだ。

***伊藤ていじ**(一九二二—二〇一〇)。建築史家、建築評論家。東京帝国大学建築学科卒。ワシントン大学客員教授、工学院大学学長を務める。著書は『民家は生きてきた』『日本デザイン論』『重源』など。

東京大学生産研究所の藤森照信教授（取材時）は、「保存運動の最初の成功例は浦辺のアイビースクエア。学生時代に村松貞次郎のもとで倉紡工場の調査に行き、それが生まれ変わったアイビースクエアを見るとまったく新しい。この宿泊施設は経済的にも成功して、文化財の再利用と保存の可能性を証明した」と、その意義を評する。

「もとの工場のれんが、木材、ガラスは徹底して利用しながら、原形をとどめるのは外壁と一部の鋸屋根だけ」（浦辺）で、両者を比べれば保存とは言い難い。「旧婚旅行用の〝イン＝ｉｎｎ〟にでもと思ったら、ヤングばかりで誤算だった」（浦辺）くらい、若者に人気が高い。保存の費用は、「倉紡が市民会館の土地を市に譲って得られたもの。倉敷で得たものは倉敷に返すのが大原さんのやり方だった」と伊藤ていじは明かし、借金なしで七四年に建ち上がったアイビースクエアは倉敷再開発の基本的な性格を表している。

倉敷以外での八〇年代の浦辺の成功例には、横浜開港資料館と愛知県三洲足助屋敷が挙げられる。「古いものを残す時には浦辺がいいとなるのでしょう」と、彼はこうした仕事に向かう。開港資料館は旧イギリス領事館の改修と増築で、旧館とマッチする素材・形状・色彩ながら、街路から見えるのは増築した新館ばかりで、保存を超えた創造の自負がうかがえる。足助屋敷は生活技術を実演する博物館らしく、完全に木造の民家造りだ。

保存研究家はこれら三つの手法を、「切り刻み」「並置」「擬態」と命名し、それらの代表例が浦辺のものだ。「混在」を加えれば、保存の手法はすべて出揃うらしい。

都市の文脈とポピュラリティー

保存ではなく開発としての浦辺の本格的な作品は、一九六一年の大原美術館分館からだろう。前年完成の市庁舎の設計者、丹下健三に大原は「市庁舎は民家を向く必要がない。民家が市庁舎を向くべきだ」と注文した。その大原は分館では浦辺に「ダイナミックなうねった屋根」を望んだという。「こうしたやり方が大原さんのスケールの大きなところ。普通なら分裂してしまう」と浦辺はコメントする。

この分館は美観地区との境界線にある敷地を城壁のように囲った。「守るために攻めることもある」との言葉が設計の意図を明らかにし、「陸屋根は倉敷に合わない」とも語った。それは重厚な倉の屋根に負けるという形の観点と、師・藤井厚二*の計画学の両方から導き出された。日本民藝館や倉敷国際ホテルのコンクリートの深い庇《ひさし》はこうして生まれた。これは浦辺流のヒューマンなモダンデザインの解答のように思える。

毎日芸術賞を受賞した一九七二年完成の倉敷市民会館。浦辺設計の代表者である松村慶三は「国籍は明らかに日本国・倉敷生まれ」「やがて年を経ずして歴史の中にとけこんで、年代識別不可能となるだろう。そして人々からは倉敷固有のものとして愛される」と記した。人々が建築に抱く愛着と時間との不思議な関係がうかがえて興味深い。「時間を欠いた歴史性」と建築史家の石田潤一郎が浦辺作品を評するのも、当然の結果だったのかもしれない。

こうした浦辺の思考はどこで培われたのか。一九三〇年に入学した京都帝国大学建築科には、〝京都山脈の主峰〟といわれた武田五一*をはじめ、計画学担当の藤井厚二、分離派建築会メンバーの森田慶一*がいた。浦辺は「森田先生からはクラシシズムと構造の勉強の重要性を、藤井先生には設計の科学

***藤井厚二**（一八八八―一九三八）。建築家、教育者。東京帝国大学建築学科卒。竹中工務店を経て、京都帝国大学建築学科で指導に当たる。自邸として設計した「聴竹居」が有名。

***武田五一**（一八七二―一九三八）。建築家、教育者。東京帝国大学建築学科卒、ヨーロッパに留学して新動向を日本に伝える。京都工芸高等学校図案科、京都帝国大学建築学科を創設した「関西建築界の父」とも言われる。

***森田慶一**（一八九五―一九八三）。建築家、教育者。東京帝国大学建築学科卒。京都帝国大学建築学科に赴任。古典研究のためフランス・ギリシャに留学、『ウィトルーウィウス建築書』の翻訳出版を果たす。

を学んだ」と言う。

意匠の授業は近世復古主義のコンポジション。一方、海外の雑誌はグロピウスやコルビュジエの活動を伝えて、学生を魅了した。「ところが足元を見つめれば、モダニズムが必要とする鉄筋は軍用で不足、大型ガラスは輸入に頼る状況で、あまりに現実性に欠けていた」。

そこで浦辺が魅力を感じたのがエストベリーのストックホルム市庁舎、デュドック*、ガウディ*などだった。とりわけ、人口三万五千人ほどのオランダの街、ヒルヴェルスムに生涯かけて作品を残したデュドックに惹かれた。デュドックは「ライト*のヨーロッパ版」に感じられたという。

構造、計画学、クラシシズム、デュドック。これらが学生時代に浦辺が身につけたものだった。しかし「技師時代は忍の一文字」と語るように、レーヨン、ビニロンの工場づくりに忙しく、戦時中は東京府中と高松で木製飛行機の製造に従事した。一九五〇年にクラレが本社を大阪に移し、浦辺もそこに移っている。「大阪に着いて最初に村野藤吾を訪ねた」と回想する浦辺をはじめ、在阪の建築家が村野を囲んで建築談義を繰り広げる会の名称は「あかり会」と名付けられた。

関西の有力者は「金持ちは尊敬されず、物持ちだけが敬われる」。こうしただんな衆の伝統は、村野にも浦辺にも引き継がれる。さらに、物を見る浦辺の目はどんどん時代をさかのぼり、歴史をくぐって古代吉備王国まで至る。浦辺はその王国をまるでそこにいるように語る吉備の人となった。

塔の顕現と建築固有の時間

一九八〇年に出来た倉敷市庁舎は、元倉敷から十分ほど歩いた中新田にある。隣には「モダニズムの出来損いのような塵埃《じんあい》処理施設が控え、それらと一緒にされずにすむ」、歴史と文化の異なる四地

*デュドック（ウィレム・マリヌス・デュドック、一八八四―一九七四）。オランダの技術者、建築家、都市計画家。軍隊の土木技師からアムステルダム近郊のヒルヴェルスムで土木技師に就任。同市の街づくりがライフワーク。

*ガウディ（アントニオ・ガウディ、一八五二―一九二六）。スペインの建築家。バルセロナで建築を学び、富豪のエウセビオ・グエルをパトロンとしてグエル邸やグエル公園を設計、サグラダ・ファミリアの専任建築家となる。

*ライト（フランク・ロイド・ライト、一八六七―一九五九）。米国の建築家。プレイリースタイル（草原様式）の住宅を多数設計、日本の帝国ホテルも設計した。コルビュジエ、ミースとともに「近代建築の三大巨匠」の一人。

区併合の新市制にふさわしいものとして計画された。

水島は工業都市、玉島は港町、児島は古事記にも登場する商業地、倉敷は江戸時代に栄えた物資の集散地だ。「歴史を散りばめる」と同時に浦辺は、「運命共同体としての城壁都市」もイメージしたと明かす。自治都市のシンボルとしての塔——同じく六十メートルあるストックホルムの市庁舎やヒルヴェルスムのそれよりやや高い塔にしたのが暗示的だ。広い駐車場棟沿いに歩いていけば、それはまるで城壁である。

浦辺のイメージの源泉には、「〝穴の海〟と呼ばれたこの地の神話、浦島物語、豊玉姫があった」と言う。何よりも目立つ塔は、姫の住む宮殿でもあり、市の中心から離れた市庁舎をランドマークにするのに不可欠だった。浦辺はこれまでにも倉敷市民会館、川崎製鉄水島研修センターなどで塔のモチーフを使っているが、それらは浄化槽を隠すためだったり、エレベータータワーのアレンジだったりと形としてはまだ控え目だった。しかし市庁舎の塔はゴシック建築に典型的な塔のための塔だ。

塔は洋風建築のシンボルとして、明治・大正期には角地に塔を建てた例は多い。例えば、大正建築である横浜開港記念会館は、その塔を理由として市民の愛着を呼んだために改修を経て残ったのだ。一九八〇年代を象徴する公共建築は、浦辺の倉敷市庁舎、磯崎新のつくばセンタービル、丹下健三の新都庁舎の三つだろう。いずれも論議を呼ぶものだが、ポピュラリティーを期待できるかどうかは分からない。

一九五七年完成の旧都庁舎について丹下は、「日本の現代建築はその折衷主義の建築の古い殻をぬぎすてて、全く新しい出発をしているのだということを、知ってもらうのに、幾分かは役立っただろうと思っている」と書いた。その後、建築の最前線はモダニズムと日本の伝統的造形の結合による国際様式脱却に向かった。大阪万博以降は「建築の解体」、続く八〇年代にはポストモダンに転じた。その様々な手法の中で顕著なのは、洋風建築様式の引用だろう。先の三つの公共建築はそれをよく表している。

しかし浦辺自身は「今のポストモダンは芭蕉の不易流行の流行だけを追っている。私の歴史主義は〝不易〟を内包したい」と語っている。建築を永らえさせるのは、宗教的情熱以外には市民の誇りと愛着だけだろう。建築固有の価値もそれに奉仕する。浦辺はこうした姿勢を早くから静かに保った建築家だ。

十一世紀初頭、「世界が申し合わせて、古代のぼろ布を脱ぎ捨てて教会の白い衣をつけたかのごとくであった」と、フランスの修道僧グラベールは証言を残した。日本のモダニズムが襤褸《らんる》（ぼろ）なのか、ポストモダンと呼ばれるものがそうなるのか、次世代の営為と時間だけがそれを明らかにする。

（一九八九年）

大野一雄

Kazuo Ohno

死海に立ち尽くす舞踏の精霊 その創造によせる日常の糧

舞踏は一九六〇年代にモダンダンスを否定して成立した。「舞踏の魂」大野一雄と「舞踏の建築家」土方巽。二人の友愛と距離が一つの運動を生成・展開させる原動力だった。八十歳を過ぎても大野は舞姫、幽霊、睡蓮となって世界巡演を続ける。個の身体、記憶に向かう小宇宙の探求が獲得する普遍性。それは老いを唯一の形式に、困惑を技術に、身体を魂の触手と化す即興の果てなのだ。

舞踏家はいつも戸惑いの中にいる。「世界は今も創造され続けている」と大野一雄が言う時、創造の一翼を担う者は個性などもたず、個人の出現以前に存在した者、つまり創造者でなければならない。踊りはどこから始まるのか。個の記憶さえ持たない者に、この問いは困惑以外の何ものでもない。生命の誕生と踊りの始まりは大野の中で同一視される。

月下の即興ダンス

一九八九年初冬の夜半、横浜・上星川に三日月が照っていた。丘の中腹にある大野一雄の家の勝手口からは、高い煙突に重なって月が見えた。八十三歳の大野はそれを眺めた後、隣にあるスタジオに入る。十数人の若い踊り手を前に、白い着物をまとい赤い一茎の造化を手にして即興が始まった。

大野は一九〇六年（明治三十九）生まれ。七七年、七十一歳が初演の「ラ・アルヘンチーナ頌」を代表作に、八〇年以降は世界各地を巡演して共感を呼び起こす驚異の人だ。八九年にも七月から三度、九十日に及ぶ海外公演を終えて帰国した。旅程には、ブリュッセルでの「ユーロパリア89ジャパン」*参加も含まれていた。イタリアのクレモナ市から公演と映画制作の依頼があり、五月にそこで踊る予定の「花鳥風月」のことをとり憑かれたように話し続けた。「クレモナはバイオリンの名器ストラディバリウスの産地。その町をたたえる踊りは、森の中に分け入り木を探す楽器職人になることから始まる。森の沈黙の言葉を聴かなければならない」。

即興はその「花」の断片であったらしい。独特の眼と手の動きを伴い、踊りはゆっくりと進行した。と思うとひざまずき、花茎を首に回して後ろで交差させる。その時、大野は勝手口から見た煙突になり、茎は月のイメージと重なる。十分ほどの即興はそこで終った。その日生徒に指示したテーマは「胎

大野一雄（一九〇六―二〇一〇）。ダンサー。函館生まれ、日本体育会体操学校（現・日本体育大学）卒業。キリスト教の洗礼を受け、一九三四年からミッションスクール捜真女学校で体育ダンスを教える。軍隊生活をへて、四九年第一回大野一雄舞踊公演をはじめとして五回自主公演。五四年に土方巽を知り、以後土方の「ダンス・エクスペリエンスの会」「ディヴィーヌ抄」公演等に参加する。舞踏映画「O氏の肖像」「O氏の曼陀羅」「O氏の死者の書」に出演。七七年の「ラ・アルヘンチーナ頌」で舞踊批評家協会協会賞を受賞。以後、ナンシー国際演劇祭を皮切りに国内外で公演、絶賛を博する。九〇年に『御殿、空を飛ぶ。』発刊。

*「**ユーロパリア89ジャパン**」。ユーロパリアは一九五九年から隔年でブリュッセルで開催される国際交流イベント。八九年は日本の美術・音楽・演劇・文学をテーマに、ユーロパリア国際委員会が主催、日本政府総合ディレクターは田村光男。

児の祭」だ。彼らは揺れ、うずくまり、漂った。

二時間のレッスンの後、「踊りながら余裕があると、ついやり過ぎてしまう。花で首を絞めたりしてね。もっと無心にならなければ」と大野は言った。

暗黒舞踏の「劇薬のダンサー」

あらゆる経験を経て、無心に至る困難さ。そのために大野は、六〇年代の暗黒舞踏を通過しなければならなかった。

新たな文化運動が始まる時、そこで何が起こるか興味は尽きない。例えば日本の暗黒舞踏の場合はどうだろう。一九五九年、土方巽*は全日本芸術舞踊協会主催の第六回新人公演で「禁色」を上演した。題名は三島由紀夫の同名の小説による。少年と鶏の獣姦をモチーフにしたこの十五分の踊りは、「協会、すなわちモダンダンス派の舞踊家たちに敵視され、舞踊批評の分野も二分した」(舞踊評論家・合田成男)。これが舞踊でない「舞踏」の始まりだとは定説になっている。高田雅夫*・せい子の渡米、石井漠*・小波の渡欧。こうして一九二〇年代に興ったモダンダンスは「当時疲弊していた」と合田は言う。肉体そのもの、肉体を組織化する感性を問わず、訳の分からないものになっていたというのだ。

そんな状況で「土方を発奮させたのが大野一雄」(合田)だ。大野は七年にわたる軍隊生活から戻り、ミッションスクール捜真女学校の体育教師。かたわら江口隆哉・宮操子の舞踊研究所で代稽古を務めた。最初の自主公演は一九四九年、演目は「鬼哭」「タンゴ」「リルケ・菩提樹の初花が」。これを秋田から上京していた土方が見た。

「シュミーズをつけた男がこぼれる程の抒情味を湛えて踊るのであるしきりに顎《あご》で空間を切りなが

*土方巽（一九二八—八六）。舞踏家、振付師、演出家。秋田で江口隆哉の門下生に「ノイエ・タンツ」を学ぶ。五九年「禁色」で注目され、六一年の公演から暗黒舞踏派を表明。没後『土方巽全集』発刊。

*高田雅夫（一八九五—一九二九）。舞踊家。「根岸大歌劇団」で浅草オペラを経験した後にせい子夫人と欧米に遊学して舞踊を研究。二四年に高田舞踊研究所を設立するものの早世。

*石井漠（一八八六—一九六二）。舞踊家。帝国劇場歌劇部第一期生、欧米で現代舞踊を研究し、二八年石井漠舞踊研究所開設。「モダンダンス」の先覚者として人材を輩出、五五年に紫綬褒章第一号の受章者となる。

ら感動はながく尾を引いた」(土方)。「劇薬のダンサー」——土方は大野をそう形容し、師と拝いだ。大野の方は幾度か土方と舞台で共演し、「痛むばかりの豪胆さ」と「演出力や考え方の凄さ」に触れたという。『BUTOU Shades of Darkness』(一九八八年)で著者のジャン・ヴィアラは、大野を「舞踏の魂」、土方を「舞踏の建築家」と呼んだ。

技術は困惑の中にある

土方は暗黒舞踏派を称し、文筆家、美術家、デザイナー等を巻き込んで衝撃的な作品を展開していった。大野が出演した「ディヴィーヌ抄」(六〇年)から「肉体の叛乱」(六八年)を経て、「四季のための二十七晩」(七二年)、「静かな家」(七三年)へ。土方は大きな影響を受けた三島由紀夫*の自死の年齢、四十五歳で舞台を降りる。一九五九年から七三年。これは皇太子御成婚からオイルショックまでの高度成長期に当たる。暗黒舞踏は、モダンデザインを志向する空間に放たれた劇薬だったのかもしれない。

一方の大野は、「〝肉体の叛乱〟を見たショックで長い間踊りをやらなかった」と話す。六八年以降、土方が女性舞踏団中心に東北に根差した舞台に転換したため共演の機会もなかった。大野はすでに六十歳を過ぎ、沈黙は無理からぬことでもあった。しかし彼は踊りを渇望しつつ、「次々に湧いては消えるイメージになす術がなかった」のだ。

この期に大野は三本の舞踏映画に出演している。その内の「O氏の肖像」(六九年)について合田は、「舞踊を投げ捨て、草の根にからまる虫と同質になり、死霊と同座するに至ったのだ。微小の世界に潜航を深めながら、極端に複雑化すること、即ち、均質化することによって離脱を完成した」と書いた。舞踊からの離脱、困惑が表現になる機微がうかがわれよう。

*三島由紀夫(一九二五—七〇)。小説家、劇作家。東京大学法学部卒、『仮面の告白』『金閣寺』『近代能楽集』『豊饒の海』四部作などを代表作として日本を代表する作家、劇作家となる。七〇年の自決は衝撃を残す。

次元の異なる世界との出会いがなければ踊りは成立しない。にもかかわらず、舞踏の問題が生活の中で手に余るほど身近にある。大野がそう感じるのは「日常生活の中に虚と実、生と死が重なっている」からにほかならない。何かに感動すると大野は、「泣きたくなる」「死にたくなる」「生きたくなる」「遊びたくなる」と連呼する。そしてこの錯乱、複雑さを舞踏の技術論の核に据える。「技術は困惑の中にある。困惑は技術だ」と。

舞踏の場は母の胎、宇宙の胎

七〇年代、舞踏は幾多のグループの結成・分裂をみた。その多くは「土方の遺産」と呼ばれる次世代による。だが誰よりも鮮やかに暗黒舞踏に終止符を打ち、舞踏の新しい幕を開けたのは大野だった。

一九七七年の「ラ・アルヘンチーナ頌」。スペインの舞姫アルヘンチーナ*は一九二九年に帝国劇場で来日公演を行ない、学生だった大野はそれを見て「悩殺」された。「天地創造の一翼を担う踊り」と感じたという。大野の舞台は、根城のアスベスト館を封印した土方の演出による。

八五年の再演を朝日ホールで見た。大野のソロは第一部「死と誕生」で始まった。帽子をかぶった老婦人は静かに客席から舞台に上がると、ケープをステージに広げて横たわる。それは死の床。彼女は少女に生まれ変わった。絵のような冒頭のシーンだ。第二部は対照的な「日常の糧」。黒いパンツの男が、「すべったりころんだり思い通りにいかない日常生活」を踊ったのだ。第六部のフィナーレは「感謝をこめて」。

七七年の舞台が観客を不思議な感動に引き込み、歓びで満たしたことは多くの証言がある。その一人、中村文昭は「舞踏とは命がけで休息している胎児の夢ではなかろうか」と記している。これは土方

*アルヘンチーナ（ラ・アルヘンチーナ、一八九〇—一九三六）。アルゼンチン生まれのスペイン人フラメンコダンサー。バレエ、オペラの後にフラメンコを研究し、パリで絶賛され、アメリカ大陸横断ツアー敢行。二九年に来日公演。

の「舞踏とは命がけで立っている死体である」との距離を示す。「実際に踊っている時、アルヘンチーナと私は共にあります。私は私。そして彼女が入れかわり立ちかわりやって来るのだけれども、この関係は複雑です」。一つの作品は次の作品を生む。「お膳たは胎児の夢」（八〇年）、それを再構成した「わたしのお母さん」（八一年）だ。お膳は日本人の生と死の儀式をつかさどってきたもの。胎児のお膳は母の子宮だ。そこには食物と衣裳と家、音楽がある。大野が初の著書『御殿、空を飛ぶ。』（九〇年、思潮社）の冒頭に「衣食住と資源論」を置くのはこのためだ。「舞踏の場は母の胎、宇宙の胎」、あらゆる要素が生命と密接である。

幽霊の姿をかりて幽霊と出会う

別の日のレッスンは「小舟をこいで川をさかのぼる」に始まった。バイオリンにする木を探しにいく情景を指示したもので、依然クレモナでの公演に意識が集中していることがわかる。大野にとって川をさかのぼるのは無数の精子、舟は母の胎でもある。「決められた通りに踊るのは舞踏ではない。自由にやって下さい。羊水の中を胎児が泳ぐように」。

二番目のテーマは「立つことの始まり」。立つのは頭頂を吊るされた死体だという。「足を出すのではなく足はついてくる。重力に対して自分の身体の動きを意識しなさい。顎《あご》が前に出るはずがない。理解のない動きでは生物になれないし、まして物にはなれない」。大野は無心になれといい、動きを意識せよという。三番目は「天まで伸びること」。だが飛ぶのではない。

舞踏の訓練は動物になることを第一歩とした。社会化・言語化された身体をふりほどくのに有効だった。それも模倣するのではなく、成ることによって。最も遠いものが最も有効だろう。女性であり胎児であり死者だ。さらには大野が「生きていくのにとても重要な現実」だとする妄想、妄念、夢、幻が加わる。

「死海──ウィンナーワルツと幽霊」(八五年)、「睡蓮」(八七年)、「蟲びらき──マルドロールの歌」(八八年)は、「幽霊となって、幽霊の姿をかりて幽霊と出会う」ことを望んだ大野の踊りだ。これらには詳細な舞踏譜がある。だが踊りを見ても、それは絵解きにはならない。老いという不自由な形式は身体が個体経験・記憶をなぞることを遠ざける。それは生の経験を濾過《ろか》して、すべてを魂の触手に変えることができる。

詩人の竹田富美子は大野の舞踏に無垢と老いの花をみる。「魂が肉体を霊に変えた」と言うのだ。駐日フランス大使だった劇作家のポール・クローデル*は、「西洋演劇では何ごとかが起こる。能では何者かがやって来る」と言った。対比的に言えば、土方には前者の、大野には後者の印象が強い。土方は命が形に追いすがると考え、大野は形が命に追いすがると考えたからかもしれない。

情報に開かれた身体の行方

竹田はまた、「大野さんは情報摂取能力が恐ろしく高い人」と評する。事実、「死海」は八三年のイスラエル公演から生まれ、「睡蓮」はイタリアの庭園の水草から発想された。海外巡演の地の多くは情報の宝庫であるに違いない。記憶という情報、リアルタイムで得る情報、情報の蓄積された言語。いずれに対しても今、開かれている大野だ。

大野の再出発が一九七七年だったことは興味深い。日本は工業を中心とした近代化の時期を過ぎ、明日のために今日を生きる進歩の観念および反近代の抵抗が共に風化した。新しさの競争は差異に、

*ポール・クローデル(一八六八─一九五五)。フランスの劇作家、詩人、外交官。パリ大学法学部卒。文学活動と外交官の職務を並行して行ない、二一─二七年は駐日フランス大使。日仏会館、関西日仏学館開館に尽力。戯曲に『繻子の靴』。

豊かさに変わり、過去を見直し始めた。そうした変化には欧米の方が敏感だった。

日本公演を重ねる西ドイツのダンサー、ピナ・バウシュ*はドイツ表現主義と関連づけられながら高い評価を博している。彼女はノイエ・タンツ（ドイツ新舞踊）を推進したクルト・ヨース*に学び、「タンツ・テアター」を主唱する。八二年初演の「カーネーション」には、一九三〇年代ドイツの政治と大衆のモチーフがひそんでいる。

大野もまた、ノイエ・タンツのマリー・ウィグマン*とクロイツベルクを師と仰いだ。ヨーロッパでは、「日本の舞踏とタンツ・テアターを表現主義的舞踊として、包括しようとする批評的態度が見られる」（舞踊評論家・市川雅）という。表現主義は構想や意識的制作を否定し、主体としての作者の声も抑制した。ユングの「太古から人類に蓄積された集合的無意識」説もその理論的背景をなした。

大野の「構成する空しさ」、「考えると何かが脱落していく」点だけは確かに表現主義的だ。ピナ・バウシュも「いつも始まりの恐怖におそわれる」と語り、テーマやモチーフを設定して踊り始めることの困難を表明している。大野は何ものにでもなれることにより、ピナは団員個々人の自発性を開くことで、作品の多元性を表出しているようだ。

「表現には、常に二重、三重の隠されたテーマがなくてはならない。現実の裏に秘められている多重像を露出して表現に定着するのが想像力の力だろう」。これが大野の立場なのである。

一九九〇年、大野には「花鳥風月」が待っている。狂気の中で花を咲かせる植物。羽を背負った鳥のような男と、踏みしだかれたユダ。窓枠にはりついた胎児がロープ伝いに教会に入ってくる。微風。ベートーベンの「月光」。大野のイメージは錯乱の行方を知らない。目覚めつつ夢みる人のなせる狂乱のドラマをこそ、そこで見たい。

（一九九〇年）

***ピナ・バウシュ**（一九四〇―二〇〇九）。ドイツのダンサー、コリグラファー。芸術大学でクルト・ヨースに学び、米国ジュリアード音楽院舞踊科に留学。七三年にヴッパタール舞踊団の芸術監督に就任し、舞踊と演劇の融合を意味する「タンツ・テアター」で世界的名声を博する。

***クルト・ヨース**（一九〇一―七九）。振付師、教育者。二七年のエッセンのフォルクヴァング学校創設者の一人として、長く舞踊科の指導に当たる。「タンツ・テアター」の開拓者と言われる。

***マリー・ウィグマン**（一八八六―一九七三）。ドイツのダンサー、振付師。ドイツにおけるモダンなノイエ・タンツの創始者。スイスで新傾向のダンスを学び、二〇年にドレスデンで「マリー・ウィグマン舞踊学校」開校。第二次大戦で閉鎖され、戦後はライプツィヒ、西ベルリンで活動。

Yukio Nakagawa

中川幸夫

魔の山をのりこえる花狂
その「花深処　無行跡」の戦慄

戦後の前衛いけ花を代表する対照的な二人に、草月流の勅使河原蒼風と流派を持たない中川幸夫がいる。作家・蒼風の到達点が中川の出発点だったとも言える両人だ。その中川にとって花は魔の山、多彩な謎を問いかける。『華』に収録された中川の「花坊主」「花狂《はなぐるい》」「闡《ヒラク》」は、花の生命、フォルム、空間をめぐる謎への解答である。その探求の軌跡は「花深処　無行跡」——。

詩人は言霊《ことだま》といい、いけ花作家は花霊《はなだま》という。花のもつ根元的な魔力＝花霊にひかれる作家の、別の花をつくりだそうとする苛烈な試みは徹底極める花の否定に始まるようだ。安土桃山期に二代池坊専好によって完成をみた立花《たてはな》について中川幸夫は、「立花はその立像として、器に立てる人間の極限の踊りでもある」という。陰陽に基づき真の木を立てた球形の宇宙が立花の基本であった。中川はそこに帰ることはできない。

『華　中川幸夫作品集』（一九七七年）は「妖神」「センリョウハコ」「闇」で幕をあける。反世界の始まりを告げる黒い卵と花弁のない極楽鳥花で「妖神」。輝くばかりに盛りあげた千両の赤い実がはこ壷からこぼれる「センリョウハコ」。黒いビニール袋をマントのようにまとった極楽鳥花を逆さに立てた茎の集合、「闇」。こうした始まりは、見ているのがいわゆるいけ花と呼ばれる作品集であることを忘れさせる。

詩、舞踏、黙劇、音楽の始まりに近い。キレイさ、移ろいやすさの象徴である花はここにはない。そもそも花がない。驚きはあらゆる人の無関心を揺り動かし、まったく別の花を予感させる。

花の命が流出する「花坊主」

六十の作品を収めた『華』の中程まではこうした驚きが持続する。花でなく、植物でさえない素材が多いせいだろうか。例えば時計、貝殻、着色セメント、ゴム。仏手柑《ぶっしゅかん》。裸麦、ひからびたリンゴ、頻出する唐辛子などいけ花には珍しく、また凡庸な植物が登場するせいもあろう。

花であったとしても、薔薇の花びらはガラス器に隠され（「葉は知っている」）、チューリップは須恵器に組み敷かれ（「拈華」）、いけ花では禁花であった曼珠沙華が墓標に盛られる（「鬼火」）。花と器、花と水

中川幸夫（一九一八―二〇一二）。いけ花作家。香川県丸亀市に生まれ、重森三玲主宰の前衛いけ花集団「白東社」で研鑽を積む。一九五六年に半田唄子とともに東京に転居し、戦後いけ花が生んだ「ただひとりの前衛」として本格的な作家活動を始める。主著は『中川幸夫作品集』、『華　中川幸夫作品集』、『中川幸夫の花』、『魔の山　中川幸夫作品集』。〇二年、信濃川河川敷での「天空散華」が大きな感動を呼び、「花人中川幸夫の写真・ガラス・書　いのちのかたち」（宮城県立美術館、丸亀市猪熊弦一郎現代美術館、〇五年）開催。一四年、「樂翠亭美術館にて　中川幸夫――奇跡の花」開催、ドキュメンタリー映画「華　いのち　中川幸夫」完成。

との関係が破壊されているのが異様さの理由であるらしい。茎、葉、花がそろったものはどこにもないのだ。「見えない空間に花が咲く〝空華〟。そこに美が感じられ、人間の行為が感じられれば、それもいけ花」（中川）。

何よりも、カーネーション九百本の花弁ばかりを腐乱させ、器に詰めて白い和紙に逆さに置いた「花坊主」が鮮烈である。花の血の流出で和紙は血染めだ。この作品集に「狂花思案抄」を寄せた詩人の瀧口修造は、「花をいける、という逆説の現場検証」、「おそらく、いけばなの自己解析が起こっていたのである」とつぶやいた。

自然に咲く花があり、いけ花五百年の歴史に培われた花があり、ここに花の命の裸形としての「花坊主」がある。天の火を奪いとり、地下の火の舌を宿す花の赤さ。花、命、色、ついには光が、中川の求める花霊だったのだろうか。「色に驚き、匂いに誘われ、フォルムに驚嘆し、かさなり合った花弁の魔力」と彼は花の魅力を列挙する。「はかり知れない花の呼吸をつかむことこそいけ花の第一歩と思う」ともいう。色がまずあり、呼吸は生命のあかしである。

極北に位置した異才の「悪の華」

「花坊主」制作の日付は一九七三年一月三十日とある。勅使河原蒼風、小原豊雲*、中山文甫*をはじめとする前衛いけ花の盛りはとっくに過ぎていた。「焼け跡のひまわりのように、戦後、いけ花界は生き生きとよみがえった。その頂点に立った男、勅使河原蒼風と、極北に位置した異才、中川幸夫」というのが放送作家・早坂暁の実名連載小説『いけばな戦国史　華日記』の冒頭である。

戦後いけ花とは何だったのか。超流派の雑誌「いけばな芸術」編集長だった重森弘淹*は、「一九五五

***小原豊雲**（一九〇八—一九九五）。いけばなの小原流で、雲心、光雲に次ぐ三代目家元。いけ花にオブジェを取り込むことで戦後の前衛いけ花の主導者の一人となり、日本いけばな芸術協会理事長を務める。

***中山文甫**（一八九九—一九八六）。一八〇七年創流の未生流に属し、「新興いけばな宣言」に加わる。前衛を冠した初の「前衛挿花個展」開催後の五四年、中山文甫会を創設。やがて「暮しのいけばな」に回帰する。

***重森弘淹**（一九二六—一九九二）。写真評論家。同志社大学卒、重森三玲の息子として「いけばな芸術」編集長。その後写真評論を展開して東京総合写真専門学校設立、武蔵野美術大学で新設の映像学科に参画する。

年ごろに始まる戦後の相対的安定期は、前衛いけばなを〝くらしのいけばな〟にまで後退させることで決着がついたようにみえ」、その後は「古典の見直しをタテマエとしながら、ホンネは、大流を頂点とするいけ花界のヒエラルキーの完成を、どのように維持するかに全体として動いてきた」とする。その結果、七〇年ころ、いけ花人口は五百万人を超えた。

短命だった前衛いけ花の証言として、『IKEBANA by Sofu Teshigawara』(一九五二年)と『中川幸夫作品集』(一九五五年)がある。蒼風五十二歳、中川三十七歳の時の二冊の自費出版本は意外なほど近似している。横山正・東京大学教授は、「家元としてでなく、作家・蒼風の到達点と、中川の出発点が近かったということだろう。いずれも作品として見事に自律している」と語った。

中川はこの出版の翌五六年、生まれ育った香川県丸亀市から東京に転居する。五一年には、決定的に自由であるために、池坊に脱退声明を送っていたから、流派をもたない「いけ花の戦後が生んだただ一人の前衛」(重森弘淹)として転じたわけだ。

「いけ花の名手として花ばさみを手にしたまま往生した祖父、隅鷹三郎」(中川)と、同じ池坊師範の叔母がいながら、一九一八年(大正七)生まれの中川がいけ花を始めたのは、大阪の石版画工房の勤めで病を得て帰郷した一九四一年だったようだ。池坊の後藤春庭と立華を論じ、造園家・重森三玲*が主導する家元否定のいけ花革新集団「白東社《びゃくとうしゃ》」*に加わり、写真家の土門拳、美術研究者の水沢澄夫、蒼風に出会った丸亀時代の十五年だった。一九四九年の「中川幸夫　花個展」は「スーラのデッサンとマチスの色彩感覚」(半田唄子)と評され、「悪の華」で始まる五五年の作品集は蒼風が「体質から出てくる生理的迫力がある」と評した抽象的作品が中心である。

***重森三玲**(一八九六—一九七五)。作庭家、庭園研究家。日本美術学校卒。「新興いけばな宣言」を起草、全国の庭園を実測する。戦後は白東社を主宰し「いけばな芸術」発刊。主著の『日本庭園史体系』三十三巻別巻二巻ほか著書多数。

***白東社**(一九四八—)。京都の重森三玲邸で生まれた超流派のいけ花研究会。「日本といけ花界の夜明け」を願って重森が命名。同人同士の相互批評、重森の講評、座談会、展覧会を展開し、五五年で活動休止。

花に至った五十歳の「訪問者」

コンサートをやめたピアニストと流派を拒否したいけ花作家の理由はどちらが重いのだろうか。例えば、天才ピアニスト、グレン・グールド*は三十二歳にして公開演奏を降り、タブー視されていたテープ編集を駆使してのレコード制作に没頭した。中川は三十三歳で池坊を去り、人前で花をいけず教えず、自室での作品集のための制作に限った。

「中川の密室の花はグールドのピアノに似ている」と横山は言う。ピアノの歴史三百年、いけ花は五百年余り。唯一のメディアとなるレコードと写真に、グールドはバッハ、ベートーベン、モーツァルトの音楽を刻み、中川はオリエントの蓮《ロータス》、西欧の薔薇、日本の桜をとらえる。芸術のうちで最も抽象度の高い音楽と、自然の造化の頂に立つまさしく花。天才と神の作品の再創造の現場には、偶然性やもの欲しげな観衆の入る余地はない。ライブやパフォーマンスはひとまず放棄される。

「自然の中に花がありすぎて花そのものをいけることはためらわれた。東京に来て花をいける衝動に駆られながら生の花は怖くて手が出せなかった」中川だった。生活のために喫茶店やバーにいけながら、表現としての花はやってこない。

転換点は六八年の東京での初の中川幸夫個展だろう。出品作はセメント着色による「訪問者」『根』などの連作二十一点である。花とは「高等植物の有性生殖を行なう器官」(『広辞苑』)だ。ここでは、生の花でないことでかえって柔らかな花唇と花芯が出現する。朝日新聞はこの個展を「超前衛的な」「花のないいけ花?展」と報じ、重森三玲が「これなら生きた花をいけられる」と中川に勧めた作品群であった。「訪問者」という題名は、中川が自意識から花の方に渡ったことを明らかにしている。見る側の視点

*グレン・グールド(一九三二—八二)。カナダのピアニスト、作曲家。トロント の王立音楽院卒。初レコードの「ゴルトベルク変奏曲」が絶賛されるが、演奏会を拒否してレコード録音と放送に活動を限定するようになる。

を根拠とする遠近法からの脱却、作家でなく花を第一とする主語の転換が起こったとも言えよう。最初の作品集で「時に内向的」（重森三玲）、「中川さんの主観がどうすれば客観性をもつか」（水沢澄夫）とされた問題に解決の糸口を得たのだ。物に語らせようとする西欧のオブジェに対し、テーマ性の強い〝オブジェいけ花〟の「人間の言葉を介在させようとする」誤りを見抜いたのは、やはり瀧口修造であった。

花が表現に至るには、自然の花からも、いけ花の伝統・流派の様式からも、同時代の他ジャンルの直接的な影響からも、さらには自意識・自己様式からも自由でなければならないだろう。こうした困難に対し、中川の支持者であり続けた棟方志功*がある時、彼に贈った言葉が「花深処　無行跡」（花深きところ　行く跡も無し）であった。

強固な空間をはらむ紅蓮の「花狂」

五十歳の個展を機に、中川のいけ花は『華』の作品群に向かう。作品集前半の〝いけ花の逆説〟と後半の〝刷新のいけ花〟とは同時進行だ。

転調を知らせるのは三十一番目の白蓮による「鬱勃《うつぼつ》」。さらには紅蓮の「微笑《みしょう》」である。ギリシャ美術のアルカイック・スマイルを思わせる創造は、同じ紅蓮の「花狂」で早くも頂点に達する。この世評に名高い傑作は、精妙に花弁を乱す中川の手が咲かせた虚構の花だ。見慣れない花を見る驚きは花の時空を止め、やがて花弁はゆっくり身をふりほどく。中川の花への興味、色・匂い・フォルム・構造のすべてを備えた花。枝そのものを小宇宙の構成の基本としていけ花の伝統を離れ、その花だけで強固な空間を獲得している。

これ以降は、松、鶏頭、蘭、百合、牡丹、梅、桜といった伝統的な花材が怖れることなく登場する。

***棟方志功**（一九〇三―七五）。木版画家。青森から上京して柳宗悦に見出され、一九五六年ベネチア・ビエンナーレで日本人初の国際版画大賞を受賞。作品に「釈迦十大弟子」「大和し美し」、著書に『わだばゴッホになる』『板極道』など。

七三年に中川は「珍しい花は限られる。今後花を咲かせるには、思索のなかに咲かすしかない。木に竹をつぐ思想の中に花はある」との決意を記した。

例えば、江戸期に顕著なくの字型のいけ花に対する注釈としての「くの字鶏冠」。これは花を習い始めたころの叔母との次のようなやりとりに対する解答だったろう。「この鶏頭は背中から見る方が悲しくて、一番鶏頭らしい」、「花の背中を見せるのは異端じゃ、流派のキマリに反する」。「聲なき肉聲」の白菜は、「葉脈の強さにひかれて白東社時代から挑戦していた」とのことだ。

花は跳躍の瞬間の動物のように動きを秘め、虫を誘い、絶壁の巓《いただき》に神のごとく咲き、茶室に配した枯蓮の葉による「空《くう》」で作品集は終るかに思われた。

生命と物体の臨界点を示す「闢《ヒラク》」

最後の作品「闢《ヒラク》」は、棕櫚縄《しゅろなわ》でしばられた腐りつつあるチューリップの塊である。突然送り届けられた花肉のメールアートか。富山で球根栽培のために切られる夥しい花弁が川に流される光景を写真で見て、その強い印象が「花坊主」の体験と結びついた。

だが、カーネーションが鮮血を外にほとばしらせることで生命を明示したのに対し、チューリップは皮膚をはがれ花液を内に滞らせた肉塊と化している。花の命は梱包可能な裸体＝物体にまで後退する。器とも水とも命とも分離された花。これは生命と物体との臨界点を示す〝零度の花〟だ。「これを〝闢〟と名付けたのは、ここで終わりではなく、また新たな始まりがあるよう願わずにはいられなかったから」と、中川は制作を終えた時の心境を語っている。

反世界の始まりを告げる「妖神」で幕をあけた『華』は、「花坊主」で命に触れ、「花狂」で生命とフォルムが合致した強固な空間をはらみ、「闌」で花の死と再生とを暗示する。『華』は、芸術創造、花の創造・消滅の二重のドラマのアーキタイプを示し、その制作年をたどれば作家の花の発見史ともなる。この本を成立させるために中川は、石版画工房で取得した印刷の知識、土門拳から盗んだ写真術、断続的に続けたガラス制作、書のすべてを投入している。

世界の謎・消滅としての「魔の山」「死の島」

「闌」が示す最後のきらめきは、現代芸術に共通する重い問いである。これこそが「正統」なのだが、中川は「異端」と呼ばれ、時には「古典的作調への媚態を示すのはなぜか」「ころしの美学の凄絶さに欠ける」(林紀一郎)といった的外れな批判も浴びせられた。こうした発言は作家に一つの声、一つのスタイルを要請しがちな個性神話の名残ではなかろうか。多様な花に触発される作家の姿勢の多様さは、精神の複数性を許容する。

戦慄すべき作品集『華』を発刊した後、中川は密室を出て、特定の時間・空間にかかわるパフォーマンスにも意欲を見せている。「花が一期一会の世界であることを知れば、いけ花は厳然と個々のものでなくてはならない」(中川)といった規範は、パフォーマンスによくあてはまる。

「珍しいものをいける、それがごちそうだという発想」(中川)が、当意即妙にもてなしの花をいけた室町末期以降の茶の花の系譜にあるという。同じように、八五年に国宝の茶室・如庵で中川は、大きな一枚の芭蕉の葉を吊るし、金箔をはった椰子の実ひとつを床《とこ》に置いた。企画者の横山正はこの仕儀を、「織田有楽が、利休門弟として同門のキリシタン大名、マニラで病死した高山右近をしのんでのこと」と読み解いた。

「花の存在に迫る中川さんの作品集が傑作であるだけに、場との格闘の中でいける花を別に残すべき」、というのが横山の狙いである。京都・山崎の待庵での制作が実現したら、中川はそこで「こころ深く刺す利休*の死と対した花」の精神に向き合うことになろう。

一九八九年五月、中川は「魔の山」「死の島」に挑んだ。チューリップ二万本の花弁がそれだけで彼が分け入った〝花という魔の山〟となり、フォルムの限定を脱した。「死の島」は、その山がみずから流した血の海に沈む世界消滅のビジョンであるようだ。この二作で作家は遠心性に転じることによって世界をおおい尽くす。終末後の風景が花だけで成立するなら、それは作家というよりデーモンの仕業に近い。なぜなら、命あるものは命なき物体を見ることはできても、命なき後の世界を見ることはできないからだ。

半世紀に及ぶ中川の創造の孤独、すなわち「花深処　無行跡」に戦慄する。「舞踏とは命がけで立っている死体」と言ったのは暗黒舞踏の創始者、土方巽だ。中川のいけ花もまた、「命がけで立っている死体」となった。

（一九八九年）

*利休（千利休、一五二二―九一）。安土桃山期の茶人で千家流（三千家）の開祖。織田信長、豊臣秀吉に重用されたが、秀吉の怒りに触れて自刃。わび茶を完成し、草庵風の茶室である国宝「待庵」を残す。

石元泰博

Yasuhiro Ishimoto

レンズが研いだ怒りの子
その眼が捕らえる〝二つにあらず〟

石元泰博の写真集に『シカゴ・シカゴ』と『桂』がある。移民の子として米国に生まれて二つの祖国をもつ写真家は、『ある日ある所』にいるべき自由のために、〝写壇〟とは距離を置く。『伝真言院両界曼荼羅』撮影後は密教の公理「不二」を語り、事象の虚偽を突いて倦むことがない。日本の写真界をデザインあるいは造形の威力で揺るがす石元の視線の軌跡を追ってみよう。

品川の瀟洒《しょうしゃ》なアパートメントでの最初の取材の日、石元泰博は〝怒れる人〟だった。進行中の総裁選から、あまりにサイクルが早い物の生産体制、生活を忘れた建築、アートに走ったグラフィック、一斉に切られる記者会見のシャッター、贈答品公害まで、その怒りの矛先は限りがなく、意外なデザイナーが俎上にのぼった。この時、端正な部屋と怒りの激しさは、何か不釣り合いな気がした。

二度目の取材の時、石元はカメラを扱うプロであり、目の造形作家だった。十歳の時にはじめて手にした菓子の景品のボックスカメラから、コダック35、ローライフレックス、ライカ、リンホフ、デアドルフ、ジナー、キヤノンのT90と、自身が手にしたカメラの話が続く。それはカメラの進歩の歴史であると同時に、石元が何を狙ってどのように撮ったかの軌跡でもあった。

石元は言う。「カルティエ・ブレッソンのように35ミリカメラしか使わないといった立場を採りたくないと言って、アメリカの写真のキュレーターと議論になったことがあった」。ブレッソンはライカを肉眼の延長として駆使した最初の人、『決定的瞬間』(一九五四年)の写真家だ。石元は被写体に添いながら、カメラを駆使して対象との距離を測る。

彼はまた言う。「写真は時間と空間の選択の連続。自分がなければ選択はできないから、必ず写真家の顔が映る。だけれども自分の場合は、ニューバウハウス*の構成教育の癖で物が最初から構成的に見えてしまうのが欠点だ。そして、写真を見た人は、もう物を自分の目で見ようとしないからあらゆることが擬似体験になってしまう」。友人の写真家・大辻清司*が「ぜいたくな悩みでしょう」と評する石元の「デザイン的すぎる欠点」。写真が世界を開くのではなく隔ててしまうとの嘆き。これは一体どういう種類の問題なのだろうか。

石元泰博(一九二一—二〇一二)。写真家。サンフランシスコに生まれ、高知県土佐市で育つ。シカゴのインスティテュート・オブ・デザインで写真を学び、一九六〇年シカゴ美術館での個展をはじめとして世界的に活躍する。六九年日本国籍取得。九四年アルル国際写真フェスティバルでマスター・オブ・フォトグラフィー受賞、九六年文化功労者となる。主著は『桂KATSURA』、『シカゴ、シカゴ』、『伝真言院両界曼荼羅』、『伊勢神宮』、『刻(moment)』。一三年、「追悼展　写真家・石元泰博の軌跡」(高知県立美術館)開催、翌年に同美術館に常設の石元泰博展示室が開設される。

***ニューバウハウス**(一九三七—四九)。ドイツのバウハウスで教官だったモホリ・ナジがシカゴで開設したデザイン教育機関「インスティテュート・オブ・デザイン」の通称。一九四九年イリノイ工科大学に併合。

***大辻清司**(一九二三—二〇〇一)。写真家。東京写真専門学校卒、「実験工房」「グラフィック集団」に参加。桑沢デザイン研究所、東京造形大学、筑波大学で写真教育にあたる。石元と共同制作の映画「カリグラフ」がある。

帰米二世、写真家になる

〝モダニズムの写真家〟石元泰博がアメリカで誕生し、一九五三年にニューヨーク近代美術館での三人展に招かれるまでには、多くの偶然が重なったようだ。

一九二一年、石元がサンフランシスコで生まれた時、両親は高知からの農業移民だった。両親はその三年後に子供を伴って高知に引き揚げ、機械いじりが好きだった石元が農業学校卒業後に単身渡米したのは、彼が米国籍である事情が絡む。ところが〝帰米二世〟*の石元は、渡米後間もなくの太平洋戦争突入で、コロラド州アマチ・キャンプに入れられた。

「一九四二年のミッドウェー海戦でアメリカは戦争の見通しがついたとして、キャンプ内の規制が緩やかになった。カメラの所持も許され、知人に預けてあったコダック35を取り寄せた」。その収容所で仲間のハンマーが石元の左目に当たり、眼鏡の破片が角膜を切る。奇跡的に退院できた時、石元は「神が守ってくれた目を使う職業に就けたら」と願うような青年であった。

終戦前にシカゴ行きが許可になり、石元はウェスタン大学建築科に通うかたわら、日系カメラマンのハリー・シゲタ*が紹介したアマチュア写真クラブで腕を磨いた。仲間に写真を酷評され、本屋で偶然手にしたゲオルグ・ケペッシュ*の『視覚言語』が石元を本格的な写真に導く。この本と次に買ったモホリ・ナジ*の『ビジョン・イン・モーション』が良き教科書となって、写真コンテストでの数々の優勝をもたらしたのだ。

シゲタの勧めでニューバウハウス写真科に入学したのは一九四八年。石元二十七歳の、紆余曲折を経ての入学である。

***帰米二世**。日系二世が日本で教育を受ける場合は一時的に米国市民権と日本国籍の両方が与えられ、卒業時にいずれかを選択。比較的裕福な階層が採った学修形態であったため、収容所では日系二世一般との間で葛藤も生まれた。

***ハリー・シゲタ**（重田欽二、一八八七—一九六三）。写真家。一九〇二年に渡米してロサンゼルスで写真館を開業し成功する。シカゴでも活動し、石元を定評あるカメラクラブに誘って写真家の道を開く。

ニューバウハウスの造形教育

石元泰博が入学したシカゴ・インスティテュート・オブ・デザインは、モホリ・ナジがドイツのバウハウス（一九一九―三三年）の理念を受け継いで一九三七年にシカゴで開いたもの。通称「ニューバウハウス」と呼ばれる。ここでの一年半の基礎教育はまず落書から始まり、点、線、テクスチャー、立体の訓練へと進む。

「せっかく写真を目指して入学したのに、訳のわからないことを毎日やらされて少々失望したが、素朴な発見を繰り返すうちにだんだん引き込まれていった」と石元。写真の授業でも最初はカメラを使わない。まず一枚の印画紙に火をつけたマッチを近づけ、その遠近によって現像の結果現われる白黒の調子を学ぶといった徹底した造形教育であった。

学生としての石元の成果は目覚ましい。「ヤング・フォトグラファーズ・コンテスト」（「ライフ」誌）での入賞、学業優秀によるモホリ・ナジ賞の連続受賞を果たしての卒業である。建築評論家の浜口隆一*が五一年にこの学校を訪れた折、建築の主任教授だったワックスマンが「素晴らしい才能をもった写真学生がいる」と石元を紹介したことが知られている。浜口のホテルに、裸のライカを肩にした石元が現われ、窓から街を見下ろしてシャッターを切ったとのことだ。

機械に対する執着、失明の危機、ケペッシュとナジの著作。これらが石元を写真に導いた縦糸だった。では、すぐれて社会的な写真というメディアに対する石元の姿勢を決定したのは何だったのだろうか。

「ニューバウハウス時代に東京ローズ（対米放送の日系二世の女性アナウンサー）の実家の本屋で、東京裁判

*ゲオルグ・ケペッシュ（一九〇六―二〇〇一）。造形作家、理論家。ハンガリーに生まれ、ベルリンでモホイ・ナジと仕事をする。四六年にマサチューセッツ工科大学教授となり、主著は『Language of Vision』。

*モホリ・ナジ（一八九五―一九四六）。写真家、造形教育者。ハンガリー生まれ、ワイマールのバウハウスで教官となり、戦後米国に渡って通称「ニューバウハウス」を開校。主著は『Vision in Motion』。

*浜口隆一（一九一六―九五）。建築・デザイン評論家。東京帝国大学建築学科卒、建築家から建築評論に転じて、都市、地域づくり、サインなどで旺盛な評論活動を展開。主著は『市民社会のデザイン』。

が載ったカメラ雑誌を見た。東条英機*に同情するカメラマンはいい顔を撮るし、彼を拒否する者は逆の撮り方をする。写真家は政治家にならなくとも、一枚の写真で世論をリードできると思った」。一方、アメリカ中を吹き荒れたレッドパージ(共産主義排斥)が在学中のニューバウハウスに及んだ時のこと。石元は「カメラマンはあらゆる立場から自由でなければならない。ある日ある所にいることが写真家の絶対条件だから」、と自分の立場を規定する。

カメラの目の政治性に惹かれながら、いわゆる社会派写真家とならず、極力団体に属そうとしないその後の石元の個の処し方を決した二つの出来事と言えるだろう。

日本写真界の〝異色の写真家〟

十四年ぶりの日本への〝帰国〟は一九五三年だ。ニューヨーク近代美術館の写真部長、エドワード・スタイケン*の依頼で「ザ・ファミリー・オブ・マン」展のための日本の写真収集と、同美術館で予定されていた日本建築展の写真撮影のためだった。建築家の吉村順三*、ニューヨーク近代美術館のアーサー・ドレクスラーと三人で桂離宮*を訪れたのは、帰国後十日目だったという。

このころ、石元がシカゴで撮った写真が日本の写真雑誌ほかに掲載され始める。後に写真集『ある日ある所』に収録される作品群である。「貧民窟では風船玉もとばない……」、水着の女性たちの下半身、雪の積もった車など。これらを見て、実験工房で活動していた写真家の大辻清司は、「私がやろうとしていたことを真っ直ぐにやっている」との強い印象をもった。その大辻の所に石元が突然、トランクいっぱいの写真をもって現われた。大辻が紹介した詩人で美術評論家の瀧口修造による企画で、五四年一月、神田のタケミヤ画廊で最初の個展が開かれた。

*東条英機(一八八四—四八)。陸軍大将、政治家。一九四一年に首相となって太平洋戦争開始、四四年には参謀総長も兼任。極東国際軍事裁判でA級戦犯として絞首刑となる。

*エドワード・スタイケン(一八七九—一九七三)。写真家、キュレーター。ロダン、セザンヌといった欧州作家を米国に紹介。一九四六—六二年ニューヨーク近代美術館写真部長を務める。

*吉村順三(一九〇八—九七)。建築家。東京美術学校建築科卒、アントニン・レーモンドに師事する。共同設計の国際文化開館、皇居新宮殿、八ヶ岳高原音楽堂などが代表作。

シャープで叙情に流れない石元の写真は前衛的な美術家、デザイナーには熱狂的に迎えられた。だが写真界からは長く敬遠されたと伝えられる。「自分に出来ないことは出来ない」と自己を貫き、アメリカ的な正論で日本社会を切る発言に閉口した人の多かったことも原因だったようだ。

一九五八年十一月二十八日、新丸ビル地下のポール・スターで、あるパーティーが開かれていた。丹下健三、坂倉準三*、原弘、亀倉雄策、桑沢洋子、岡本太郎、勝見勝、浜口隆一らが顔をそろえた。「国籍は向こうにあるので形式的にはアメリカに帰るということになるのだけれど、自分の心は日本人です」と挨拶するのは当夜の主役。「石元泰博夫妻を送り、作品集の出版を祝う会」が、この集まりの名称だった。米国籍の石元が『ある日ある所』を発刊し、滋子夫人を伴って再びアメリカに赴く間際のことで、これは写真雑誌で「さよなら石元泰博　在日六年、写真界をゆさぶった男」と報じられた。

当時、日本の写真界で本格的な造形教育を受けた人は皆無に近く、石元は新しい波のトップにいた。それで請われて桑沢デザイン研究所で指導にも当たった。倉俣史朗*、羽原粛郎らは、ニューバウハウス流の石元の授業と、カラー多重露光のシリーズの新しさを、今も鮮明に記憶している。

シカゴ、東京、都市をみつめる目

石元のシカゴ滞在は一年の予定が三年に延び、一九六二年にその成果が白木屋（東急百貨店日本橋店）の個展で示された。題名は深い愛着をこめて「シカゴ・シカゴ」。同名の写真集が六九年に美術出版社から出されて、翌年毎日芸術賞を受賞した。

シカゴは都市社会学「シカゴ学派」の地、近代都市の実験場だ。多くのマイノリティーが住むスラム街は、石元の滞在中、都市再開発で壊されつつあった。この写真集に「荘厳な静けさ」、「〝確かいつか

*桂離宮（十七世紀初頭創建）。京都市西京区にあり、八条智仁親王の別荘として建造が始められ、数次にわたって造築。数寄屋造り書院と回遊式庭園で知られる。

*坂倉準三（一九〇一—六九）。建築家。東京帝国大学美学美術史科卒。渡仏してル・コルビュジエの元で働き、一九三七年パリ万博日本館パビリオンが絶賛される。神奈川県立近代美術館を設計。

*倉俣史朗（一九三四—九一）。インテリアデザイナー。桑沢デザイン研究所卒、三愛宣伝課を経て独立。三宅一生のショップデザイン、斬新な家具や照明が代表作。イタリアのメンフィスに参加、海外でも評価が高い。

どこかで見たイメージ〟と〝かつて見たことのないイメージ〟との絶妙な結婚」と献辞を寄せたのは瀧口修造だ。都市のイコンと言うべき看板や破壊される建物、廃車群、深い影を落とすビル。カメラに正面から向かう視線は子供と仮面のそれだけだ。ここにはあらゆる物と人とを等価に距離をもって見る目の論理と、銀塩による黒と白の黙劇とが在る。

「『ある日ある所』には人種差別に対する正義感がうかがわれるが、ここではそれが消えて高みからアメリカを見る気配が感じられる」と、この写真集の編集に参加した大辻は指摘する。杉浦康平が会場デザインに当たった個展、亀倉雄策がデザインした写真集はともに絶賛を博した。

石元は七一年には『都市』を発刊し、ここ六、七年は山手線沿線の駅付近の風景を8×10インチと大型のカメラで撮り続けている。「大型カメラの不自由さと、その懐かしさを呼び起こす形が、被写体となる人々との間に緩やかな関係を生んでくれる」と言う。

石元のことを「彼の悲劇は、むしろ彼のレンズに耐える建築が日本になかったことだ」と語ったのは浜口隆一だった。東京の街は雑然としていて深い影がなく、写真になりにくいとよく言われる。空に突き刺さるビル、電信柱、意味不明なロゴ、所かまわない看板などはレンズ越しに眺められて石元を〝怒りの人〟にする。それでも彼は自分の住む東京を一種の義務のように撮り続ける。高校時代に中長距離のランナーとして鳴らし、〝日に三里は歩いてモチーフを捜す〟と言われた足で――。

丹下健三と磯崎新、二つの「桂」

都市のシリーズとは別に、石元泰博には日本の古代史にさかのぼる一連の写真がある。だがその先駆けであった『桂』は、彼にとって奇妙な写真集であったような気がしてならない。日本のモダニズム、ポストモダニズムの論議に強引に連れこまれたように見えるからだ。

「むしろこの本は一人の建築家と一人の写真家の心象の中に生きている桂の記録である」と丹下健三は同書の序で記した。一九五三年の帰国直後に石元が十七世紀の建築、桂離宮を訪れたのは吉村順三と一緒だった。その時の写真を丹下が見たのだとすれば、六〇年出版の桂ではあまりに丹下の比重が大きい。「ミースのレークショアドライブ（五二年）のピロティー部分と、桂の柱と壁の構成はほとんど同じ。桂離宮に全く先入観のなかった自分にはそう見えた」と、石元はその両方の写真を並べて示す。

二度目のカラー版『桂』は磯崎新*の「桂—その両義的な空間」という長文の論文を付して八三年に発刊された。磯崎は先の写真と比べて「これが同じ桂か、と見まがうほどの印象の差がある」として、「時間の経過が新しい読解を要請した」と書いた。

「今度三十年ぶりに当時よりもいい機材とフィルムで桂を撮ったが、どうも最初の感激がなく、型をなぞってしまう」と石元は自分に厳しい。また、「モダニズム批判が起こったが、少なくともニューバウハウスでは〝機能主義〟といった言葉でバウハウスの精神が代表されることはなかった。本当の機能とは、人間の共通感覚も含んで、全感覚を満足させるもの」といま語る。

二つの桂の間に写真集『伝真言院両界曼荼羅*』がある。平凡社の雑誌「太陽」が空海特集を企画し、東寺に頼みこんだことを伏線として真夏の二週間ぶっ続けで撮影したものが本になった。限定五百部、八十八万円で重さは四十五キロの大冊である。「ファインダーをのぞいて見ると、姿も顔も素晴らしい。お坊さんものぞいてびっくりした」と、胎蔵界諸尊にエロスを見た感動を石元は振り返る。その胎蔵界四一六尊、金剛界一四六一尊に最低四回ずつシャッターが切られたのだ。

密教では、理（観られる道理、物理的な生成の原理）と智（観る智恵、精神的存在の理法）が悟りの状態で一体とな

***磯崎新**（一九三一—）。建築家。東京大学建築学科卒。大分県立大分図書館、群馬県立近代美術館、つくばセンタービル、水戸芸術館が代表作。評論や芸術文化活動を精力的に展開、論客として知られる。

***伝真言院両界曼荼羅**。京都駅近くにある東寺（教王護国寺）が収蔵する国宝で、胎蔵界曼荼羅と金剛界曼荼羅からなり、絹本に菩薩、明王、餓鬼、畜生など多数描かれている。東寺は八二三年、弘法大師に勅賜。

ることを理想とした。それを「不二」（ふに＝ふたつにあらず）という。石元はこのことを現在の社会にとても重要な見方だとする。つまり、モダニズムかポストモダニズムかではなく、「ほんとに人間のためのデザインが重要。人間は緊張も安らぎも、構造も表層も同時に必要とする」からだ。

生と写真の〝ふたつにあらず〟

都市を撮ること、カラー多重露光のシリーズ、〝古代史へのトリップ〟（重森弘淹）と、現在の石元は三つの仕事を並行して続けている。

「オコリンボーで名高い亭主は、マスマス、オコリンボーになってくるこのごろである」と滋子夫人は書く。草月流の高弟だった夫人は、結婚後は石元の助手をつとめ、しばしば温かな名文で夫の作品を彩ってきた。「不二」を口にする二人は、そのことを共に生きようとしているように感じられる。

スタイケンによって世紀のイベント「ザ・ファミリー・オブ・マン」展が開催されたのは一九五五年。六十八カ国二百七十三人の写真家の五百余枚の写真が、〝人類はみな兄弟〟を謳い上げた（世界での動員数は九百万人）。だがそのころからすでに、写真を撮ることは対象と主体との距離設定だとされた定式は崩壊しつつあった。

例えば、ウォーカー・エヴァンズ*は地下鉄の乗客たちを細心に盗み撮りするなどしてドキュメンタリーのスタイルを借りたアートを唱えた。同じように厳密な構成を捨て、ロバート・フランク*は米国四十八州を撮り回って『アメリカ人』（五九年）を発刊。さらに「ザ・ファミリー・オブ・マン」以降ニューヨーク近代美術館で最大の入場者数を記録したのは七二年のダイアン・アーバス*の回顧展だ。彼女はフリークスを十二万枚撮り続け、遂には自我という鏡を割られて自殺してしまった。これらはアメリ

***ウォーカー・エヴァンズ**（一九〇三―七五）。写真家。アメリカ生まれ、パリ遊学後に帰国して都市風景、農業安定局の事業としての記録写真、ドキュメンタリー写真など幅広い作品を残す。代表作は『内証』。

カ社会とそれを写すカメラの目の変質を示す軌跡の一つだ。

そして一九七八年七月、同美術館は「鏡と窓」と題する写真展を開く。六〇年以降のアメリカ社会に投げかけられた問いは、「写真とは、撮ったアーチストのポートレートを映す鏡なのだろうか、それとも、それを通して世界をより良く認識することができる窓なのだろうか」。窓とはルネサンス以来、絵画の比喩として語られてきた。ここでの展覧会に石元が招かれたのは五三年と六一年の二回だ。石元が「デザイン的すぎる」と〝ぜいたくな悩み〟を漏らすのは、構成する造形の意志が、世界のゆらぎをも固定してしまうのではないかとの謙虚で本質的な怖れに由来するだろう。「不二」を語る石元が非本質的な事象に向ける怒りは、あらゆる二分法の一方に偏することへの批判にあった。

『シカゴ、シカゴ』の表紙は壁に寄りかかる少女である。ナボコフ*の小説『ロリータ』に出てくるような少女がなぜ表紙に選ばれたかは謎だ。新聞紙の舞う街角や、雪の降り積んだ車なら分かる。それらは作家が常に帰りつく処女作に当たるし、風の街シカゴ、米国第二の大都市シカゴをよく象徴する。瞳を表す英語「pupil」は子供から派生し、その語源であるラテン語の「pupilla」は少女と瞳を意味する。他人の目に映る自分の姿が子供のように小さかったことがこうした転用の理由だとされる。こんな連想が浮かぶばかりだ。

写真が鏡か窓かという問いを石元はナンセンスだと言う。その拒否の強さは「不二」とも結びついて、写真が〝消費材と化して静止することがない〟(近藤耕人)この国に、稀有なオブジェをもたらして今も屹立している。

(一九八八年)

*ロバート・フランク(一九二四―)。写真家。スイス生まれ、大戦後米国に渡り、フォトジャーナリストの活動を展開、写真集は『アメリカ人』『私の手の詩』など。

*ダイアン・アーバス(一九二三―七一)。写真家。ファッションの世界で仕事をした後、性的倒錯者やフリークスを作品化する。七二年のニューヨーク近美での回顧展の入場者は記録的。

*ナボコフ(ウラジーミル・ナボコフ、一八九九―一九七七)。文学者。ロシア革命によってソ連から英国に亡命してケンブリッジ大学卒。ベルリンから米国に転じ、英語による小説『ロリータ』が世界的ベストセラーとなり、映画化される。

昭和デザイン史点描

パイオニア編、エポック編、プロダクト編から

　バブル経済が進行し、通商産業省が「世界デザイン会議ICSID'89名古屋」開催の一九八九年を一九六〇年、一九七三年に次ぐ三度目の「デザインイヤー」と決めたことも追い風となって、「日経デザイン」は一九八七年七月に創刊した。新聞社系初の月刊デザイン誌だった。その二年前より『型而工房から　豊口克平とデザインの半世紀』（美術出版社）を共同編集していたこともあって、デザイン・ドキュメントの隔月連載を編集企画の一つとしての発刊である。

　第一弾は十六人のパイオニアに取材しての「シリーズ証言」。一九〇五年生まれの豊口克平と岡秀行から一九二一年にサンフランシスコで誕生した石元泰博まで、この本に登場するパイオニアたちの年齢には十六歳の開きがある。

　それぞれの戦争体験は異なるものの、敗戦から一九六〇年代にかけての急速なデザインの変化を引き起こしたのはそうした人々である。デザイナー団体の発足、企業デザイン部門開設、世界デザイン会議や東京オリンピックなどの国際イベントに指導力を発揮した。なお、本書に収録した十一人以外は長濱雅彦が執筆を担当した。

　浮き立つバブル景気へのささやかな抵抗でもあったのだが、記事の反響は芳しいものではなく、一九九〇年掲載の柳宗理と亀倉雄策の記事が、いわゆるビジネス記事に伍する読者評価を得たのが花道と言えた。その後、バブル経済崩壊もあってか、スタッフライター執筆による続く第二、第三のシリーズ企画では読者の関心が顕著な高まりを見せるという経緯をたどる。

　この連載の執筆と編集が筆者にもたらしたものは小さくない。退社後、『カラー版日本デザイン史』を共同で監修・執筆、さらに中川幸夫、石元泰博、新井淳一という三氏の評伝発刊につなげることができたからだ。本格的な「昭和デザイン史」にとって、意味ある基礎作業となったと思う。

　連載をまとめて戦後五十年にあたる一九九五年と翌年に『昭和のデザイン』三部作として発刊した単行本（日経BP社）のキャッチフレーズと内容をここに列記しておきたい。

（二〇一五年）

1
〈**パイオニア編**〉日本に形をあたえた十六人の物語
そのころデザインは〝希望〟だった
「自分で手法を確立しなければならなかった時代、
結果は新しくならざるを得ないんです」——細江勲夫氏
[グラフィック]河野鷹思／亀倉雄策／岡秀行
[プロダクト]豊口克平／芳武茂介／池田三四郎／柳宗理／
小池岩太郎／真野善一
[ファッション]山脇道子／小池千枝／長沢節
[建築、アート]浦辺鎮太郎／大野一雄／中川幸夫／石元泰博

2
〈**エポック編**〉日本人の生活を変えた十三の物語
そのデザインは〝事件〟だった
「焼け跡という原始時代からハイテク時代まで
昭和は全文明軸という実感がある」——田中一光氏
[プロダクト]スバル360／スーパーカブ／ニコンF／
ソニーTR-610、TV8-301
[グラフィック]「NIPPON」と「FRONT」／日本宣伝美術会
／ゴジラ／宣伝御三家の黄金時代／東京オリンピック
[プロジェクト]工芸指導所／公団住宅／東京都庁舎／
日本万国博覧会

3
〈**プロダクト編**〉海を渡った日本製品誕生の物語
コンパクトデザインは〝旋風〟だった
「海外にお手本がない商品のデザインは
オリジナルにならざるを得なかった」——黒木靖夫氏
[使う]こだま形151系／ホンダスポーツ／
ぺんてるサインペン、ボールぺんてる／カシオミニ／
ウォシュレット
[遊ぶ]リカちゃん／ウォークマン／電脳パチンコ／
ファミリーコンピュータ
[食べる]チョコボール／カップヌードル
[着る] DCブランド、インテリアデザインへの波及／
三宅一生、川久保玲、山本耀司の軌跡

エベネーザ・ハワード著『明日——真の改革にいたる平和な道』より
写真提供＝齊木崇人

Ⅱ

［Design Journalism］時代の諸相を描出する

［時代の諸相］デザイン批評における瀧口修造と勝見勝…狂える時代の〈デザイン〉の水脈…世界の中の日本のデザイン

［トピックス］アルベールビル冬季五輪は脱フランス…異能素材…デザイン思想の中のCUD

［サインデザイン／グッドデザイン］サインデザインの視点…私の選んだ一品

［対談録］柳宗理＋三宅一生「アノニマウスデザインに向かって」

［講義録］デザインの二十一世紀へ──『内田繁と松岡正剛が開く　デザイン12の扉』

［森山明子との一問一答］デザイン・ジャーナリズムって何ですか？

経済成長期のデザイン 1961—1975 展望

デザイン批評における瀧口修造と勝見勝

1 コミッティーに集ったデザイン批評家

『経済白書』に〈もはや戦後ではない〉と記された一九五六年（昭和三十一）から、神武景気、岩戸景気、いざなぎ景気と好景気があり、わが国の高度成長は続いた。一九五〇年代初頭に企業内デザイン部門、デザイン学会、デザイン団体を設立していたデザイン界はこの期、世界デザイン会議（一九六〇年）を開催して、東京オリンピック、大阪万博といった国際舞台でデザインが機能する足固めとした。万博開催年である一九七〇年（昭和四十五）の国勢調査によるデザイナー人口約七万人は、産業界のデザイン需要と一九五〇年代から整備されたデザイン教育の結果であった。

こうした時期をデザイン批評はどのように捉えていたのだろうか。この小論では、瀧口修造（一九〇三—七九年）と勝見勝（一九〇九—八三年）の言説を対比することでこの課題を解く糸口としたい。一方は詩人にして美術評論家、もう一方は見識豊かなデザイン評論家であるが、大阪万博までは対比することが可能なデザイン評論を新聞紙上ほかで発表している。

勝見と瀧口がともに名前を連ねたのは、一九五三年（昭和二十八）設立の国際デザインコミッティー（現・日本デザインコミッティー）の創立メンバーとしてだった。十五人のメンバーには、建築、ID、インテリア、グラフィックに加え、写真（石元泰博）、絵画（岡本太郎）、評論（勝見勝、瀧口修造、浜口隆一）の面々がいた。デザインの旗印の元にこれらの人々が集った理由は、勝見がまとめたマニフェスト「美術とデザインと建築は、時代の良き形を追い求める人間活動の、互いに切り離せぬ構成要素である。（中略）建築家とデザイナーと美術家は、汎地球的な規模における人類文化のため、協力を重ねなければならない必要性を、改めてここに確認する」にうかがわれる[*1]。

2　造形に立脚してのデザイン批評

このコミッティーのメンバーが中心となって開催年である一九六〇年（昭和三十五）の前年に発足したのが世界デザイン会議の準備委員会である。坂倉準三を実行委員長に五月の六日間、東京で開かれた初のデザイン会議には二六カ国八四名（国内一四三名）が集った。

設立事務局開設までは積極的に関与していた瀧口修造は、友人のブルーノ・ムナーリが登壇した二日目のパネルディスカッション「個別性」を傍聴して、「世界デザイン会議を顧みる」[*2]を残した。国際会議における言語コミュニケーションの難しさに触れた後、簡単な説明だけで自らの新作を見せたムナーリに関して「自分の仕事から以外は発言しようとしないデザイナーたちの態度は学んでよいことだろう」とした。さらにコミッティーが最初に与えたグッドデザイン賞受賞作である森正洋のしょう油差しに言及し、「前の時評で超現実主義絵画を論じ、こんどはしょう油注ぎにふれるのはおかしいと思われようが、すくなくとも私にとって不可避なことのようだ」と結んだ。

この三年前、「デザインと美術の十字路で」[*3]を書いて、デザインが「単なる産業主義の申し子」に成り下がることに警鐘を鳴らした瀧口は、「機能と表現を一致させて、それをゆたかな形に昇華させるところにデザイナーの仕事がある」という好例を森正洋のしょう油差しに見たようだ。

亀倉雄策の初個展（一九五三年）に「視覚言語」という造形の世界が生まれる可能性を見た瀧口だった[*4]。その瀧口は世界デザイン会議の六年後には、福田繁雄を論評するにあたって「あまりに便利になりすぎたデザインという言葉」、分野ごとの「レッテルの枠のなかで窒息しそうになっているデザインの状態」に対して、「ものを作ること、いわば人の物つくりということに一度還元してみたらどうだろう」と提案するに至る。その福田の多彩な仕事について「生活の空間のなかで自由に呼吸し振舞うひとりの物つくりの欲求ということから見れば、デザイナーとしてむしろ自然のことであろう」としたのは、作品に一貫するユーモアやナンセンスへの共感が理由であった[*5]。

『コレクション瀧口修造』第十巻に収録されているこれらの文は、「ジャーナリスティックな評論を書くことに障害を覚えはじめ」（一九五九年）、「この頃から新聞雑誌の評論をつとめて避ける」（一九六三年）ようになった時期に書かれた[*6]。それでもなお、機械時代の芸術としてのデザインをできる限り公平に見続けようとする意志が感じられる。瀧口が「デザインする芸術」[*7]を発表したのは一九五三年と早かった。造形に立脚すればファインアートもデザインも建築も同列なのである。

3　造形にポエジーを、デザインはコミュニケーション

「機能主義万能の神話は、もはや地におちた形である」、「すべての優れた造形は、それが空間中に定位される時、ポエジーの放射によって、周囲の空間を、いわば磁場化するといえる」、「近代の機能主義が排斥した装飾性は、造形の純粋機能という形で、ふたたび、二〇世紀のデザイン思考のなかで、復活をとげようとしている」[*8]。一九五七年にこう書いたのは詩人の瀧口修造ではなく、デザイン評論家の勝見勝である。勝見が一時編集顧問を務めた雑誌「工芸ニュース」の総集編（工芸財団、一九七七年刊）第一巻の題名である「ＩＤ栄

光の五〇年代」をもって機能主義デザインは終わる、と言いたげな文面である。

その勝見は世界デザイン会議のセミナー総会「実際性」の議長をつとめ、瀧口と同じ新聞紙上に「〝総合〟への要望高まる──世界デザイン会議を終えて」を発表した[*9]。分野ごとの「レッテルの枠のなかで窒息しそうになっているデザイン」(瀧口)だからこそ、内外の会議参加者はそれぞれの立場からデザインの総合性を求めた。デザインに関わる総合性、工業、人間性といった概念を問いかけた勝見はわが国デザイナーの論述言語の未熟さに触れ、比較デザイン学構想発表を予告してその時評を締めくくっている。

瀧口が言及した森正洋、亀倉雄策、福田繁雄についての勝見の論評は、『勝見勝著作集』(講談社、一九八六年)の第四巻「作家論」で振り返ることができる。森のしょう油差しをミラノトリエンナーレで受賞した柳宗理の同種の製品(一九五七年)と比較し、森の商業主義をわずか心配しつつも、「やはり一本、清潔な造形感覚がとおっている」と〈ファンぶり〉を披露する。「中小企業こそ、デザインが生命なのである」とする勝見は、デザインマネジメントの観点から森と白山陶器の結びつきに期待を寄せたのだった[*10]。

戦前から交流のあった亀倉については、一貫して抽象造形によるグラフィックを追求する孤立するデザイナーと同時に、アート・ディレクターの資質を見てとった[*11]。また、福田の一九六七年のニューヨークでの個展「日本のおもちゃと品もの」に対しては、「この展覧会は、芸術と日々に用いられる品物とを、完全に融合させるのに成功している」といった現地での反響を丁寧に紹介することで作家論とした[*12]。福田に対する評価において、瀧口と勝見の見解は驚くほど近似していた。

4　科学技術と社会体制に向ける眼差し

『コレクション』に収録された瀧口のまとまったデザイン論の最後は、「L'EXPO'70『新しい音楽堂』についての試案」および「『お祭り広場』についての思想」である[*13]。一方の『勝見勝著作集』には、「『世界の家紋』作ろう——万国博世界統一マーク」と「日本万国博と視覚コミュニケーションの問題」が収録されている[*14]。

瀧口は大阪万博における音楽堂建設準備委員会メンバー十三人の内の一人であり、『コレクション瀧口修造』第十巻の解題によれば、一九六七年二月十六日付で書かれた音楽堂に関する試案はテーマ館委員会に提出された。瀧口はこの計画に意欲的だったが、計画は途中で挫折したという。「お祭り広場」に対しては諮問を受けて見解を述べ、報告書に収められた一文はそれとほぼ同様の内容だったようだ。

音楽堂に対する試案は「構想について」「万博におけるこの計画の重要性」「建築についてのimage（ひとつのメモ）」からなり、建設の意義は十三項目にまとめられた。瀧口は音楽堂を「科学と芸術の新しい結合」の場として打ち出すことを提案し、最後の項目は「一三　『お祭り広場』は広い空間の中で大衆的な催しが展開されるのに対し、これはむしろ傾向としては実験的な芸術が上演されるものとして、むしろ両者は対照的な効果をあげることが出来よう」であった。

ここには「お祭り広場」についての思想もうかがえるが、諮問に対しては「芸術家と科学者技術者とのあいだのチャンネルを通す何らかの機関をもうけたらどうだろうか」と提案し、広場を〈インヴィジブルモニュメント〉にしようとイヴェント調査委員会の着想に賛意を表した。だが瀧口は「妥協してまで協力する必要はないという単純な言い方しかできません」として、提案しただけでそれ以上万博に深入りすることはなかった。

大阪万博のデザイン顧問という「舞台裏の監督」を務めた勝見も、「東京オリンピックの時のように、私は積極的な働きかけを試みなかった」として、強力に働きかけたのは「国際絵ことば」と「絵地図」の採用くらいだと述べた。勝見をリーダーとして東京オリンピック用に初めて制作された二〇種の競技シンボルと三四種の施設シンボルの著作権は世界に公開され、その後の五輪や万博に継承されたのである。二年後のミュンヘンオリンピックを控えたドイツは南ドイツ新聞掲載の「日本万国博と視覚コミュニケーションの問題」は、大阪万博後に書かれた。この一文には、丹下健三ほか設計のお祭り広場は「兵器工場に似ていて」、機械化された近代社会に対決を迫るべく製作された岡本太郎の「太陽の塔」も体制に組みこまれ、日本の多くのパビリオンが採用したマルチ・スクリーンには楽天的な技術万能主義があるとの批判が記された。

大阪万博の年、三島由紀夫が〈自決〉し、グラフィックデザイナーの登竜門だった日本宣伝美術会(日宣美)は〈自壊〉、高田賢三はパリに日本人の蔑称をあえて使って「ジャングル・ジャップ」を開店した。翌年にはドルショックが起こり、自らデザインを手掛けた京王プラザホテルのオープン前日に剣持勇が〈自殺〉。このディケードは、ローマクラブの「成長の限界」発表、世界的なオイルショック、戦後初の日本経済のマイナス成長と続く。

日宣美が最大の公募展数四六二三点を集めた一九六〇年(昭和三十五)から、大阪万博開催の一九七〇年(昭和四十五)まで。出原栄一『日本のデザイン運動』(ぺりかん社、一九八九年)をはじめとして、この時期は「商業主義デザイン」と呼ばれることが一般的だ。装飾が復活し、販売のためのデザイン生産の合理化が始まったとされるのである。時代区分とデザイン傾向の定義の妥当性については疑問もある。ただ、勝見勝が筆を折ったわけではなく、事実の精査が必要だが、この高度成長の終わりは一般メディアにおけるデザイン批評の終わりだったように思えてならない。問題提起としたい。

(二〇〇六年)

註

[1]—勝見勝「グッドデザイン運動とコミッティー」『デザインの軌跡』、商店建築社、一九七七年

[2]—瀧口修造「世界デザイン会議を顧みる」 読売新聞一九六〇年五月十一日

［3］―瀧口「デザインと美術の十字路で」季刊「リビングデザイン」一九五七年十月
［4］―瀧口「亀倉雄策のグラフィック・デザイン展について」鎌倉近代美術館リーフレット 一九五三年六月
［5］―瀧口「福田繁雄の夢と仕事」「デザイン」一九六六年一月
［6］―瀧口「瀧口修造・自筆年譜」「現代詩手帳」一九七四年十月臨時増刊号
［7］―瀧口「デザインする芸術」「別冊みづゑI」一九五三年五月
［8］―勝見「今日のデザインの生態」「工芸ニュース」一九五七年一月
［9］―勝見「〝総合〟への要望高まる――世界デザイン会議を終えて」読売新聞一九六〇年五月十八日
［10］―勝見「森正洋とグッドデザイン'60賞」「デザイン」一九六〇年六月
［11］―勝見「亀倉雄策の人と作品」「デザイン」一九六一年六月
［12］―勝見「福田繁雄――ニューヨークの個展」「グラフィックデザイン」一九六七年七月
［13］―瀧口「L'EXPO'70『新しい音楽堂』についての試案」は「みすず」一九九〇年十二月、「『お祭り広場』についての思想」は『日本万国博覧会「お祭り広場」を中心とした総合演出機構の研究調査報告書』一九六七年。いずれも『コレクション瀧口修造』第十巻（一九九一年）に収録
［14］―勝見「『世界の家紋』作ろう――万国博世界統一マーク」読売新聞一九六九年二月十五日、「日本万国博と視覚コミュニケーションの問題」「グラフィックデザイン」一九七〇年九月。いずれも『勝見勝著作集』第三巻（一九八八年）に収録

マーケティングの時代　1970—1980年代

狂える時代の〈デザイン〉の水脈

プロローグ／戦後世代にとっての一九七〇年の風景

一九七〇年からの二十年間は、三島由起夫の〈自決〉報道に始まり、昭和天皇の〈下血〉報道で終わった。グラフィックデザイナーの登竜門だった日宣美の〈自壊〉、翌年に自らデザインを手掛けた京王プラザホテルオープン直前の剣持勇の〈自死〉で始まったデザインの二十年間は、荒野であった千里丘陵を若きデザイナーたちが舞台とした七〇年の大阪万博から、デザイン解体を印象づけた八九年の名古屋の世界デザイン博覧会でサイクルを閉じた[*1]。

この一九七〇年前後にデザインの世界でも、何事かが起こっていたに違いない。四十五歳の三島の死をイタリアのデザイナー、アンドレ・ブランジは後年、「伝統と現代の両方に絶望して選んだ死」と形容した。これは六八年、ミラノトリエンナーレが開会式へのデモ隊侵入によって中断し、デザインがやり玉に挙げられて〈デザインの死〉が語られるようになった自国の状況と重ねての発言であっただろう。「Made in Occupied Japan」の文化的影を反転させ、高田賢三がパリに日本人の蔑称をあえて使って「ジャングル・ジャップ」を開店したのも一九七〇年だった。

剣持の死は謎に包まれている。作品の類似を米国のデザイナー、ジョージ・ネルソンに指摘されての選択だったという説もあれば、私的事情だと言う関係者もいる。いずれであれ、〈勇者〉の風貌を有しながらの剣持の死は、日本の生活デザインの中絶とは言えるようだ。日宣美の解散がゲバ棒を引き金とした点はミラノトリエンナーレと似てはいたが、宣伝美術のままでの拡大および東京オリンピックや大阪万博のグラフィックが世界で認められるのと反比例した〈自壊〉だったとは、少なくない関係者の証言がある。

戦後世代はこれらを〈見ていた〉だけだ。同じように、理念あるいは運動としてのデザインの〈挫折〉あるいは〈自省〉を、インダストリアルデザイン（ＩＤ）はこの期には経験しなかったように思えてならない。「Made in Occupied Japan」製品から「Made in Japan」製品への世界的成功が、それほど輝かしかったからだろうか。

1 〈ゼロからの開発〉の終わり

「I. D.栄光の五〇年代」とは、雑誌『工芸ニュース』総集編（一九七七年刊・全十巻）第一巻の題名である。占領時代が終わって、エンジニアとデザイナーの〈闇雲〉な努力によって一群の優れた製品が生まれた時代を指す。実際、「スバル３６０」「スーパーカブ」「ニコンＦ」「ＴＶ８−３０１」などの名品の誕生は五八・五九・六〇年に集中している。図面やレンダリングによらず、もっぱらクレイモデルでデザインを決めていったスバル３６０の開発がこの時代を象徴する。

一九七〇年前後には、現在に至る製品デザイン開発のシステムはほぼ完成していたようだ。〈ゼロからの開発〉は終わった［・2］。プラスチックはあらゆるカタチの自由を保障した。トヨタ自動車がコンピューターを狭義のＣＡＤ、つまりはドラフターとして実用化したのは六八年。コンピューター上の図面が先で、モデルは確認用にデザイン後に作られる体制ができあがったのは八二年だったという。六九年に米国に次ぐ世界第二位の国民総生産を達成した日本は、八〇年に乗用車生産台数一一〇〇万台で世界第一位、半導体の日米貿易が輸出超、八五年には西ドイツを抜いて世界一の工業製品輸出国へと昇りつめる。

一九八四年の米国「ＩＤ」誌一・二月号のカバーストーリーは「メイド・イン・ジャパン」。友禅の着物の帯にウォークマンがはさんであるのが表紙で、「ミクロおよび細部に優れ、マクロまたは環境レベルに弱い」というのが特集の論調である。

ここでは、一九九〇―九一年のバブル崩壊後の状況から遡って、七〇年から二十年間の日本の工業デザインの姿を検証してみることとしよう。

2　〈マーケティング・デザイン〉の敗北

一九九二年、自動車総連は「ゆとり創造アンケート」で回答者の八四パーセントが「乗用車の販売車種数が過剰で選択に困る」「車種は多いが、欲しい車が見当たらない」と答えたことを受け、「労働強化の原因は際限のないバリエーション作りと商品サイクルの短期化にある」と発表する[*3]。当時の開発体制は労働者にも消費者にも益をもたらさないと産業界が認めたことになる出来事だった。経済同友会、通産省もこの動きに呼応した。生産者は即生活者である階級差の少ないこの国で、より良い生活を求めたＩＤの〈敗北〉だ[*4]。

トヨタを例にとれば七〇年から九〇年、デザイナー数は車種数、生産台数とほぼ連動し、一〇〇人から二五〇人に増えた。新製品ラッシュは自動車に限らない。ビデオカメラ開発のピーク時だった八九年、年間五九種類もの新製品が市場に出回った。松下電器が九二年に「3年間モデルチェンジしません」と公言して冷蔵庫「Ｂ５００」を発売したことが話題になるほど、多品種化は袋小路に入り込んでいたことになる。

七〇―八〇年代の製品の多くはマーケティング主導で開発された[*5]。マーケティングによるデザインの行き着く先の一つが、〈ユーザー不在〉のバリエーションと短サイクル商品だったと言っていい。話題沸騰した日産の「Ｂ‐１」は、限定商品という新味を加えた「マーチ」のバリエーションに過ぎなかった。素材、製造技術、インタフェースの開発に踏み込むデザインとは言えない。

この観点でなら、「衣食足りて礼節を知らないデザイン」(細江勲夫)が、六五年以降のデザインだと定義することは妥当だ。ファッションにおけるDCブランドで、D(デザイナーブランド)に寄生するC(キャラクターブランド)の盛衰が時代を表している。

3 〈インダストリアル・デザイン〉の洗練

それならばこの期、一九六〇年当時のようなシンボルとなる製品を挙げることはできないのだろうか。八〇年からGマーク制度に新設された「大賞」受賞商品を見てみよう。

八〇年/レコードプレーヤー「SL-10」(松下電器)、八一年/35ミリカメラ「XA-2」(オリンパス)、八二年/「ビクターシティジャック」、八三年/一眼レフカメラT-50」(キャノン)、八四年/「シビック25・i」(ホンダ)、八五年/「α-Tubeモニター」(松下電器)、八六年/オフィス家具「Trygonシリーズ」(稲葉製作所)、八七年/「RICOH OHP 313R」(リコー)、八八年/「シルビアQ's」(日産)、八九年/「ハンディカムCCD-TR55」(ソニー)。これが十年間のラインナップだ。

日本のオーディオ製品絶頂期に生まれたSL-10は縦置きでも横置きでもできる点がCDプレーヤーを予感させ、楕円状に隆起したカバーがスライドするXA-2は国内に先駆けまず独フォトキナで話題をさらった。シビックは人の動きをメカニズムに反映し、内部空間から外形を決めた設計思想が世界的に評価されてベストセラーカーとなった。T-50はプログラムAE完全自動化、強化プラスチック採用で一眼レフの機能とコンパクト化を両立させた。

「I.D.栄光の五〇年代」は、ここにならば生きていると言っていい。『精緻の構造』——日本インダストリアルデザイナー協会（JIDA）が八三年に発行した書物の題名は、これらの製品を形容するにふさわしい自己規定だ。製造技術に踏み込むコンパクトネスとハイブリッドが特徴の〈精緻の構造〉を内包している。

エンジン&モーターがハイブリッド化した「プリウス」、ドライクリーニングの地位を脅かしそうな「遠心力洗濯機」、DVD-VIDEOが再生可能な「プレイステーション2」など——。九〇年代末に登場した製品は、こうした系譜に属する日本のインダストリアル・デザインの王道と言っていい。ブランドではなく、あくまで製品が鍵だ[*6]。

4 〈インダストリアル・ブランド〉誕生

ところが、ソニーの出井伸之は「日本のデザインの行き詰まりは実はここで準備されたと思うんですね。ビジネス的にはメカトロニクスで勝ち抜く時期が続きますから、デジタル・エンターテインメントのためのデザイン投資が遅れたわけです」と、社長就任直後に筆者に語った。〈ここ〉とは、一九七〇年代後半を指す。電子レンジ、エアコン、洗濯機、自動車などがこぞってマイクロコンピューターを内蔵するのはこの時期だが、出井が言うデジタル・エンターテインメント商品は確かに、八〇年代に入ってからの任天堂の「ファミコン」と「マリオ」誕生まで待たなくてはならない。同社の「ゲームボーイ」は身体を基準とすればゲーム機の〈ウォークマン化〉と言えるが、取り替えるゲームソフトのすべてが任天堂に利益をもたらす点でビジネスモデルはまったく異なる[*7]。

「メイド・イン・ジャパン」は、七九年発売の「ウォークマン」と八三年発売の「ファミコン」で新たな水脈を発掘した。いずれも〈精緻の構造〉を継承しつつ〈ユーザー不在〉ではないマーケット戦略を採用しながら、一方はハードにとどまり、一方はソフトへとはばたく。ソフトとしての「マリオ」を語るには、「リカちゃん」（六七年―）と「ハローキティ」（七五年―）に遡らなければならないが、この系譜は次章にゆずりたい。

一方、〈ウォークマン型商品〉は、技術的には電子手帳やデジタル時計や電子楽器を生むことになる「カシオミニ」（七二年―）[*8]を起点とし、「Gショック」（八三年―）を仲間とする。バリエーションと短サイクル戦略をプラスに転じるこれらの商品群を、筆者はここでは〈インダストリアル・ブランド〉と名付ける。

キーワードは〈パーソナル〉と〈身体〉。ウォークマンはラジオをポケッタブルに、テレビをポータブルにしたソニーが、ステレオをウエアラブルにした商品だ。アンプの出力競争に明け暮れていたオーディオの世界で、井深大の持論「耳の側で本当にいい音が出ればそれでいいんだよ」の具現化だった。発端は、エンジニアが音楽を楽しむために改造したテープレコーダー。「今日も、ステレオ連れて　ここまで来た」が国内初の広告コピーである[*9]。

Gショックは、高校入学時に父親にもらった大事な時計を落として壊したカシオのエンジニアが、壊れない時計を求めて開発した。技術センターの三階から試作品を落とし、ものすごい勢いで階段を駆け降りて結果を確かめたといった具合に、やはりパーソナルな〈物語〉にこと欠かない。こちらは、アイスホッケーのゴールキーパーに突き刺さったGショックが平然と動き続ける〈タフなCM〉で、米国での人気に火がついた。

〈ブランド〉である限り、すべての要素がファッションの構造に近づく。同時に、ファッションの一部がインダストリアル・デザインの思考に近づく状況も生まれた。「プリーツ・プリーズ」はその典型で、三宅一生は開発に当たって、ウォークマンとスウォッチに学んだことを明らかにしている。プリーツをかけてから服をつくる工程を逆転し、縫製してからプリーツをかけるのがミソ。八九年春夏コレクションの準備中、「パン焼き機から出てくるみたいに、ポコンとブラウスが生まれてくる」と、三宅が友人に電話して広く知れわたった。ブランドがコーポレート発であれデザイナー発であれ、開発の現場にもユーザーの反応にもたいした違いはないのだ。

「1から44までご覧ください。いまウォークマンは15機種・44タイプ。ね、すごいでしょ、と、この際ソニーはいばりたいです」とは、四四タイプすべてを並べた発売数年後の広告「みんなまとめて、ウォークマンだ。」の説明である。〈ね、すごいでしょ〉というバリエーション戦略は、海外にあってはより徹底される。九四年度は国内発売モデルは一八なのに、世界では八六モデルを発売。とりわけ米国にあっては、子供が買える二〇ドル以下から三〇〇ドルまでの商品を毎年四〇ほどそろえている。年齢、国情、ライフスタイルに合わせるマーケティング戦略は、本家アメリカをしのぐものだ。

〈インダストリアル・ブランド〉の成功例には、「ベネトン」(六五年―)や「スウォッチ」(八三年―)がある。これらも〈バリエーション・マジック〉に見えるが、主力モデルさえも短期間で打ち捨てる先の〈マーケティング・デザイン〉とは区別しなければならない。製造技術の革新と、色やフォルムや広告によってイメージの価値を絶妙にコントロールする技術。これらが両輪であることが、絶対条件なのである。

5　視覚言語と言語を駆使する〈ブランド・デザイン〉

〈食〉の分野でさえ、製造技術と情報システムは商品の成否を左右する。「カップヌードル」は、発泡スチロールの成形技術、シュリンク包装を武器に、七一年から発売二十五年で累積販売一〇〇億個を越えた。この商品のイメージはまず、「コカ・コーラ」を目指したロゴと紙コップ型容器が決定した。そしてPRの場となったのは意外なことに、浅間山荘事件。断続的な銃撃戦のあいまに機動隊員が食べる姿が、七二年二月にテレビ放映され続けたのだ。歪んだ政治の季節の終わりに重なる〈マクドナルド化社会〉出現の風景だった。

NASAによる有人宇宙飛行「ジェミニ計画」の宇宙飛行士用携行品に選ばれたことが話題となったのが

「ぺんてるサインペン」（六三年―）なら、CNNが世界に広めたのは湾岸戦争の兵士愛用の「ゲームボーイ」だ。広告と並び、企業にとって重要なPRの役割を果たす取材記事を「エディトリアル・プレス」とも呼ぶが、情報化社会にあって、イメージの価値はそれら両方、視覚と言語によって形成される。英国発の「ザ・ボディショップ」は全く広告せずに、動物愛護や人権や地球環境といった文脈で記事になることによって成長した。社会性を全面に押し出すベネトンの広告は、エディトリアル・プレスによって限りなく増幅され〈ベネトン現象〉〈ベネトン世代〉を生んだ。

こうした観点で興味深いのが八〇年代生まれの「無印良品」だ。普通のモノ、普通以下だったモノを、ブランド名と広告コピーが商品として成立させた。〈名前はないけれどいい品物です〉、〈こんなに安いのには訳があります〉という語り口がすべてだ。良品計画では、開発の過程で商品特性を徹底して文章化しなければならないという[＊10]。「いいちこ」（七九年―）における言葉と視覚の関係も興味深い。〈焼酎ブームが去った後の本格焼酎のトップブランド〉を目標に、毎月一週間B倍サイズの交通広告を始めたのは八四年だ。〈広告を盗んでください〉と言わんばかりの心揺さぶる無償の美しさに満ちたポスター。風景の中に商品は小さく、コピーは「いい天気だ、とばかり言っている。」「楽譜のような樹の下で」といったように決して商品を語らず、簡素だ。一見イメージ広告のようだが、販売効果は狙わず、シンボル効果だけに希望を託して成功した。いずれも、広告によるイメージ形成を重視する資生堂、サントリー、西武などの系譜に連なるが、〈起業〉の時からデザイナーが深く関与するのが八〇年代以降の特徴と言える。

いいちこに関連しては「言葉と見ると、『信じる』を一つにする〈透明になる〉技術」（楠元恭治）を抽出できる。〈言〉と〈見〉と〈信〉は、言語と視覚言語と非言語に置き換えられ、それらを一つにする〈透明になる技術〉こそは、デザイン固有の価値創造なのではないか。

エピローグ／一九八〇年代終わりの夏の風景

一九七〇年以降の産業のテーマは、生産第一、輸出重視から、生活の質的向上と産業の知識集約化へと転換していた。それを六九年に表明した通産省が提唱した「デザインイヤー」はこれまで三回。その年、六〇年と八九年には世界デザイン会議が、七三年には世界インダストリアルデザイン会議が開催された。

一九八九年の世界デザイン博覧会プレオープンの日はひたすら暑かった。照りつける太陽を会場のアスファルトがまともに照り返し、急造のパビリオン群が熱気で揺らいでいた。この会場に「月の石」はなく、万博か反博かの葛藤もなかった。ミシマの絶望はもとより、ケンゾーの覚悟も剣持の苦悩の影もなかった。拡散して固有の価値を消失しかけたデザインが露呈していただけだったように思った。

同じ名古屋で十月、世界デザイン会議は開催された。基調講演者は生物学者のライアル・ワトソン。「どれだけ生態系というシステムに寄与しているかをデザインの成功・不成功の尺度とする」「人間もまた進化の過程の一部であり、進化が人間の代行によって人工物の世界にも起きている」「デザイナーはもはや変化を写す鏡ではなく、変化そのもの」とワトソンは呼びかけ、聴衆に次代を生きる勇気を与えた。

「すべてのデザインが革命的であったとすれば、その結果は混乱状態であろう」「可視的な社会文化を建設するのは、主として無名の、個人の貢献の総計である」。こちらは一九六〇年、日本初の世界デザイン会議の基調講演者、ハーバート・バイヤーのスピーチだ。〈マーケティング・デザイン〉の時代と定義されかねない七〇―八〇年代の「メイド・イン・ジャパン」商品。その中で生き残ったのは、「優秀で本質的なものを開拓する」、主として無名の、個人の貢献の総計の結果だったことを確認したい。

（二〇〇〇年）

註

［1］―デザイナー人口は一九七〇年に国勢調査の就業上の地位に「（10）42デザイナー」が登場して以来、GNPの伸びとほぼ同期している。だが、二度の石油ショックの影響下にあった七五―八〇年でも五パーセント伸びたものの、九〇―九五年には初のマイナスを記録。デザイン学生数の推移は文部省「学校基本調査報告」で分かる。専修学校、各種学校、短大、大学、大学院別九〇年の在学生数は計約五万人、卒業生数は約二万人。いずれも増加するが、専修学校生が大学生を圧倒しているのが海外と比較した日本のデザイン教育の特徴。

［2］―工業自体が変化し、鉄（粗鋼）の生産量と原油輸入量は七三年をピークに低下傾向を示すのに対し、シリコン単結晶の国内需要は七五年から飛躍的に増加。情報化社会が必要とする半導体が主力産業となった。

［3］―五〇年代以降の自動車の色相の変化を地域別に見ると、ほとんど変わらない欧州、小刻みに変化する米国に比べ、日本は白を基調としつつ色別の増減が激しく、流行に左右されやすいと分かる。

［4］―貧富の差の推移は総務庁「家計調査」で分かる。五段階に分けた年収の最上位二〇パーセント世帯と最下位二〇パーセントの年収比で見ると、差の増大は八〇年代の土地等の資産格差が原因と思われやすいが、七〇年代半ばの脱工業化・情報化と連動しているようだ。

［5］―労働人口の推移は総務庁「労働力調査」によれば、七三年をピークに製造業人口の比率が下がり始め、九四年には実数でサービス業人口に追い抜かれる。〈工業化〉は七三年ころに終わったと判断できそうだ。労働力男女比でも七五年から上がる女子労働者の多くはサービス産業が吸収しただろうから、工業化の終わりを示す。（2、4、5参照：西村吉雄『半導体産業のゆくえ』、丸善、一九九五年）

［6］―ウォシュレット（八〇年発売、TOTO）もその例。成功したこの〈ユニバーサルデザイン〉製品には、採取したお尻のデータ、省スペース、電子制御技術、防水対策などがぎっしり詰まっている。広告「おしりだって、洗ってほしい。」はテレビCMの傑作。

［7］―ファミリーコンピュータ（八三年発売、任天堂）はハードとソフトが一体となって世界に文化を輸出した初の日本製品。ファミコン、スーパーファミコン、ゲームボーイ、NINTENDO64とハードは多様化、一方のコンテンツでは断固とした著作権対応をみせる。

［8］―カシオミニ（七二年発売、カシオ計算機）は熾烈な七〇年代前半の電卓戦争を勝ち抜いた。電子手帳、デジタル時計、電子楽器などは電卓技術から生まれたと言われ、「電子立国日本」の先駆けとなった。CMの「〜答え一発、カシオミニ」は有名。

［9］―ウォークマン（七九年発売、ソニー）成功の理由は語り尽くされているが、二代目「WM-2」以降、デザイン主導をこれほど徹底した工業製品もない。九九年、世界初の松下電池工業製のリチウムイオンポリマー内蔵の「MDウォークマンMZ-E95」でも先進性は健在。

［10］―無印良品（八〇年発売、良品計画）は、普通または普通以下だったモノを、ブランド名と広告コピーが商品として成立させた。大量消費時代を経て、視覚言語としてのデザインにおいて消去法が有効であることを示した。〈起業〉の時からデザイナーが深く関与するのが八〇年代からの特徴。「いいちこ」にデザイナーの河北秀也が加わった八四年は第二の起業に当たる。

世界の中の日本のデザイン

日米欧の〝ないものねだり〟の構図とは　１９９２

１　横浜で〝アグレッシブ〟

横浜アーツ＆デザイン・マンスが開催された三月、オープニング講演のために来日した英国「ブループリント」誌のディヤン・スジャック編集長は、新聞記事をスライドで大写ししながら彼の講演を始めた。「一九九二年は世界のデザインにとってエポック・メイキングな年となろう。ＥＣ統合があり、日本の通産省と産業界は製品のモデルチェンジ期間延長を表明している。このことがデザインに与える影響は計り知れない」。「ブループリント」誌は、ビジネスの観点でデザインをとらえることを標榜するものではなく、大型タブロイド版の〝トンガッタ〟デザイン誌、むしろ今回のデザイン部門のテーマである「アグレッシブ展」にこそふさわしい媒体だ。その編集長が英国で採集したトピックスがモデルチェンジ期間問題だったことは特筆すべきことではないだろうか。

ちなみに、この日最初の講演者は前ソニー取締役でソニー企業社長の黒木靖夫氏。世界中で七〇〇〇万個を売ったウォークマンの生みの親の一人である同氏のテーマはなんと、「ウォークマンからの脱却」だった。「我が国は巨大な貿易黒字の陰にそれと見劣りしない巨額の貿易外赤字を抱えており、このままでは、世界を征服しながら文化としては何も残さなかった〝第二のモンゴル帝国〟になってしまう」というのが黒木氏の持論である。ウォークマンは他の機器で置き換えることができるが、ウォークマンで聴く音楽は置き換えがきかない。貿易外赤字とは、こうした音楽著作権料、デザインのライセンスフィー、翻訳権などを含むもので、文化度のマイナスのバロメーターだというのである。

展示自体は横浜ポートサイド地区内仮設テントに伊のメンディーニ、仏のスタルク、米のバリセンティといったデザイナーの作品（製品では必ずしもない）を並べたもの。この地区は三井不動産、相模鉄道などが進めているYCS（横浜クリエーションスクエア）を中心に、「アート&デザインの街」づくりが進められているところだ。五〇〇〇万円と言われる費用の割に展示内容は貧弱で、欧米のデザインを「アグレッシブ」ととらえたい視線が浮き立っていた。

2　日本は世界第二のデザイン国？

こうした視線は我が国のデザイナーに一般的なもののようだ。例えば「にっけいでざいん」誌が九一年七月号に掲載した調査結果である。グラフィック、クラフト、インテリア、インダストリアル、ジュウリー、パッケージというデザイン職能団体である協会所属の四二二四人にアンケートを依頼、七〇二人から回答を得た。その中で、「いずれの国のデザイン活動を高く評価していますか」という問を設けた。答えは四三パーセントを占めてイタリアが第一位。クラフト、インテリアの会員の支持率が特に高い。日本インダストリアルデザイナー協会の会員は第一位にドイツを挙げ、日本グラフィックデザイナー協会の会員は二位ながら米国の評価が他の協会員より一〇パーセントほど高いのが特徴であった。

全体の順位はイタリア、日本、米国、ドイツ、北欧三国、イギリス。各団体の日本の評価は三位がグラフィック、インダストリアル、パッケージ、四位がクラフト、五位がインテリア、ジュエリーだった。これはそれぞれが属するデザイン分野の自己評価と一致している。ドイツと米国で票が割れたため総合では日本が二位となったあたり、平均点は高いが突出したものがない、とも言われる現状と一致していなくもない。

同じ調査で「世界的に見た場合の日本のデザインに問題があるとすればそれは何ですか」と聞いてみた。結果は「環境・町並みなど社会的なデザインに欠ける」との答えが、複数回答ながら四四五人と断然一番。とりわけ、海外に出る機会の多いと思われる四十五歳以下のデザイナーにこうした意識が強い。

また、工業力とデザイン力についての判断は冷静で、「国際的に一人勝ちすることが問題」と答えた回答者は二二人と極めて少数であったのが注目される。我が国がデザインで優れる分野はある程度限られた範囲で、平均的には優れるが突出したものが少ないとした評価が、「デザインの一人勝ち」との認識を退けたのだろう。

3　イタリアはデザインを必要としない？

それならば、ナンバーワンと評価されたイタリアのデザイナーは自国のデザインをどう考えているのだろうか。建築家、インダストリアルデザイナーで「ドムス」誌前編集長のマリオ・ベリーニ氏に昨年（一九九一年）秋この質問を投げかける機会があった。

「その評価は家具にはあてはまりますが、日本やドイツが得意な先端産業のデザインが対象でないことは明らかでしょう。インダストリアルデザインの総体的なエネルギー、レベルについては比べるべくもない。その点は峻別すべきです」との答えが返ってきた。

ベリーニ氏は自動車や情報機器のような巨大で高度に工業化された産業を〝パーフェクト〟な産業、家具やハウスウエアなどの小規模でも成り立つものを〝インパーフェクト〟な産業と分類する。イタリアが家具に優れるのは、資本投下が少なくて済むためアイデア、フォルム、素材いずれの面でも試行錯誤が許される自由があったからだという。大手では五〇億円から二〇〇億円の年間売上を上げる企業もあるが、大きなリスクなしにデザイン投資ができ、同時に企業としての世界戦略も可能だという意味でこの規模が適正、という意見であった。

「家具の世界は建築空間や身体と結びついているし、それ以外の消費財は超産業化された文化の中に位置を占めている。空間や身体につながる世界は常に、超産業化された文化に対して疑いの目をもっていると思う」。原理の異なる二つのデザインカテゴリーの関係をベリーニ氏は、印象深い言葉でこう締めくくった。

六月十六日、株式会社国際デザインセンター（名古屋）の設立披露パーティーの記念講演でＣＩ会社パオスの中西元男氏は、イタリアのデザインと生活を描写して次のように問いかけた。「この国はなぜそうも美しいのか、なぜかくも古いものを大切にするのか。この国ではすみずみまで生活の美しさが浸透しているので、新たにデザインを必要としないかのようだ」。

イタリアの女性たちはインテリアという楽しみをプロフェッショナルの手に委ねることがない、と言われることもこうした発言を裏づけている。家具産業はこうした人々によって成り立ってもいる。

4　フランスは政治をデザインする

先の調査で最も高く評価する国としては七票しか集めなかったフランスはどうか。

八九年に名古屋で開かれた世界デザイン会議の最終日、参加者三八〇〇人を数えた会議のさよならパーティーの会場で、フランスのデザイン学生の一群に出会った。エルメス社などをスポンサーに日本にデザイン研修にやってきた七五人である。かれらは帰国するやいなや日本でのカルチャーショックを告げ回り、日本のデザイン展を開いたりとても元気だったと、当時フランスに滞在していたデザイナーが教えてくれた。

「フランスでは天才かカリスマかホモでなければデザイナーにはなれない。ところが、日本では極く普通の風貌の多くの人々がデザイナーとして会議に出席していた。私たちもデザイナーになれる」。これが彼らのショックの表現だったのだ。日本人デザイナーはこのエピソードを微苦笑をもって受け止めるだろうと想像できる。製品でなく、作品を掲げる欧州、とりわけイタリア型のカリスマ的デザイナーは、憧れの対象だからだ。

九〇年に日本産業デザイン振興会が開催した「デザイン　フランス」のカタログには、フランスには四〇〇〇—五〇〇〇人のデザイナーがいると推定され、その内インダストリアルデザイナーはわずか四〇〇—五〇〇人と報告されている。デザインが関わって生まれる製品はフランス工業製品全体の五パーセント以下だとも。同年パリで取材した折には、デザイナー数はそれよりさらに少ないと聞いた。

スターはエリゼ宮をデザインしたフィリップ・スタルクと、超高速列車ＴＧＶのデザイナー、ロジェ・タロン。この国のデザインの成果は工業製品よりも、ミッテラン主導のグラン・プロジェと呼ばれる八〇年代パリの都市計画で鮮やかだ。オルセー美術館、ラ・ヴィレット公園、ルーブル美術館、アラブ世界研究所などのプロジェクトで、建築とデザインは手をたずさえた。そしてアルベールビル冬季オリンピック。スポーツの競演であると同時にデザインの競演でもあるオリンピックで、フィリップ・ドゥクフレという三十歳の若い演出家が一躍脚光を浴びた。

実際、彼が演出した開幕式は見事だった。サーカス、空中ブランコ、冬季スポーツ、世界の旗をモチーフにしたアトラクション四部作、プラカード嬢のコスチューム、国歌マルセイエーズ独唱の少女。欧州フォークロアから現在まで時間を飛びこえ、欧州を世界で包みこむ演出は卓越していた。ＥＣ統合の前年、国家フランスは後に退き、サヴォアと欧州と世界を示し、伝統、近代、現代が造形の質の高さとともに表現されていた。こうした国際感覚に日本が学ぶべきことは大きいと思われる。

デザインという外来語を使いたがらず、インダストリアル・クリエイションという意味のフランス語を浸透させようと国家機関が試みたこともあるフランスである。この国では文化のフィールドの極く一部をデザインが占めている。

ドイツ人のエスリンガー率いる世界的に著名なデザイン会社、フロッグデザインの米国事務所で働く日本人デザイナーが六月に帰国した折、八九年のフランスデザイン学生のエピソードを話してくれた。

「アメリカではそこまではっきり言わないけれど、やっぱり日本はデザイナー天国だと思われている。極く普通の人でもデザイナーになれるという意味で。そして大学卒業と同時に何の実績がなくても有名企業に就職できるという意味で。アメリカでは『ビジネスウィーク』誌がスポンサーとなって発表するデザイン賞でランキングされるようなトップクラスのデザイン事務所と、その他の小事務所の二種類だけ。極論すれば真ん中のクラスの事務所がないといってもいい状況だから」と言う。

西は東に元気づけられ、東は西を目指す。こうした構図は、〝フローの文明、ストックの文明〟と呼ばれる異なる二つの文明同士の補完願望なのかもしれない。

5　ドイツ人は物を買って責任も買う

「ドイツや日本では技術革新が文化に大きな影響を及ぼしていますが、イタリアでは産業構造そのものが整備されていないので、デザイナーも十分に力を発揮できない面があります」とベリーニ氏が対比した日本とドイツのデザインにも、当然のことながら大きな違いがある。

東西ドイツ統合の秋にこの国を訪れて、デザイナーから何度も発せられた質問がある。「ドイツでは製品の機能がグレードアップしてもデザインを変えないことは珍しくない。もちろん、機能が変わらずにデザインだけを変えることは稀だ。ところが日本では、機能が変われば必ずデザイン変更するが、機能が変わらなくてもある期間経つとデザインを変える。それでは、デザイナーは一体どのように仕事に誇りがもてるのだろうか」。

この問に納得できる説明を返すのは難しかった。ドイツ生活数年の日本人の女性カメラマンは言った。「ドイツでは物を購入することは、その物に対する責任を引き受けることでもある。日本では製品を買うことは、その物を好きにできる自由を得ることでしょう。壊しても、捨ててもいいという……。そうした意識の違いが製品の寿命、モデルチェンジ期間、デザインの違いにつながっていると思う」。

ＢＭＷの広報部長がＢＭＷジャパン十周年の昨年（一九九一年）十一月初来日した時、先のカメラマンの紹介で会った。「ドイツの母親は子供が物を捨てようとすると、徹底して追及します。あなたはなぜそれを欲しがったのか、それなのになぜ今それを捨てようとするのかと。学校でも同じです。ですから、衝動買いの比率は日本より極めて低いのではないでしょうか」という彼女の言葉は、カメラマンの観察と一致している。

事実、日本商業学会の報告では、日本人の全消費に占める非計画購買率は九割にも及び、一度に大量買いする習慣のある米国でも七割弱だから、これはおそらく世界一だと推測される。ゴットシュタイン広報部長の推測はまったく正しかったわけなのだ。

「一人でバーに入るのは今でも苦手なのです」という彼女と、ホテルの談話室からバーへ移って交わした内容はエコロジー。

ブリティッシュ・デザイン・カウンシル企画の八九年の展覧会「デザイン・オン・ヨーロッパ　統一市場への挑戦」は、エコロジー、製品と部品の標準化、競争激化への対応といったテーマを掲げた。その展覧会が紹介された英国刊行の「ザ・グリーン・コンシューマー？」には次の条がある。

「ドイツはヨーロッパの中でも環境保護運動のリーダーだ。なぜなら欧州諸国が今直面している環境問題をすでに経験してきたからだ。排気ガスの規制は一番厳しく、廃棄物規制もリサイクリングも進んでいる。イタリアは九五年までに国内で生産され、輸入されるプラスチックの容器および製品はすべて生分解性でなければならないと八七年に決議した」。

ドイツではその後、包装材廃棄規制令が制定され、段階的に輸送包装材、二重包装材、販売包装材にこの法が適用される。再利用・再生不可能な包装材の使用は一切禁止で、包装材の回収は企業が責任を負うというものだ。製品を買った店頭で客が包装材を置いてくる運動が発端だったという説もあるこの制度、ドイツに製品を輸出する外国企業の行動をも規制するに違いない。

「ドイツ人は品質の次に環境を製品の価値評価の基準に置くようになった。メディアが焦点を当て、政府が動き、広く国民に浸透した意識と言えるだろう」とは、ハンブルクにあるシャープ・ヨーロッパ事務所のドイツ人デザイナーの説明だった。

ドイツ企業とも日本企業とも仕事の経験の豊富なイタリア人、ベリーニ氏が分析したように、ドイツも日本もイノベーションとデザインの結びつきが強い。しかし対比的に言えば、今のところ同じ技術革新がドイツではエコロジー、日本ではエコノミーと、もう一方の結ぶ相手は異なるようだ。

6　特異な発展を遂げた日本のデザイン

イタリア、フランス、ドイツと日本のデザインのベースの違いが少しは明らかになったかもしれない。そもそも日本のデザイン界は世界的に特異な発展を遂げている。

九〇年の国勢調査（速報値）によれば、デザイナー人口は一六万八〇〇人。これは八五年の一二万五〇〇〇人に対し五年間で三三パーセントの伸びを示す。年率六パーセント成長しているのだ。また総務庁統計局が五月に発表した調査結果で、デザイン事務所数は八六年の七八〇一が九一年には一万七五に、その従業員数は三万六七一九人から五万一〇〇三人に増加している。五年間の伸び率はそれぞれ二九パーセント、三九パーセントであったわけである。数字の差が、おおざっぱには企業内デザイナーの数ということになる。

こんな数字を外国のデザイン関係者に説明しても最初は誰も信じてくれない。英語の誤りかとまず疑われ、書いて示して初めて驚いてくれる。これは米国人とて例外ではない。その米国で九〇年十二月、建築家とデザイナーの一〇団体が大同団結してアメリカン・デザイン・カウンシルを結成した。会員数は一二万人。職能団体への加入率が日本と比較にならないくらい高いと言われる米国だから、この数字は総数に近いと思われる。ただし建築家を含めての数字であることに要注意。

このうち米国インダストリアルデザイナー協会の会員は約二〇〇〇人(八八年)。日本では少なくともこの五倍はいると推定されるのだ。フランスには多めにみても四〇〇人規模のインダストリアルデザイナーしかいなくて、その八割がフリーランスのデザイナーだった。デザイナーがこんなに多い国、それも企業に属するデザイナーの比率がこんなに高い国は日本の他にない。

先に紹介したフランスのデザイン学生のショックは、幾分アイロニカルであったにせよ、大袈裟ではなかったのである。

そうしたパワーはやはり日本のデザインに溢れている。各国著名デザイナー・建築家が年毎に責任編集にあたり、英国から発刊される年鑑『インターナショナル・デザイン・イヤーブック』で、テキスタイル、ハウスウエア、家具では少ないが、いわゆる工業製品は日本製品がほぼ独占する。

また世界各国で開催されるポスターなどのグラフィックの賞ではここ二十年ほど必ずといっていいほど

日本人が上位入賞を果たしている。最新の例はモスクワで今年（一九九二年）二月に開かれた第一回国際ポスター・トリエンナーレ。グランプリが永井一正氏に贈られ、次席の第一位には名古屋市のデザイナー、三浦均氏の「千年不復朝」が選ばれた。三浦氏の作品は三枚組みで、水墨画を思わせる龍と、漢詩をもじった文章で構成される極めて東洋的な表現。内容は核戦争の愚かさを伝えるもので、写真とコンピューターグラフィックスが駆使してある。国際審査委員に福田繁雄氏が加わり、「日本の水準の高さを示す結果」と報告した。

7　アメリカ産業人の悩み

ベリーニ氏も言うように、「デザインはデザイナーのみがもたらす果実ではなく、デザイナーの能力と工業力の合体によってはじめて生みだされる」。それでは産業界において日米欧トライアッドの、〝ないものねだり〟の補完願望はどんな様相を呈しているのだろうか。

米国コンサルティング大手のアーサー・D・リトルが行った新製品開発における日米欧企業の行動比較調査がある（日経産業新聞九二年一月十四日掲載）。米国二八一社、欧州三五一社、日本六九社のおもに経営トップ層による回答をとりまとめると、日本企業は製品のアピール力を、欧米企業は開発期間の早さに最も努力するという結果が出たという。

これは日本企業が開発の早さに自信があり突出した個性のある製品にはやや自信不足、欧米企業は製品のアイデンティティーには自信をもちながら、開発の各段階をオーバーラップさせつつ一丸となって開発する体制がとれない悩みをもつ結果と言えるだろう。デザインの補完願望と関連していなくはない。また努力項目のうち、「コストの削減」を重要とする比率は日・米・欧の順、「新製品数の増加」は米・欧・日という違いもあった。

米国の別のコンサルティング会社、グラント・ソーントンは全米の中堅企業二五〇社のトップに「技術革新分野で米国はナンバーワンの地位にあるか」との質問をした。半数が「もはや滑り落ちた」と答え、米国を追い抜いた国としては七五パーセントが日本を、一三パーセントがドイツを挙げた（日経新聞九二年三月二十五日掲載）。

コンサルティング好きの米国には別の調査もある。ロバート・ハーフ・インターナショナルが全米大手二〇〇社の経営者を対象とした「管理職の能力が最も優れている国」。この調査では回答者の五三パーセントが日本と答え、米国、ドイツと続く（日経新聞九二年五月七日掲載）。

こうした結果はにわかには信じがたい。なぜなら我が国の工業生産性、付加価値生産性をそれぞれ一〇〇とした場合、米国のそれは八〇と一二〇、ドイツは六〇と一一五とされるからだ。日本がいかに大量生産・大量消費型の産業構造になっているかが分かる。そうしたギャップを長時間労働で埋め合わせ、大量輸出に依存することが貿易摩擦をこえた構造摩擦を起こしている。デザインは付加価値を生むもの、という定義をとりあえず採用すれば、日本はデザイン大国ではないことになってしまうのである。

8　社会のためのデザインへ

この四月、「にっけいでざいん」が行った調査では、企業一〇二社のデザイン部門は九二年部門予算の対前年比の伸び率三・三ポイント、デザイン外注費の伸び二・九ポイントと出た。この数字は我が国の今年（一九九二年）の経済成長目標値に近い。主要産業である自動車、情報機器、電気・電機がそれより低い数字を示すから、総額ではほとんどゼロ成長に近いにしても、景気後退期に、真っ先にデザイン予算が削減されるといった傾向はないのだ。日本においては、デザインのパワーは産業力以上でもなければ以下でもないようだ。

そもそも広義のデザインの主体はデザイナーに限らないことがはっきりしたのが、八九年のデザインイヤーの教訓だったのではないか。企業トップや自治体の長や市民が主役にならなければ、解決できないテーマが様々ある。世界的に見た場合の日本のデザインの問題として、デザイナーがトップに挙げたのが「環境・町並みなど社会的なデザインに欠ける」だったことを思い起こそう。

デザインに密接なイタリアの「歴史／生活」、フランスの「政治／文化」、ドイツの「イノベーション／エコロジー」。圧倒的な数のデザイナーを擁する日本の「イノベーション／エコノミー」の系が、社会のためのデザインを推進するのに、これらの国に学ぶことは多い。

（一九九二年）

註―一九九二年以降、日本のデザイン産業が様変わりし、世界における位置にも変化があったのは周知の事実だ。米国ＩＤ誌の一九八四年一・二月号の「メイド・イン・ジャパン」の論調は、「ミクロおよび細部に優れ、マクロまたは環境レベルに弱い」だった。現在は、強さを誇った家電や情報機器の国際競争力は凋落、高速鉄道網といったインフラや環境技術の輸出などが注目され、マスカルチャーには光が射している。その間のデザイナー人口（大分類Ｂ、中分類13、小分類56 デザイナー）を、国勢調査の「職業（小分類）, 従業上の地位（7区分）, 男女別十五歳以上就業者数」から抽出する。

一九九〇年＝一五万六八五五人（内女は六万八九一六人）／一九九五年＝一五万一九二四人（同六万六四二二人）／二〇〇〇年＝一六万四三九三人（同六万八四四九人）／二〇〇五年＝一六万四七四一人（同六万九九六〇人）／二〇一〇年＝一七万九五七〇人（同七万七二九〇人）。一九九〇年から一九九五年にかけて、デザイナー総数が三パーセント強のマイナスを記録したのが注目できる。その後のいわゆる「失われた十年」間に顕著な増加は見られない。この間、東アジア、とりわけ中国では激増するデザイン学生数（在学生数は推計で八〇―一〇〇万人、二〇一〇年）が六十万件超と世界一に踊り出た意匠登録出願数に反映し、欧州各国でもデザイナー数と意匠登録出願数ともに確かな増加傾向を示すようだ。

アルベールビル冬季五輪は脱フランス

アトランタのデザイン決まり、次は長野　1992

一九九二年二月八日に開会したアルベールビル冬季オリンピックは二十三日に幕を閉じた。この間、九六年のアトランタ五輪のシンボルマークが決定。二十三日の閉会式では九四年リレハンメル冬季五輪のマーク、ピクトグラム、マスコットがお目見えしている。アトランタで百周年を迎える近代オリンピックはスポーツの祭典であるとともに、デザインの饗宴である。マーク、公式ポスター、ユニフォーム、記録映画といった視覚伝達アイテムすべてに開催国を代表することになるデザイナー、アーティストが腕を競う。

今回のアルベールビル五輪は、開会式の見事さで歴史に刻まれることになるだろう。開会式と閉会式の演出家であるフィリップ・ドゥクフレ氏は三十歳。十五歳で学校教育を離れ、サーカスやダンスの世界に親しんだ。サーカス(空中ブランコなど)、冬季スポーツ、世界の旗をモチーフにアトラクションは展開されたが、卓抜な演出は西欧フォークロアから現代まで時間を飛び越え、同時に欧州を世界で包みこむ広がりを感じさせた。演出家個人のビジョンが貫徹されたのだ。テレビ報道では「フェリーニの映画」、「バウハウスのダンス」を連想するとの解説も聞かれた。山本寛斎氏は、素晴らしい出来とアトラクションを評し、一転、式典に入場する日本選手団のユニフォームに〝ダサイ〟の一言を浴びせる。フィギュアスケートでもコスチュームの優劣は歴然としていた。

本年夏開催のバルセロナ五輪の開会式では早くも、カタルーニャ地方の祭りの出し物、人間ピラミッド十六組が披露されると報じられている。リレハンメルのシンボルマークはペッテル・モスフース氏。オーロラ、雪の結晶、木、花崗岩がモチーフで、主要カラーは北国の空を表す。「ノルウェー独自の伝統と個性を表現する」という同氏が、ピクトグラム（絵文字）に四千年前の岩に刻みつけられた絵を選び、デザイナーからも一般人からも好評とのこと。マスコットの「フォーコンとクリスティン」はノルウェー中世の実在する人物であるとともに、近代児童文学中のキャラクターだ。

二月十三日に国際オリンピック大会アトランタ委員会（ACOG）から発表になったのがシンボルマークと全体のデザイン体制。スタッフ四百人を擁する世界有数のCI会社ランドーアソシエイツ、アトランタ指名キャンペーン以来ACOGと関係が深いコープデザイン、アトランタのミューレル・デザイン・グループの三社が合同チームでデザインを任される。

「アトランタ百周年記念トーチ」と呼ばれるシンボルマークの数字の「100」は古代柱式彫刻に近づけるために縦に引き伸ばされ、五輪とラインはギリシャの柱頭を表す。地色のジョージア・グリーンは米国南部地域の「渇望の木」を表象。炎は燃え上がり、遂には星となる。五大陸は一色、それに代わって炎が五色であることが、融合・昇華の動きを表して世界の情勢と符号している。サマランチIOC会長は、百周年にふさわしいこのデザイン選択に感嘆の意を表明しているとのことだ。

一九九八年長野冬季オリンピックの主催者に希望することは三つある。デザイナー、アーティストにオリンピックの主役である世界の若者の感覚を理解できる人材を起用すること。デザイン、アトラクションの選択に際して、視覚伝達の目利きを登用すること。式典に、例えば能や歌舞伎といった日本的なるものを過剰に背負わせないこと。アルベールビル冬季五輪は、デザイン上はフランス五輪ではなかったことに学ぶべきだ。それはサヴォワであり、欧州であり、世界であった。伝統、近代、現代が造形の質の高さとともに表現されていた。それが、国際感覚でありオリンピック精神の表現というものだろう。

（一九九二年）

異能素材

五感を刺激する意外な素質を現場から　1996

SF映画でしか見られなかった人工素材が現実のものとなりつつある。

一九九五年十二月、「SCIENCE ET VIE」九三九号の記事に人間の耳を背負った鼠の写真が掲載された。この実験の鼠の耳は三つ。マサチューセッツ工科大学の実験だった。生分解性ポリエステルで成形した耳の母型を、移植拒否反応を起こさないように処理した鼠の皮膚の下に植える。ポリエステルには人間の軟骨の細胞が植え付けてある。鼠は人工の耳を育て、やがて移植可能なまでの軟骨組織に成長させ、耳が欠損したまま産まれた子供、事故で耳を失った成人に大きな希望をもたらす。

生命を持つ素材こそ究極の素材。高齢化、福祉機器、医療など、これまで身近でなかった分野での活動が望まれるデザイナーにとって見逃せない、いや果敢に取り組むべき素材であろう。

一九九五年にニューヨーク近代美術館で開催された「現代デザインにおけるミュータント・マテリアルズ展」が七月、東京・新宿のパークタワーホールにやって来る。デザイナーが素材と格闘する機会は二種類ある。一つは明確な目的のために素材を探し自ら用途開発する。もう一つは面白そうな素材が目の前にあるからそれにふさわしいモノをデザインする。

十九世紀半ばにトーネットは曲げ木の椅子を研究開発し、その技術に着目したマルセル・ブローヤーらは金属のパイプをトーネットに依頼した。素材と技術は玉突きのように反発、刺激、影響し合い、錬金術のように思わぬ結果を導いて生活様式の変化を促してきた。

錆びやすい金属と思われていた鉄も、純度九九・九九九パーセント以上まで高めると極めて錆びにくくなる。しかも通常の鉄に比べて、超高純度鉄の可能性は格段に優れる。見慣れた旧素材と思いこんでいる金属も、まだ見ぬ本来の特性を引き出すことによって新素材として生まれ変わるのだ。

どんな素材が開発されようと、それに最終的に生命を吹き込むのはデザイナー。素材と格闘した製品デザインの存在感には圧倒される。それが今、素材を問う理由である。

（一九九六年）

1　視覚を幻惑

〈スリットヤーン＋高機能性ガラス〉

ガラスの自動ドアに額をぶつける子供がいる。
ドアの向こうの母親へと走ったからだ。
ガラスは視線を透過し物質を遮断する。
そのガラスはいま高機能化して刻々と光を調整できる。
目を欺くものの代表はプラスチック。
木材にも金属にも皮革にも思いのままに変化して
石油の化身であることを忘れさせる。
素材と人との関係は、まずは視覚による。
次いで手が、重量と質感を値踏みする。

2　意外に軽くて

〈ポリカーボネート＋熱可塑性エラストマー＋CFRP＋超ジュラルミン＋段ボール＋ペーパーハニカムコア〉

軽さへの挑戦は空を飛ぶために成果を上げた。
例えばハニカムコア、後にそのコアを使った椅子が生まれた。
航空機用の超ジュラルミンは小型パソコンの筐体に。
スペースシャトルに乗って飛行士が宇宙で飛ばしたのは紙飛行機。
微小重力下で、絶妙のバランスが保たれないと
軽いはずの紙飛行機は飛べなかった。
軽さの次の次元だろう。

3　皮膚感覚に訴える

〈ステンレスSUS316L＋ABS樹脂＋シリコーンゴム＋エラストマー＋親水性ポリマー〉

停電のとき、闇の中で触れた物の生々しさ。
手で確かめる階段の踏板はより冷たく、金属ははるかに硬かった。
ゲーム機で育つ子供ならば、
ボタンの異なる表面仕上げの感触を大人になっても指が覚えているだろう。
仮想の世界に遊ぶ道具だからこそ
触覚と聴覚がリアルな身体的反応を要求する。
素材との格闘はデザイナーの自意識を超えてリアルを呼び込む。

4　廃材だったはずのものが…

〈染料浸潤木材＋プロテイン・パウダー〉

短くて糸にしにくい絹組織から作る和紙がある。
水に濡れても強く発色がいい。絹本に描かれた日本画を思えばこれは納得がいく。
リサイクルにも乗らない廃ガラスからはタイルも作られる。
低温焼成でも吸水性は陶磁器並み、土とクリスタルの結晶とうたわれる。
すがたを変えて特性を保つ素材。
大地の物語と納得の構図をだれもが求める。

5　時間を味方に

〈錫＋親水性フッ素樹脂加工のアルミ＋シリコーン系コート剤〉

人間の究極の欲望は時間を克服することにある。
時の流れを止めること、さもなければ時を味方につけること。
その二つの方向に沿うかたちでモノもデザインされる。
五〇年代米国で登場したピカピカの台所はフォルマイカ製。
メンテナンスフリーの代表だ。
一方、ひとの欲望は限りなく、人工素材でありながら、
使うことで風格を増すものを求めさえする。

デザイン思想の中のCUD

カラーユニバーサルデザイン機構(CUDO)創立十周年に寄せて　2015

デザイン雑誌の編集長としてユニバーサルデザインについて執筆依頼した米国在住の日本人デザイナーの記事の中に、忘れられない引用があった。一九九〇年代半ばのことだ。
「私たちは建物を形づくる。その後は建物が私たちを形づくる」。第二次世界大戦に関する大部の著作でノーベル文学賞を受賞した英国の政治家、ウィンストン・チャーチルの持論だ。この〈建物〉は〈制度〉とも〈デザイン〉とも置き換えることが可能で、以来筆者にとってユニバーサルデザインを超えてデザインを定義する柱の一つとなった。

ほぼ二十年経った二〇一四年、同じ思想にふたたび出会った。建築出身の作家・評論家の松山巖が、イタリア文学者で作家の思考の足跡を辿った『須賀敦子の方へ』(新潮社、二〇一四年)においてだ。須賀が一九四八年に入学した聖心女子大学で「典礼学」を講じるヤイゼル神父が叫んだという。「こんなちっぽけな、こんな思想のない建物で暮らしていたら、これっぽっちの人間になるぞ。建物が人間を造るということをよくおぼえておきなさい」と。この叫びに動揺した学生の須賀が、「じぶんも、思想のある建物みたいな人間になりたい」と思った、というのは驚きである。

デザインは人間を造るという認識。人間を造ってしまうデザインを生み出す指針づくりに取り組む決意――二〇〇四年のカラーユニバーサルデザイン機構(CUDO)設立には、こうした二重の意味があっただろう。
米国のユニバーサルデザインが公民権運動の一環として出現した経緯はよく知られている。人権擁護の一部だったのだ。心身の機能になんらかの欠損のある人のためのデザインと思われがちだが、人はいつでも、一時的になら、通常とは異なる様々な状態に陥る可能性を秘めている。だれでも分かることで、事故や怪我や病気、妊娠や加齢も原因である。

この機構は色弱、弱視、さらには加齢性白内障疾患をふくむ一般色覚者を活動の対象として、多様な色覚特性に対応している。そうした人々によっては、見分けやすい色、見分けにくい色が互いに相反する面もあり、微妙な調整が必要になるとのことだ。さらなる研究が必要な理由であって、症状によって異なる見え方を健常者が追体験するキットも流通している。

ある高名なグラフィックデザイナーの作例を授業用に複写するのに、図像が現われなくて困ったことがあった。カラー図版をモノクロモードでコピーしたのだが、何度か試してデザイナーの企みに気づいた。色相は違っても明度は同じに設計してあって、モノクロの複写には耐えないのである。専門家には笑われそうな素朴な体験だったが、世界の成り立ちの一端に触れる思いがしたのだ。そう、世界は無限の色とともにある。色相と彩度と明度のどれが欠けても世界は十分にその姿を見せてはくれない。識別性の根拠は明度のようでもあり、色から感受するリズムは生命の根源に触れることといえるだろう。

色のコスモロジーを示す中国の陰陽五行では青、赤、黄、白、黒が正色で、方位、季節、五臓はもとより、音「呼、笑、歌、哭、呻」とも対応し、古代の仏教では修行僧に俗世への愛着を抱かせないために汚れた色に染めた衣を着せたという。その色は「壊色＝えじき」と称された土埃のような薄い茶色だった。

加齢や病によって筆者の色覚が衰えると、周囲はその壊色に近づくのだろうか。そんな想像をしてみる。やがて迎える黄昏に甦る記憶の色彩には、カラーユニバーサルデザインによって識別が確かだった色もあるに違いないと。市民社会のための、デザインが希望であるようなあり方。ＣＵＤはかくあれかし。（二〇一五年）

サインデザインの視点　「SIGNS in JAPAN」　2000―2001

1

彫刻が似合う街・札幌で知った田園都市の百年後

アルテピアッツァ美唄、セラミックアートセンター、モエレ沼公園と、札幌周辺の都市デザインを訪れる機会があった。

廃校となった小学校を利用して地元出身・イタリア在住の彫刻家である安田侃の作品を常設する美唄市はかつて炭坑の町として栄えた。れんが製造に百年の歴史をもつ江別市は會田雄亮のれんがと陶芸のアートワークでそれを表わす。二〇〇四年の完成を目指してイサム・ノグチ（一九〇四―八八年）の最後の作品となるモエレ沼公園造成を続けるのは札幌市だ。それらをバスで回るのは一日がかり。モエレ沼に完成しているプレイマウンテンはノグチが半世紀にわたり模索し続けたものだし、安田とは死の直前に伊ピエトラサンタで親交を温めるほど近しかったというから、この見学会は「地球そのものが彫刻」という意味の〈彫刻〉をめぐる小旅行となった。

企画したのは、芸術工学会二〇〇〇年春期大会の会場校である札幌市立高等専門学校の面々だ。この学会は芸術工学をデザインの基礎学と位置づけて一九九二年に発足（会長＝吉武泰水）、九州芸術工科大学、神戸芸術工科大学、東北芸術工科大学、北海道東海大学芸術工学部、名古屋市立大学芸術工学部を中心として会員

左―レッチワースの
タウン・センター
空撮＝齊木崇人
一九九八年五月

の交流の場となってきた。大会は春期と秋期の年二回。今回の札幌周辺都市デザイン探訪は、「デザインにおける地方性と国際性」をテーマとする春の大会のエクスカーションとして実施されたのだった。筆者が司会を務めたトークセッションで、〈百年の物語〉というべき興味深い発表を聞いた。齊木崇人（神戸芸術工科大学教授）の「イギリスの田園都市レッチワースの地方性」である。

一九〇三年、産業革命末期にイギリスで生まれた田園都市レッチワースは多くの人々にとって歴史の教科書の中にある。ところが齊木は、エベネーザ・ハワード著『明日――真の改革にいたる平和な道』が書かれてからちょうど百年目の一九九七―一九九八年の一年間この町に住み、一五四五ヘクタールに三万二〇〇〇人が住む町を目指して建設された田園都市を〈生きている町〉として研究の対象とした。八回に及んだという空撮による写真の数々が現実の姿をよく伝えていた。

研究の第一歩は約四キロ四方の居住区を歩き、魅力ある住宅地と建造物を地図にプロットすること。その結果、一九〇三年から一九二〇年までのアンウィンとパーカーによるデザイン理論の実践例がいまもなお魅力的だった。両者にはイギリスの田園風景を取り込んだ「ハムレット計画」（ハムレット＝教会を持たない規模の小さな集落）があり、レッチワースはウィリアム・モリスの思想とハワードの提案を形にしたものであるという。それに反して一九六〇年以降の、田園都市の風景を特性のないものに変えた近代建築の幾つかは解体され、保存地域同様にデザインガイドが適用された新たな建物に生まれ変わっている。

田園都市の特徴の一つであるファーム・ベルト（グリーン・ベルト）は一九八〇年代に農産物過剰騒動のあおりで一部宅地に変わったものの、都市であり農村であるレッチワースを守り続けている。計画推進の母体は、第一田園都市株式会社（一九〇三年、Limited）、田園都市公社（一九六二年、Corporation）、田園都市財団（一九九五年、Foundation）と変遷。行政の指導の元にあった公社時代には大規模開発が行われ、その反省から現在は行政支

援は一切受けずに独立性を保つ。町が高齢化しないのかとの問には、個人所有住宅一万二五六〇戸に対して同氏の滞在期間中に年間四〇〇〇戸ほどが売りに出る状況だとの答えがあり、住民の移動が頻繁で高齢化の問題はないことがうかがわれた。土地貸借はなんと九十九年契約だ。

これらが発表の概要だが、スライドには信号も電柱も看板も見当たらなかった。あるのは、特色ある花が咲く街路樹、表情豊かな住宅と前庭と菜園、圧倒的なグリーン・ベルト。一九〇八年には神戸在住の内務省官僚、生江孝之がレッチワースを訪問して「英国の貧民改良と田園都市」を発表、設計者が日本から学んで桜並木をつくったことも第一田園都市博物館の資料などから明らかになったことが報告された。

一九九〇年に当初目標とした人口三万二〇〇〇人に達してなお生き続ける田園都市から学ぶことは多い。同時に、こうした田園都市は以降誕生しなかった事実には考えさせられるものがある。近代化百年の歴史を刻んだ北海道で、炭坑の町は当時の学舎を芸術広場に変え、「環状グリーンベルト構想」の拠点公園であるモエレ沼ではイサム・ノグチ生誕百年の完成を目指して造成が続いている。農村計画、農村修景の実例をこの地で見たいものだ。

それにしても、北海道には彫刻がよく似合う。「石は地球の骨」（ノグチ）、北海道の風土も彫刻もともに〈インスタント〉ではないからだろうか。

（二〇〇〇年）

2

街を彩るファッション、その権利保護についての米国事情

旅行者にとって訪れた街の印象を決定するのに〈動くもの〉の貢献度は高い。都市の中で動くものとは、車

であり、ネオンサインであり、人だ。ニューヨークであれば、「ポケットパーク」と呼ばれる土地所有者提供のパブリックスペースでテイクアウトの昼食を取りながら、足早に歩く女性たちを眺めた経験のある旅行者は少なくないだろう。

十月、ニューヨークへファッションと知的財産権をテーマとする短い調査研究の出張をした。ディスプレイされた服であれ実際に着られた服であれ、ファッションは一層カジュアル化した感がある。ウォールストリート・ジャーナルの記者、テリー・エイギンスは著書『The End of Fashion』(『ファッションデザイナー』、文春文庫、一九九九年)で、女性はファッションを気にしなくなり、ドレスアップする者がいなくなったと指摘した。実際、街中だけでなく、ミュージカル「アイーダ」上演中のパレスシアターはもとより、「トゥーランドット」のメトロポリタンオペラの会場でも、先端ファッションを身にまとったカップルは皆無に近い。

エイギンスはメガトレンドの一つとして「トップデザイナーが危険を冒そうとしなくなった」とも書いた。その理由は今回の取材の目的とも関係している。ニューヨークを拠点とするデザインハウス「ニコルミラー」の社長は言った。「創造性が一番大事であるにもかかわらず、デザインの権利が保護されないために広くコピー商品が出回って市場は均一な商品であふれる。そうすると消費者は価格だけで商品を選ぶようになって価格は一層下落し、メーカーは創造性に投資できない。これが米国の業界で起こったことだ」と。

レーガン政権が情報技術と知的財産権を重要政策に掲げて今日の産業の活性化と好景気を用意したことは知られているが、ファッション産業はそうした政策の恩恵に浴さなかったのだろうか。米国でファッションデザインはおもに、特許法の一部であるデザインパテント、著作権法、商標法、トレードドレス法によって守られる。だがデザインパテントは、パテントというだけあって新規性のハードルが高くて服にはほとんど与えられず、著作権保護はテキスタルデザインでは一般的であるものの、舞台衣裳などを除く実用的なアパレルではまず認められない。

また、商標法の一部として発生したトレードドレス法は、市場での成功をもって外観の出所表示機能を認めるものだが、変化の激しいファッションをこれで保護するのは難しいというのが専門家の見解だ。この四月に最高裁が判決を出した子供服をめぐる「ウォルマート事件」では、「デザインは色彩と同様に、本来的な識別力を有しない」とされて、原告のサマラ社に追随した被告のウォルマート社が事実上勝利した。著作権保護の対象となったのは、子供服に付けられたハートや果物といったアップリケだけだったのだ。

ニコル・ミラー社長が米国にはデザインの権利保護はないと言ったのは、こうした事態を指している。「デザインを保護しないのは政治的な理由からだ。服は安ければいいと考える多くの国民は選挙民、ウォルマートのような大手は資金源で、政治にとってどちらも大事。ウォルマート社は多額の政治献金をしているだろうね」という同氏の片目をつぶりながらのコメントは、先の最高裁判決を批判したものだ。

日本でも、ファション業界のデザイン権活用は低調である。三宅一生の「プリーツ・プリーズ」が勝訴したのは不正競争防止法を根拠としてだし、今年（二〇〇〇年）のグッドデザイン賞の大賞を受賞した同氏の「A-POC」のデザインコンセプトを全体として保護する法律はないようだ。不正競争防止法の一九九四年の改正で未登録意匠の商品形態が保護されるようになったものの、期間が発売から三年と限られている。

その点、今年一月に取材したフランスは違った。一九九八年にINPI（フランス特許庁）へ出願されたデザイン数は意匠登録出願、簡易登録出願、ソロ封筒（著作権保護）を合わせると十万件を越えており、日本の出願件数約四万件よりはるかに多い。フランスの意匠登録制度では一つの出願に一〇〇までのデザインを含むことができるために出費が少なくてすむ。無審査寄託制度をとる国の出願費用は安いのが一般的だが、一出願多意匠がそれに拍車をかけている。また、ライフサイクルが短いモード関連の事業主を対象とした優遇措置もあり、この簡易登録制度によればさらに経費を節減できる。

こうした手厚いファッションデザインの保護のおかげで、エルメス社は出願数で常に全業種含めてトップクラスにランクされる。若者に人気のある「カステルバジャック」は、ファッションショーで発表するすべてのデザイン画を寄託するという。デザインの紛争が起こった際の法解釈をいくつか聞いても、その柔軟さには驚かされるばかりだ。

ファッションは都市の動くサイン――。暖かいカフェのガラス越しに、道行く人々の服装を権利の網目に透かして見るのも悪くはないだろう。

（二〇〇〇年）

3 闇の入り口からユニバーサルデザインへ

映画「ダンサー・イン・ザ・ダーク」を観た。冒頭、スクリーンのただ黒いだけの映像に上映不良のためではない旨の告知が字幕で流れ、その黒い映像が荘重な序曲とともに四分ほど続いた。「映画が始まってしまう前に、ある感覚を決定すること……」[*1]と、デンマーク人の監督ラース・フォン・トリアーは導入部について述べる。見終わった後ではそれが、暗闇の入り口、遺伝性の病気のために視覚を失う主人公セルマの世界だったことが分かる。同じ病をもつ息子に手術を受けさせるためのセルマの行為が自らの破局をもたらすストーリーは〈救いがない〉と形容されがちだが、映画全体はユニークな方法で希望を表現していた。

ミュージカル映画であるこの映画の七曲を作曲し、主演女優をつとめたアイスランド出身のビョークは、ビデオクリップ作家としてもデザイン学生の関心が高く、映画館に足を運んだのはそれも理由の一つだった。

地下一階に「2」が並んでいたため、最初に行った日は入り口を間違え、気づいた時には北野武監督の「ブラザー」が始まっていたからそのまま見た。映画は何としても最初から見たい。間違った人が多かったらしいことは、二度目に同じ映画館に行くとサインボードに説明が加わっていたことで分かった。二重三重のダークな扉があったわけである。もし「ブラザー」を見るつもりで「ダンサー〜」を見てしまったのだとしても、この時ばかりはサインの目立たなさに大いに感謝したことだろう。

この映画を見る少し前に、ある本の編集上の必要に迫られてビデオで「レインマン」と「レナードの朝」を見た。アカデミー賞四部門を獲得した前者は自閉症の兄レイモンド（ダスティン・ホフマン）とその弟チャーリー（トム・クルーズ）、後者は三十年間も半昏睡状態にある嗜眠性脳炎患者レナード（ロバート・デ・ニーロ）とセイヤー医師（ロビン・ウィリアムズ）の物語だ。いずれも主演俳優の見事な演技で話題を呼んだ。情況設定に共通性があるために細部を確認する必要があって見たのだが、見終えて映画の制作年が気になった。「レインマン」は一九八八年、「レナードの朝」は一九九〇年だった。

北欧諸国で「ノーマライゼーション」と呼ばれていた運動だが、米国障害者法（Americans with Disabilities Act = ADA法）が一九九〇年に制定されたことを契機に世界的な「ユニバーサルデザイン」の波となったことはよく知られている。ADA法は複数の障害者グループ、老人団体、ベトナム退役兵協会などからなる全国統一組織が、議会に対して強力なロビー活動を展開して成立した人権にかかわる法律と言える。

聴覚障害者のヘザー・ホワイトストーンさんが第七十四代ミス・アメリカに選ばれたことが好意的なニュースとして迎えられたのは一九九四年だった。生後十八カ月で聴覚を失ったヘザーさんは手話によらずに会話ができるため、聴覚障害者のロールモデルとなれるかどうかが議論を呼んだようだ。そんな国柄だけに、「レインマン」と「レナードの朝」制作の動機と興行の好調ぶりを、一九九〇年のADA法成立と結びつけることもできるように思うのだ。

脳は常に心をモニタリングして自立的に働くのだという。これは、心の状態や思いが現実を変えるという可能性を意味するだろう。これが本当ならば、ユニバーサルデザインを考える際にも示唆的な知見だ。映画は想像力を刺激する工夫に満ちている。映画館の暗闇の中で、観客は一人ずつ、たとえば障害者と呼ばれる登場人物の内面に入り込む。また、アカデミー賞であれミス・アメリカであれ、賞のニュースは人の記憶に残りやすい。こうした記憶は、Disability（能力障害）をHandicap（社会的問題）としないためのユニバーサルデザインの思想を納得する助けとなるに違いない。そして、プロの世界で行動を起こそうとする人は、想像力でとらえた世界をリサーチといった形で現実の世界で検証する。

ユニバーサルデザインの成功例となった米OXO社の製品「グッド・グリップス」は、創業者サム・ファーバー氏がリュウマチの妻のために開発した。リサーチは日々行われていたわけだ。福祉ショップではなく一般ショップで売られる。

サンフランシスコ市が進める「トーキングサインシステム」の報告がある[*2]。電子案内板「トーキングサイン」から出される情報を手元のレシーバーが受け取って音声に変える赤外線使用の情報システムだ。市内八七〇カ所に設けられており、その設置の仕方はこれみよがしでなく、見ただけでは気づかないという。視覚障害者の歩行ガイドとして開発されたものだから、それで情報は十分届くのである。ユニバーサルデザインの洗練ぶりを示す例と評され、高齢者にも旅行者にも有効なシステムとなる可能性がありそうだ。システムの使用者を非使用者と区別することがないのだ。

アートとデザインは両輪となって現実を変えるのである。

（二〇〇一年）

4

「森林〈地域〉計画学」を構想した浜口隆一さんは生きている

浜口隆一さんと一九九三年五月、伊勢—大阪と一泊二日の旅行をした。と言っても、三重県鳥羽市浦村町に建つ「海の博物館」の竣工一周年を記念しての職人たちの集いに浜口さんが参加する〈お伴〉のためだ。二月に芸術選奨文部大臣新人賞を受賞していた内藤廣設計のこの建築を、浜口さんはことのほか気にいっておられての伊勢行だった。その理由は、評論家の森本哲郎氏が蕪村の句を引用して「日本の素景」なる一文を書いたのに似た、修景の観点からだったように思う。

五月二十九日、収蔵庫、展示棟と見てまわり、展示模型の作り手が地元に住む同姓の浜口さんだと知って、当人に「ぼくの本籍も伊勢なんです」と親しく声をかける場面があった。一九九八年、亡くなられて後に出版された『市民社会のデザイン』(而立書房)の年譜には、「出自について語ることはなかった」とあるから、ライターの傍若無人ぶりを発揮して、自ら言及された浜口さんと伊勢の関わりについて詳しく伺っておけばよかったと少し悔まれる。

夕暮れの海を背景に、古式ゆかしい手筒花火の競演を楽しみ、海の珍味や手捏《てこね》寿司に舌鼓を打って、その晩、遠くからの参加者一同が宿泊したのはタラソテラピーで有名な近くのホテルだ。翌朝の朝食に、初対面だという都市開発関係者が合流すると、浜口さんのテーブルはやや意外な展開を見せた。話題が海洋療法タラソから一変して、「日本の都市開発は、上からの視線でやるから誤ってしまう。あなたに、そのきらいがないと言い切れますか」と、相手を真っ直ぐ見据えての問い掛けが始まったのだ。話し終えるとコーヒーはすっかり冷めていたのだった。

その日は、鳥羽から大阪にまわって大阪市立美術館に行く計画があった。特別展示「中国王朝の誕生　夏・殷・周時代の遺宝」の最終日が五月三十日で、案内する人がそこで浜口さんを待っているのだという。アーバンライナーで難波に出て天王寺公園を抜け、久しぶりに市立美術館を訪れた。

紀元前二〇〇〇年代に成立していた可能性が高い中国第一王朝と言うべき夏王朝をはじめとする、考古学の最新の研究成果を展示する内容だった。浜口さんは青銅器の銘文、甲骨文字、玉製簡冊《かんさく》などにとりわけ興味を示しておられた。「空間サイン学事始め」（一九八九年）で、フランスの東洋学者レオン・ヴァンデルメールシュ著『アジア文化圏の時代』に熱心に言及していたから、漢字文化圏の起源を見ておきたかったのだと推測した。その展覧会カタログと、海の博物館のミュージアムショップで浜口さんから勧められた原田信男著『歴史のなかの米と肉』（平凡社、一九九三年）とが手元にある。米に圧倒的な価値をおいた天皇国家の意志を記述したこの本は四月十二日刊だから、発刊と同時に読んでいたことが分かる。翌年には「月刊百科」に書評を書いている。

帰路の新幹線では、サインとデザインの話をした。初対面以来のサイン―デザイン談義である。浜口さんは「味はサインで、料理はデザイン」といったふうに両者を定義していた。それにことさら異論はなかったのだが、今問うべきはいずれかについて、日本サイン学会会長とデザイン雑誌記者とはいつも楽しくすれ違った。

浜口隆一さんに最初に会ったのは一九八八年だった。大塚オーミ陶業の玉見満常務の紹介だったと記憶している。いただいた名刺には「サイン448」とあり、住所は静岡県掛川市。その個人事務所の命名は、日本には人口十万人未満の都市が四四八あるとの榛村掛川市長の示唆によるのだと後に知った。

『ヒューマニズムの建築』（一九四七年）で華々しくデビューした一九一六年生まれの浜口さんは、『ヒューマニズムの建築・再論―地域主義の時代―』（一九九四年）を出した翌一月に亡くなった。日本サインデザイン協会（一九六五年―）の設立メンバー・顧問であり、日本サイン学会（一九九〇年―）会長、サイン素材・情報センター（一九九三年―）名誉会長も務めていた。そうした実績にもかかわらず、〈浜口氏〉ではなく〈浜口さん〉と書きたいのはその人柄のせいだろう。

『市民社会のデザイン』に「浜口さんを好きな理由　安雙久夫」が載っている。その一「誰に対しても言葉遣いが変わらなかった」、その二「思考に戸籍をもたなかった」、その三「声高な正義を嫌った」、その四「正直な人だった」と理由は四つ――思わず膝を叩きたくなる。理由の二は、「天使の如く旺盛な好奇心で、興味の赴くままに歩き回り、考え回った。その思惟は、一歩ずつ論理を進めて結論に到る秀才型ではなく、直感的な本質把握力に本領があった」と続く。

「SIGNS in Japan」第四号掲載の対談「看板は生きている――伝統サインの現代的意義」に浜口さんは登場している。亡くなったのは筆者の誕生日。一〇〇号記念号のコラムを担当できた奇縁に感謝しつつ浜口隆一さんを偲びたい。ヒューマニズムに基づく「森林〈地域〉計画学」は継承されるべきだ。

（二〇〇一年）

註

［1］―『ラース・フォン・トリアー　スティーグ・ビョークマンとの対話』（水声社、二〇〇一年）

［2］―関根千佳「見えないユニバーサルデザインを目指して」（「日経デザイン」二〇〇〇年五月号特集、日経ＢＰ社）

グッドデザイン２００２—２００９
私の選んだ一品

１［栗久のおわん］
給食の作法を変えるかもしれない器

「そうですねぇ、二十年前にはもう米飯給食だったようですよ」、と答えがあった。「そちらでは、いつ頃から給食がご飯になったのでしょうか」と尋ねてみたのである。そちらとは、曲げわっぱの作り手、栗久のある秋田県大館市のこと。円錐形の曲げわっぱのおわんは学校給食用につくった、という説明に興味をひかれて電話してみたのだ。

〈家にあれば笥に盛る飯を草枕　旅にしあれば草の葉に盛る〉といった万葉歌がある。「箪笥」の「笥」の文字が、「け」と読まれて器を意味するらしいことを、子供ごころに不思議に思った記憶がある。食がまずあり、次いで住が意識されたということなのだろうか。椀があり、碗もあるが、金属製のわんを書き表す漢字は今に至っても見当たらない。碗にしても、陶磁器のわんを漆塗のわんと区別するために後でできた漢字らしい。

新米を炊いたご飯をよそうのに、焼物ではなく漆に代えてみたことがあった。朱塗りの浄法寺塗の椀に盛られた白いご飯が一粒ずつ、らくらくと息をしているようで、好ましい発見をした気になれた。お櫃《ひつ》、杓文字《しゃもじ》、お椀、お箸と、ご飯は木と相性がいい。大館曲げわっぱを手にとると、たよりないくらいに軽かった。それに比べて、茶碗では高台にあたる〈コジリ〉が指にしっかりとなじんだ。ご飯が、汁物が、煮物が、盛られてこそ、その軽さと指がかりが意味をもつのだろう。このお椀にはさまざまな利点があるという。断熱性があり、重ねができ、割れない。木尻を曲げ輪でつくることで小口断面が出ないために堅牢さが増すという製法上の工夫もある。木地は木目が美しい地元産の秋田杉、木目の流れが接合部で交差して幾何学的な面白さがある。

「給食用には、まだまだ改良の余地があるんです」と、対応された方は言った。大量洗浄や機械乾燥に耐えうる強度、価格などのことだ。それならば、生徒一人ひとりが器の後始末をするという作法を給食に取り入れてはどうだろう。味覚は器によっても形成される。ランドセル並みに小学校の六年間使えるなら

写真はグッドデザイン賞受賞作
写真提供＝日本デザイン振興会

ば、価格もそう問題ではなくなる。子供とデザインをテーマとする展覧会が目白押しだ。その子供の道具は食と遊が基本だろう。給食用曲げわっぱは、子供のための〈スローフード〉を夢みさせてくれる。（二〇〇二年）

受賞作：椀　おわん（大）（中）（小）／（有）栗久

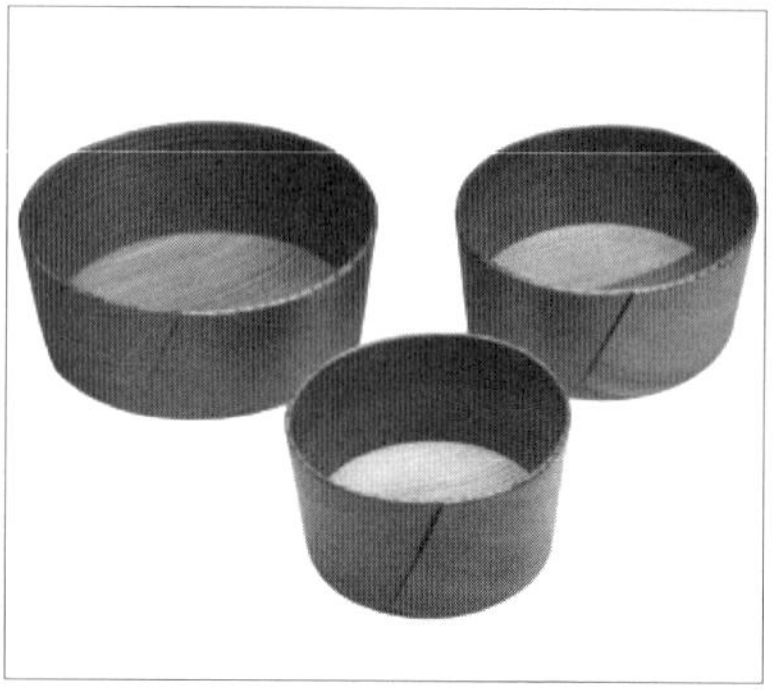

1

2［八幡ねじ］
近代の寓話

ねじには奇妙な存在感がある。だがそのねじは子供のころ、世界の向こう側にあったような気がする。ドライバーとねじ一式、機械の油差しが収まった叔父の工具箱が記憶にあるが、それを開けるのは叔父だけだった。『ねじ式』という漫画も、あちら側のものだったように思う。

ねじが表舞台に登場した。この光景には既視感があった。一九八六年にGマーク産業機械部門の部門賞を受賞した圧力制

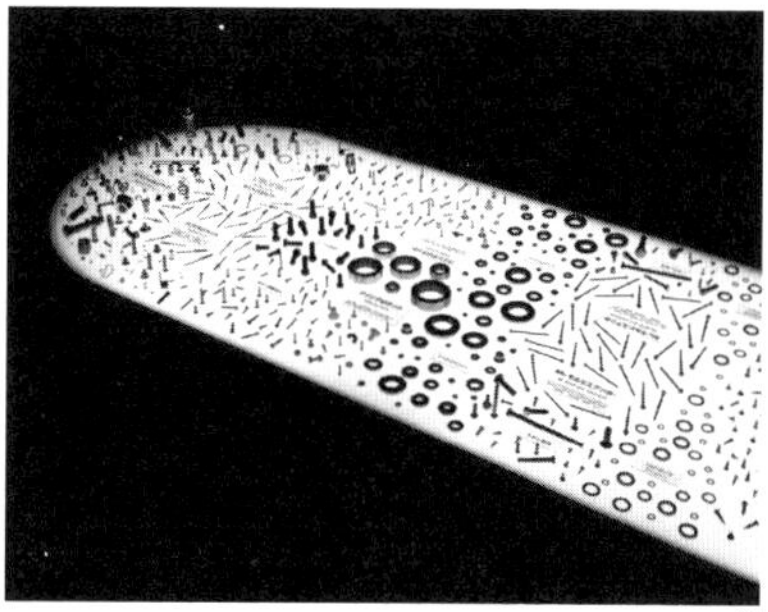

2

御弁の取材でCKDを訪れたときのこと。各種並んだ黒と白と緑の弁の群は、心臓のようであり、関節のようでもあった。八幡ねじのホームページを見ると、CKDと同じ愛知県を本社としていた。「鉄は産業の母、ねじは産業の塩」、「ポルトガル人によって種ケ島に鉄砲が伝来した一五四三年、日本人とネジとの出会いは始まった」。巨大なねじのイメージは、アルキメデスやレオナルド・ダ・ヴィンチに夢みられたねじの原理だったのだろうか。そのねじも、骨折治療補助のために身体に埋め込まれるチタン製にまで拡大して、同社が取り扱う製品数は今や五万アイテム、シェア七〇パーセントのトップメーカーだ。

八幡ねじはデザインで磨かれた。五十周年を見越して鈴木健吾社長がデザイナーの平野湟太郎氏を訪れたのが始まりだ。平野さんは丸亀市猪熊弦一郎現代美術館のVIをはじめとするCI・VI、サイン計画で数々の受賞歴をもつ実力派。「建築家に愛されるデザイナー」といったサイン特集を「日経デザイン」

誌で組んだ折、建築家の谷口吉生氏とのコンビで登場してもらったデザイナーだった。

平野さんの講演を聞く。淡々とした口調、何より文字・書体を大事にするとの発言に共感を覚えた。ロゴ〈yahata neji〉の〈i〉は螺旋状のねじ山そのものの形と素材感だし、可能な限り各文字の要素にすきまを持たせて締結部品の「締める」という動作を促すかのよう。デザインはコミュニケーション全域に及び、「VM（ビジュアルマネジメント）キックオフ」が会社沿革の一九九七年の項に明記されている。

ねじはなお、世界の向こう側にある。だがそのねじは今、工具箱の闇の中ではなく、透明プレートの上で生まれたての姿で光っている。

（二〇〇三年）

受賞作：八幡ねじのデザインマネージメント
（株）八幡ねじ＋平野湟太郎デザイン研究所

3 **［ダイニングチェア］**［baguette IB240］
五十嵐久枝のたくらみ

「バジル」を買った。「シナモン」「ミント」「クローブ」、あるいは「タンゴ」を選ぶこともできたのだけれど、日欧米が冷夏と熱波と停電で記憶されることになるだろう夏に届けてもらったのは「バジル」。リビングデザインセンターOZONEの〈にっぽんフォルム〉にそれらはあった。デザイナーは五十嵐久枝氏。同じ建物内の〈森のことば〉なる広い会場に、実力派デザイナー佐々木敏光氏と二分する格好で「バゲット」シリーズが並び、これは事件だと思った。

「バジル／basil」はコンパクトディスク用棚。その形状を言葉で説明するのは少し難しい。高さ一一七センチの台形状の二枚のメープルを交差させ、広い一角に六段の棚を設けている。棚板同士は直角でCDが普通に収まるが、棚全体が斜めに傾いてCDの安定はいい。雑誌棚「ミント」も、小箪笥「シナモン」も、同様にどこかで水平垂直が壊されている。「タンゴ」の湾曲する引き手断面も特徴的だ。香辛料が食材を異化しつつ引き立てるのに似て、このシリーズでは傾きが空間にわずかな不協和をもたらす。

「バゲット／baguette」はフランス語ではフランスパンの代名詞のような棒状パンの名称だが、英語では〈長方形にカットした宝石〉。木の皮を編んだかのような「タンゴ／tango」のチェストの形状からは〈バスケタリー〉を連想し、そのことで〈バゲット〉と重なったりする。音からは一瞬、〈単語〉を連想してしまう。こうした連鎖は、デザイナー五十嵐久枝のたくらみに乗せられてのことに違いない。倉俣史朗氏の死に至る五年間をスタッフとして伴走した五十嵐さんは、その時期『自分だけの部屋』（ヴァージニア・ウルフ）を志向したのかもしれない。

「バゲット」のリーフレット冒頭には〈マイ・スウィート・ファニチャー〉とある。スウィートにはスパイスも仕込んでいるはずなのだが、「バゲット」の椅子のタモ無垢材の木目と体になじむカーブは好ましい。デザインは異化から親和へと舵が切られているようだ。「バゲット」に座ることを想像しつつ、しばらくは、空間に対する「バジル」のスパイス効果を味わい測ることとしよう。

（二〇〇四年）

受賞作：ダイニングチェア　baguette IB 240／飛騨産業（株）

3

4［エコムスハウス］

アルミ型材が光と戯れる

「アルミ型材」というだけで平静ではいられない。その審査を担当していた時期が甦るからだ。想像しにくいだろうが、昭和五十年代に特許庁に意匠登録出願される押出型材の数は年間六千件をこえていた。あまりの数の多さに、「滞貨」と呼ばれる審査未着手の件数も半端ではなかった。来る日も来る日も数人でそれらと格闘した。断面図だけを数百件並べ、先行意匠と比較する毎日だった。入庁したての新米技官、それも小林秀雄の『様々なる意匠』を「意匠」と思っていた審査官補にとって、型材の山を切り崩し滞貨を〈処理〉する日々には苦痛がともなった。

ところが、本年度のGマーク審査会場に展示された「エコムスハウス」のアルミの型材は光と戯れていた！パリにあるジャン・ヌーヴェルの「アラブ世界研究所」の壁面が薔薇窓を連想させるように、展示品の接合部は精緻な素材の輝きに満ちていたのだ。X型のアルミ押出材を組み合わせた一・二×一・二メートルのラチスパネルを基本ユニットとして分離発注する量産化住宅が「エコムスハウス」。ディレクターは山本理顕氏。

第一号はショールームとして現実のものとなった。アルミ押出材の精度は高くて三階建てに対応できる。軽量であるため建設作業の負荷が少ない。リサイクル性に優れ、解体時に産業廃棄物を出さないことも特徴だ。素材と工法が従来と異なるこのシステムは、可変性をもつ空間、多様なライフスタイルを可能にする。アルミ型材は三十年の時を経て、完璧なまでに生まれ変わっていたのである。

　それでも思うのだ。電子素子や土木建築部材といった物品が意匠登録制度の主役であっていいのだろうかと。二〇〇四年九月、産業構造審議会知的財産政策部会に意匠制度小委員会がもうけられ、委員会の初回、制度利用の現状が報告された。審査期間は短縮しているものの出願件数は漸減傾向が続き、その傾向から、「視覚を通じて美観を起こさせる」意匠の保護とはなっていないのではないかとの指摘もあった。デザイナーが利用しやすい制度とするため、寄託登録制の導入を提案している。制度改正に向け、広範な議論が求められている。（二〇〇五年）

受賞作：エコムスハウス／ＳＵＳ（株）＋（株）山本理顕設計工場

4

5［ルミウォール LN-HIW］

御簾ごしに見あげる夜空は……

ひそやかなため息が審査委員からもれた――審査会場に吊るされた板状の発光体はそんなにも美しかった。一枚は鈍色の太陽電池セル、もう一枚は紺青の板面に斑点状の白色光が並ぶ発光ダイオード。それが「ルミウォール」の表面と裏面である。「規則的に絞って藍染したテキスタイル作品のよう……」。そう声を発すると、「かぐや姫が降りてくるのを御簾《みす》ごしに眺めているとでも言いますか……」と別の声があがった。

　光る太陽電池「ルミウォール」は、太陽電池の新用途開発のために行われたデザインコンペから生まれた。発電、採光、発光といった機能が一台のモジュールに集約されている。シースルーガラスであるため昼間は日差しを屋内に通過させ、夜間は蓄えたエネルギーでＬＥＤによって照明となる。発光輝度も色相も変化させることができるというから、ドーム天井、大開

5

口部などによって透明と変化を志向する建築空間のあらたな素材となるのは間違いないだろう。

藍染、御簾……。それ以外にも呼び覚まされるものがあった。担当ユニットに応募された新型車両を試乗するために九州を訪れた二〇〇五年七月、熊本市現代美術館で見た宮島達男の個展「Beyond the Death 死の三部作」である。赤いLEDの「Death of Time」、青いLEDの「Mega Death」、そして新作の「Death Clock」。赤色LED一四一二個のカウンターが壁一列に並ぶ「Death of Time」の中心部の暗闇は原爆によって消された生命を表しているというのだから、この展覧会開催は原爆投下六十年後のこの年でなければならなかったはずだ。

二〇〇五年の夏に出合った赤と青と白のLED。一方はデザインとして空間を彩り、もう一方のアートワークは魂に訴えかける。応募企業の社屋に設置されているというルミウォールはほんとうに美しいのだろうか。それを見るのは楽しみでもあり、怖いような気もする。

（二〇〇六年）

受賞作：薄膜太陽電池・LED一体型モジュール
ルミウォール LN-H1W／シャープ（株）

6 ［**小児医療センターのサイン計画**］

遠い日の「もりのおいしゃさん」

小さな町にあるたった一つの洋館らしい建物は「医者どん」と呼ばれた。木造に白いペンキが塗られ、出窓のある二階建て。前庭には季節の花々が咲いていた。その先の角を右に曲がると、やはり木造の、こちらは何ということのない小学校があった。学校の手前には診療所。校医を兼ねたそこの高橋医師は小学校のブラスバンド部もみていたから、クラリネットの吹き方を教えてもらった。

6

『もりのおいしゃさん』——九州大学病院第二期工事で成った小児医療センターの壁面グラフィックスが絵本になった。二〇〇六年の芸術工学会春期大会で佐藤優会長から渡されたこの絵本で、動物たちのトンチンカンな悩みにこたえるお医者さんは「しんぱいないよ」『しらべてみます?』『だいじょうぶ』と声だけで、絵としては登場しない。駒形克己の絵本を手にして、久かたぶりに思い浮かべたのが高橋医師の顔だ。眼科専門の洋館に足を踏み入れることはなく、虚弱児ぎみだった幼少期に連れていかれたのはピアノが聞こえる診療所だった。それでも治療はこわくて、往診の折には炬燵にしがみついたままだったらしい……。

小児医療センターのデザインを担当した先の佐藤優教授から後日、報告が届いた。「患者さんが増えて、廊下まで昔のベンチを持ち出しています。病気の子供たちが病院からなかなか帰らない、という愉快な悩みも聞こえてきます。ちょっと行き過ぎかもしれません」。絵本の最終ページには、「どんななやみにも　そっと　せなかを　おしてくれる　もりのおいしゃさん　いつも　おおいそがし」とあるから、これは予想された事態に違いなかった。

先端医療の拠点である大学病院だからこそ、徹底して患者に優しい場所であってほしい。胸つぶれる思いの子供たちは、それによってどれだけ救われることか。第三期工事でデザインチームは積み残した課題に挑むことだろう。痛くない注射針が大賞に選ばれた翌年にユニバーサルデザイン賞を受賞した「もりのおいしゃさん」。近い日、〈いのち〉と〈きもち〉に味方する〈かたち〉に会いにいきたい。

（二〇〇七年）

受賞作：九州大学病院第2期病棟小児医療センターのサイン計画
九州大学病院＋(株)竹中工務店＋(株)ジーエータップ

7 ［**コルクタイル**「SOFA BRICK」］

コルクが贈る「楽しみと日々」

コルク製のタイルから想起するのは、小説『失われた時を求めて』を紡いだコルクの部屋である。マルセル・プルースト最晩年のメイドだったセレスト・アルバレは作家の没後半世紀経ち、自身が八十歳を過ぎてはじめて口述筆記に応じた。書物の名は『ムッシュー・プルースト』(三輪秀彦訳、早川書房、一九七七年)。

「その壁はすべての音が侵入するのを防ぐために、ぐるりと一面に木舞を釘で打って固定したコルク板で囲まれていたので、まるで巨大な栓のなかに入ったみたいに思えた」。栓の連想は、子供だったセレストが遠足で訪れた採石場の坑道から音が消え、わずかに見えた外の世界がコルクの黄褐色にそっくりだったからだという。喘息のために暖房ができず、作品世界に集中するためにコルク張りの部屋を必要とした晩年のプルーストは、日の沈むころに目覚め、二杯のカフェ・オレとクロワッサン一個で一日を始めるのを日課としていた。

コルクは吸音性、断熱性、防炎性、衝撃吸収性等にすぐれる。「SOFA BRICK」の素材にコルクが選ばれたのはそのためだ。コルク樫はブナ科に属し、原産地は南欧。幹の直径が二五センチほどになる樹齢約二十年ではじめて樹皮を剥ぎ、以後九年周期で剥皮を行ない、それが樹齢二百五十年ころまで可能——なんとも見事な天然資源であることに感嘆する。

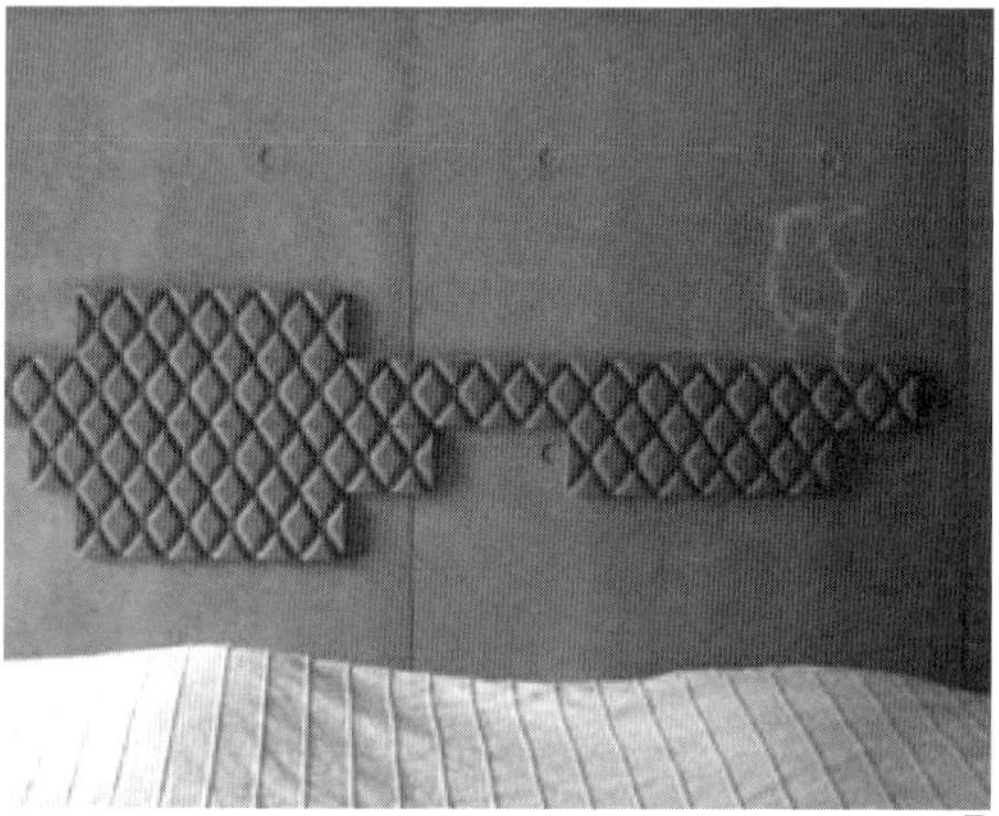

7

さらに、このタイルではワインのコルク栓の削り屑を固めたことには心を動かされた。アルバレ夫人二十二歳の連想が、奇しくも現実のものとなったように思えるのだ。小池文さんがレンガとソファを融合させるとの着想を得たのはイギリス留学中だというから、年代も近かったかもしれない。ちなみに、二十—二十三歳のプルーストが書いていたのは『楽しみと日々』であった。

床や壁、ベッドボード、映画館の階段、本棚側面、病院やキッズスペース……。コルクタイルの使用場所は無限にあり、人々にそれぞれの「楽しみと日々」を贈ってくれそうで嬉しい。ソファ柄以外も自由自在だ。ところで、この愛すべきデザインを生んだ小池さんの一日はどんな風に始まるのだろう。(二〇〇八年)

受賞作:コルクタイル SOFA BRICK/aya koike design+永柳工業(株)

8 [ソファ「Anchalee Chair Set」]

ワットの尖塔に憩う心地

タイとベトナム、カンボジアと、短い旅をしたことがある。真夏、バンコク、アユタヤ、ピピ島と巡り、二〇〇〇年「世界ハート展」第四の開催地ハノイの開会式にバンコクから合流した。障がいをもつ人々から詩を募集し、アーティストほかがそれをビジュアル化して詩と絵の巡回展を行なうのがハート展だが、入選作にあった「夜が開けるとき　闇は涙を流す」といった詩句に胸をつかれた。

三年後のプノンペン行もバンコク経由。「クメールの機織るは寡婦そして孤児」と記してしまうほど内戦の傷跡は深く、その時代を生き抜いた女性たちが自分でデザイン・製造した繊維製品の売上の一部を医療や教育に投じるさまは感動的だった。デザインはそこに生きる人々にとって生命線の観があったからだ。とりわけ感銘深かった女性のひとりは、カンボジア内戦の時期をタイで凌いだと語った。

植民地化を免れた歴史をもつタイはいま、デザインに力を注いでいる。二〇〇一年に月刊誌「idesign」創刊、二〇〇六年にはバンコクで「日本のデザインの遺伝子展」を開く。そして二〇〇八年、「Design Excellence Award」を創設し、入賞作品のうち十八点がグッドデザイン賞応募に至った。その一点であるこのソファには不思議な心地好さと現代性があった。繋ぎ目のない手編みのユニットはしっかりと体重を受け止め、組み合わせは自由自在でどんな空間も構成できる。座面の四つの角のうち二つが三角錐状に隆起し、肘置きにも背もたれにもなる。このフォルムこそがタイデザインの遺伝子の発現なのではないか。

バンコクでの観光はワット（寺院）に始まりワットに終ると言われる。巨大で壮麗な王宮、三島由紀夫の『豊饒の海』第三部「暁の寺」のモデルとなったワット・アルンをはじめとして、ワットの尖塔は訪れる者すべてに強い印象を残す。タイ寺院の尖塔と屋根瓦の生命を宿す藤製のソファ。そこに座ると、小高い丘に建つワット・サケート（黄金の山寺院）からの市街風景が甦るような気がする。

（二〇〇九年）

8

受賞作：ソファ Anchalee Chair Set
Corner 43 D cor Co.,Ltd.

［対談録］柳宗理＋三宅一生　1998
アノニマウスデザインに向かって

柳宗理　日本民藝館館長、工業デザイナー〈一九一五年生まれ〉
三宅一生　ファッションデザイナー〈一九三八年生まれ〉
聞き手・文責＝**森山明子**

――戦後デザインのパイオニアである柳宗理さんに対して、一九七〇年代から世界のファッションをリードする三宅一生さんがどのような関心を抱いておられたのか興味があります。イサム・ノグチ、アービング・ペン、ルーシー・リィーをはじめとして分野を超えた方々と仕事をされる中で、柳さんに対する興味はどこにあるのですか。

三宅――ぼくは民藝館が大好きなんです。ぼくの仕事は柳さんのように、服の世界でオートクチュールではなく量産できる服にこだわってきました。ですから日本民藝館にあるものは自分ではやらない仕事だけれど、人々が生活の中で使ってきた道具が集められていることで、ここに来ると勇気が湧きます。

柳宗理さんの仕事は前から存じ上げてはいましたが、フィラデルフィア美術館が企画した「Made in Japan」展をパリで拝見し、柳作品の輝きを再発見した思いです。

柳――パリのポンピドーの展示も大阪のサントリーミュージアム［天保山］の展示も見ていないんです。

三宅――それでパリから帰ってすぐに東京・四谷にある柳さんのアトリエを訪問させていただき、デザインミュージアムが必要だといま動き回っているところです。デザインはますます消費財を効果的に作る方法といった方向に矮小化されているけれども、そうではない。二十世紀に生まれ使われてきたいいデザインを、次の世紀に残すべきだと思うんです。

時間が消費財に留まらないデザインを生む

――一九三六年に柳宗悦が開設した日本民藝館ですが、宗悦の死後二十年近くを経た一九七七年に長男である宗理さんは館長となりました。ル・コルビュジエとバウハウスに感化された柳さんは「結局、父のもとへ帰ることになった」わけですが――。

柳――民芸と工業デザインの関係を話すと長くなるんですが、コルビュジエの最高の協力者であるシャルロット・ペリアンが政府の招きで来日し、視察と指導を目的に一緒に日本全国を回ったんです。戦前のことですが、そのペリアンが民藝館によく来ましたよ。ペリアンばかりではなく、コルビュジエもチャールズ・イームズ夫妻なども戦後やってまいりました。

一九五四年に訪れたグロピウスが、「ここにある素晴らしい民芸品は、未来の日本文化を創造するための貴重な宝物だ」と言い残したのをよく覚えています。ぼくはこの民藝館の裏にある敷地にデザインミュージアムをつくりたいんです。

三宅さんが言うように、ハンディクラフトか機械生産かという点でぼくも民芸の考え方には若いころ反発しましたが、生活の中から滲み出た造形だけが生き長らえるという思想はバウハウスも民芸運動も共通です。

三宅――柳さんの展覧会がセゾン美術館で、ペリアンの展覧会は秋にオゾンで開催されますから、それを契機としてデザインミュージアム設立が燎原の火のように広がるといいですね。それが未来のデザインのディクショナリー（辞書）となる。本格的なデザインミュージアムがないのは、世界の主要都市で東京くらいなものです。

日本民藝館にて　一九九八年四月十日
写真＝須藤昌人

柳――民芸と現代デザインとがどういう関係にあるか、両者は「プロダクトマンシップ」という点ではつながっているんだということを示すミュージアムにしたいものです。

――消費にのみ結びついた現在のデザイン状況に対する批評行為の一つがミュージアム設立でしょうが、ほかのテーマは何でしょうか。

三宅――柳さんのデザインには日本の美意識が作用しながら、それを超えてたっぷりとした内容が詰まっているとパリで感じました。やかんにしても、土瓶にしても、清酒グラスもそうです。表面的でない、そのたっぷりとした内容こそが今後のデザインに必要なものでしょう。それにはいいものをたくさん経験しないとね。

柳――その清酒コップは全国の酒屋さんが使えるものということで依頼されたんですが、アイディアの段階から大量生産にかかるのに五年くらいかかりました。デザインが良くても、生産の段階で技術的な調整が必要です。ぼくの場合は大概長いんですよ。椅子でも開発に二、三年はかかる。しかし、イームズだって椅子の新作を出したのは三年単位くらいですから、そんなものかもしれない。いまぼくが取り組んでいる椅子もそうで、工場に持ち込むとやっぱりデザインを変えることになります。

三宅——その時間が大事です。じっくりと時間をかけて生み出されたものでないと、使いこまれるものは出来てきません。

デザイナーの仕事の半分は罪悪かもしれない

——「つくるもの」ではなくて「生まれるもの」というのが柳さんの変わらぬ信条です。片や、三宅さんは一九七三年のパリコレ初参加以来、四万点と言われるデザインを送り出されています。

三宅——本当にアイディアと言えるものは少ないです。ただ、サイクルの速いファッションの世界にあって、発想とかテーマの持続性は大事にしています。それと、服を工業生産に持ち込むことで現実のものになると考える点では、インダストリアルデザインに学びました。

柳さんの姿勢は、いまの工業製品とはちょっと違って、職人の方々の手をちゃんと経ているという印象を持ちます。

柳——ぼくらのデザインは、それを作る人、技術者とか職人とか、かつてなら「工人」と呼ばれた方々と密接不可分ですからね。夢ばかりではなく、現実の中でそうした人々に鍛練されないと工業デザインは成立しません。特に機械時代になってからはそうで、時間がかかるわけです。なぜかと言えば、どんどん開発される新しい素材と技術をどうやって具現化するかのプロセスが重要で、それをちゃんとやらないと無駄なものばかりが出来てしまうんですよ。

三宅——テキスタイルでも、柄を決めてデータ化すればただちに製品にはなります。しかしその前の検討を十二分にやらないと美しくないもの、無駄なものが、それこそ大量に出来てしまう。そうした製品は市場で喜ばれませんから、自転車操業的に次の大量生産を招きがちです。

——一九五〇年代後半にデザイナーと技術者の闇雲な努力によってＩＤの名品がいくつも生まれながら、六〇年代半ば以降デザインの手法が固定化されてだれもゼロから発想しなくなったとはよく言われることです。

柳——車や家電を筆頭として、日本でもその頃から意図的な陳腐化をデザインの方法としましたからね。ぼくの場合は、同じフォルクスワーゲン車に四十年くらい乗っていますよ。ＧＭが発明した車づくりにアンチなんです。大量のゴミを生産するという意味で、デザイナーの仕事の半分は罪悪だと思うくらいです。ナイアガラの滝の近くに巨大なゴミ捨て場があり、東京湾は二十一世紀中に全部ゴミの島になって埋まっちゃうと専門家は予想しているほどです。

三宅――一九八〇年代にとりわけその感が強かった。新しいデザインで異議申し立てをしているようで、異議のための異議で、結局無駄なことばかりしていた面があります。デザインの運動なら分かりますが、デザイナーのエゴの表出だったような気がしてなりません。

その意味でも今回の「柳宗理のデザイン」展は、警鐘を鳴らすいい機会になるはずです。

ハイテク一品工業製品としての環境デザイン

――一九七〇年代に入って柳さんが橋といった環境デザインで成果を上げるようになったきっかけは何だったのですか。

柳――国から米国に派遣された時に、アートセンター・スクール・オブ・デザイン、GMほかを訪れてその商業主義にがっかりしたんだけれど、高速道路と橋は素晴らしかった。ロサンゼルスのゴールデンブリッジは特にね。それから、米国とは異なる構造の斜張橋を開発したドイツのレオンハルトを訪ねたりしました。科学技術を肯定しつつ商業主義に陥らないですむ現代デザインがここにある、といった気持でした。デザイン観が変わっちゃったんだね。

ハイウエイ、斜張橋、シェル構造などに十年くらい早く出会っていたら建築をやっていたかもしれない。一九四二年に坂倉建築事務所の研究員になったんだけれども、当時はデザインどころではなかったし、フィリピンの戦場へ駆り出されたために、ぼくはデザイナーとしての出発が遅かったですからね。

――その最初の米国訪問は一九五六年でした。三宅さんが六〇年代後半のアメリカでジーンズ、Tシャツ、ヒッピーに会うのと共通性を感じます。

柳――戦中・戦後は貧しく恐怖感はあったけれども「明るい恐怖」だったと言える。豊かな現代の恐怖は「暗い恐怖」で、閉塞感が強い。それはデザインのあり方とも関係があって、二十世紀デザインの負の部分がのしかかっている感じだね。デザインが総じて、売るための道具であって、薄っぺらい。

三宅――これからのデザイナーは資源の問題、環境の問題に取り組むことを課せられています。リデュース（より少なく）、リユース（繰り返し使う）、リサイクル（素材の再生）の問題を教育でも徹底させるべきでしょう。その前提として、何が美しいのか、何が正しいのかのメジャー（基準）が欲しい。柳さんの仕事と考え方は、その答えの一つになっていると思います。

デザインは借り物になりやすい。先日、民芸運動の先駆者、濱田庄司の拠点だった焼き物の産地へ行きましたが、材料も製法も表現も多様ではあるけれど、結局買ったのはとても安い、普通の陶器でしたね。使い手とのコミュニケーションを失った、個人の表現でしかないものが多いという印象しか残りませんでした。

理想としてのアノニマウスデザイン再考

――一九六五年に銀座・松屋で柳さんが企画した展覧会「アノニマウスデザイン」は、今だからこそ示唆に富むかもしれません。デザイナーがタッチしないフラスコ、ビーカー、グローブ、人工衛星、足袋など匿名のデザイン展でした。

柳――当時はデザイナーがもてはやされ、何でもかんでもデザインの時代でした。勝見勝さんが「デザインの百鬼夜行」と呼んだような。それで、アンチテーゼとして企画しました。今回ぼくの展覧会で、アノニマウスデザインのコーナーを作ろうと若い人たちが言い出してとまどっているんです。

最初にアメリカに行ってイームズ家を訪れた時、理科の実験用のガラスの器に角砂糖が出てきて驚いたことがありました。剣持勇にこの話をしたら喜びましてね。ぼくはルドフスキーの「建築家なき建築」にいまも惹かれます。名前なしに世の中に使われるデザインが最高。アノニマウスデザインはぼくの最終目的です。

三宅――作品として発表しても、人が使わない限りデザインではない。そして、使い込まれたデザインはデザインした人のものではなく、使った人のもの。デザイナーの名前はそうして消えます。ですから、アノニマウスデザインは、アートと違うデザインの理想なんです。記名制になったのは、手っ取り早くビジネスにできるから。最初はそうではなかったにしても……。

柳――ちょっと面白いと思うんですね。名前を入れないと判別できないデザインが溢れている時代ですから。

三宅――デザイナーの名前は最初は主張があることの証明でした。それが、違いのないデザインが溢れて記名だけが差異の証明となる逆転現象が起こった。柳さんがアノニマウスと再び言うのは、そうした現象に対する反語的な意味も、ユーモアもあってステキですよ。

柳――今度、明石海峡大橋開通の式典に呼ばれて行ってきました。世界最長のつり橋で、技術的には世界最高かもしれない。これも立派なアノニマウスデザイン。デザイナーが口を出してはいけない部分が大事なのであって、デザインするとすればその大事な所をいかに活かすかということになる。橋脚のコンクリートに海水がしみこむと腐敗するので、高価なチタンを脚に巻き付ける例もあります。目に見えるデザインよりも、そうしたことが大切です。

三宅――スペイン六番目の都市ビルバオに昨年(一九九七年)出来た「グッゲンハイム美術館・ビルバオ」を見て来たところです。フランク・ゲーリー設計で、ポンピドーセンターが出現した時と同じように感動しました。ですが、その外壁がチタン合金で、一週間に二回は何人もの作業者がロッククライミングのようにして不定形の外壁を拭くんだそうです。新素材、新技術の開発には限りがありませんから、それを人間の立場でどう使うか、使うべきではないかをデザイナーは熟考しなくてはいけないと感じました。

――技術は不可逆で、新しいものが次の時代を作ってしまいますから。

柳――そうなんですね。だから、ぼくらのやっているプロダクトデザインよりは三宅さんの仕事は罪が小さいかもしれない。

三宅――いえいえ、プリーツを始めた時から服はプロダクトだと考えていますから、機能、技術、価格、量産といった条件は同じです。「モードの終わり」が言われ、若者は皆カジュアルを志向しています。二十一世紀を前にして高価な手織りを使うことが、ぼくには出来ません。

次代をつくるデザイン運動の初心が輝く

柳――コルビュジエが書き、前川国男が翻訳した『今日の装飾芸術』に感激してぼくはデザイナーになりました。モダンデザインは後年批判にさらされもしましたが、それはイズムの限界だったり、後継者の理解不足だったりが原因で、コルビュジエのロンシャン教会堂は内側から輝いていて、やっぱり最高ですよ。モダニズムという意味に限定はしませんが、次の時代をつくるそうした初々しい思想を持ち続けなくてはね。

三宅――柳さんのように同時代としてでなく、情報として知っていて後にコルビュジエのデザインに実際に触れたわけですが、印象は随分違ってました。やはり内側から考えてつくっている。

柳――それも、プロダクトデザインの場合はいつも素材と技術、デザイナーと技術者との合作として成立することを忘れるべきではないでしょう。

(一九九八年)

註―「アノニマウス」とは匿名を意味する「anonymous」のことで、アノニマスが一般的。対談録は、柳が企画した展覧会名「アノニマウス」に準じている。

［講義録］『内田繁と松岡正剛が開く デザイン12の扉』２００１

デザインの二十一世紀へ

第一の扉：内田繁〈インテリアデザイナー〉＋**松岡正剛**〈編集工学研究所所長・帝塚山大学教授〉

プロローグ――デザインと編集の知への誘い

第二の扉：田中一光〈グラフィックデザイナー〉

紙の上の文字と色のドラマ――伝統の受け継ぎ方・現代化を問い直すために

日本の美意識のあり様を海外で決定づけた展覧会に、「『間』――日本の時空間」（一九七八年、パリほか）と「ジャパン・スタイル展」（一九八〇年、ロンドン）とがある。前者は「みちゆき」「すき」「やみ」「うつろい」など七つをキーコンセプトとし、カタログ編集は松岡正剛、デザインは杉浦康平。後者は「素材」「簡素」「複合」「装飾」など八アイテムで構成され、カタログ編集・デザインともに田中一光が担当した。いずれも、その後の日本展の企画を呪縛した感があるが、ジャパン・スタイル展の方の特色は「下手物」を積極的に取り込んだ庶民文化のパワーだったようだ。庶民文化を上流階級との落差のエネルギーで説明しないことは、以来、田中の文化観となった。

〈色の箱〉があるという。この色はきれいだと思うと、田中がすぐさま破いて入れるその箱のことだ。破くという限りは刷り物が主体で、その見本をもって〈この色とこの色の間の色を出してみて〉と印刷の試作を重ねる。

やや意外なことに、伝統色の色見本帳は決して使わないのだという。長年の友人の回顧展のためにデザイン監修に当たった「粟辻博展　色彩と空間のテキスタイル」で、同じような箱を見た。箱は色ごとにいくつもあり、箱からあふれる人工物の色の集合は、第二の自然、色の宝石箱だった。

日本のグラフィズムの洗練を体現すると評されるデザイナーは、〈下手〉と〈人工〉に精通している。田中一光の、伝統の受け継ぎ方・現代化を明かす二つの側面だろう。

第三の扉：樂吉左衞門〈第十五代吉左衞門〉

日本文化が生まれる場と条件――表現手段としての身体、平面、型をめぐって

樂吉左衞門の特別寄稿「長次郎と私」が『日本の美術　樂（長次郎と樂代々）』（一九九九年、至文堂）に載っている。「待庵という空《うつ》なる空間がさらなる空を胚胎する。利休の茶の凄まじさをそこに見た」とは、待庵に置き合わされた長次郎茶碗に接した体験を記したくだりで、その長次郎茶碗は「大黒」「無一文」「一文字」の三碗に尽きるとある。否定形を重ねて高まる文章には、ただならぬ気配が感じられる。

講義はこの一文の余韻を漂わせていた。断定を避け言い換えを多用しての柔らかい口調ながら、侘びの美意識の変容と表現が抱え込む闇について倦むことなく語り続けた。語りが文章のトーンに近づいたのは、話題が長次郎茶碗に触れたときだった。

ローマ留学で感受した西欧近代の〈破壊と創造〉に対して、自身が企画した「RAKU帰国展」（一九九八年）の副題は「伝統と創造」である。樂は、否定はするが破壊はしない。そのことで、絶対、合理、構造、論理体系、主客分化を欠如または放棄し、相対性、非構造性、不確定性に荷担する日本文化に連なろうとするかのよう

だ。対比的、論理的な思考方法を採りながら、目指すのは移ろい、変化、ずれ、流動性なのである。樂にとってデザインは、日本文化が放棄したとする完結性と構造の一元性の側に位置する。したがって、デザイン的でないことをもって焼物をよしとする。困難で複雑な事態である。

こうした選択こそ、四百年の伝統に鍛えられた想像力の産物と言うべきだろうか。

第四の扉：中川幸夫〈いけ花作家〉

概念くずしが顕わす源初の花——いけ花からの器、彫刻、軸物、空間への眼差し

梅は花の前に枝があり、樹皮が水分を吸いあげるので「折り梅」が成り立つ。桜は枝の前に花があり、小枝を折ると水揚げができないから折ってはならない。これを巷間、「桜切る馬鹿、梅折らぬ馬鹿」という。花木の性質をこえて、梅的世界と桜的世界とがあるような気がしてならない。『源氏物語』の世界は梅に近く、光源氏、薫、匂宮といった登場人物の名前からして嗅覚的、触覚的だ。薫りや匂いはもとより、光源は視覚の対象ではない。樂吉左衛門が言及した『徒然草』の「花はさかりに　月はくまなきをのみ見るものかは」の花は桜であろう。花と無常とは、視覚を媒介として結びついた感がある。

中川幸夫の作品では、梅に「光梅」「風骨」があり、桜に「彼岸」「過客」がある。植物の成り立ちを熟知し、両方を自在に行き来する。ゆき会った最初の宴は花見の席で、春爛漫の桜のもと、こよなく幸せそうだった。ほどなく中川の〈密室の花〉に立ち合うこととなり、その姿がデーモンでもあることを知らされた。腐敗したチューリップの花弁の塊に包丁を切り入れた瞬間、見た目に明らかなほど呼吸が荒かったのだ。知と魔が共謀してできた作品は「死の島」。カルティエ現代美術館を飾った「魔の山」と一対だ。

世阿弥の「一方の花を極めたらん人は　萎れたる所をもしることあるべし」に中川は忠実である。前衛であり孤高ではあるが異端ではない。造形の世界一般の怠惰を隠蔽する異端のレッテルから中川幸夫を解放するのに、十分過ぎる講義であった。

第五の扉：山口昌男〈文化人類学者〉

アジア発デザイン文化の可能性——文化人類学者による体験的デザイン論

デザイナーはトリックスター、今後のデザインは移動型——これが山口昌男の期待だ。「何はともあれこの人の話を聞かなくては」という内田繁の期待に応えるものだろう。講義全体は体験的デザイン論だった。山口のフィールドワークは絵を描くことでもあり、目で見たものを写真によらず手を通して記憶する。「写真は意識や体には残らない」からだという。そして本題は「アール・デコと東洋」。このテーマで話すのは初めてだと言いながら、一九二〇—三〇年代の日本、満州、上海、パリを扱うのはお手のものだ。

一九七〇年代に「中心と周縁」「トリックスター」といった文化理論を引っ提げて知の世界に登場した山口は、九〇年代半ばにデザインを取り込んだ歴史人類学の著作を二冊上梓した。その一冊、『「挫折」の昭和史』を、羨望の念をもって手にしたデザイン関係者は少なくなかったはずだ。東方社・フロント、グラフィック・デザイナー原弘、名取洋之助、日本工房、対外文化宣伝活動、山名文夫、田上義也、建築と文化人類学、といった項目が目次レベルで発見できるからだ。山口が映画やマンガに詳しく、デザイナーとの付き合いが深いことを知っていたから、「明治モダニズム——文化装置としての百貨店の発生」を第一章とする『「敗者」の精神史』に先立ち、大冊『「挫折」の昭和史』を出したことは意外ではなかったのだが、それでも驚きはあった。

編集作業を終え、紹介された岡野玲子の漫画『陰陽師』八巻を読む。とても面白かった。

第六の扉：龍村 仁〈映像作家〉

地球の声を映像に託す――言葉、音、映像の音楽的構造化とは

この扉に興味がもてたら、港千尋の『自然 まだ見ぬ記憶へ』(NTT出版、二〇〇〇年)を読むことを推奨したい。写真家であり批評家である著者が、生命の諸問題を生の視点から書いた〈科学の社会論〉だ。この本に、「地球交響曲(ガイヤ・シンフォニー)」に関連するジム・ラヴロックの「ガイヤ仮説」が出てくるのは当然だが、その章の題名は「雨の言葉」である。大気と海洋は微生物を介して連動しているという。数々の知見を盛りこんだ「都市という名の自然」の章は、龍村仁が撮った野口三千三の発言、「東京もまた自然界である」とぴったり一致する。

もし野口に興味をもったら、第十一の扉に飛ぶのもいいだろう。身体を通して美術家に影響を与えた野口は、東京藝術大学で長らく「ぶらぶら体操」(こんにゃく体操)を指導し、日比野克彦はそれを受講したはずだからだ。野口の〈ちょっと、わずか、ほのか、ささやか、細やか〉は、日比野の〈ちょっとした温度差やギャップ〉につながる。当時の芸大で人気があったのは、体操の野口と生物学の三木成夫だ。その三木は「記憶は『生命』の深層の出来事だ」と説いた。思わず、港千尋の「記憶」と対比したくなる。

「地球交響曲」を見ていないので、映像の音楽的構造化の秘密に触れることはできない。ただ、その元となったCFに登場する人々の想像力のあり方は分かる気がする。龍村が「彼ら彼女らの発言の指し示す方向は同じ」と力説するのには理由があるのだ。

第七の扉：養老孟司〈解剖学者〉

生物と表現のパラドックス――変化を組み込む生物と、永遠を目指す脳そして都市

絶賛されたシュリンクの小説『朗読者』の帯に、「だれかがこうした作品を書かなければならなかった。私は強くそう思う。養老孟司」とある。『唯脳論』の著者は、『身体の文学史』の著者でもあるから、これは意外ではない。『身体の文学史』は「漱石の『こころ』はなぜ『からだ』ではないのか?」が帯のコピーで、三島事件を動機の一つとして書かれた。その中で養老は「型」に言及している。「江戸の日本文化は、首から下の身体に対して形を与えようとした。それが道であろう。日常の所作から、形としての所作へ。それが『型』として完成する」。すべての表現の根源には身体があり、表現としての身体を言葉（絵画、音楽を含む）の高みまで上昇させようとしたものが型だ、というのである。養老は三島の中に、身体表現に向かう時代の必然性を読みとろうとする。

樂吉左衞門は日本の表現手段の一つとして型を挙げる。中川幸夫は型（流儀）を拒否する。身体（自然、個人）と型（表現、社会）にはジャンプがある。ところが、そもそも表現であるところの造形と型にはジャンプがない。運動系の型にあった創造性が、視覚系の型にはない。造形における型に意味があるのは、造形を生みだす身体の訓練に限られる。そう言えるのではないか。プロローグで変化《へんげ》が、エピローグで反復、多量、高速度が造形の方法として提示されるのは、このことと関係する。

脳は「知覚入力から世界を構成し、その像にしたがって行動を決定する」いわば入出力装置、〈檻でもなければ、最後に残された自然〉でもないのだろう。

第八の扉：伊東豊雄〈建築家〉

空間の未来は身体の二重性に対応――流れを起こす場所性と建築の未完と

「われわれの脳は、知覚系と運動系とを、世界像の形成に動員するらしい」と養老孟司の『唯脳論』にある。建築が、アートそしてデザインにおいていくぶん特権的であり続けたのは、こうした脳の働きに関係していると思う。建築の享受には、知覚と運動のバランスがある。絵画、彫刻、工芸を建築に奉仕させ、優れた教会建築を〈凍れる音楽〉と形容したのにはわけがありそうだ。伊東豊雄が「身体の二重性」を問題とするのは、重力／構造、機能／設備、情報／表層から成りたつ建築にあって、生産と消費の両面において、情報／表層だけが肥大したからだ。その点はデザインも同じである。

東京・六本木に数年だけあった「ノマド」に行った。建築はなぜ、こんなにも軽さと透明性を求めるのか気になった。反重力としての軽さ、反身体としての透明。軽さはル・コルビュジエ、透明はミース・ファン・デル・ローエ……。とりあえずそう考えてみた。シカゴ郊外にあるミース設計の美しいファンズワース邸を訪れると、樹木におおわれた敷地は広大で、リアルな他者の目をまったく想定していないことがよく分かった。

軽さと透明の次の夢は変化だ。近代の建築材料である鉄とコンクリートとガラスのうち、極く近年は鉄とガラスが目立つ。「仙台メディアテーク」を成り立たせるのは、チューブとプレート（鉄）、スキン（ガラス）だ。一月に完成し、建築を都市に向けて開くためのデザインと評価されている。透明性が人の流れを起こし、電子が建築を未完にする。

第九の扉：柏木　博〈デザイン評論家〉

未来生活を構想した家政学——キッチンから生活を構想する

ＳＦ作家ベラミーの『顧みれば』がハワードの田園都市構想に影響を与えたとは、興味深いエピソードだ。英国レッチワースの田園都市は人口三万人規模を保って健在だと聞くが、現代の多くの都市で中心部は空洞化し、農村は過疎化している。郊外の巨大な集合住宅が人口の受け皿となったのだが、コルビュジエの緑豊かな「輝ける三百万人都市」とはほど遠いだろう。少なくとも建築家・伊東豊雄の関心はいずれにもなかった。

米国で十九世紀に興った家政学が、バウハウスに影響を与えたという事実も興味深い。家政学以外に、建築家は室内を扱う根拠をもたなかったということを意味するからだ。同じことが優生学にも言えるようだ。インディアナ州では一九〇七年に強制不妊手術が導入され、二〇年代に全米で三万人が手術を受けたという報告があり、ナチス・ドイツの〈人種的純潔〉を保持する優生学も米国に先例があったということになるようだ。

優生学は別として、家政学に興味をもったことのあるデザイン関係者はかなり少ないのではなかろうか。ところが、第十の扉に登場する村上陽一郎は「地球家政学」を提唱している。実際の家庭をモデルにして、個々の利害調整の中から、全体をまとめる手法だという。「ドメスティック・サイエンス」が家政学、「グローバル・ハウスキーピング」が地球家政学と英語に違いはあるが、家政の基本は変わらないだろう。キッチンのデザインが六十億人の食料問題ともリンクするのである。家政学に注目しよう。

第十の扉：村上陽一郎〈国際キリスト教大学教授〉

安全をデザインする——医療現場の事故原因とデザインで解決できること

二十世紀最後の夏、超音速旅客機「コンコルド」の墜落と、攻撃型原子力潜水艦「クルスク」の沈没という大事故が起こった。堺屋太一は、これらを「『二十世紀的発想』との訣別を」と題して週刊誌ですぐに取り上げた。ロシアの救援能力のなさもあって、両方とも隠蔽しようのない惨事だった。これほど象徴的ではないにしても、人の生命と安全を脅かす事象は毎日のように起こっている。その一つが、医療ミスであり、医療ミス隠蔽の事実であるのは言うまでもない。エイズ事件の恐るべき真相は国会でも明らかとなったが、その後も輸血ミス、毒劇薬投与、患者取り違えなどが次々と報道されている。

テーマ設定が緩やかなデザインコンペでは、環境と福祉に関わる提案が多く寄せられる。市場原理では実現しにくいデザインのパワーがコンペに流れ込んだと見ることもできる。一九九〇年代に入ってエコロジーデザイン（グリーンデザイン）、ユニバーサルデザイン（ノーマライゼーション）が、そして阪神淡路大震災以降、安全がコンペのテーマに加わるようになった。デザインの必須要件である安全性は、ユニバーサルデザインの基準の一つでもあり、分野によっては市場性と対立しなくなった。

村上陽一郎の著書『安全学』の射程は広く深い。講義の中でも、医療現場にしっかりコミットしていることがうかがわれた。その上で、利用者情報と事故情報とを共有して、最適解を出せるようなデザイナーの出現を期待しているという。期待に応えてほしいものだ。

第十一の扉：日比野克彦〈アーティスト〉

ワークショップ「立ち話の採集」――日常のかすかな動きを感受する

いまごろになって気づいたのだが、ワークショップの課題名は「COLOR IS NOTHING」だった。立ち話の定義の中には「座ってたり歩いてたりしても～立ち話と認める」とただし書きがあり、収集方法は「聞き耳をたてて筆記する～録音テープなどは一切使用しない」とあるが、最後まで課題名の解説はなかった。筆記は、視覚系の描写というより、運動系のクロッキーのようなものだからだろうか。

ワークショップ〈立ち話の採集〉と制作ノート（４）の身体ワークショップの内容から、日比野克彦の思考がはっきりと見えた気がした。むしろ、それまで、何も分かっていなかったのだという強い反省がある。たとえば、絵画を床に並べた個展「会いたい」は、見る人と見る人との出会いをプロデュースしたもので、主語は一人称の作家でも三人称の作品でもなく、二人称の〈あなた〉だった。〈あなた〉のままでの〈あなたたち〉。それをコミュニケーションと呼ぶことに日比野の現代性があるのだと理解した。

そして、第六の扉で触れたように、そうした思考と方法はおそらく学生時代に身につけたものだ。さまざまな身体ワークショップを展開する日比野は、野口三千三の直系だったのである。野口は「カラダのカラはからっぽの殻、エネルギーの通り道だ」と言い、日比野はそうしたカラダを引き受けた。無駄なものは何もない。知恵の移しかえが、先端芸術表現科で、桑沢デザイン塾で、そして知らない所で、起こっている。

第十二の扉：内田繁〈インテリアデザイナー〉＋**松岡正剛**〈編集工学研究所所長・帝塚山大学教授〉

エピローグ――デザインの二十一世紀へ

（二〇〇一年）

森山明子との一問一答　2013

デザイン・ジャーナリズムって何ですか？

デザインギャラリー1953で開催される「本の知と美の領域vol.2―森山明子の仕事」展だが、名前に〈デザインジャーナリスト〉とルビが振ってある。一九五三年創設の日本デザインコミッティーが企画するギャラリーで、その肩書きの人物の展覧会が開催されるのはおそらく、はじめて。これを機に、デザイン・ジャーナリズムなるものを解剖するべく、ロングインタビューを試みる。……（編集部）

1　ライター、エディター、ジャーナリスト　メディアを志向し現実に働きかける

――デザイン・ジャーナリズムって何だろう。インタビューの狙いはそれに尽きるんですが、今の時代にデザイン・ジャーナリズムがどうあれば未来を切り開けるのだろうか、という問に答えがほしいと思っています。まず、デザインジャーナリストを名乗るようになったきっかけをお話しください。

森山――自分から名乗ったわけではなく、それは与えられた職能でした。私が十二年八カ月間在籍した日経BP社は元々、日経新聞社と米国マグロウヒル社がつくった会社でしたので、日米の新聞と専門雑誌の記者像が確立していて、新聞社の記者職は〈ジャーナリスト〉、専門媒体のそれは〈専門ジャーナリスト〉だった。「日経デザイン」創刊にあたっての人材募集広告も「デザイン記者求む」で、かつてテレビ番組にあった「事件記者」を連想して、ちょっと新鮮でした。

入社しての肩書きは、開発部記者、記者（staff writer）、副編集長（deputy editor）、編集長（editor-in-chief）――。こちらが組織上の肩書きで、職能としてはジャーナリストだったことになるんです。

でも肩書き以上に、職能に自覚的だったわけではありません。たとえば、小型トラックの運転手になっても、「トラックとは？」「ドライバーとは？」などと自問しませんよね。そんな感じだったかもしれない。ですから、退社後はジャーナリストと自称するのにためらいがありました。

——ためらいとは、どういう理由からですか。

森山——ジャーナリストはフランス語の「un jour = 一日」を含んでいますので、新聞や定期刊行物に記事を書く記者にこそふさわしいと思えた。美術大学に職場を移してからは、新聞や雑誌の記事執筆は減り、本の執筆・監修・編集が中心になりましたので、ジャーナリズムからは遠のいた感がありました。で、学会に属すると会員である研究者は論文が主戦場ですよね。その両方がためらいの理由で、今回の企画で、あらためて、デザイン・ジャーナリズムについて考えている。それが実態です。

——それなら、「デザインジャーナリスト」という肩書きの方に会った最初はいつでしたか。最近、そう名乗る方は増えています。

森山——「日経デザイン」は創刊時に英国の「Design」誌と米国の「I D」誌と提携していて、取材の折に二人の女性編集長に会いましたが、名刺には「Editor-in-Chief」とありました。イタリア在住が長かった佐藤和子さんはイタリア公認のジャーナリスト証をもっていらして、どこでもフリーパスで取材ができたと聞いています。ですから、フリーランスの彼女が「デザインジャーナリスト」と名乗る方に会った最初だったように思います。初対面は一九八三年。あなたが佐藤さんの次ですよ、と言われたことがあります。

確かに増えた「デザインジャーナリスト」ですが、最初は特定の媒体に属し、以後フリーとなった方が多いのではないでしょうか。特定の媒体に属さない方の名刺は「ライター」、「エディター」、「ジャーナリスト」が多い。一例を挙げれば、「スタッフ・ライター」に対して「フリー・ライター」というわけです。

——役職ではなく職能に相当する「ライター」、「エディター」、「ジャーナリスト」の違いは何だとお考えでしょうか。

森山——名乗る人のスタンスの違いだと思います。厳密に定義するのは難しく、実際の作業は重なっています。メディアを志向して、だれでも企画、リサーチ、取材、記事作成するわけですから——。

D・エリボンの『ミシェル・フーコー伝』に、「オーサー = author」たるフーコーが政治ジャーナリストの仕事に挫折したくだりがあって、興味深く読んだ記憶があります。第三部「闘士にしてコレージュ・ド・フランス教授…」のところですが、別格すぎます。

日経BP社では、〈ポーター、リポーター、ライター〉という〈位階〉もありました。ポーターとは情報の運び屋にすぎなくて揶揄《やゆ》の対象ですから、ライターのハードルも高かったのです。

写真＝佐治康生

——それぞれ、どんな能力が必要とされるのでしょう。

森山——そうですね。重要なスキルは、ライターはファクツ＝事実の掘り起こし、エディターは企画、構成、ネーミングの能力が高いこと、ジャーナリストは現実に働きかける何らかの批評性のある全体像を提示すること。そう言ってみても、やっぱり重なりますので定義にはなっていませんね。

別の角度から言えば、ライターとジャーナリストの記事は記名ながら「私」を主語とすることはなく、エディターの場合は無記名が多い。クレジットの位置も異なり、日経BP社では、スタッフ・ライターのクレジットは記事の最後、編集長のインタビューはリード文の末尾に「聞き手：本誌編集長○○」と書くのが一般的。外部執筆者の場合、専門性が高く長い記事はタイトルの次、短信的なものは記事の末尾としていました。

2 評伝執筆とはどんなもの？ 創り手の「創作の全体像」を探る

——今回展示されているのは、中川幸夫、石元泰博、新井淳一という造形作家に関して、森山さんが著者、編集者として関わった書籍が中心です。A5判と同じサイズでどれも厚い三冊の評伝は、どんな経緯で書かれたのですか。

森山——「日経デザイン」の創刊二号目から隔月で「シリーズ・証言」という連載を始め、私ともう一人のスタッフ・ライター長濱雅彦さんとで担当しました。一九〇五年生まれの豊口克平さんから始めた計十六人の取材記事は、敗戦後五十年の一九九五年に『昭和のデザイン〈パイオニア編〉』として、『同〈エポック編〉』と一緒に書籍化しました。

そのシリーズ中に私が書いた中川幸夫（一九一八年生まれ）と石元泰博（一九二一年生まれ）の小伝があり、一九三二年生まれの新井淳一さんには「いんさいど」といった別の欄で登場してもらっていたんです。

記事のための一回や二回の取材とは別にその後、折々に印象深い関わりがありましたので、退社後、書きたいだけの分量を書いて本にしたのがその三冊です。雑誌の単独記事は八千字ほどが限度でしたので、どんなに内容を捨てても、詰め込みすぎて読みにくいと言われ、フラストレーションが残ったのです。

三人とも発刊時には八十歳を過ぎていたため、せき立てられるように書きました。生前発刊されるのとそうでないのとでは、本の意味合いが違うように思ったからです。私自身そう呼んでいるのですが、でも「評伝」は適当ではないかもしれないんです。

――それはどういうことですか。

森山――いろんな考え方があると思うのですが、創り手として、人間として、完結し、時代との関わりがはっきり見えないと伝記は書けない。ですから伝記は、作家没後に書かれるか、生前書かれていたとしても没後発刊が一般的です。

最近の例では、スティーブ・ジョブズの「公式伝記」「決定版伝記」の世界同時発売がジョブズの死後でした。二〇〇四年にジョブズから伝記執筆を打診されたウォルター・アイザックソンは、ベンジャミン・フランクリンとアインシュタインの伝記を書いた高名なジャーナリストかつ伝記作家。まだ完結していない人物の伝記は、最初断った。病がはっきりしてから着手し、ジョブズ自身に四十回、取材した友人・知人は百人に及んだと、「はじめに」に記されています。そういうものだと思うのです。

でも私が書きたかったのは、その種の伝記とは違いました。昭和、それも戦後の視覚芸術の歩みのなかで、実際に会うことのできた創り手の、貴重で膨大な作品が生まれた現場、そして創造の思考を掘り起こしたかった。ですから伝記的記述は少なく、あらためて友人・知人に取材するといったことに労力を費やしてはいません。

作家にとって最も重要だと思える作品群と本人の言葉に向かうことに集中して、著しく作品寄りなのです。ですから正確には伝記ではなく、評論でもない。あえて呼ぶなら、その中間の評伝――。で、職能に関連づければ、「掘り起こす」ことにおいてはライター志向、ドキュメントとしての「年譜・書誌」に多くの時間を投入したのはエディター志向、さらに創り手の「創作の全体像」を提示しようとしたのはジャーナリスト志向の表れ。そうは言えるかもしれない。

――それで「評伝」なんですね。執筆は何から着手するのですか。

森山――その作家に関わる資料をできる限り集めることから始め、それをもとに年譜・書誌の作成に時間を費やします。人によって事情は異なり、中川さんと新井さんはご自身で関連資料の多くをクリッピングしていた。でも編集者の手が入らない生の資料だった。ドキュメント集成に興味がなかった石元さんには、その代わりに数多くの写真集や個展の図録がありましたが、それらには伝記的記述は少なかった。

もちろんそれだけでは不十分で、個展の主催者に問い合わせたり、雑誌・新聞に当たったりという、地味で煩雑な作業が続くのです。そればかりをやってるわけではないので、半年や一年はすぐに過ぎてしまいます。文化功労者の石元さんは別ですが、中川さんと新井さんの完全版をめざした年譜・書誌は私がはじめて着手しましたので、まだまだ不完全です。

――年譜・書誌ができてはじめて、本文に取りかかるわけですね。

森山――そうです。中川さんの場合は、『魔の山　中川幸夫作品集』（二〇〇三年刊）に社外編集者として参画した折、年譜・書誌を手掛けました。その作品集の造本を担当くださった杉浦康平さんが、「あの年譜・書誌を作成したのなら、評伝まではあと一歩」とおっしゃっていたと、後でスタッフから聞きました。

それから本体に取りかかるのですが、心づもりとして設計図となる目次レベルの章立てを書いてみます。これで準備完了。その次からは四二・一九五キロのフルマラソンを走る気分で、一カ月か二カ月間、休むことなく一気に書き進めます。評伝の場合は、いつもそうでした。

――書くのに行き詰まったり、推敲はしないんですか。

森山――あまりないですねぇ、マラソンですから。もっとも、プロローグまたは第一章は、途中でも脱稿してからも、何度か書き直さざるを得ません。読んでもらうには導入部が一番大事ですし、第一稿では書きっぷりのリズムが定まっていないからです。

テキストを縦書きで出力して図版を貼り込んだり、出版社交渉のために企画書を作るのが次の作業。出版社を決めてから書いたことはありません。

――発刊のあてがなく始めるとは自由というか過酷というか、それとデザインも著者みずからなさるとは……。

森山――造形に関わる大部の評伝はカラーページも必要で、高額本になりやすい。出版界の状況はとても厳しく、よほど高名な書き手でもない限り、または著者が費用負担しない限り、発刊は決まりません。編集と営業の両方の賛同がないといけませんので……。回顧展開催や作品寄贈といった幸運に恵まれ、個人出版社の理解もあって、なんとか三冊出すことができました。

筆者としてはページ数で妥協したくなく、高名でもなく、書かせていただく作家の名にかけて自費出版はしたくない。ですから、企画書だけでなくダミー本をもって提案するのが私のやり方です。それでもすぐには決まらず、落ち込む時期となります。本を出すのに、本文を書いている日数が最も短いんです。

――デザインもまずご自分でなさるんですね。

森山――いえいえ、図版を貼り込む作業は、記事構成の一部であって、デザインではありません。雑誌でライターがつくる「ミニラフ」に相当するわけで、図版整理にすぎないのです。ですから、デザインが上がるとやっと本の実感が湧いて、それが一番嬉しい瞬間ですね。造本・デザイン担当の杉浦康平さんと佐藤篤司さんは、私以上にその三人の作品を知り尽くしていますので、当然といえば当然なのですが、ありがたいことです。

――それにしても、杉浦康平さんに依頼するとは大胆です。

森山――よく言われます。中川幸夫さんの『魔の山』のつながりあってのことです。

編集長時代、一年十二冊の表紙をおそるおそる早川良雄さんにお願いしたとき、「デザイナーは依頼があって始まる職業なんですよ。だから、どんな依頼も失礼ということはありません」と言われたことで、勇気が湧きました。その翌年、松永真さんに雑誌のロゴ変更と表紙デザインを依頼できたのは、そうした勇気をいただけたお陰です。鹿目尚志さんの誘いで、早川良雄さん、松永真さんという贅沢なメンバーで会食するようになったのは、そんな流れから。編集者冥利に尽きる、わくわく、ひりひりする時間でした。

3 ジャーナリズムの核心 デザインの通念を覆したかった

――造形にかかわる評伝三部作でありながら、書き方はそれぞれ違うように感じます。

森山――そう、書くための私の経験と基礎資料に違いがあるからです。中川幸夫さんには、制作日誌に相当する「能率手帳」が多数あって、作品創造の秘密を明らかにする上で決定的でした。自筆原稿であっても通常は過去を振り返る編集が作家のなかで行なわれ、厳密には一次資料とは言いにくい。日誌にはそういう編集作業がほとんど施されていなくて、作家の裸の言葉が聞こえる。

石元さんの場合は書誌作成には苦労しませんでした。二〇〇六年に滋子夫人が亡くなり、編集者や写真家といった近しい方々が資料の集成を重ねていましたし、偲ぶ会などで関係者の生の声を聞く機会にも恵まれました。

桐生の新井宅から資料の多くを宅急便で送ってもらい、それらを複写し資料化したのは記憶に新しい。日本以上に海外で評価が高い新井さんは、記事の言語が英語、フランス語、オランダ語、スウェーデン語、韓国語、中国語など多岐にわたっていたのが難題でした。

――お三方とも異端、鬼才、孤高と呼ばれることの多いラディカルな才能ですから、初の評伝として書きたくなるのは分かります。でも分野がまったく違いますよね。

森山――作家精神に魅せられました。しかしいくら興味があっても、いけ花、写真、布と、テーマはいつも未知の領域でしたので、ご想像のとおり、蛮勇を振るわなければならなかった。文学者でも美術家でも、優れた作家には、作品集、自著、伝記が揃っているものです。ですが、戦後に美術・芸術の仲間入りしたいけ花や写真や布では、そうした状況はまだ生まれていません。とりわけ、ファッションの素材とされがちなテキスタイルはそう。また、中川さんも石元さんも「怖い作家」との定評がありましたので、評伝を切り出すのさえ難しかったのでしょう。

私は世代が大きく離れ、それぞれの分野の専門家でもなく、また「証言」シリーズで彼等と同世代の造形作家の取材に経験がありました。

――日経新聞の「回顧2012　美術」は、三宅一生・青柳正規両氏の「国立デザイン美術館をつくる会」を冒頭に、石元泰博、中川幸夫らの死去で締めくくっていました。お二人の生前では最初で最後の評伝になりましたね。ところで、経歴に関してですが、雑誌の現場を離れたのはなぜですか。

森山――「日経デザイン」が十周年を迎えて、リレーのたすきを渡せる気がしましたし、フローの情報からストックとなり得る情報に移行したかったのです。

――ジャーナリストの仕事の核心を「現実に働きかける批評性のある全体像を提示する」と表現されましたが、もう少し説明してください。

森山――うーん、ジャーナリズムという〈地面〉なしの批評や評論は、砂上の楼閣のような気がするところがあるんです。ですから三人の「評伝」は、近い将来に次世代が興味をもって作品に触れたり本格的な研究に着手するときの踏石、つまり基礎資料と位置づけています。だからといって気楽な作業ということはなく、土台の出来具合がその上に建つ楼閣の高さを決めるのだと想定すると、緊張します。

本格的な研究の前の評伝の批評性というのは矛盾するかもしれない。文学作品と文芸批評は言葉と言葉の間で成立します。でも造形作家の場合は、言葉に置換できない造形を出発点としますので、文学の領域の精緻さがクリティックに生まれにくい。加えて、産業の側面が強く、歴史が浅いデザインで批評は成立するのかと疑問視されてきました。

『新井淳一――布・万華鏡』が私にとって初のデザイナー評伝ですが、「産業の側面が強く、歴史が浅いデザイン」という通念を二重に覆したかった――これが本の構成に託した私なりの批評性の説明です。ファッションの伴走者、テクノロジスト、染織蒐集研究家、教育者、エッセイストという五つの顔が「世界的桐生人」たる新井さんのなかに矛盾なく同居しており、布の歴史は人類の歴史と同じほどに長い。そうした意図を実現できたかどうかは別ですが……。

――執筆の際に目標または参照した書物はありましたか。

森山――国際デザインコミッティー（現・日本デザインコミッティー）創設時には、書き手として瀧口修造、勝見勝、浜口隆一の三氏がおられた。どなたも石元さんに深くかかわり、瀧口修造は中川さんと石元さんの創作の守護神で、本において何度も引用させていただきました。

『コレクション瀧口修造』と『勝見勝著作集』を見ると、両氏は批評家・評論家でありつつ、デザインをめぐって同期時にジャーナリスティックな仕事を展開していますので、それらを対比した論文に近い一文をこの紙面（「デザインジャーナリズム新聞」）に収録しました。新井さんにとっては三島彰さんがその役割を果たし、もし勝見さんが新井さんの仕事をよく知っていたら、森正洋さんに対したように必ずや応援したと想像するのです。

コミッティーの設立は私が生まれた年ですし、勝見さんには一度お目にかかり、浜口さんとは浅からぬ親交がありました。ですので、恐れ多くはあるんですが、その三氏には親近感と尊敬の念を抱いています。

ドイツ文学者の池内紀さんが昨年（二〇一二年）上梓した版画家の『恩地孝四郎　一つの伝記』の「あとがき」に、同氏による辻まこと、関口存男、恩地の伝記が、〈精神の「旅」の同行者三部作〉と記されていて、羨ましかった。また、「評伝とはいえ、生活に及ぶところはきわめて少ない」「作品と時代を通して、十分にひとりの人間の生涯はつづれると信じている」とあって、共感しました。

――そうですか、コミッティーと同年生まれだったとは！

森山――デザインジャーナリストの個展を開くことを企画くださったのは、無意識にせよ、コミッティー六十周年というタイミングだったことも関係しているのではないかしらん。

4

仕事の場面と全容
作品解題、作家論から通史まで

――森山さんは大学は芸術学科出身ですが、小さいときから文章を書くのが好きだったんですか。

森山――いえ、少なくとも自分のことを書いて先生に提出する作文は嫌いでした。最近、「自分探しより他人探し」との作家、山本兼一さんのエッセイに接して、納得したものです。

同じ学科出身で後輩にあたるグラフィックデザイナーの左合ひとみさんと話したことがあるんです。小学生のころに二人とも少年マンガ雑誌を愛読したのですが、左合さんはマンガ自体、私はベトナム戦争や恐竜といったグラビアページの印象が強かったという違いがあって、これって、大人になってからの仕事を予告していますよね、と顔を見合わせました。

でも左合さんと違って、私の方はその仕事にすぐには行き着けませんでした。

日経ＢＰ社では、新聞文体をなかなか会得できない困った高齢転職者だったでしょう。大阪にあった国際デザイン交流協会勤務での経験がもたらした企画力と取材力で、なんとか乗り切った感があります。で、机の上にはいまも、日経時代の『編集記者手帳』と『用字用語集』を置いています。

――芸術学科はどんなところでしたか。

森山――美学・美術史を研究する学科で、デザインはほとんど扱っていませんでした。

私自身、当時はデザインに興味がなく、書籍志向で雑誌はあまり読んでいなかった。紆余曲折があって、結局、卒業論文は「王朝絵巻における空間と時間の研究」――ビジュアルとテキスト両方に関心があったようで、デザイン雑誌の記者・編集者は、その意味で適性に合っていたのだと思います。

――この紙面にはどんなタイプの文章が収録されるのでしょう。デザインジャーナリストの仕事の全容を知るために質問します。

森山――文章と記事の種類は、ライターとジャーナリストで違いは大きくないんです。違いはスタンスだけ、とりあえず先に説明しましたよね。いずれも企画とリサーチと取材が基本です。

まず「1　作家のことば」を立てました。相手が発した言葉に虚心に耳を傾け、書かれたものと照合しつつ、本質的なものを抽出する。アンソロジーのスキルが試される場面でもあります。評伝の三冊に六―八ページ設けた前付けページにセレクトしたものを掲載しました。作家の声が聴こえるようにというのがある時の杉浦康平さんの注文でしたが、言葉は文字でなく声の歴史が長いわけで、とても貴重なアドバイスでした。

造形に関わる限り欠かせないのは、「2　作品解題」です。普通は「作品論」と言うのでしょうが、論じているわけではないので「解題」の方を好んで使っています。

中川作品については、某週刊誌での一年間の連載「おののき」掲載の四十九作に、百字程度の解題を書き続けたことがあります。それと新井作品についての「萬華鏡」と「火の鳥」。日経BP時代の編集長インタビューの付録とした「松永真　デザイン思考の勝利10選」も収録しました。膨大な作品から十作だけ選ぶなど、傍若無人な編集者の作業の典型かもしれない。でも幸い、松永さんから不平不満の声は聞かれませんでした。

——確かに作品論、あるいは作品解題が基本で、それが書き手と実作者とがその後に結ぶ関係の濃さ薄さを決めるんでしょうね。

森山——そう、それがわれわれの仕事の生命線だと思います。怖いですよ。

講演や講義を記録として文章にすることもあります。その場にいなくてもやるのがプロのライターで、桑沢デザイン研究所の同窓会からデザイン塾の講義を一冊の本にすることを依頼され、『デザイン12の扉』にまとめたことがありました。

扉と命名しましたので各章を短いエッセイで閉じました。本に遠近をつける編集上の遊びにすぎないのですが、こうした作業は好きですので、講義録本体ではなくその短文を十本収録してあります。「前衛であり孤高ではあるが異端ではない。造形の世界一般の怠惰を隠蔽する異端のレッテルから中川幸夫を解放するのに、十分過ぎる講義であった」、という一節を書いていたことに今回、気づきました。

対談やパネルディスカッションを、司会者として文章化するのも仕事のうちです。私は司会が上手とはいえないので、ライター特権を行使して、文章で発言の不足を補完することができるから……。メモだけで全体を文章に復元し、録音をざっと聞くのは事後です。話し言葉と書き言葉は別次元だというのが言い訳ですが、テープ起こしが不要なため、時間とコストの削減にもなりますよ。

——そうしたスキルは大学でも指導していると思うのですが、学生はすぐにできるようになるものですか。

森山——若い世代は耳がいいためにインタビュー記事は得意ですが、白紙に自分の言葉で書くのは難易度が高いようです。

第二のグループは、そうした特定の作品や話し言葉という土台なしに書くケースということになります。

このグループには、悲しいことですが弔辞・追悼文がありました。昨年（二〇一二年）二月六日に石元泰博さんが亡くなり、弔辞と数本の追悼文の依頼がありました。ここには二本収録しましたが、当然のことながら執筆時間は短く、媒体別に書き分ける必要もあります。「巨星墜つ」、とはなかなか書けないものです。

『勝見勝著作集』の第四巻が「作家論」であるように、いわゆる「作品論」と並んで重要なのがこの作家論です。例としては、『まっしぐらの花——中川幸夫』発刊と同時期開催の回顧展「花人中川幸夫の写真・ガラス・書　いのちのかたち」の図録に掲載された「中川幸夫の〈天地創造〉」を収録しました。こちらも、評伝とは異なる視点で、新たな事実を掘り起こそうとすると、執筆は容易ではありませんでした。

その作家論の延長線上に位置づけられるのが、伝記や評伝です。今回の企画「本の知と美の領域vol.2」は、評伝を通じて三人の創造の真価を知ってほしいという願いを具現化くださるものですが、目次を収録しますので、書籍の全体を想像していただければ嬉しい。本の構成について、担当編集者のダメ出しはほとんどありませんでした。

評伝の次には、たとえば通史もあるでしょう。『カラー版日本デザイン史』を企画し竹原あき子さんと共同監修しましたが、このカテゴリーでの本格的な作業はこれからです。そんなわけで、『近代日本デザイン史』収録の「デザイン批評における瀧口修造と勝見勝」で始まる「経済成長期のデザイン　1961——1975　展望」をとりあえずのサンプルとしました。

——尊敬する瀧口さんと勝見さんですものね。詳しい説明をありがとうございました。デザイン・ジャーナリズムなる領域が少し理解できた気がします。

5　デザインジャーナリストの空間
デザインに対する希望を再確認

——ところで、展示スペースは森山さんのゲストルームを写真で再現すると聞いています。本当ですか。

森山——その空間については、ここに収録した「何もない空間のための家具」に書いてあります。設計は内藤廣さんで、狭いながらも訪れる人に人気があります。写真はカメラマン兼カワラマン（瓦製作者）として著名で、内藤さんとも近しい淡路島在住の山田脩二さんです。

デザインジャーナリストを名乗る人間がどんな空間を所有しているのか、興味をもつ方もいるかもしれないですよね。楽しんでもらえれば幸いです。部屋の所有者ではありますが、空間の質を決めたのは私とは限らない。設計者のビジョン、作品の存在感、来訪者の時間が重なってのこと——そう思います。

——文学館では、特定の文学者の書斎が復元されたり、居室の写真が掲示されていたりします。でもデザイン関係者では珍しい。

森山——高校美術の教科書に関わっているんですが、「作家の生涯と作品」といったページには、たとえば自邸でのイームズ夫妻が載っていたりします。それは巨匠の場合で、私自身ではそんな展示案は浮かびません。拙宅に打ち合わせにいらした企画者・平野敬子さんの、空間に鋭敏に反応する直観から生まれたものです。

デザイン漬けでデザイン疲れしていた面もあった当時、壁のビニールクロスを剥ぐというアイディアに随分と元気づけられました。ほとんどメンテナンス・フリーなのも素晴らしい。ここに来るゼミの学生などにとっては、デザインの教材とも言えます。

——森山さん、ありがとうございました。展覧会、そしてご著書があらためて話題になり、デザイン・ジャーナリズムが今以上に市民権を得ることを期待しています。

（文責＝森山、二〇一三年）

「本の知と美の領域vol.2—森山明子の仕事」展
（主催＝日本デザインコミッティー
企画・会場構成＝平野敬子、二〇一三年）
左—会場構成写真＝山田脩二
会場グラフィック・デザイン＝白井敬尚
会場風景写真＝ナカサ&パートナーズ（守屋欣史）
上—展覧会に際して発刊した
「デザインジャーナリズム新聞」
企画＝平野敬子
デザイン＝白井敬尚

踏石、つまり基礎資料と位置づけて
います。だからといって気楽な作業
ということはなく、土台の出来具合
がその上に建つ楼閣の高さを決める
のだと想定すると、緊張します。

デザイン・写真提供＝白井敬尚

III

［Design Culture］デザインカルチャー断章

［エッセイ］卵と文庫本は似ている……インドで美術を再発見した女子高生は………何もない空間のための家具

［建築家／編集者］時間としての「海の博物館」…内藤廣・未必の故意…

鈴木成文のための三月の奇想曲…Knowledgeを設計した編集者・瀬底恒

［デザイン展］うつわの時空の余白に………「新井淳一の布――伝統と創生」展に寄せて

［書評］『欧文書体百花事典』『グラウンドスケープ宣言』『萬歳樂』『縞のミステリー』『VANから遠く離れて』

［森山明子との一問一答］デザイン・ミュージアムって何ですか？

『20世紀の良品』 2000

卵と文庫本は似ている

産まれたての鶏の卵を針で穿《うが》ってすする朝の日課は、虚弱だった子供に母がほどこした処方箋だった。昭和三十年代半ばのそのころ、小学校の図書室に文庫本が並んでいたという記憶はない。世界の偉人伝が棚の上のほうにあって、五十巻ほどを片っ端から読んだことは覚えている。キューリー夫人、ナイチンゲール、ワシントン、フランクリン…。ベンジャミン・フランクリンが雷鳴とどろく中で雨に打たれながら実験を重ね、避雷針を発明するくだりが、なぜか一番印象に残った。

小学五年生で「少年サンデー」がやってきた。目隠しを拒否して米兵に射殺されるベトコンの少年の写真が、繰り返し少年マンガ雑誌に掲載されていたのは不思議といえば不思議だ。それでも、担任の教師が新しい号をもってきて教室の書棚にさす日ほど、一時間目の授業が終わるのが待ち遠しかったことはない。ベトナム戦争、月面着陸、恐竜物語が、グラビアページの三大テーマだったように思う。

学校にはなくて、買い求めて読むのが文庫本だった。文庫本との最初の出会いは、四歳上の姉の緑色の本箱からこっそり抜きとったアンドレ・ジイドの『狭き門』だ。アリサとジャロームのかなわぬ恋の物語を青春必読の書とした旧制高校世代より私ははるかに世代は下るけれど、ノルマンディーの別荘の庭のベンチで二人がボードレールの「秋の歌」を唱和する夏の終わりの場面はかすかな記憶として残っている。

高校生の姉はそうした盗み読みに過敏だった。新潮社の文庫に必らずかかっていたマチスの切り絵のシックなカバーがわずかにずれていることは、所有者の逆鱗に触れるに十分な出来事なのだ。借りて読む図書でもなく、回し読みする雑誌でもなく、書棚に誇らしげに題名が並ぶ書籍でもない。ひそかにひとりで読むもの、他者の指紋の気配さえ忌避するものとして出会ったのが文庫本だった。

朝、庭で卵を吸うことも、家族で知らない者はないにしても食卓でおおっぴらにやるようなことではなかった。そのせいか、卵と文庫本はどこかでつながってしまう。

岩波文庫はドイツのレクラム文庫を範とし、一九二七年（昭和二）に生まれた。一九四一年フランス生まれの文庫クセジュよりも随分と早い。巻末に掲げられている「読書子に寄す」では、〈携帯に便にして価格の低きを最主とするがゆえに、外観を顧みざるも内容に至っては厳選最も力を尽くし〉とあり、〈広告宣伝の狂態〉をともなう〈大量生産予約出版〉を憂いての出発だったことがわかる。

卵と文庫本は似ている。安価で良質な栄養が虚弱な心身をも助けてくれる良品だ。その文庫に粗製、繚乱の気味ある昨今ではあるけれど……。

（二〇〇〇年）

註―『20世紀の良品――新世紀へのメッセージ』（良品計画、二〇〇〇年）に掲載された「良品」は次のとおり。

1 身体の解放＝ジーンズ、Tシャツ、スニーカー、ファスナー、絆創膏／湯タンポ、車椅子
2 電気と石油＝洗濯機、冷蔵庫、トースター、電球／蛍光灯、ペットボトル、ストッキング、太陽電池／風力発電
3 インスタント＝カップ麺、ハンバーガー、缶詰／瓶詰、ラップ、サプリメント、回転寿司
4 移動と伝達＝自転車、オートバイ、自動車、列車、航空機、ラジオ、テレビジョン、電話、インターネット
5 快適と便利＝椅子、バス／トイレ、鍋／薬罐、ティシュー、軍手、鉛筆／ボールペン、クリップ／セロテープ、量り／物差し、腕時計
6 趣味と遊び＝ウォークマン、カメラ、映画／ビデオ、文庫本、ライター／灰皿、おもちゃ
7 伝統と現代＝着物、あかり、豆腐、和紙、楽器、コンクリート

インドで美術を再発見した女子高生は……

『まち・ひと・まちづくり』 2001

マハトマ・ガンディー（一八六九―一九四八年）の死から五十年後の一九九八年夏、高校一年生の姪と一緒にインドを旅した。仕事が変わって時間の余裕ができ、念願だったインド美術を巡ることにしたのだが、その年の春にガンディー家を扱ったNHKの報道番組「家族の肖像」を見たことも動機の一つだったかもしれない。番組は銀行の金庫に預けてあったガンディーの遺灰をガンジス河に撒くまでの曾孫の旅を軸に構成されていた。CGクリエーターだった曾孫には、国内各地を巡る半年の旅を経て孤児院創設に転身するというドラマがあった。

姪を誘ったのは、デザインに関心があって都内の美術予備校に通っていたためにインド美術旅行に興味をもちそうだったからだが、この旅行が彼女の美術・デザイン志望に何らかの影響を与えるとの予感はあった。その志望がさらに強固なものとなるか、あるいは逆の結果をもたらすか――。

その可能性については姪の母親（筆者の妹）と話し、本人次第との返答を得ていた。インドかギリシャに行きたかった姪本人にとっては、行き先ではなく時期が問題だった。旅程が二学期にかかり、試験やクラブ活動に支障があるからだ。妹によれば、姪は誘いのあった翌日、意を決して担任の教員に相談したのだという。その数学教師は「インドは一生に一度も行けないかもしれないから、是非行くように」と勧め、学期始めの試験などは年間の平均点からはずすと言った。クラスとクラブの仲間も「インドなら」と賛成した。

九段にあるインド大使館に二人でビザの手続きのために二度通い、八月二十七日、「外国お勧めNo.1はインドだね。何千年の歴史が縦に見られるから」と授業で話したという地理の教師の言葉を心にとめて、初の海外旅行がインドとなった十五歳の若菜さんは機上の人となった。

五カ国語を操る十二歳の少年に感動

十人の旅行者に日本人のガイドとインド人の通訳ガイドが同行する美術研修だったが、十日間でデリー、ベナレス(ヴァラナシ)、カジュラホ、ジャンシ、アグラ、ジャイプール、オーランバガード、ボンベイ(ムンバイ)の八都市を回るのは強行軍といえば言えた。デリーからベナレスへは寝台列車、ガンジス河沐浴見学は朝四時半起床。カジュラホからジャンシへは増水のために水に没した予定の道を迂回するため六時間バスに揺られ、ジャンシからアグラへの特別列車は爆破や転覆騒ぎで遅れに遅れてホテル到着は深夜、といった具合だ。それでも姪の若菜さんは地理の夏休みの宿題にするのだと言って、予習と日誌からなる「インド日記」を書くのを毎晩欠かさなかった。少し引用しよう。

一日目「あまりにすばらしい奇跡！生まれて十五年、ついにインドに呼ばれた」。

二日目デリー「夜の駅はとても恐ろしい」。

三日目ベナレス「今、インドに住めといわれても無理だ〜。インドにはインドの時の流れがあるようで、私達はその川に合流することは難しい」。

四日目カジュラホ「十二歳の少年は五カ国語を操っていた。全て観光客との会話で習得したらしい。わずか十二歳‼すばらしい」「日没が近づくと村が赤く染まり、村中が聖なる赤い色に包まれているようだった」。

五日目カジュラホ「愛の彫刻。寺院なのに何故このような彫刻なのでしょ? 神は創造主、愛は創造の源という考えがあるようだ。う〜んなるほど。日本人にはない感覚」。

六日目アグラ「タージ・マハルの周辺には電気自動車が走っている。一瞬、感心するけれど、ぎりぎり近くのところだけでは意味があるような、ないような」「他にすばらしい建築物が作れないようにと百数十人の技術者の手首を切ったというエピソードもあるらしい」。

ジャイプールのピンクは限りなく美しい

インドで貧富の差は歴然としている。ひげやターバンの有無もそうであれば、制服でバスに乗る小学生と観光客にむらがる子供の落差、蛇使いの少年を写真に撮るとお金を要求されるなど。それらに対して若菜さんは、「少しさみしく」なりつつ、「でも、それぞれ一生懸命生きている」と感じて、早々に物々交換と値切り方を習得していた。

インドに住む十六歳の少女が学校に通う傍ら、電話会社から預かった携帯電話を村人に貸して通話料金を徴収するアルバイトで一日八ドル稼ぐという記事が「ビジネスウィーク」誌に出ていた。一人当たりの平均年間所得が四五〇ドルの国で、である。一九九一年の経済自由化以来、インド人の行動様式は大きく変わり、コンピューターと英語という武器があればカーストを超えてソフトウエア関係のいい仕事に就くことも不可能ではなくなった。

カジュラホで出会った少年が使う五カ国語は観光客の多さの順で、「英語、イタリア語、フランス語、スペイン語、韓国語がそれで、日本語はその次くらい」と話してくれた。日本人観光客が付けた日本名を持つその少年は金品を求めることなく、話して学ぶことを目的に観光客と一緒に村を歩くのだという。カーストについて、「階級の差が社会制度として厳然とあるのは問題だけど、人の精神にある上下の差は認めなくちゃいけないと思うんだ」と語ったのには驚かされた。

旅の一行が最も心躍らせたのはジャイプールだ。「ピンクシティー」の別名を持つこの街は、「本当にどこもかしこもピンクだ」(「インド日記」)。近くで産出する薄い赤の砂岩を建物に用いているせいだというが、有名な「風の宮殿」といった建築ばかりか、店舗も住宅もシャッターも什器も、すべてピンクに染められている。ピンクがこんなにも多彩で深く美しいのは感動的ですらあった。

この七日目の丸一日、ガイドの監視なしの唯一の自由行動に、「やったぁ‼今日はやっとバザールに行ける!」と小躍りしたのは最年少の若菜さんばかりではなかった。映画組とバザール組に分かれ、それぞれにオートリクシャーに乗って〈夢の世界〉を楽しんだ。若菜さんが「英語がんばってちゃんと話せるようになろう」と心に期するのは、その帰り道に、「次はおもいっきり人とのふれあいを楽しむ」個人旅行で来ると決めた時だったたようだ。

百年前の天心の旅の思索を辿る

カジュラホの少年を思いつつ、オーランバガードでアジャンタとエローラの石窟を回った時、岡倉天心の「アジアは一つ」が浮かんだ。一九九七年に絶景の地に新築された茨城県天心記念五浦美術館を取材したことがあり、やはり新設の名古屋ボストン美術館で一九九九年に「岡倉天心とボストン美術館」展が開催されるなど、再評価の機運のある天心である。

一九〇一年にインドを訪れた天心は「印度美術談」(都新聞一九〇三年)に書いた。「亜細亜古代の美術が殆ど一の織物の如くなつて、日本は支那を経とし印度を緯として織り出した有様がある」、「アジャンタの壁画は我が法隆寺金堂の壁画とテクニックを同じうして居る」、「エロラの石彫の如きは支那洛陽龍門山の仏像、又は我が薬師寺の三尊仏と様式を同じうする」と。天心から百年近く経てのインド美術小旅行だったが、その思索の一端は理解できるように思えたのだ。

最後の訪問都市ボンベイ（ムンバイ）で再び貧富の差を見た若菜さんの日記は、「それもインド、あれもインド。これもインド。インドはインドという言葉で一つにまとめられない大きな所。国というより、大きな世界。たくさんの神々に見守られる一つの大きな世界だった」。タイトルは「ありがとうインド」。「インド日記」には、帰路の機中で一心に記した長い長い「インド美術を考える」、「インドでの決意を語る」、「編集後記」が付いている。

十五歳にしてインドに触れた高校生は翌年から美術予備校に通うのを止めた。国際協力を仕事とするべく法学部政治学科に入学したのはこの四月。取りたい科目が多すぎて履修届けが大変、とメールが届いたばかりだ。インドで、美術は遍在し、そこに暮らす人々の必死の思いを〈美しい〉と感じた結果の志望変更だったようだ。国際協力は現在の彼女にとって〈美術〉なのかもしれない。

（二〇〇一年）

何もない空間のための家具

家具文化「杉並黒の部屋」2007

何もないことを最上とする——住居空間についてはこれ以外の美意識を遂にもてない最後の世代かもしれない、と思うことがある。世代が不穏当なら、私個人と言っていい。空間と家具は一体のものとしてイメージされるから、家具についてもこの原則から逸脱することはないようだ。

例えば、ニュー・ジャーナリズムの旗手であり『現代美術コテンパン』『バウハウスからマイホームまで』の著者として知られるトム・ウルフに小説『虚栄の篝火』があるが、その中で詳細に描写されたニューヨーク・セレブのインテリアは自らの感覚とはおよそかけ離れている。それに比べれば、藤沢周平の時代小説を山田洋次監督が作品化した映画のしつらえのほうに親近感をおぼえるのである。

幼年期、最初の家具は「つぶら」だった。地方によって呼び名はさまざまながら、幼児を入れておく藁で編んだ籠状のものとして当時珍しくはなかった。衣服が皮膚にまとう建築なら、これも建築体験のひとつだったかもしれない。学童となって机が与えられたが、それは建具屋が作った引き出し付きの座り机だった。欧化をめざした戦前昭和の生活改善の波は地方にまでは届かず、いままたフロアライフなる生活様式が復権している。

小さなゲストルームをもって随分と時が経った。壁のビニールクロスを剥ぎ、窓には跳ね上げ式の障子、主室は琉球畳敷きだからへりはない。躯体のコンクリートには大工が書いた墨出し線の跡が現われ、来訪者の多くはこれに強く反応する。和室ではあるが現代的なスペースを設計者は「杉並黒の部屋」と名づけた。黒が多用されているわけではないから、そぎ落とされた空間の質を指す命名なのだろう。見える壁が分節的ではなく、建物全体、そして社会へと連続的に存在するべく意図されている。

デザイン雑誌の編集者としてデザイン浸けの毎日だったからこそ、そうした日常に距離をおくことでデザインへの希望を再確認したかった。住まいと同じ階で売りに出た一室を購入し、何でもない2DKが見事に変貌するのを目の当たりにしてその願いは叶えられた。改装の過程で感動的だったのは、ガラスのコレクションを見せる特注の展示棚を設置した時――。下部の本棚部分に展示用の上部を載せると吸いつくように滑って壁として納まり、木工技術の粋を見る思いがしたものだ。廊下からはガラス作品が見え、書籍は扉によって廊下からも居室からも見えない。これは収納家具といえるが、主室の座る卓、別に台所用の卓と椅子のセットも同じナラの無垢材で造ってもらった。

「椀家具」という興味深い用語がある。椀・膳・折敷・重箱といった漆塗の食器の総称だという。いまとなっては違和感があるものの、家具が「日常の衣食住のための道具類」なら椀家具なる名称も不思議ではない。ゲストルームには、浄法寺、木曾、島根と産地はさまざまな椀・膳・重箱・水差しと、漆は愛用している。これらに新居猛の「ニーチェアーX」一脚と五十嵐久枝の木製CDラック「バジル」を加えれば、小さな空間の家具リストが完成する。

家具は少ない。その代わりのように壁を占めているのは美術作品だ。絵画、書、ファイバーアート、写真……。生活を支える家具の少なさと、精神に訴えかける美術品にはどんな関係があるのだろう。生まれ落ちて育つ住居を選ぶことはできないが、長じて後に作品ならとりあえ

ず選択可能ということなのだろうか。それ以上に、このゲストルームにあって剥がされた壁は作品を求め、畳はそもそも家具を欲しないのだとも思う。
「何もないことを最上とする」。これ以外の美意識をもてないことを悔むことはあるまい。個性的な家具を上手にたくさん使いこなす世代は次に続いているのだから。家具文化はどちらの側にあるか。それは愚問というものだ。人—空間—場所—風景は容易に選ぶことなどできないという事態を文化と呼ぶのだから。

（二〇〇七年）

前ページ・上—杉並黒の部屋（設計＝内藤廣、写真＝山田脩二）
生まれ落ちたときから住まいを自由に選んだことはなかった。この部屋も選んだとも言えるが選ばされた側面の方がまさる。そこに配された草間彌生、中川幸夫、田中秀穂、矢内原伊作といった作家の手になる作品も、流れついた漂着物のようにその空間を仮のすみかとしている。それらと拮抗する堅固な剥き出しのコンクリートは、山田脩二の写真においては空虚を表象しているかのようである。

「特集・時間建築」1993

時間としての「海の博物館」——花、建築、文学における時間・断章

腐敗と廃虚の構図

「私には見えぬ花の秘められた時間の歩みを視ているかのようだ」(「狂花思案抄」)と瀧口修造が評した作品に「花坊主」がある。作品の主はいけばな作家の中川幸夫。中川はカーネーション九百本の花弁ばかりを腐乱させ、ガラス器に詰めてある一夕、瀧口の書斎で白い和紙に逆さに置いた。花の血液の流出で和紙は血染めだ。「花をいける、という逆説の現場検証」、「おそらく、いけばなの自己解析が起こっていたのである」と目撃者はつぶやくことになる。

自然に咲く花があり、いけばな五—六百年の歴史に培われた花があり、ここに花の命の裸形としての「花坊主」がある。天の火を奪い取り、地下の火の舌を宿す花の赤さ。「花のつぼみから開花し、朽ちる変化を知らずして、深いいけばなは生まれるはずもない」という中川の傑作の多くが、赤い花によるのは偶然ではない。赤は生の極みと崩れ落ちる腐敗を徴すからだ。

別の作品に「静物 Nature Morte」がある。鋭く透明な葉脈をもつ海芋《かゆう》の一葉を壷に挿して数日、「花面はますます深みをまし、葉にして葉にあらず、動物の面に変幻するかと。完全に物体となり、異様に迫ってくる」

左・次ページ――
「海の博物館」
全景と展示棟
設計＝内藤廣
写真＝内藤廣建築設計事務所
一九九二年

（中川）。器とも水とも無縁となった植物は無機物に変わり、作者はこの場合時間であるともいえる。スカルプチャー（彫刻）の語源がスカル（頭蓋骨）でないことが不思議に思えるほどに、植物相《フローラ》、動物相《ファウナ》、鉱物相《メタラ》は通底している。花は瞬時のもの、とはいえ「とりどりの意匠をまとう花を支えるのは、動物の背骨にも、建築の骨材にも匹敵する構造なのである」（中川）。海芋の葉は枯れ、廃虚となって一層、みずからの構造を露《あらわ》にするのだ。

「花坊主」と「静物」とに関連して想起される一文がある。「廃虚とは〈時〉が持続の重荷を解くさま、腐敗は〈時〉の〈年齢〉である」。閨秀作家デューナ・バーンズの小説『夜の森』の一節だ。

「時間建築」といったものがこの世にあるとすれば、血の赤さと乾いた骨、腐敗と廃虚とが、建築にとって何であるかを明らかにしなければならないだろう。中川が自然の造化の頂にたつ花に常に驚きとおそれとを感じるように、建築家は木や石といった素材に対峙しているのかどうか。あるいは、芸術のジャンルを横断してはいけない比較として、いけばなは作曲ではなく演奏に相当し、建築は演奏であると同時に作曲行為であるとするならば、あるべくしてある花の完璧さとそれさえも乱す手の精妙さを、建築家はどのように設計行為とするのだろうか。そしてさらに、その後の腐敗と廃虚のプログラムとは……。

「素形」における素材と構造

「建築の細部から全体、さらには都市に至るまで、我々は実は時間の設計をしている。例えば、木、金属、コンクリート、布、プラスチック、それらの持てる時間のオーダーを、どう調停し、組み合わせるかがディテールのなかの時間の設計ということができる」「我々は無意識のうちに、設計行為のなかで、物の持っている時間のプログラムを作ろうとしている」。

これは、一九八九年に収蔵庫、九二年に展示棟が完成した「海の博物館」の設計者、内藤廣の言葉だ。磯崎新の「つくばセンタービル」が「新建築」誌で発表された八三年十一月号からちょうど十年目の十一月号の表紙を飾ったのが「海の博物館」(以下、海博)であった。作品発表時の掲載論文が前者は「都市、国家、そして〈様式〉を問う」、後者は「失われた時を求めて」と対照的であれば、作品もまた対極にある。

「幻像の回路　キャスト化する意識と素材」「時の不在　新たな建築のリアリティをめぐって」「住居は孵化培養器か」から「失われた時を求めて」まで、内藤の論考は素材、構造、時間をめぐるものがほとんどで、そうした思考は七年を要した海博の設計行為とともに在った。そして建設が終盤にさしかかった九〇年、それらをシンボライズする「素形」という概念が設計者のなかで像を結ぶ。

「建築を考える上で、時間の枠組を設定するとさまざまなことが明らかになる。建築を存在させようとする時間が短ければ短いほど、形の選択肢は限りなく増えていくだろう。逆に時間を引き伸ばしていくと、その幅はどんどん狭くなっていく。『素形』とは、この狭くなる選択肢のなかで最後に残るもののこと

志摩の海女

元気勝男です。

だ」「建築が生まれてくるプロセスと、やがては帰っていく廃虚に、『素形』は見やすい姿で存在する」(内藤)。

「素形」の思考には、明らかにポストモダン建築批判がある。批判は、形に対する野放図な作家の恣意性、キャスト化される意識と素材の容認、時の不在といったテーマに向けられる。建築を成立させる構造／重力、設備／機能、表層／情報のカップルでは、順を追うごとに社会に通用する時間が短くなる。ところが、構造も設備も技術的見地からの既成の解が定着してしまい、とりわけ八〇年代、設計行為は表層を際立たせる形態操作の知的洗練を競うものとなった。

「構造に向かうことだけが今、時代の無意識の約束事を明らかにするかもしれない」(内藤)。さらに、伊勢湾に臨む海博にあっては、膨大な収蔵品と限られた予算、金属の屋根を腐食させる塩害、風、雨といった自然条件の負荷が加わる。それらを克服して一世紀を越える建築を建てるのが条件であった。

時間建築には二つの側面があるだろう。素材と構造を決定しての耐久性のプログラミングと、空間が時間を生成させ、推移させる機能を持つことの二つだ。人間の記憶や手の痕跡と無縁な無・時間的な建築の対極に、歴史性やそれにもとづく場所性に依拠した時間建築がある、というわけでは必ずしもないのである。「もし時間が推移しなければそれは時間ではない」(吉田健一)。

海博の収蔵庫はプレキャストコンクリート、ポストテンション組立工法。高密度で高強度のコンクリートが建物の耐久性を保証する。龍骨のような構造体は、全体の力が曲げ応力を生じずに自然に地面に力を伝える。風除室をコアに三棟連結の五室は構造躯体がまったく同じで、トレーラーに積める最大形状のPCピースをユニット化した。各収蔵品に最適な湿度を自然換気によって維持するために、板張り、土間、躯体そのままと使い分ける。建築素材のプログラミングであると同時に、建築が包みこむ収蔵品の生理にかなった厳密な設計だ。設計者の恣意性の入り込む余地はほとんどないだろう。

躯体ユニットの連なりを鯨の骨格のように感ずるのは、収蔵される船と船を逆さにしたような収蔵庫が同じ時を共有するからだ。収蔵庫の有する時間は、耐久性という物理的時間への顧慮と同時に、建築空間が胚胎する時間において際立っている。建築と収蔵品、そこに立つ身体とが、断絶することがない。深々と呼吸することを許す建築なのだ。

展示棟は集成材工場で柱梁を作って現場で組み立てられた。蛇の骨のように背骨に応力の集中する場所があって、そこから細かい肋骨が地面に力を伝える構造という。力の流れは放物線状、集成材の連なりは骨と同時にしなやかな筋肉を思わせる。構造に、表層としての磨きがかけられ、有機的な空間が現出している。収蔵庫も展示棟も構造、素材、生命の側にあり、自意識の近くにはいない。耐久性と経済性を追求した果ての精緻な物質のプログラミングは、個性を斥け身体性一般に行き着く。

身体と時間をめぐって

「我々は現在ふたつの時間に引き裂かれている」「情報によって分割、細分化されたデジタルな時間と、太古より引きずっている身体にまとわりついたアナロジカルな時間である」(内藤)。

同じことをイタリアの建築家・デザイナーのマリオ・ベリーニは取材に応じて、自動車や情報機器のような巨大で高度に工業化された産業を〝パーフェクトな産業〟、家具やハウスウエアなど小規模でも成立するものを〝インパーフェクトな産業〟と分類し、「家具の世界は建築空間や身体と結びついているし、それ以外の消費材は超産業化された文化の中に位置を占めている。空間や身体につながる世界は常に、超産業化された文化に対して疑いの目を持っていると思う」と語った。

海の博物館が多くの人に既視感《デジャ・ヴュ》をもたらす事実は、身体にまつわる空間のオーダーとプロポーションに関わることではないだろうか。この建築は「凍れる音楽」ではない。むしろ身体が反応し、触れられる、残響の充満する空間である。

ところが、時間に向かって組み立てる設計行為の密度が上がれば上がるほど、建築家の個性の入り込む余地は少なくなるようだ。新しさを達成できたとしても、それは個性というより非人称的な、一種自然に近い普遍性に収斂していく。構造は際立ち、素材は所を得るにもかかわらず、建築家の個性はどこに繋留されるのかを気遣わせる建築も珍しいことに思い当たる。

「近代建築のいかなるテーゼも、時間について語られたものはない」(内藤)。その理由については、建築以外の分野で明らかにされている。

「近代に就いて我々が念頭に置いていいのはそれが意識的に時間、あるいはそれが刻々にたっていく感覚を無視した時代だったということである」とは文学者、吉田健一の『時間』の一節。ノーベル賞化学賞受賞者のイリヤ・プリゴジンは、「近代科学に魅力があることの主な理由の一つは、近代科学は自然の変遷の核心に永遠の法則を見つけ、それによって時間や生成を厄払いしてくれたという感情であった」(『渾沌からの秩序』)とする。それが現在、「我々の自然観は、多重なるもの、時間的なもの、複雑なものへと向かって根本的な変化を遂げつつある」と書く。

吉田健一は「完璧」を理由に、プリゴジンは「永遠」の故に、近代は時間を無視したと語るのである。建築には、物理的には完璧も永遠もない。

『時間』が吉田健一の理論的断章であるとすれば、彼のすべての小説はその時間の理想形を具現化するものといえる。『時間』の冒頭では、「朝日という水のように流れるもの」に対する賛意と、「樹液のように騒々しいもの」に対する嫌悪とが対比される。次に現われるのは両義的な時計の音。近代は完璧さを求めるあまり時間を扼殺し、その典型がプルーストの〝その時、時間は空間の形をしていた〟を頂点とする『失われた時を求めて』にあったとさえいう。

「時間が語り掛ける感じがするのは何故だろう。そのことについて一つ考えられるのは語り掛けるというのが拍子、間、呼吸の問題であって時間の意識は又とない語り手が耳元で何か言っているのに似てくるということである」。身体性がここでも浮かび上がる。この書物には、時間にからむ「倦怠と焦燥」「記憶に過去はない」「建物に時間が付く」「物質は消滅する形で時間の経緯を表す」といった文章が散りばめられている。

吉田健一の小説『金沢』では、その地に家屋を求めた男の「そこをそのように荒れた感じにしておく為にもかなり手を掛けられ」、廃虚と新築の中間に保たれることで、「不思議にそれがその方を眺めるものの目を休めもした」ような住居が理想だ。「絵が必要なのは視界に精神に呼び掛けるものがない時であって視界にあるものが精神が遊ぶ境地になれば絵は余計になる」とも記しているのだ。

同じく『本当のような話』に登場する明治時代の木造漆喰塗りの洋館は、建築も家具も種々の様式でありながら、「それが同じ日本の風土に置かれて時がたったことによってなのかそのどれもがその家というものがそこにあるのを手伝っていてその感じは不調和の反対だった」という具合だ。吉田の作品に好んで登場するのは、住み慣れた家の親しみ、時間が語り掛ける感じのする木や石という物質、大理石を踏む足音の響き、光線の差し方と影、音などである。時間の前では、様式はとりたてて問題にはならない。

赤い扉の両義性

そして吉田健一が言及する色。「我々は寧ろ時間を求めてものを見るのであり」「それで原色より間色を好むのであって間色には初めから時間の経緯を示すその働きを思わせるものがあるのに対し原色の赤ならばそれがそのうちにどういう具合にか變色するのでなければただそこに一つの色があることしか我々に考えさせない」。作者は徹底して時間の流れがあって空間が生きると考える思考の持ち主なのである。

海の博物館の扉は赤い。写真によっては原色の赤に見え、実際は複雑なマチエールと色調をたたえた赤。それでも言葉にすれば赤だ。ルイス・カーンの建築に原色がないように、海博のどこにも素材の固有色以外の色は目立たない。収蔵庫の壁がエマルジョン系の白の吹付塗装なのは塩害を避けるため。展示棟外壁はこの地方の民家に鯨油を塗った伝統を思わせる黒のタールだが、陽を受ければ金色にも銀色にも変貌する。しかし大扉は早くから赤と決められていた。それも建築家みずからは手を下さず、一人の画家を指名することで他者性を許容した。海博のすべての要素は時間に向けて合理的な説明を得ることが可能であった。だがこの扉だけは建築家の言及もなければ、明瞭な答えも得られず論理を超えている。

時間建築が強制する非人称性が、個のささやかな反乱として赤を誘ったのだろうか。そうであるならば、赤い扉は近代と脱近代、個性と超個性（一人称と非人称）との蝶番の役割を果たすことになる。個性と完璧、イデアルなフォルムとプライマリーな色、永遠の現在を希求した近代。脱近代ならば、生成し腐敗し廃虚となるべき生命体としての建築も現われるだろう。現実にどんな暗部を抱えるとしても、いずれも空間造形の望みとしては妥当だ。時間に向かう非人称的な思考の強制をくぐって、唯一残った両義的な要素が赤い扉だったのではないか。

こうした作業に対し中川幸夫は「構造の神秘　構造の詩学」の中で、「詩は裸身にして、論理の至り得ぬ堺《ママ》を探り来る。そのこと決死のわざなり」（宮澤賢治）を贈った。だが、扉の赤について問うても、「やっぱり赤ですよ」と多くを語らない。「緋の衣、吐かれた血、怒りに狂った、あるいはまた悔悛の思いに酔った美しい唇の笑い」。アルチュール・ランボーが「母音」の中で、I（イー）を赤に当ててこう書いたことが思い出される。

美術史家のハンス・ゼードルマイヤーは一九五八年に『美術史の理論と方法』を著し、絵画における時間の問題に骨格を与えた。真の美術作品はそれぞれに過去・現在・未来をもつ歴史的時間と超歴史的時間を担い、作品が顕現するのは「真の時間」(脱時間)、「みせかけの時間」(混合時間)、「にせの時間」(無時間)であるとした。

現在を欠いたみせかけの時間をひたすら追いかける時間喰いの結果、にせの時間にすべてを開いて創造的ではあり得ず、新しくされた永遠の人間の代わりに、新しい物や新しい感覚を置き換えるのが現代だという批判は、モダンやポストモダンを超えた射程を有するだろう。

内藤が敬愛するルイス・カーンは「太陽は、建物の側面に射すときはじめて自らの素晴らしさに気づく」と言った。時間もまた、空間芸術たる建築によってよくみずからを知らせるのかもしれない。そのカーンは、「〈普遍なるもの〉は自然の法則に関わり、〈永遠なるもの〉は人間の本性に関わります」として、推移する時間を語ることをしなかった。次の世代の成すべきことは、時間建築といった概念によってやや明らかになることだろう。

(一九九三年)

参考文献
中川幸夫:「成長するもの――イブ・ダナの彫刻に寄せて」(毎日新聞一九九一年七月二十九日)、
「血を吐く花とであって」(朝日新聞一九九一年十一月二日)、「構造の神秘　構造の詩学」(セゾン美術館、一九九三年)
内藤廣:「幻像の回路」(「建築知識」一九八八年二月号)、「時の不在」(「新建築住宅特集」一九九一年)、
「住宅は孵化培養器か」(「INAX」一九九一年)、「失われた時を求めて」(「新建築」一九九二年十一月号)
吉田健一:『時間』(新潮社、一九七六年)、『金沢　酒宴』(講談社文芸文庫、一九九〇年)、
『本当のような話』(集英社文庫、一九七七年)

「内藤廣　サイレント・アーキテクチュア」1997

未必の故意――時間を呼びよせるものとしての墓と水

魂よおまえの世界には／二つしか色がない
底のない空の青さと／慾望を葬る新しい墓の白さと
――多田智満子「挽歌」より

1　眼あるいは反時代

視覚×情報に対して最も批評的な建築家だと思われる内藤廣の「素形の構図　還元する場のかたち」(九五年六月九日―七月二十二日、ギャラリー間)は、映画の冒頭と終幕を凍結させたかのような展覧会であった。十四の建築模型のうち、完成した八作品は木地のままの模型、未完の六作はスチレンボードにアクリル塗装で全体が白い。すべて事務所の所員が製作したという精度の高い模型群である。模型のスケールは、敷地面積約九万平方メートルの「茨城県天心記念五浦美術館」ほかの大プロジェクトは一〇〇分の一、住宅は五〇分の一の二種類と厳密だ。四階に展示された白いプロジェクト群が映画の始まりで、三階にある実現したプロジェクトは映画の終わり、その逆でもいい。映像ならば、白から木地へ至る数年の時をゆるやかにも劇的にも表現できただろうが、そこには二つのシーンだけがあった。建築家にとっての設計＝デザインとは、白なのだろうか、木地なのだろうか、それ以外のすべてなのだろうか、という問が残った。

この展示の方法が実際の設計と重なるのは、出来うる限り論理的な構成を採ることで設計者の恣意性を極力排除する点である。模型でなければならなかったのは「構造に向かうことだけが今、時代の無意識の約束事を明らかにする」（『日経デザイン』九〇年六月号）と発言しだした九〇年以来のテーマの故だ。

建築を成り立たせる構造／重力、設備／環境、表層／情報のカップルでは、順を追って社会に通用する時間が短くなる。構造に向かうことは、視覚的な表層／情報の差異のみを競うかのような様相を呈していた当時の状況への批評であった。この展覧会で、建築を二次元で表現する写真はと言えば、データの参照として掲示されたシルク印刷のアクリル板だけで、それをもって作品を語らせる意図は全くなかったのはだれの目にも明らかである。「海の博物館」が評価される九三年、九五年の阪神・淡路大震災までなら、そうした行為はかなり反時代的なものに映ったはずだ。

2　脚あるいはスピードの反転

七年かけた「海の博物館」の設計過程から生まれた思考「素形」は、多様な空間を時間という価値に還元してゆく作業の先に見えてくる「時間が建築のなかに顕在化した姿」と、ひとまず説明されている。九二年から繰り返し語られて市民権を得た。六〇年代以降の、建築が耐久消費財化する歩みは、建築の消費される速度が加速することだった。「素形」は、視覚×情報に批評的であることで、速度に対抗することを含意している。

展覧会を記念する講演会で内藤は、ナムジュン・パイクを引用する。このビデオアーチストの発言〈現実の五倍のスピードがないと映像は退屈する〉が印象に残ったというのだ。常ならば二〇〇度カバーする視野がTV画面を向くとたったの四〇度。その分、目が速さを要求するからだという。〈建築はこの逆をゆく〉。たとえば現実の一〇分の一の速さ、人の百年に建築の千年を重ねる。スピードを鏡にすれば映像と建築は対極にある。

廃墟は時が重荷をおろすさま、腐敗は時の年齢ならば、設計することは物質のプログラミングである。現場、現物、現実……。そうした志向の持ち主は〈靴の汚れた建築家を目指す〉と発言して会場を沸かせた。「1Gの天体上で成し得る造形」(「なごみ」八九年十二月号対談)のために、伝統工芸の職人を訪ね、製作現場に特注を学び、幻像と化した素材の回路を断とうとし、時の不在の理由を探索する作業を重ねた時期が一九九〇年をはさんで数年あった。海の博物館が建つ志摩行きはこうした時期と重なり、総計で二百回を越えるという。

靴を履き潰す現場行きはその後も過剰なまでに継続する。「うしぶか海彩館」は熊本空港から三時間はかかる。「茨城県天心記念五浦美術館」がある北茨城は地番さえなかったほど、視界にほかの人工物が入らない絶景の地だ。植栽が根づき、人々の営みがそこで繰り広げられて、ついには廃墟に至る時間がこれらのシェルターに約束されているとしたら、それは設計者の脚力によるところ少なくないと言うべきだろう。

3 手あるいは他者性

スーパーアスリートでもない限り、脚力が卓越して個性的であることは難しい。「つまらない建築をつくる世代」(「JT」九六年六月号対談)とトム・ヘネガンと確認し合って笑うのは、目や手でなく脚力を優先することと関係している。その「つまらなさ」を自作に即して説明すると、「安曇野ちひろ美術館」について書いた「倉庫のようなもの…」となる。「住居No.8稜線の家」や「海の博物館」の収蔵庫を「倉庫」とするなら、ちひろ美術館は「倉庫」でありつつ「納屋」である兆しを孕むというのだ。長野の地で納屋とくれば、干し草や家畜のにおいが喚起される。過去に向く器物のための倉庫と、未来に開いている生き物のための納屋……という対比が可能だ。「生成」に対するために、建築言語はやや複線的となった。その結果、体感の上昇を誘う木構造と柔らかい闇を生む土壁が、濃度において多層な空間を現出させている。

この建物は施主である館長にとってだけでなく、設計者にとっても「母の家」なのではないかと、訪れて感じた。その理由は、建物のボリュームを極力抑える切妻の連続屋根に加え、空間の濃淡のせいに違いなかった。中庭を中心として開放的に連なるいくつもの部屋、そして乳川に続くガーデン。とはいえ、空間がやさしくなり過ぎないように、素材の扱いには細心の注意が払われている。珪藻土の塗りには線条が走り、床板のカラマツはくっきりと木目が現われる浮きづくり、小庇天井のベイマツ練付材にもおびのこ目が荒々しい。

個性の消滅する地点である素形を提出しつつ同時に、論理的に作ろうと努力しながらも出る「余り」が設計を突き動かす駆動力のようなものだと語ったことのある内藤である。それでも、設計者の個は周到に抑制される。手こそが、個人の来歴と生理に対して能弁だ。

内藤は論理を超えた手の痕跡を残してもいいと稀に判断する場合には、だから必ず他人の手を借りる。海の博物館の赤い扉も、ちひろに似つかわしい椅子のデザインも。

4 背骨あるいは汎時間

「うしぶか海彩館」の立体トラスを指差して、「何色がいい?」と現場の職人に聞いている場面をテレビ番組(「美の世界」九六年七月七日)で見た。素形と個のざわめきとのせめぎ合いが設計だとしながら、個の表出はここでも〝手〟ではなかった。表現者としての立場は、しばしば言及する〝構造〟にあるのだろうか。建築を成り立たせる構造/重力、設備/環境、表層/情報の組み合わせのうち、最も自由度が低く一般解でよしとされていたストラクチャー。事実、ポストモダン論議を洗い流すためであるかのように構造に言及した分量は圧倒的に多く、その場合にはレトリカルな記述さえ散見される。

海彩館の設計に当たっては、レンゾ・ピアノのハイヤ大橋のふるまいを巨大な背骨ととらえ、海彩館は背骨から広がった肋骨であるべきだと設定している。鯨のお腹・船の竜骨というのもあった。美意識の介在しない有機物、構築物だけが援用することを許されるようだ。オウム貝や蛇の骨格標本が事務所の机の片隅に置かれ、原寸大のジョイント部分の模型が事務所を占領している光景を目にしたこともあった。

「素材や風土のなかに求められる伝統的な経験則の活用、構造と構法における最先端の技術の徹底したリファイン」を理由に、海の博物館を「堂々たる現代建築」と評したのは菊竹清訓であった(写真集『海の博物館』九三年一月刊)。徹底してリファインされる構造は構造表現主義へとは接続されず、時間だけを灯台としている。厳しい風土の条件と絶句するようなローコストの縛りの上でのみ、個別の人の欲望は選別される。設計する欲望とは、わずかなことだけを望み得る人の運命を、それを超える時間の相のもとで下支えすることであるようだ。「シェルタリング・アース」という建築は死すべき人間を覆い、「サイレント・アーキテクチャー」は人よりもゆっくり老いる。しかし、時間を灯台とする建築の行く手には解体か廃墟しかない。そこには人の影は差さない。

5　魂あるいは墓の強迫

屋根か壁かではなく、前衛でも後衛でもなく、いかなる主義からも離れるとはこうしたことなのだろうか。未完の白い模型は、地上に降りて木地の模型の姿をしばしとどめ、再度もとの白さに戻るのだろうか、建築家個人の掌に還るかのように。この非攻撃的でユーモアに満ちた〝未必の故意〟は、多くの共感と幾分かの苛立ちとを呼びおこしているように思われる。

天心記念五浦美術館では「五感の設計」がテーマだったという。建築の形態ではなく、光や音や空気の状態をつくりだすべく設計すること。それを転用してここでは、建築家自身の身体感覚を還元的に記述することを試みた。東京・青山にある「BODY&SOUL」という七〇年代的な匂いのするライブハウスからは、SOULというテーマを借りたい。内藤においては、廃墟の手前で通奏低音のように響く墓のテーマがある。自邸である「共生住居」（八四年）の庭に墓をつくる未遂の企てに始まり、プロジェクトとしては「TOKYO TOWER PROJECT」（八七年）、「速度都市」（九〇年）、「迷宮都市」（九三年）と続く。墓を可視化すれば、一世代後の東京二十三区には二・四五平方キロごとに一〇〇〇平米・一〇〇階建ての塔が必要だというビジョンである。それとは別に迷宮都市展では、水に洗われ続ける墓、水に埋没した墓所が印象深かった。

五浦美術館は、黒大理石の天心の庭と対に配置された白大理石のバネルジーの中庭とが隠された中心を成し、水に濡れている。バネルジーは詩聖タゴールの外戚、天心との往復書簡で知られるベンガルの女流詩人だ。海の博物館でも水際の舞台のために池をつくった。ちひろ美術館でもそうだ。——時間を呼びよせるものとしての墓と水である。

こうした魂の風景の源泉を建築家は語らない。幼年時代の記憶に残る自邸の食堂の天井に映る池の水の反射や、聖地ベナレス（ヴァナラシ）で目撃した水葬などが手掛かりとしてはあるが、手掛かりに過ぎないだろう。人の思考は人の身体感覚に似ているのだろうか。それもまた誘《いざな》いとしての問にとどまる。

（一九九七年）

註—「未必の故意」とは、「行為者が罪となる事実の発生を積極的に意図ないし希望したわけではないが、自己の行為から、ある事実が発生するかもしれないと思いながら、発生しても仕方がないと認めて、あえてその危険をおかして行為する心理状態」（『広辞苑』）を指す法律用語。この一文においては、上記の「罪」をポジティブに「建築の時代状況に対する影響ないし功績」と読者が読み替えることを期待している。

「芸術工学会」誌　追悼・鈴木成文　2010

鈴木成文のための三月の奇想曲

緋寒桜の咲くおだやかな昼下がりの葬送の儀にあって、流れていたのはバッハの「最愛の兄の旅立ちに寄せるカプリッチョ」だったという。感興のおもむくままにつくられた狂想曲、奇想曲──お目にかかることのできた晩年の鈴木成文氏はその器楽曲に似て、感興のおもむくまま、あらゆる対象を研究・論評し、留学生を淡々と支援、多くの人々と交流して、倦むことがなかったように思えた。

喪主は鈴木道彦氏。男子三人女子二人の五人兄弟の長男が成文で、次男が自分なのだと、葬儀参列者への挨拶で老フランス文学者は語り始めた。「一年七カ月違いの兄はずっと、友でありライバルでした」とのことだが、兄も弟に対して同じ気持ちを抱いていた──そう思わせる短い会話を交したことがある。

西新宿に開設されたカルチャーセンターに通った数年間があった。受講した科目「現代フランス文学」はボードレール学者の阿部良雄氏を企画者とするオムニバス形式で、講師の一人が鈴木道彦氏。人称問題を軸にプルーストの小説『失われた時を求めて』を読解する何回かの講義に刺激されるところ大だった。氏は後に『プルースト論考』を上梓。老フランス文学者と先に記したのは、教壇に立つ講師との対面以来、三十年という時が流れていたためだ。

芸術工学会の懇親会の流れの酒席で、四半世紀前のその出来事を鈴木成文会長に話すと、「君は弟の方に興味があるようだね」、との答えが返ってきた。「弟の方に」という比較級を匂わせる言い方に、鈴木兄弟の間にあった微かな競争心のようなものを感じて記憶に残っているのである。訃報に接して、自室の書棚の奥にある「スワンの恋」にはじまり「見出された時」で完結する翻訳本十三巻を取り出してみた。その新潮社版の刊行開始は一九五三年と筆者の生年と同じ、最終巻の余白には「精神の階級は出自とは関係がない」との、本文からの抜き書きが鉛筆で記されてあった——このことはすっかり忘れていた。

デザイン雑誌の編集者時代に鈴木成文氏と接点をもったのは「昭和のデザイン」シリーズで「公団住宅」を取り上げた折である。実際に取材したのはスタッフだったが、吉武泰水と鈴木成文の名前が記事に刻まれ、戦後五十年にあたる年に単行本『昭和のデザイン〈エポック編〉てんとう虫が舞い降りた』にその記事を収録した。てんとう虫とは車「すばる360」のことだが、公団住宅もエポックと呼ぶに相応しい。後に同じテーマがテレビ番組となり、光の当て方に鈴木氏が不満をもらしたと聞いた。氏による『文文日記』のその年の巻をひもとけば、思いの丈の詳細を確かめることもできるだろう。

「成文」は建築計画学・環境デザイン、「道彦」はフランス文学。名前からすれば、そうした専門は入れ替わっていたとしてもおかしくはない。八十年にわたる兄と弟のひそやかなカプリッチョ——こころに残る春の別れであった。

註—鈴木成文(一九二七—二〇一〇年)。建築学者、専門は建築計画学。フランス文学者の鈴木信太郎の長男として東京に生まれる。東京大学工学部建築学科卒、同大学院修了。東京大学工学部教授を経て、神戸芸術工科大学の第二代学長、芸術工学会第三代会長をつとめる。一九五一年に研究室の一員として参加した公営住宅の標準型「51C」はダイニングキッチン付公営住宅の原型となる。著書は『51C白書』、『住居論』、『住まいの計画・住まいの文化』、『住まいを読む』など。学長就任後の二〇〇三年よりの公式ウェブサイト「文文日記 日々是好日」連載は七冊の書籍となる。

編集者の真価　2004—2012

Knowledgeを設計した瀬底恒

1　社会とメディアの〈Future〉が見たい

「太陽」創刊号と「approach 100」とが手元にある。前者は平凡社が一九六三年七月に創刊した初の総合グラフ誌、後者は翌年春に創刊の一〇〇号記念号(一九八七年十二月刊)だ。どちらも本文横組なのが目を引く。両誌をつなぐひとりが米国生まれの写真家・石元泰博である。「太陽」創刊号に石元は写真と文による「二〇世紀の造形　鉄の誕生」で参画し、「approach」には創刊からの撮影に加え、一九七三年からは表紙と巻頭言「表紙のことば」も担当した。

これは偶然ではない。石元のシャープな写真が注目を集め、「花椿」や「洋酒天国」を代表とした企業PR誌が一九六〇年代に「インダストリアル・エディターシップ」と呼ぶにふさわしい創刊ラッシュを迎える時期と重なったからだ。例えば、六〇年には石元と縁の深いモホイ・ナジにちなんだ誌名の「SPACE MODULATOR」が、続いて「energy(エナジー)」、「グラフィケーション」、「無限大」と、専門家向けの評価の高いPR誌が創刊された。

それから半世紀、多くの雑誌が消えた。バブル経済突入を機に〈ファクツ〉と〈オピニオン〉から〈インフォメーション〉と〈トレンド〉へと重点を移して生き延びた一般誌も、その傍らで〈ナレッジ〉の輝きを放っていたＰＲ誌も、往時の勢いはない。

「approach」一〇〇号記念号に寄せて村松貞次郎が、「フィロソフィー」に加え、「さらに欲を申せば、もう一片の詩情を」と記したのは一九八七年のことだった。その後、瀬底恒、吉田光邦、田中一光、石元泰博、そして竹中錬一と、「approach」の名とともにある人々は残らず鬼籍に入った。その季刊ＰＲ誌が二〇一二―一三年冬号で二〇〇号を迎える。

発刊されたばかりの『旅の手帖　柳宗理』（河出書房新社、二〇一二年）には、同誌一九九八年夏号掲載の柳宗理と三宅一生の対談「アノニマウスデザインに向かって」が再録されている。そんな例は少なくないだろう。このＰＲ誌が編集の柱に、建築に限らない「Design & Art」を据えているからこそだ。同じく柱としてきたのが「Nature & Environment」、「Life & Education」、「History & Heritage」、そして「People」。それらすべてに、想像力を刺激する「For the future」の視点でアプローチし続けることを望んでやまない。

2　不況の時代こそ〈Think Big〉

企業ＰＲ誌が眩しかった。定期購読のデザイン誌創刊を仕事とするようになった一九八六年、ＰＲ誌は私にとって眩しい存在だった。季刊「ｉｓ」（ポーラ文化研究所、is=intellect & sensitivity）が書店に並び、「たて組ヨコ組」（モリサワ）が編集部に届いていた。時あたかも、日本が工業力で世界の頂点をきわめ、プラザ合意を契機としてバブル経済に突入する時期である。

「朝日ジャーナル」休刊が話題となった一九九二年、特集「ＰＲ誌という名の企業改造」のための取材を組んだ。その特集の柱としたのが瀬底恒と彼女の会社コスモ・ピーアールである。副題とした「インダストリアル・エディターシップの現在」とは、私が在籍した日経ＢＰ（Business Publication）社の根幹とも重なり、切実なテーマだったのだ。

「approach」(竹中工務店、一九六九年にＩＣＩＥ賞＝International Council of Industrial Editors最優秀賞受賞)や九冊の英語版カルチャーブック・シリーズ(マツダ)などの編集者として知る人ぞ知る瀬底恒のインタビューは十二月十七日。威風堂々、ハスキーボイス、確信に満ちた発言に圧倒されっぱなしだった。「不況の時代こそ"Think Big"」――このフレーズは現在にこそ有益な彼女のメッセージである。大胆な発想をするには「Back to the Basics」、時代は見つめるがトレンドは追わない。

そうした信念、企業の海外ＰＲを担う能力、英語とフランス語を彼女は米国で修得した。一九五二年から七年間の米国留学で造形の巨匠たちに出会い、帰国しては媒体、とりわけ企業ＰＲ誌を舞台として類例のない企画を実現する。建築家グリーン&グリーン兄弟の発見・紹介に始まり、ハーバート・バイヤー、ユージン・スミス、クリストファー・アレグザンダー、ナショナル・トラストの思想ほかが、評価と影響力をほしいままとした。

「二十世紀最大の影響力をもつ建築思想家に、東洋思想の骨格を植え付けたのは瀬底さんの尽力の賜物だと思う」――フィナンシャルタイムズ紙(二〇〇三年八月二十三日、建築家・平田翰那の弁)に掲載されたアレグザンダーに関するこの一文は、彼女の〝勲章〟と言えよう。

日本文化のエッセンスを世界に発信することにも精力的だった。テーマは、柳宗悦の民藝、スポケーン環境博での『The Rice Cycle』、アスペン国際デザイン会議における『I-Ro-Ha of Japan』、『The Hybrid Culture』などマツダのシリーズ企画本と招待講演……。エディターシップ発揮は媒体に留まらず、展示や講演や人的交流のサポートに及んだ。

帰国直後の一九六〇年、東京で開催された世界デザイン会議の事務局次長として八面六臂の活躍を見せたことは、半世紀を経て、もはや伝説に近い。知の状況を設計し監修した編集者・瀬底恒の営為は今、さらに輝きを増している。

3　瀬底さんからの贈り物

「不況の時代こそ〈Think Big〉」――「ＰＲ誌という名の企業改造」という「日経デザイン」の特集のためにコスモ・ピーアールを訪れた折、瀬底さんはそう言った。取材メモによれば一九九二年十二月十七日のことだ。編集企画を立てる時に心掛けることは何ですかという問いに対する答えが〈Think Difference〉でなく〈Think Big〉だったのが気に入って、そのままインタビュー記事のタイトルとした。これは一九六〇年にフォルクスワーゲンが発表して時代を画した広告コピー〈Think small〉を反転させたものだ。

大きな企業のイメージを預かる編集者は、たとえ小さな個人であっても、価値を生みだす〈ジェネレーティング・システム〉でものを考えるべきだという。そうすればその媒体は〈一粒の麦〉として世の中を変えることもできるのだと……。この生成システム最良の例は、アルファベット二十六文字によって数十万語を収納するウェブスターの辞書だとの説明もあった。

今となってみれば、この〈Big〉以外、瀬底さんの半生の仕事ぶりを形容する言葉は見当たらないように思える。竹中工務店のＰＲ誌「approach」、マツダの英文カルチャーブック・シリーズなどで瀬底さんの名前は知っていた。長らく「approach」の表紙の写真を担当されている石元泰博さんの取材の場面でも、ビッグな編集者として挙がった名前だった。

実際にお目にかかったのはパーティーの席上で、木村一男さんから「編集の大先輩ですよ」と紹介されたのだった。瀬底さんが世界デザイン会議（一九六〇年）の事務局次長であれば、木村さんは世界インダストリアルデザイン会議（一九七三年）の事務局長の間柄。なぜか瀬底さんは開口一番、「あなたね！」と言った。さらに不思議だったのは、その会から流れて神楽坂の鮨屋へ同道したこと。ご自身は呑まないお酒を勧められ、編集の四方山話をして、最後に、気負いばかりが目立つ石元さんの小伝について「あれは面白かったですよ」と言われた記憶がある。

不思議な出来事はもう一度あった。インタビュー記事掲載号の発刊後、瀬底さんの自宅に近い世田谷ボロ市に誘われ、午後しばらくその市をゆるゆる物色しながら歩いて、早い夕刻に馴染みの鮨屋に連れていかれたのだ。ご自宅へもうかがった。その夜の会話を余さず記す紙幅はないが、柳宗悦、ハーバート・バイヤー、篠田桃紅といったゆかりの方々のエピソードは、さながら千夜一夜物語で、空が白むまで続いた。

その早い朝に、「持ち出しは違法行為」と笑いながらサンタフェで入手したという象牙の首飾りを手渡してくれた。年代物の象牙を革紐でつないだそれは、ずっしりと重かった。ご自身による訂正入りのカルチャーブック最終版『WABI SABI SUKI』とその首飾りとが手元にある。

時折それを手にとって自問する。私は本当に瀬底さんの編集の後輩と言えるのだろうかと。答えはいつもノーだが、沖縄は瀬底島がルーツだという編集者晩年の知的な渦に触れることができたことには感謝の言葉もない。利休の〈すき〉を根拠に「日本は怒りの感性が鈍っている」とも語った瀬底さんの〈Think Big〉。このフレーズこそ、その後の時代と私に対する瀬底さんからの本当の贈り物だったのである。　（二〇〇四—一二年）

註—瀬底恒（一九二二—二〇〇八年）。編集者。青山学院女子専門部卒業、一九五二年米国に留学し、南カリフォルニア大学大学院修了の五九年に帰国。六〇年の世界デザイン会議で事務局次長として活躍。翌年コスモ・ピーアールに入社し、日立製作所、竹中工務店、日本電気硝子、マツダなどの海外向け広報誌、ＰＲ誌、カルチャーブックなどを担当する。日本民藝館理事。没後の二〇一一年、「THOUGHT IN JAPAN ７００通のエアメール—瀬底恒が結んだ世界と日本—」展（ギャラリーエークワッド）が開催される。

うつわの時空の余白に……

「うつわ　ルーシー・リィー、ジェニファー・リー、エルンスト・ガンペール」展に寄せて　2009

期待はまなざしに無知を通りぬける時間を与える
——モーリス・ブランショ［＊1］

ものをつくる人のかたわらには見えない水甕《みずがめ》があるようだ。その水甕は、つくり手が源流とするかずかずの形象を、時空をこえて湛えている。乾いた肌合いをした空《から》の甕にたっぷりと水が注がれると、内側から艶がにじみでてくる。

水甕で起こることは、衣服でも、住居でも、起こるだろう。美術の歴史では作家に光があたるが、うつわと声にしたとたん、そうした構図は変わるように思う。つくられたものを慈しむ送り手と受け手の双方が、その声とともに風景のなかに立ちあがるのだ。

水があること、水を必須として人が大地で生きてきたこと——それらに重ねあわせることができるのがうつわの時空ではないか。だとすれば、うつわが生きる時空には少なくともふたつありそうだ。始原に連なる無限と、現在を生きる有限である。うつわをつくる人は見えない水甕の水を汲み、そこにあらたな水を返しもする。

うつわの始原と〈いま・ここ・わたし〉と……

一九八九年五月、「ルゥーシー・リィ（Lucie Rie）展」で、ウィーン生まれのイギリスの陶芸家ルーシー・リィーの作品約五十点がわれわれの前にすがたを現わした[*2]。東京・青山にある草月会館の巨大な水盤の上に台が配され、ガラスケースなしに少なくない作品がそのまま置かれた。水、布、和紙による会場は大勢の観客を迎えても静けさを保ち、日本で初のルーシーの個展は大きな反響を呼んだ。カタログの表紙に選ばれたのはふたつのうつわ——薄く優雅な口づくりをして楕円形にたわむ白い磁器（一九六五年）と、ピンホールのある粗いテクスチャーのグリーンの炻器（一九六八年）である。

——うつわのつくり手にあらたなイメージが湧く瞬間を想像してみる。一九六〇年代は有人宇宙飛行のディケードであって、ソ連のボストークが地球を回り、一九六九年に米国のアポロ11号は月面着陸に成功した。ルーシーの白くかがやく鉢は地球楕円と呼応し、びっしりと穴のある一九六八年制作の鉢の方は、月面着陸したアポロからの映像を想起させる。そのストーンウエアを底から眺め、手のうちで回し、写真を引きのばすと、水のない天体と見まがい、人類誕生以前の鉱物的風景に立ちあう思いがする。作品のスケールアウト、そして幻視の能力こそがすぐれた作家の徴《しるし》ではなかろうか。

だが、そのルーシー一九三〇年代の〈いま・ここ・わたし〉は順風ではなかった。ユダヤ系であるが故のオーストリアから英国への亡命、英国陶芸界の雄であったバーナード・リーチによるウィーン時代の作品の否定、ハンス・リィーとの結婚生活の解消、生活のための衣服用ボタン制作の日々……。ハンス・コパーという最良の協力者を得て、ロンドンの中心街にある閑静な小路で楕円の口をした特徴あるサラダボールを制作しだすのは一九四八年、四十六歳のときなのである。

このころに作家を魅了したのが英国エイヴベリーで見た青銅器時代の焼きものと掻き落としのための鳥の骨だ。彼女はただちに、鳥の骨を編物針に代え、特徴のひとつとなる線刻による作風を確立していく。みずからの源流を先史時代にまで遡るルーシーのうつわに、われわれが東西の出遭いを感受するのは不思議ではない。日常の、そして祭祀の道具として必須だったうつわは一元万化、洋の東西を問わず、たしかに通底するものがあるのだから。

海辺にあそび、木にしたがう……

人がイメージの水甕に青い地球、ついで水のない衛星である月を加えた一九六九年、ジェニファー・リーは十三歳、エルンスト・ガンペールは四歳——。

スコットランド人を祖先として四代つづく農家に生まれたジェニファーは、英国で陶芸とタペストリーを学んだ後にロンドンでさらに陶芸を究め、地中海や米国西海岸などを旅した。そうして生まれた作品の、「スタイルと製作方法は古代文明の影響を受けている。とりわけクレタやミュケーナイの文明、コロンブスによって発見される前のアメリカの文化などだ」[＊3]とされる。

ミュンヘン生まれ、大工修業をへて家具制作のさなか、電動ろくろにみずからの適性を見いだしたのはエルンストである。現在は北イタリアにある湖のほとり、古民家を改造したアトリエに家族と住んで制作に励む。信条は「I follow the woods（木にしたがう）」。彫刻が石にひそむ人の形姿を掘りだすことであったのに似て、エルンストは種子にはじまり、洞《うろ》をかかえて倒れる樹木の時を掘りおこす。それぞれの創作の源泉は、はるかかなたにありそうだ。

とはいえ、ジェニファーの手法が顔料を加えた粘土をコイル状に積みあげる伝統的な手びねりだとしても、ボトルに現われる文様は、飛行機から眺める海波の侵食で変動きわまりない汀《みぎわ》を連想させずにはいない。

木にしたがうというエルンストの方は、経験豊かな職人の教えに反し、新木をすすんで用い、芯や節を取りのぞくこともしない。紙ほどに薄いカエデのうつわには、その芯のかたちが光に透けて見える。木製にもかかわらず、手触りがまるでベルベットなのはどうしたことかと訝《いぶか》るものもある。ときには素材を火で焦がす。うつわを創りつづけて来た彼が近年、イタリアの照明器具メーカーと組んだのは作品の性格からして当然なのだ。こうした事態は、ふたりにとっての〈いま・ここ・わたし〉の反映と言っていいだろう。

はじめに水と血と酒が……

——うつわにはじめて盛られた水を想像してみる。両の掌にすくいとられていた水が、道具としてのうつわに移される。やがてうつわは碗、瓶、壺などへと分かれ、たとえばミノス文明栄えたクレタ島では鳥の嘴《くちばし》状の注ぎ口をもつ嘴壺が出土する。そこでは、リュトンと呼ばれる自立しない献酒杯が、土で、水晶で、ガラスでつくられた。

同じ青銅器時代、甲骨文字は殷《いん》=商で生まれ、漢字の「器」は、祝祷《しゅくとう》や盟誓《めいせい》をおさめる容物を四個並べ、生贄《いけにえ》の犬の血で清めた祭器を象形したものらしい——うつわに注がれたのは水、血、酒の順だったかもしれない。嘴が壺に頻出することから、古代人は鳥の目で大地を見ていたと想像しよう。「たっぷりと真水を抱きてしづもれる昏《くら》き器を近江と言へり」[*4]。この歌のうつわは琵琶湖であろうが、鳥瞰するなら、溜池やカルデラ湖がうつわそのものであったとしても驚くにはあたらない。

ひらがなの「う」は蓋付きの壺、「つ」は平鉢、「わ」が把手や注ぎ口のある碗のかたちに近いのには、失われたわけでもあるのだろうか。ある陶芸家から聞いたことがある。陶芸にとって、壺は花のつぼみ、鉢はひらいた花、皿は地に落ちたひとひらの花弁なのだと——なんと魅力的な類比であることか。

かたや、液体用のうつわの総称である「vessel」は、ヴィーナス（venus）や処女（virgin）や空虚（vacancy）と同じく、「v」を冒頭におく。西洋の象徴体系では、〈三角形—火—槍〉は能動原理、〈逆三角形—水—聖杯ないし盃や瓶〉は受容原理をあらわし、両者は血において統合されるのだという。

漢字の「器」からは器量や器用といったことばが生まれ、「vessel」だとて包容力を含意するというのだから、洋の東西にかかわらずうつわは、なにものかを待ち受ける「うつ＝空」なるものとして生まれ、人間の能力のひとつを量るに至ったもののようである。

掌がすくう水、湖がたたえる水、それらが正対するのは重力の法則にしたがってまずは天空であろう。水鏡が映しだすのはその空だ。掌と湖のあいだにあるものとしてのうつわ——うつわを享受するにあたって、こんなひろがりを思い描いてみるのはどうだろう。

ルーシーの作品で印象深いのは、器胎《きたい》にある掻き落としや象嵌《ぞうがん》や熔岩釉《ようがんゆう》、端正な胴に戴っている花冠のフォルム、心をとろかす色彩だ。晩年の色彩には、世紀末ウィーンの栄華がかおる。ジェニファーの本領はなんといっても瓶。瓶の下面の平らな部分は極端に小さく、自立しないリュトンに近づく。そのためもあり、虫を捕獲する食虫植物の葉の一部が変容した袋のようであり、横たえるとヤドカリがすみかとする巻貝の空殻が二重写しになりもする。土中にある巨大な種子、中心部に五万トンの水を貯えて宇宙線を検出するスーパーカミオカンデ[*5]が、ともにエルンストのイメージにありはしないか。そんな夢想さえ許される。彼のうつわは機能のためではないとされている。

程度の差こそあれ、三人の作品は本質的には用を目的としていないのかもしれない。それでも、オブジェというよりうつわが似あう。「うつ＝空」をかかえるからだ。

エルンスト・ガンペール

……おまえは土中の根塊、
洞《ほら》となってなお森に立つ樹木。
鍛冶場で声をあげて生まれた斧に、
いつか伐り倒されることだろう。
それは喜ぶべきこと、
別の木がまた
生まれるのだから——。
おまえの身體はからっぽの殻、
エネルギーが通りぬける……

ジェニファー・リー

……あなたの瓶は、水に棲んでいる。
海藻がそのおもてをなで、甲殻類がすみかとする。
——汀に打ちあげられたうつわには
寄せては返す波の痕跡が走り、
あなたの掌の浅瀬を風がわたる……

ルーシー・リィー

……あなたは頭上にサフラン色の花冠を戴いている。
あなたのうつわは、ときには、いまだ生き物なき火星、
あるいは終末をむかえた地球——。
自在な手と自転するろくろが生みだすものは、
億年をかけて、いのちに近づき、
いのちから遠ざかる……

「うつわ」展会場風景
主催・写真提供＝21_21DESIGN SIGHT
会場構成＝安藤忠雄、撮影＝岩崎寛
二〇〇九年

「わたしはただの陶芸家（potter）」と公言して、ルーシーはアーティストとは名乗らなかった。陶芸家で批評家のトニー・バークスは、作品をうつわに限定することは創作者を生きやすくすると同時に繰り返しを避ける困難をもたらすとして、「すべての新しい作品は新たな始まりである。実に、私はいつまでも生徒であることを止めないだろう」（一九五〇年）とのルーシー唯一の宣言を、その困難を克服する闘いに屈しなかった原動力として挙げたのだった[*6]。日本での個展のカタログにある「May you share in the adventure of the making Lucie Rie」[*7]も、同じことを意味する。ポッターは冒険家、静かな工房で危険な旅をしていたのだ。享受者もまた、その旅に誘われている。

うつわの始原などだれも知ることはできない。けれど、「期待はまなざしに無知を通りぬける時間を与える」。この無知を歴史に対する無知とするなら、デザインやアートを隔てる幾枚もの膜を透かし、匿名の物のはじまりから〈いま・ここ・わたし〉を通りぬけて未来に期待することも可能だ（企画者・三宅一生の意図もそうだと感じるのは筆者だけではあるまい。三宅も「ファッション」ではなく「服づくり」を好み、パリでの個展を「Making things」と名づけたことがあった）。

すべての母なる大地のように……

――うつわを最初につくったのは女性だったと想像してみる。うつわを切実なものとするいけ花作家の中川幸夫は、「縄文土器がそうであるように、中国夏《か》王朝のすばらしい鬲《れき》は、おんなたちの手になったに違いない」[*8]と言う。夏とは殷に先だち、解明途上にある中国最古の王朝である。狩猟が生存の基本だった社会におけるうつわのつくり手の性別の特定は、だれにも納得しやすい推論であろう。うつわばかりではない。おそらくは、衣食住にかかわる作業の多くを担ったのは女たちだった。そこここに、衣を打つ砧《きぬた》の音が響き、煮炊きする竈《かまど》の煙が立ち昇っていたことだろう。

東アジアの近世はどうか。白さは玉のごとく、薄さは紙のごとく、光沢は鏡のごとく、音は磬《けい》(古代の楽器)のごとし——二千年の歴史をもつ中国・景徳鎮窯の理想はこんなふうに語られてきた[*9]。また、中川は「中国の完璧に対し、日本の艶のよさと土の味、李朝の無の静かさ」と手帳に書き記したことがある[*10]。

陶磁の書かれた歴史にあって、女性の影が薄い状況を変えたのは専門家教育以上に電気窯だったようだ。美術工芸学校で学んだルーシーが生きたモダンの時代でさえ、ウィーンでは窯の燃料は石炭であり、英国セント・アイヴスでバーナード・リーチは灯油と薪を使っていた。ロンドンに居を構え、電気窯を使いつづけることで彼女は制作の自由を確保できた。

ルーシーからほぼ半世紀後に生まれたジェニファー・リーは、作陶においてはその恩恵をたっぷりと享けているにちがいない。はたして、生誕百年を記念して日本で開催された「ルーシー・リー展〜静寂の美へ」のカタログのために、ジェニファーは短い一文を寄せた[*11]。ルーシーの工房をジェニファーが最初に訪問したのは一九八八年、三十二歳の時のこと。しかしその寄稿文には、揺らぎのあるかたちやスパイラル文などで影響を受けたと思われる先達の創造に対する称讃や批評はなく、工房と作家のたたずまいが喜びをもってひたすら列挙されている。

玄関周りと窓辺の緑、白い服をまとって迷いこんだ蜂を戸外へ逃がすルーシーの指。工房の床は石、ろくろは二台、電気窯は上蓋式で、天井からぶら下がるのは裸電球。夥《おびただ》しい作りかけのうつわとボタン作りの型が置いてある。二階のリビングルームの暖炉の上には、ふたつの古代の壺と一九八一年に亡くなったハンス・コパーから贈られた最良の作品が並ぶ。供されたのは、自作の黒っぽいカップのコーヒーと、砂糖漬けのオレンジピールやアーモンドがふんだんに入った手づくりの「ロックケーキ」……。簡素な道具立てから、魂と手による造形は生まれ落ちることを、ジェニファーは伝えたかったのであろう。

「わたしたちすべての母は大地だ」とあるネイティヴ・アメリカンの口承詩には、次のような一節もみられる。「恐らくわたしは風になって／君の静かな水面を曇らせるだろう、／君が自分の顔を、／あまりしげしげと見ないように」[*12]。〈いま・ここ・わたし〉を忘却することが表現者の救いとなることがあり、他者がその来歴をどれだけ追っても創作の秘密を解きあかせるとは限らない。

いのちは滅んでも、ものは残る。そのものが湛える静寂あるいは静謐は、人によって創られた作品が生きるその後の長い時を約束するひそやかでたしかな特質なのだと思う。水でいっぱいの音のしないそれは智慧《ちえ》ある者の別名であった。うつわという水甕にあらたな水を注いだつくり手たちは、水甕を破壊しようとのくわだてなしに、その水甕の一部になることがあるだろう。それを想像力と創造力による秘儀と呼ばずしてなんと呼ぼう。

（二〇〇九年）

註

[1]—Maurice Blanchot, L'attente L'oubli, 1962（モーリス・ブランショ著、豊崎光一訳「期待　忘却」、『最後の人／期待　忘却』二七三頁、白水社、一九七一年）。ブランショ（一九〇七—二〇〇三年）はフランスの作家、批評家

[2]—「ルゥーシー・リィ展」。会期・会場＝一九八九年五月十日—六月七日草月会館草月ギャラリー、六月二十七日—七月三十日大阪市立東洋陶磁美術館。プロジェクトディレクター＝三宅一生、プリントメディアディレクター＝亀倉雄策、フォトグラファー＝石元泰博、会場構成＝安藤忠雄

[3]—「ISSEY MIYAKE PERMANENT」Photographs by Snowdon 写真集 Vol.8、ISSEY MIYAKE INC.、一九八九年。レベッカ・アブラムによる紹介文章（松岡和子訳）より

[4]—河野裕子（一九四六—二〇一〇年）の歌集『桜森』（蒼土社、一九八〇年）所収。松岡正剛『山水思想』（ちくま学芸文庫、二〇〇八年）四四〇

頁に胸中の山水をあらわすとして引用された

[5]—Super Kamioka Nucleon Decay Experiment の略。陽子崩壊をとらえるための岐阜県神岡町の土中にある施設

[6]—Tony Birks, LUCIE RIE, 1999（トニー・バークス著、西マーヤ、荻矢知子訳『ルーシー・リー』七九―八〇頁、ヒュース・テン、二〇〇一年）

[7]—註[2]、四頁

[8]—中川幸夫「未知との遭遇　紀元前の中国陶器」（「芸術新潮」一九九二年七月号）

[9]—磬（正式には編磬）とは玉や石板を鈍角に曲がった長方形につくりそれを吊るして打ち鳴らすもので、さわやかな音を出す

[10]—森山明子『まっしぐらの花——中川幸夫』二三八頁（美術出版社、二〇〇五年）

[11]—生誕一〇〇年記念「ルーシー・リー展～静寂の美へ」カタログ九五頁。会期・会場＝二〇〇二年四月六日―六月三十日滋賀県立陶芸の森陶芸館、同年七月七日―九月十六日ミウラート・ヴィレッジ（三浦美術館）、二〇〇三年一月二十五日―三月三十日ニューオータニ美術館

[12]—Nancy Wood, MANY WINTERS, 1974（ナンシー・ウッド著、金関寿夫訳『今日は死ぬのにもってこいの日』二二頁、九八頁より抜粋、めるくまーる、一九九五年）

東京オペラシティ アートギャラリー+町立久万美術館ほか　2013

「新井淳一の布──伝統と創生」展に寄せて

1

新井淳一と石内都にとっての桐生、織、自由
──東京オペラシティ アートギャラリー展ゲストトークから

テキスタイルプランナーを自称する新井淳一にデザイナーの理想像を見出している。テクノロジスト、アーティスト、デザイナーを一身に体現し、教育者や文筆家の顔も有するからである。『新井淳一──布・万華鏡』を執筆する過程でその感を一層深めたのだが、本格的な個展をみる機会はなかった。その書籍の発行は新井八十歳の誕生日である二〇一二年三月十三日、翌年一月十一日に待たれていた東京オペラシティ アートギャラリーでの「新井淳一の布　伝統と創生」展の内覧会に駆けつけた。

圧巻だったのは第一室。フランス在住の若き建築家・田根剛と彼のスタジオが担当した会場構成である。数々の代表作が個々にうねる水平面架台にふわりと置かれ、暁闇を思わせる空間できらめく。照明の妙で、そのきらめきが変化する。目が暗さに慣れるとやっと、壁にコンパクトに配された糸の素材や服になってのショーの映像に気づくのだ。

展示のテーマである「水と時間」、「層《レイヤー》で描く」、「金属と糸」、「布でつくる」は、この第一室にすべて凝縮されていた。新井自身がテレビ番組の取材に、「これまで見たことない布の展示で、自分でもめまいがする」と答えた斬新さだったのである。まだ見ぬ布、デザインの旗が、確かにそこにひるがえっていた。

会期中、写真家の石内都とのゲストトークを依頼されていた。一九四七年に桐生に生まれ六歳で横須賀に転居、美術大学では染織を専攻した写真家である。石内と桐生との再会は、大川美術館での「石内都　上州の風にのって　1976―2008」。次いで新井と出会うことで、桐生織塾ほかに保管されていた銘仙を撮った展覧会と写真集『絹の夢』(二〇一二年)をみずからの作品とした。代表作の「マザーズ」でも「ヒロシマ」でも、衣服は主要な被写体である。「新井淳一の布」を語るのにまたとない登壇者なのだ。なお二〇一四年に受賞したハッセルブラッド国際写真賞の授賞理由は「The Fabric of Photography＝写真を織る」であり、その年矢継ぎ早に「幼き衣へ」展を開催し、作品集『From ひろしま』を発刊する石内である。

テキスト／テクスチャー／テキスタイル

新井淳一は一九三二年、桐生の機屋の三代目として生まれた。文学や人形劇や演劇にも興味があったが、長男でもあったことで桐生を離れずテキスタイルを極めた。「布は変幻自在で身体にまとわれるのが使命だが、この展覧会はその布を自立させるもの。平面ではなく構造としての布をつくる新井は、数学者であり化学者のようでもある」と石内は評した。

少年期から幾何が得意だった新井に対し、石内は「数学は苦手。写真を化学の産物だと意識したこともない」。テキスト／テクスチャー／テキスタイルの連関を考え尽くした新井とは異なり、石内にとって織のプロセスは「まだるっこしくて、挫折した」。写真を始めたころの記憶に残るのは、現像液のにおいが動物性の

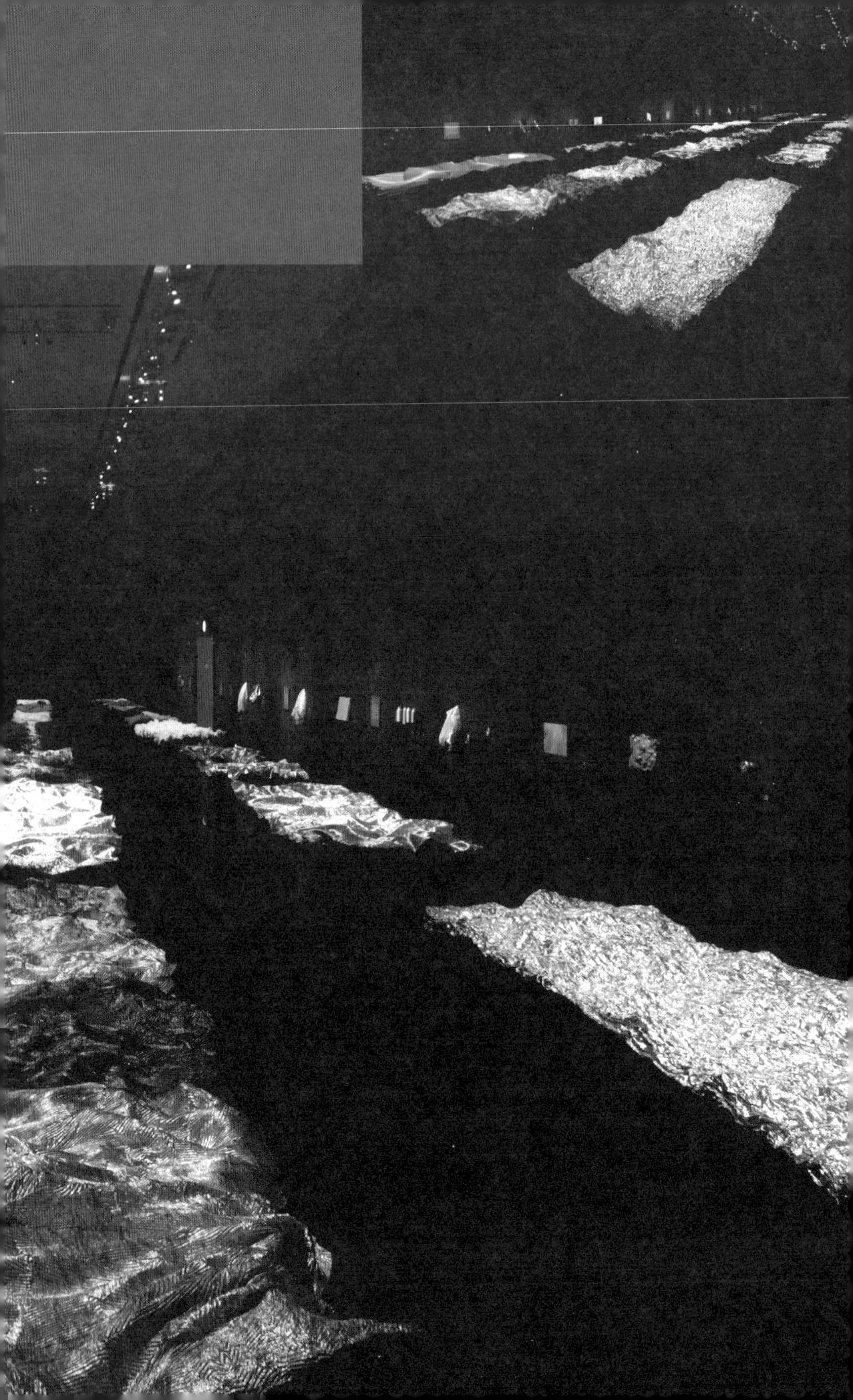

「新井淳一の布　伝統と創生」展会場風景
主催＝公益財団法人 東京オペラシティ文化財団／東京新聞
会場構成＝Dorell.Ghotmeh.Tane / Architects　写真＝木奥恵三

糸を色止めする際に用いた薬品と同じだったこと。だが学生時代に使った織機はまだ持っているという。

言葉の仕事を志向したこともある新井の文学や哲学についての素養は、海外作家との交流を裏打ちするほどに広く深い。エッセイを生活の糧とした時期もある。一方の石内の文筆も魅力的で、作品には幾多の文学者、ジャーナリスト、編集者を刺激する「テキスト」が埋め込まれている。また自然光のもとでニコンのフィルムカメラで撮影する写真は、見る者に「テクスチャー」を強く感じさせる。

英国の哲人織師であるピーター・コリンウッドの「テキスタイルの仕事は数学者に似ている」との初対面での発言に、わが意を得たりの新井だった。石内がテキスト／テクスチャー／テキスタイルのうち、「テキスタイル」制作に向かわなかったのは数学が苦手という理由だけでなく、被写体として対峙する運命にあったテキスタイルゆえに、制作においては美の女神が微笑まなかったのではなかろうか。

桐生の歴史、絹の不思議

わずかに知っただけでも桐生の歴史には興味をかき立てられる。一九三〇年代に「西の西陣、東の桐生」と並び称されるに至る織の先人たちは進取の気象を有していた。明治期の織物同業組合にあっては婦人選挙権のみならず被選挙権も認め、中学校に先立って女学校をつくった街だった。近郊には足尾銅山といった近代の深い闇もある。戦後の歴史には、羽仁五郎、坂口安吾、小池魚心、オノサト・トシノブ、大川英二(栄二)といった個性的な人物が点綴されている。

新井は満州国建国の年に生まれた点では「戦争の申し子」だが、桐生織物隆盛の「落し子」でもあり、その地を離れたことはない。それに対し、六歳で家族一緒に桐生から横須賀に引っ越した石内には桐生人の意識はなかった。だが、群馬生まれという来歴を詳しく探索した友人が生地は桐生と確かめてまもなく、大川美術館での個展が決まる。二〇〇九年のその展覧会が実現する過程で、館長である大川英二の強烈な個性にふれたことが「桐生人」への転機となったのだ。

桐生出身、ダイエー副社長として辣腕《らつわん》を振るった後、夭折画家の作品を中心として美術館を開設、『美の経済学』といった著書をもつ大川だ。新井淳一、夫人で画家の新井リコともに大川と親しかった。その個展を機に石内は新井家を表敬訪問するようになり、傷だらけの新井のヌードと工場跡を撮って喜ばれた。石内が銘仙を撮った桐生織塾を開くのに新井は尽力し、彼の長女の求美が現在塾長をつとめる。

「業界のヒエラルーキーにおいて織は裏方であるが、海外での新井の評価は高い。わが国ではまだまだ評価が足りず、こういう仕事があることをもっと知らしめたい」。石内はそう語って、銘仙が忘れ去られているのも糸や布に対する関心が薄いためだと付け加えた。「桐生には独特の歴史がある。新井さんの活動は個人ながら桐生の歴史をすべて体現。桐生には繊維にかかわる多くの業種が細々と残っているが、彼は別の回路を開いた。そんな人はいない」。新・桐生人の石内はしみじみそう言った。

銘仙による「絹の夢」の契機は彼女によれば、実は「ヒロシマ」で撮った被爆者の衣服の八割方が絹製品だったこととつながる。「その理由は分からないのだけど、絹だけ被爆しても残った、保管していただけでなく着ていたものも残った。それを考えていて、桐生織塾に行ったら素晴らしい銘仙が残っていた」。「マザーズ」の遺品の衣料、「ヒロシマ」の絹織物、「絹の夢」の銘仙と、染織に〝挫折〟して以来四十年近い時を隔てて、石内において布は皮膚、そして第二の皮膚といわれる衣として甦ったのかもしれない。

自由人、よく相手を知る

ゴールデンウィークのある日、新桐生駅から大川美術館を経由して皆沢峠の入口にある桐生織塾を訪れた。

「中国少数民族染織展」の初日、新井淳一の講演を聞くためだ。かつて繁栄した織物会社である成愛社を率いた青木一族の母屋を改修したもので、長屋門には新井の筆文字「經」がかかっていた。その帰りにはじめて会った石内都から二日後、電話があった。やや深刻な情報交換をしたあと、日本人離れした新井の色気について短い言葉を交わしたのだった。その後、拙著に掲載する新井のポートレートを借りるために、金沢八景の石内の自宅へうかがった。すべてはプランナーらしい新井の差配によるのである。

新井の撮影について問うと、「かっこよかったから撮りたかったんですよ。脱いだら傷だらけ。その写真をご夫妻がとても喜んでくれた。この反応は凄い。新井さんは自由人であって、先入観なしに来たものを受け入れる」との答えが返ってきた。長身痩躯、柔らかな声、抜群の身だしなみ、開発魂衰えない現役の八十代——そう、こんな人はめったにいない。自由人との形容は石内のものでもあるからこそ、よく相手を知るということとなのだろう。

二〇〇七年に遺品撮影のためにはじめて広島を訪れて以来、寄贈されつづける新たな遺品を撮るべく毎年、石内はその地に赴く。この心情は敗戦直後に桐生近郊の工場で飛行機部品のジュラルミンを日用雑貨に作り変えた新井が、長らく沖縄行きを封印していたことを想起させる。「あの日の時間を刻んだ品物は、硬くくすんでいるけれど、つかの間の自由を私と共に過ごすうちに、柔らかで色彩豊かな本来の姿にもどっていく」(『From ひろしま』、二〇一四年)。自然光のもとで遺品が語りかける一瞬を感知してシャッターは切られ、基地の街・横須賀で育った石内の「ひろしま」は生まれる。

ドリーム・ウィーバーの夢の階梯

新井のおびただしい著作にあって、日本を真っ正面から書いたものはほとんどないことが気になっていた。

「あらゆる文化遺産のうち、染織品ほど豊かなものはない。布ほど暖かなものはない」という新井にとって、布の始まりは国家を遥かにさかのぼり、未来は歴史のいまを生きる人々の紡ぐ糸で織り成されてきたと考えるからだろうか。原爆の遺品を撮ることをめぐってこのことを問うと、「広島は世界ではヒロシマ、ヒロシマの方が日本よりバリューが高い。新井さんの国家との距離のとり方と似て、ヒロシマもヨコスカもそれ自体であって、日本の、という定義はしない」と石内は発言した。

「テキスタイルの仕事とは世に平和をもたらすこと」。こう挨拶することのある新井は、海外メディアから「ドリーム・ウィーバー」と呼ばれる。人を人たらしめてきたその夢については、「なべてゆめはうえとかわきのものがたり」と書いたことがある。新井の夢の代償をしかと思い描くことはできないが、自由への餓えと渇きが夢をもたらす機微なら想像はできる。

進路についての若き日の新井の葛藤はさておき、テキスタイルを始めてからの布の受け手は大きく変わっていった。機屋の三代目なので、まずは問屋を介した受注生産だった。ファッションデザイナーとの協同作業では服のための開発に邁進し、それが彼を世界の舞台に押し上げた。次いで、用途は使い手が決めるとの願望をもって「布」という店を出す。その店を離れざるを得なくなってからのアートテキスタイルや新素材の受け手は、同時代ではなく近未来にいる。

これが布の自由を求めた新井の四段階なのであって、どの節目にも痛みが伴った——トーク会場にいた建築家から発せられた「布は構築の点では建築と同じ、それなら用途は?」との質問に対する筆者からの回答である。

展覧会図録の「水と時間」の項は、「ウールのみならずあらゆる物質はそのもの自体で組織や構造を作り出す自己組織化という性質を持っている。それと息を合わすこと、これが新井の布作りの原点である」と締めくくってある。送り手と受け手の間にある布、頭と手の間で紡がれる織物。それに似て、石内都の発言は、その場にいない新井淳一とその作品、そして彼女の生とで紡がれた多重織りだったと思う。（二〇一四年）

「新井淳一の布」ゲストトーク：石内都×森山明子　二〇一三年二月十七日、東京オペラシティビル会議室にて

2

〝世界的桐生人〟の思想と足跡

──町立久万美術館展に寄せて

テキスタイルプランナーの新井淳一にはいくつもの顔がある。ファッションの伴走者、テクノロジスト、民族衣裳蒐集・研究家、教育・伝道者、エッセイストとしての顔だ。だがここでは、新井が世界的桐生人でもあることに焦点を当てたい。展覧会場に世界を驚かす先鋭的な「まだ見ぬ布」と世界各地の民族衣裳とが並ぶのは、このことと関係する。

著名デザイナーがこぞって首都に活動の場を移すなかで、新井は国内外の各都市に赴きながら拠点を移すことはなかった。西陣と並び称された織の里・桐生で、機屋の三代目の長男に生まれたことが理由の一つではある。わが国は一九三〇年代に絹と綿の織物で世界のトップに立つが、それに大いに貢献した桐生には多様な染織技術の蓄積があった。新井は二十代にして大手繊維メーカーと素材と技術の開発に取り組み、特許取得は数知れない。

そうした開発を理由として一九六九年に訪れたメキシコで素晴らしい民族衣裳に出合う。その見事さに触発され、桐生で「民族衣裳と染織展」を開くのは一九八〇年。世界に遍在する民族衣裳を精神の拠り所とする

新井は地元を離れない。ベトナム戦争を起こした大国、公害の原因をつくった大資本への思想的反発も地域を拠点とする理由にあった。

一九七〇年代後半から日本のファッションが世界から注目を浴びるのにテキスタイルが果した役割は大きい。その代表がプリミティブな布の手仕事を凌ぐ巧緻な織を実現した新井の布だった。それも個人作家の作品としてでなく、地場を潤す産業としての織物である。

六十歳代以降、インド、韓国、中国などアジア各地に出掛けるのはこれまで述べた思想的帰結だ。新井は歴史的に受けた織の恩恵に報い、身体だけでなく心を包む布づくりを平和のシンボルにしたいのだ。結城、勝沼、一宮といった産地と組む動機も同じだろう。新井という世界的桐生人の眼は、歴史と未来、地域と世界とを透視しているのである。

戦争の申し子の〝天衣無縫〟

新井淳一は満州国建国の年、一九三二年に生まれた。旧制桐生中学入学は敗戦色濃厚の四四年、生家の機屋の力織機はすでに供出され、工場からはハル、ナツ、アキ、フユと呼ばれた年季奉公の少女たちの姿も消えていた。父親は中国戦線にあり、祖父母が倉庫から出して組み立てた手織機「バッタン」が新井の織物事始めの道具となった。

桐生近郊の太田には飛行機工場があって爆撃を受け、敗戦直後に新井たち中学生は、残されたジュラルミン製の飛行機部品で鍋釜や弁当箱をつくるという体験もしている。

大型のキャサリン台風が桐生を襲ったのは四七年。設置したばかりの新井家の力織機も壊滅的な打撃を受け、大学進学を諦めた新井は高校卒業後は家業と布開発に明け暮れた。その二十年がファッションデザイナーとの協働で世界的脚光を浴びる基盤となる。この間、断続的ながら続けたのが人形劇、演劇、小説、視覚障害者向けの朗読といった言葉に関わる活動だった。

盛名の頂点で新井が東京・六本木に開店した「布」は話題沸騰となるが、三年後に自分の会社が倒産。この事件が五十五歳で新井がファッションから離れてアートテキスタイル、新たな合成繊維開発へと邁進する転機となり、超軽量で未知なるテクスチャーの布づくりでさらなる名声を博する。同時にエッセイストとして精力的に布の思想を語ってきた。

〝悠貧〟とは、戦争と倒産によって生涯に三度の丸裸を経験したヴァンヂャケット創業者である石津謙介の信条だ。VANやIVYとともに記憶され桐生とも縁の深い石津は〝濁富〟の対極にある〝悠貧〟を掲げて「衣食住遊」を極めた。似た経験をもつ新井は若き日に直観した「テキスト／テキスタイル／テクスチャー」の根源的な関係を追求し続ける。

新井淳一が好きな言葉は「天衣無縫」、処世訓は「棒ほど願って針ほど叶う」。無駄なものは何もない。展覧会場に吊るされた無縫の布は、かすかな風で天衣のごとく翻っている。

（二〇一三年）

註―新井淳一（一九三二年―）。テキスタイルプランナー・デザイナー。群馬県桐生市に機屋の三代目として生まれ、現場で新技術の開発に邁進する。一九八〇年代の日本のファッションの世界的評価に貢献。以後、布の革新者として世界各地で個展、企画展を開催する。第一回毎日ファッション大賞特別賞（一九八三年）を皮切りとして、英国王室芸術協会名誉会員となり、国際繊維学会テキスタイルデザイナー勲章受章、中国人民大学客員教授、ロンドン芸術大学名誉博士・英国王立芸術大学名誉博士号を授与されるなど、世界的に高い評価を得ている。

書評 2003―2012

組版工学研究会編『**欧文書体百花事典**』(朗文堂、二〇〇三年)

一気に読み通させる魅力に満ちる
――十五世紀から現在までの欧文活字書体を体系的に紹介

大冊にして美本、そして何より気持のいい事典が誕生した。本書は十五世紀から現在に至るまでの三百をこえる欧文活字書体を体系的に紹介するものだ。実践を基礎として美と知の領域に踏みこむ学としてのタイポグラフィをあつかう書物らしく、A4判・二六章・五七二ページに惜しげもなく貴重な図版が掲載され、読者の書物と活字に対する美と知と技への欲求に応えてくれる。思えば不思議である。パーソナル・コンピュータに標準搭載された多数の欧文書体をだれもが使用しながら、それについての知識をまとめて得ることのできる書物がこれまでなかったことが……。

事典ではあるが、一気に読み通させる魅力に満ちている。その理由は、イタリアの碑文書体である「TRAJAN ROMAN」から一九八〇年代に生まれた「EMIGRE」まで、各書体の特徴はもとより、書体発生の現場とタイプデザイナーの声を、並外れた熱意をもって日本の読者に伝えようとしているからだろう。熱意とともに、活字書体を価値判断する〈判別性〉〈可読性〉〈誘目性〉による分析が全編を貫き、ホットにしてクールな大冊となった。

「あたらしい活字書体のデザインは、その新鮮さにだれも気づかないくらいによくできているべきです。もしあたらしい書体が控えめで、完全なまでに静寂なたたずまいを備えていて、それがよく考えられて作られていることに人びとが気づかないなら、その活字書体は優れた活字書体です」。

これは、新聞用書体「タイムズ・ニュー・ローマン」を制作して二十世紀タイポグラフィの開拓者とされるイギリス人スタンリー・モリスンの言葉だ。本書の基調をなす思考の一つであろう。欧州共同体は、ユーロ通貨の紙幣には「ユニバース」の開拓者として著名なスイス人エイドリアン・フルティガーの、硬貨にはタイムズ系の書体を採用した。欧州の知の構図の一端をしのばせる出来事である。

モリスンは一九二三―三〇年、タイポグラフィ専門誌「ザ・フラーロン」を編集・発刊した。朗文堂につどう本書の執筆者たちも同様に、同社刊の「文字百景」「vignette」等で継続的に論文を発表してきた。そうした十年をこえる成果（精華）が『欧文書体百花事典』だった。〈百花〉は〈花形装飾活字〉を意味するフラーロンへの共感に由来し、植物における花こそ人間精神にとっての活字書体だと信じての命名に違いない。

おもに日本人である執筆者による現地踏査、資料収集、海外の専門家との密な交流から生まれたテキストは異文化をあつかう逡巡をまぬがれている。同時に、拝外主義と無縁なことは『和文書体百花事典』刊行の予告からも明らかだ。読後の気持よさはそこから生じる。

「書物の美しさとは、文字活字の存在とその均衡ある組版にゆだねられるのである。どんな装飾も、デザインも、文字活字の効力の前ではちいさな存在となる」。こちらは〈タイポグラフィの王者〉と呼ばれる十八世紀イタリア生まれのジャンバティスタ・ボドニの言葉。東京都現代美術館で回顧展が開かれている田中一光が愛した欧文書体がこの「ボドニ」だった。「デザインの基礎とは、まず書体を研究する。それに尽きるんですね」と語った原弘の作品集『原弘　グラフィックデザインの源流』を装幀した田中は、「光朝」なる書体を後世に残した。和文書体「光朝」は欧文書体「ボドニ」への共感から生まれたとも言える。歴史を学ぶことの意味をしめす事実である。

本書執筆者が再び結集して、『和文書体百花事典』刊行を〈ゆっくり急ぐ〉ことを祈りたい。

内藤廣監修『グラウンドスケープ宣言　土木・建築・都市――デザインの戦場へ』（丸善、二〇〇四年）

放たれた矢

第一章の「Landscape から Groundscape へ」には、「傷だらけの Ground」とある。第四章の「風景の再構築のために」にあっては、風景のトータリティは「ずたずたに引き裂かれている」。これが本書の筆者である内藤廣と篠原修の、わが国土に対する現状認識である。両者は共に東京大学の土木系の教授だ。そうした肖像は、たとえば、土建国家とステロイド漬けの開発による〈美しくない国づくり〉に紙幅の大半を費やしたアレックス・カーの『犬と鬼』（講談社、二〇〇二年）に詳しい。カーの指摘に、日本人の多くは反論の言葉をもたない。

明るい兆しとして篠原は、市民の登場、地方分権、国の政策転換の三つを挙げる。景観形成の〈常識〉に還るために、広範な関係者による議論と実践とが望まれる。その起点に置かれるものとして本書は上梓された。

「美しい国づくり政策大綱」の発表は二〇〇三年七月、景観法もまもなく制定されるが、景観デザインの思想的かつ実践的な書物はこれまで見あたらなかった。『グラウンドスケープ宣言』こそ、そうした空白を埋めるものだ。

大綱発表前の昨年(二〇〇三年)五—六月、本書の監修者である内藤廣と中村良夫を実行委員会代表として「GROUNDSCAPE——篠原修とエンジニア・アーキテクトたちの軌跡」展が開催され、九つのプロジェクトを見ることができた。会期中には、第二章に収録された記念シンポジウム「土木・建築・都市——デザインの戦場」、第三章の若手エンジニアによる紙上対論形式のプロジェクト解題に結実するトークほかが、計四度実施された。

「あまりにも官能的な等高線の群れ」というのが朝日新聞の展覧会評の書き出しであった。土木・建築・都市デザインの学生延べ百六十人が参集して半年かけてつくったコルクを主材料とした巨大な模型は、大地の〈素形〉を思わせた。「時間にこだわると、建築形態は、その原形質である『素形』に収斂していく」といった表現で、建築家の内藤が繰り返し語ってきた〈素形〉は、建築以上に土木において本領を発揮する。

建築に希望を取り戻すための思想が〈素形〉であり、土木に希望を探る〈グラウンドスケープ〉はその発展形であろう——待たれていた書物なのである。

伊藤美露『**萬歳樂　野村万之丞作品写真集**』
(日本カメラ社、二〇〇四年)

大輪の花を咲かせて散った若き狂言師の肖像

二十世紀から二十一世紀への変わり目に、日本社会は、なぜかくも狂言師・野村万之丞を必要としたのだろうか。写真集『萬歳樂』をめくるたびにこんな感慨が湧いてくる。一九九八年長野パラリンピックの閉会式演出を前哨戦として、二〇〇一年に「真伎楽」および「マスクロードプロジェクト」をスタートさせて以降、アテネ五輪の聖火歓迎楽劇に至る万之丞の活躍には目を瞠るものがある。

東大寺・正倉院に遺された伎楽面を手がかりに二十三面を復元して平安初期に途絶えた伎楽を復元する「真伎楽」公演は韓国、北朝鮮、米国へと広がり、「萬狂言」は欧米数都市で上演された。さらには「怪談狂言」「女狂言」「復元・阿国歌舞伎」といった新ジャンル開拓が、本年(二〇〇四年)六月十日の死の直前まで続けられたのである。

伊藤美露が万之丞を撮り始めたのは米国在住時の二〇〇二年の「真伎楽」ワシントン公演から。「大きくゆっくり遠くを見る」

を家訓とする野村家の八世野村万蔵を襲名すべく咲いて散ったこの客人《マレビト》最晩年の躍動を、そのデジタル写真は見事なまでに写し取っている。

巻末の「野村万之丞を語る」には、中曽根康弘氏（日韓協力委員会会長）をはじめとして各界から六十六人が文章を寄せているが、いずれも万之丞芸術への期待と哀惜とがにじむ。その理由は万之丞自身の言葉に明らかだ。「二一世紀はアジアの時代といわれる。真伎楽はアジアとは何かを伝え、文化交流だけではなく、文化共有の時代の到来を告げるのである」（『マスクロード――幻の伎楽再現の旅』）。日本に発し、シルクロードを経由して西方へと伝搬する文化の共有が、野村万之丞、伊藤美露、そしてこの写真集に関わったすべての人々の願いなのだと思う。

竹原あき子『**縞のミステリー**』（光人社、二〇一一年）

問然するところなき縞の追跡《ストライプ・チェイス》劇

――縞は産業、意匠、歴史の扉をひらく

毛織物の産地として知られる愛知県一宮市が開催する「ジャパン・テキスタイル・コンテスト」の審査を七年ほど担当する機会があった。『ミステリアスストライプ――縞の由来――』（二〇〇二年）を手にしたのはコンテスト初回と同じ年だったのだ。ブックレット冒頭に収録された論考「東西・縞の文化考」で竹原あき子は、パストゥローの『悪魔の布』を引用して、中世ヨーロッパで異端の印として着せられた縞が現代にも影を落としているという驚愕の事実から筆を起こしていた。江戸時代から人々に愛され粋《いき》の極致とも見なされたこの国の木綿の縞との対比が、「東西・縞の文化考」の起点にある。

本書『縞のミステリー』は、この東西の違いに端を発する縞文様の正体をめぐる著者の長い旅の物語である。縞の故郷であるインドはマドラスから旅は始まる。サントメと「南蛮屏風」（一章）、エキゾチズムの風（五章）、物語を着るアフリカの縞（六章）、アフリカのバチック（七章）、ヨーロッパと木綿（八章）、イスラムとブータンの縞（九章）、緋色が生んだルネサンス（十章）と、現地踏査と歴史書を渉猟する絶え間ない旅はアジア諸国、ヨーロッパ、アフリカ、イスラム世界へと及んでいる。

アフリカはアシャンティ族の美しい縞ケンテが言語と同等の記号として機能してきたという事実に目を奪われた。縞のユニットを単語のように組み合わせれば文字を持たない部族の歴史を語ることも可能だったわけで、テキスト／テキスタイル／テクスチャーが同族である秘密の一端が推測できるからだ。

わが国の木綿と縞に関しては、縞の名前（二章）、歴代の縞（三章）、伊勢木綿（四章）、浮世絵と縞（一一章）、飼いならした縞（一二章)と間然するところがなく、興味深いエピソードが数多く盛られている。

たとえば、京都で医学を修めていた本居宣長にしばしば衣類を送った母親の手紙には、縞木綿の単衣のシマの幅を息子が気に入るかどうか案じるくだりがあるという。

同じ四章に、伊賀上野で芭蕉が詠んだ「名月の花かと見えて綿畠」といった風景が明治に入って消えたのは、綿布を輸出するために政府がイギリスの織機を購入したためだとある。産業革命後の英国の機械に適していたのはインドの綿花で、産業としての綿花栽培をわが国は断念した。洋の東西を問わず、染織は一国の命運を左右する先端産業であり続けた。日本の繊維産業は一九三〇年代に青春を謳歌し、「ガチャマン」と呼ばれた戦後織物で復興を始める。本書における旅のおわりは「遠州縞の町から」。遠州綿織物の真ん中にあった著者の出身地ではそのガチャマンの音が絶えなかった……。

竹原の『立ちどまってデザイン』(一九八六年)にはルーマニアの織の里を訪ねての「マラムレッシュの贈りもの」という印象深いエッセイがある。その後、画家・テキスタイルデザイナーとして活躍した女流作家の評伝『ソニア・ドローネ』(一九九五年)を上梓し、待たれていた本書である。工業デザイナーとしてのキャリアを積み、長らくフランスに滞在した著者には私家版『そうだ 旅にでよう』もあり、そうした経験のすべてが本書に惜しげもなく投入されている。

デザインの最前線について発言を続ける著者は、一方で人類の歴史とともにある織の研究をライフワークとしていた。テキスタイル・コンテストという場を経験して、そうした営為と心情とを少しだけ理解できた気がする。

本書のカバーは魅力的なアフリカの縞、同じ系統の縞をモノクロとした本扉は日本の縞と見紛う。そして本表紙には、〝スキャンダラス〟ではないピンクと白の欧風の縦縞が配されている。イスラムの縞の特質については本文から引用しよう。

「イスラム世界の縞はアラーの精神に近づく手段でもあった。なぜなら縞の一本の線は無限に平面を逸脱して彼方に向かう。たとえ布の縁という境界線があったとしても縞の線はそれをらくらくと乗り越え、行き着く先という限界をもたない。境界をこえて外の世界に至るのが直線であり、直線が構成する縞もまた果てしなく広がる」——縞はかくもミステリアス、産業と意匠と歴史の扉をひらく鍵なのだ。

佐山一郎『**VANから遠く離れて　評伝石津謙介**』
（岩波書店、二〇一二年）

「衣食住遊」の豊かな人生

ファッション・プロデューサー石津謙介は三度の無一文を経験している。だがそれ以降、「人生四毛作」とばかりに「悠貧」を掲げて〝衣食住遊〟を極めた。

岡山の紙問屋に一九一一年に生まれた石津は紙統制により無一文で天津へ脱出し、敗戦によって無一文で引き揚げる。その石津が一九九〇年に天津を再訪した折の随行記は、佐山一郎の筆が冴えわたり、昭和史に一石を投じる感がある。

戦後創業したヴァンヂャケットは一世風靡する。この間の「TPO」や「トレーナー」といった造語、東京オリンピックの日本選手団の赤いジャケットは石津の創出になる。三たび無一文となるのは一九七八年の会社倒産による。

著者は石津のことを、「属性の一つでしかないVANから遠く離れたところに立つもう一人の退屈し、遊びに飢えた接近すべき生活芸術的な商人兼文人」だとする。これが意表をつく書名の真意なのだ。

VANやIVYといったファッショントレンドに無縁だった者にとってもこの一代記が魅力的なのは、破竹の果てに「濁富」の対極にある「悠貧」を掲げて生を全うした人の豊かさゆえだ。衣食に関する著書を多数持つ石津は、住でも池辺陽《きよし》設計の自邸「IVY HOUSE」、宮脇檀《まゆみ》に依頼した別荘「もうびぃでぃっく」と筋金入りである。

石津九十三歳の訃報に接した元ダイエー副社長にして大川美術館館長・大川英二（栄二）の「流行など全く無縁の一貫したスタイルを最後まで堅守せる奇才」「哀しみの全く感ぜぬ尊い死」との評が共感をこめて引用されている。

大川は桐生出身、石津は若き日に桐生近郊で滑空士養成教官の免許を取得していて、この地に縁が深い。滑空士とはグライダー操縦士のことで、乗物好きだったモダンな石津青年をよく象徴する。

最終図版は「LIVING DESIGN」創刊号の表紙。自邸前で肩を寄せ合う石津夫妻のモノクロの写真、コピーは「ただいま。おかえり。」石津謙介はいく度でも離陸着陸して颯爽《さっそう》とこの地に戻ってくる。

森山明子との一問一答　2013

デザイン・ミュージアムって何ですか?

東京ミッドタウンにある21_21 DESIGN SIGHTで二〇一三年十月二十五日から、「日本のデザインミュージアム実現にむけて展」が開催される。わが国にはまだ、本格的かつ総合的なデザインミュージアムはない。その憂うべき状況を変えようと、実現に向けてさまざまな動きが見られる。今回の展覧会開催もそうした動きの一つだろう。この機に、デザイン・ミュージアムとは何なのかを、ジャーナリストの立場で語ってもらおう。……(編集部)

1　生きたミュージアムのための基本機能　収蔵、展示、果敢な教育プログラム

――「日本のデザインミュージアム実現にむけて展」(以下、DMJ展)の企画にも加わっていらっしゃる森山さんです。日本デザイン団体協議会(D-8)にミュージアム構想があり、昨年(二〇一二年)「国立デザイン美術館をつくる会」も立ち上がりました。そんな折ですので、DMJ展の企画内容をうかがい、来たるべき美術館像を読者と共有したく思います。まず、企画に加わったきっかけをお話しください。

森山――「D-8」にも「―つくる会」にも、主体的に参加はしてきませんでした。D-8の母体である八つのどのデザイン職能団体にも属していませんし、つくる会の発起人は青柳正規さんと三宅一生さんのお二人だけだからです。21_21 DESIGN SIGHT(以下、21_21)に関しても二〇〇九年の「うつわ」展の図録に文章を書いたことがあるだけです。

今年(二〇一三年)に入って21_21のスタッフの方から、ジャーナル的な視点やデザイン史の裏付けもほしいので、展覧会企画に加わるよう誘いがありました。『カラー版 日本デザイン史』を共同監修しましたし、公益財団法人三宅一生デザイン文化財団の理事でもあったので、お断りする理由はなかったのです。それで21_21の三人のディレクターである三宅一生、佐藤卓、深澤直人によって開催が決定ずみだったDMJ展の具体的な内容にタッチするようになりました。役割は、みなさんの発言に耳を澄ませて文章化する「座付きライター」。そう思って参加しました。

――ということは、デザイン・ミュージアムについて、それまであまりお考えになっていなかったのですか。

森山――デザイン雑誌の編集者のときから関心はありました。ですが、その雑誌「日経デザイン」にとっては、デザイン・ミュージアムよりデザインセンターの方が切実なテーマだったのです。

デザイナーの田中一光さんが二〇〇二年に亡くなり、三宅一生さんがその遺志を受け継ぐべく、「造ろうデザインミュージアム―世界水準の「資源」生かして―」を朝日新聞で発表したのが翌年です。それが現在の動きの発端だった感があります。

その後、日本デザイン学会発刊のデザイン学研究特集号「デザインとミュージアム―新たな知の文化理論をもとめて―」(二〇〇七年一月刊)に寄稿の依頼があり、かなり長い「デザイン行政とデザイン・ミュージアム」を執筆したことが、あらためてミュージアムについて思考を巡らすきっかけとなったのです。

――その論文はどんな内容だったのでしょう。

森山――文部科学省と経済産業省がなぜデザイン・ミュージアムを生まなかったかを解き明かすというのが特集の柱の一つで、通商産業技官(特許庁審査官)という経歴をもつ私に、後者について書けということでした。わが国デザイン行政の所掌官庁は一貫して経済産業省(旧・通産省)です。

よく知られているのは、一九一二年(大正元年)に農商務大臣の諮問に対して出された「工芸振興に関する建議書」中にあった「工芸博物館を設け、内外古今の美術工芸品を蒐集させること」という項目です。この場合の工芸とは産業工芸、現在のプロダクトデザインに相当するものでした。論文の内容は、それ以降のデザイン行政の歴史ということになります。

――百年前の建議書には一八五一年のロンドン万国博覧会を契機に生まれたV&Aミュージアムが手本にあったわけですね。その後、どんな動きがありましたか。

森山――話すと長くなりますが、デザイン界に要望はあったものの、一言で言えば、国において産業と美術の論理的整合性がとれなかったために議論は本格化しませんでした。デザインは〝フロー〟であって〝ストック〟とは見なされなかったようです。各国にある国公立のデザインセンターとデザイン・ミュージアムですが、わが国には前者はあって後者はないのです。

社団法人日本インダストリアルデザイナー協会(JIDA)が一九九七年に「JIDAデザインミュージアム1号館/信州新町」を開設しました。二〇〇三年の経済産業省の「戦略的デザイン研究会」の四十の提言の一つとして「デザインミュージアムの設立を通じた多様で優れたデザインに触れる機会の充実」が記され、二〇〇六年に先のＤ－８にデザイン・ミュージアムの設立準備委員会が発足。これがざっとの流れだと理解しています。

――デザイン学会レベルでは、デザイン・ミュージアムに求められる機能はどう語られていたのですか。

森山――収集・保存（コレクション、アーカイブ）、公開・展示（常設展、企画展）が主たる機能であるのは、ミュージアム全般に共通するでしょう。それに連動する教育プログラムも〝生きたミュージアム〟にとって必須とされています。

社会に遍在するデザインの場合、社会教育・生涯教育の場であるそのプログラムの対象が子供、学生、市民、産業界、専門家向けと幅広いのが特徴です。そうした機能のいずれにも、デザイン学やデザイン史学、文化学や文化政策学といった学際的研究の裏づけが求められる――それが特集号の基調でした。

2 わが国デザインのアイデンティティー
海外展などで提出された五十のキーワードから

――21_21はコレクションこそ持ちませんが、二〇〇七年の開設以来、多彩な企画を展開してきました。それらを再構築して、「日本のデザインミュージアム実現にむけて展」と銘打つことに興味があります。ＤＭＪ像は、ほんとに見えるのでしょうか。

森山――特別企画「安藤忠雄 ２００６年の現場 悪戦苦闘」、企画展「チョコレート」以来、二十三の展覧会と多彩なプログラムを展開するといった活動には、三宅さんの「造ろうデザインミュージアム」に明らかなように、ミュージアム設立の機運を高めたいとの思いがありました。そのメッセージから十年、21_21開設七年目の今年、「隗《かい》より始めよ」ということですべての展覧会と活動を再構築することになったのです。それでＤＭＪ像が見えるかどうかは、未知数ですけれど……。

――展覧会のイントロダクションとして、わが国のデザインの特質を探る試みをなさったようですね。デザイン史学とも関係しそうです。

森山――ええ、ＤＭＪ展と銘打つ限り、その作業は欠かせないと思いました。ですので、導入パートは「世界のデザインミュージアムと日本」「日本のデザインのアイデンティティー」の二本立てです。

ＪＡＰＡＮが特に強く意識されるのは海外向けの日本のデザイン展ですよね。その多くに、特性を抽出してのキーワードがありました。現在につながると思われる記念碑的な展覧会は、

「包む・日本の伝統パッケージ」展（一九七五年）、「間―日本の時空間」展（一九七八年）、「ジャパン・スタイル展」（一九八〇年）で、モダンデザインに限らず、近世以来の造形や、デザインとは意識されていない日常品を掘り起こす内容でした。

アスペン国際デザイン会議の一九七九年のテーマが「日本と日本人―矛盾の統合」だったように、海外展は経済大国となった日本に海外からの関心が向けられ、日本人自身が自国の文化と造形を再発見しようとの機運に対応するものであったように思います。それらを起点とし、出版や国際会議を含んで、わが国デザインを自己規定してきた歩みを五十のキーワードでたどってみたんです。

――「包む・日本の伝統パッケージ」は海外展の後、目黒区美術館で二度開かれましたね。

森山――一九八八年と二〇一一年開催ですが、一九八八年に私は包む展の企画者である岡秀行さんの小伝を書きました。〈海外で開催されて最も支持された日本の展覧会とそのキュレーターは？こういう質問に出合ったら、「包む・日本の伝統パッケージ、岡秀行」、と答えなければ正解ではない〉――これが記事の書き出しです。

事実、一九七五年ニューヨークのジャパン・ハウス・ギャラリー展を初回として、二十八カ国九十九回の展示を重ね、各地で美術館の入場者数を塗り替える〝おばけ企画〟だったのです。シンボルは展覧会と書籍によって世界中を駆け巡った五つの卵を包む藁の苞《つと》。キーワードとしては、岡さんがその後に記した「自然の素材を生かす」「折り目正しさ」「手わざ」を抽出してあります。

ニューヨーク展に先立ち、英語版『How to Wrap 5 Eggs』（ウェザヒル社、一九六七年）に感動的な序文「一つの時代の記念碑」を著したのは米国デザイン界の重鎮、ジョージ・ネルソンでした。死の数カ月前に来日したネルソンさんに六本木でお会いしました。

――書籍の見事さと、展覧会がローマクラブの「成長の限界」発表の直後だったことで、注目を浴びたのかもしれません……。

森山――「成長の限界」は時代を画すものでした。世界デザイン会議（WoDeCo、東京、一九六〇年）の「今世紀の全体像は人類の未来社会に何を寄与しうるか」と、世界インダストリアルデザイン会議（ICSID'73、京都、一九七三年）の「人の心と物の世界」とのテーマ設定の違いにもそれが反映していると思いませんか。

ドイツのブラウン社で長らくデザインディレクターをつとめたディーター・ラムスさんから、「包む」の世界を忘れてはいけないと言われたのはプラザ合意の年、一九八五年だったと記憶にあります。

包む展に次いで「間―日本の時空間」展、「ジャパン・スタイル展」が重要です。磯崎新、杉浦康平、松岡正剛らが参加した前者ですが、分野横断の前衛芸術イベントであったため、「神籬《ひもろぎ》」などを造形のキーワードとして抽出するのはためらわれました。百十一日間で六万人強の入場者を得た後者で、田中一光中心に提出されたテーマが、Materials, Elegance, Simplicity, Compactness, Graphism, Vitality など――こちらはキーワードとして定番化したと言っていいでしょう。

日本のデザイン文化を定義づけたのは、両展の後もさまざまな海外展に参画した磯崎新さんと田中一光さんだった、との感があります。そして、岡秀行さんを忘れるべきではありません。展覧会の評価要因の一つは、巡回展の回数と息の長さ、記事で言えば再録率の高さですから。

――「MA＝間」展の三十年後に同じパリで「WA：現代日本のデザインと調和の精神」が開かれたんですよね。間＝MAに対する和＝WAです。

森山――二つの帰還展の会場は東京芸大と武蔵野美大の大学美術館でした。で、キーワードを抽出しながら気づいたことがありました。ニクソンショックとオイルショックを乗り切った一九八〇年前後に海外展などの依頼が集中し、バブル経済崩壊以降、デザインにおいてもいわゆる「失われた十年」が存在したこと。デザインが経済・社会・文化の交点に立つものだとすれば当然ではあるのですが、ややショックでした。

――日経BP社に森山さんが在籍したのは一九八六年からで、編集長はその空白の時期の一九九三年から五年間、それから十五年つづく長期デフレに突入しました。

森山――雑誌の創刊メンバーとして一年間の準備期間中にリサーチした一九八〇年代、その後の風潮および海外との関係について考えてしまうのです。

一九八三年、私が着任していた大阪の財団法人国際デザイン交流協会は「第一回国際デザインアワード」の特別賞を英国のサッチャー首相に贈りました。首相就任早々、デザイン政策とデザイン教育に新機軸を打ち出したのが授賞理由です。お膝元のロンドンでは一九八九年に「デザインミュージアム」が開館しましたが、その前身である「ボイラーハウス・プロジェクト」の第一回展は「SONY DESIGN」でした。

同じころ、米国ＩＤ誌の一九八四年一・二月号のカバーストーリー「メイド・イン・ジャパン」の論調は、「ミクロおよび細部に優れ、マクロまたは環境レベルに弱い」といったもので、表紙は友禅の着物にウォークマンを配した美しいものだった。「日経デザイン」創刊はバブル期の一九八七年で、私はビジネス的な記事と同時に、「シリーズ・証言」といった昭和デザイン史を連載していたのですが、読者はあまり興味を示さなかった。バブル崩壊後に掲載した柳宗理と亀倉雄策の記事がそこそこ好評だったため、九五年に『昭和のデザイン〈エポック編〉』と一緒に『同〈パイオニア編〉』として書籍化し、翌年刊の『同〈プロダクト編〉』でシリーズは完結しました。出揃うことが予想された敗戦五十周年記念出版は低調、デザイン分野でもめぼしいものはなかった。雑誌一般は〈ナレッジとオピニオン〉から〈インフォメーションとトレンド〉へと軸足を移していたのでしょう。

また、東西ドイツ統合とEC成立に合わせ、私を含めて日経BP社のいくつかの媒体が現地取材を敢行したのですが、どの特集に対しても読者の関心は高くはなかった。日本のビジネス界の関心はアメリカ一辺倒で、歴史には向いていなかったのです。

――日本社会が本気でアジアに目を向けるのは今世紀に入ってからなのかもしれません。

森山――時計の針を二百五十年ほど巻き戻せば、アジアの富が欧州を凌いでいたんですよね。

で、海外での日本展に話を戻すと、先の「失われた十年」よりもさらに長い空白があります。九二年ロンドンでの「ビジョンズ・オブ・ジャパン」展はバブル崩壊前に決定されたもの。九四年フィラデルフィア発の「日本のデザイン一九五〇年以降」は同地の美術館の企画ですし、年表（本展会場に掲出）に盛り込んだマツダのカルチャーブック・シリーズは出版物ですから。

3 21_21DESIGN SIGHTが開いたもの
FindingとMakingを軸に広範な観客を開拓

――三宅さんのメッセージはそんな空白と関係しそうです。「マクロまたは環境レベルに弱い」という課題は克服できたのでしょうか。

森山――〈バブル崩壊から10年がたつ。お先真っ暗にも見えるが、どこかに、この状況を打開する道があるとすれば、「創造力」さらに言うなら「デザイン」の四文字がその鍵を握っている。私はそう思っている。〉――これが「造ろうデザインミュージアム」の冒頭です。比較するものがないと前に進めないためにミュージアムが必要ということだったのです。

それからさらに十年たって、高速鉄道網といったインフラや環境技術の輸出などが注目されていますので、ご質問の「マクロまたは環境レベル」の課題は、ゆっくりではあっても改善している面はあるでしょう。もっとも、マスカルチャーには光が射し、強さを誇った家電や情報機器の国際競争力は凋落しているのですが……。製造業の凋落はかつて英国と米国がたどった道なのであって、イノベーションなしには歯止めがかからないでしょう。

――今回の展覧会の企画に関連して、21_21が展示を通して社会に示したことは何だったとお考えですか。

森山――ほとんどの展覧会を観客として見ており、それぞれに印象深いのですが、現時点で全体を眺めるといくつかの軸、何本かの水脈・水系があるように思ったのです。

A〈モノ／コト／仕組み〉の系、B〈素材／技術／革新〉の系、C〈東北／祈り／ユーモア〉の系、D〈デザイン／アート／スピリット〉の系の四つで、そこここに、〈過去／現在／未来〉という時間への眼差しにもとづく未来思考を見てとることができました。二〇一一年三月十一日に東日本大震災と原発事故が起こったことが三番目の軸をもたらし、デザイン・ミュージアムを遠望しつつ三宅さんが深く交流してきた表現者の展覧会が四番目です。ですから、少なくともこれら二軸に関しては、三宅一生さんがチーフ・キュレーターの役割を果したと言っていいでしょう。

――"Chief Curator = Issey Miyake"とは贅沢です。それら四軸には、A=Finding、B=Making、C=Linking、D=Creatingとのワードが付けてあります。

森山――21_21には外国人の来館者も多いですからね。デザインはこれまで、Making＝モノづくりを中心に捉えられてきましたが、それ以前にFinding、同時にLinkingというテーマが必須でしょう。そして、真にCreating＝創造の名に値するのは、ルーシー・リィー、クリストとジャンヌ＝クロード、倉俣史朗、エットレ・ソットサス、アーヴィング・ペン、田中一光といった方々の仕事だ、との思いが込められています。

――Findingと名付けられた「モノ／コト／仕組み」の系には、どんな意味があるのでしょうか。

森山――21_21の初期の企画は、世界を捉える新たな視点を提示しようとするこのA系のテーマが多かったですね。第一回企画展「チョコレート」が記憶に残っている方もおられるでしょう。開催がバレンタインデー近辺でもないのにチョコレートとは、意外性十分のテーマ設定でした。会場では、日用品はものみなとろけそうになり、製品を口にすることのない原料のカカオ豆栽培の地にも焦点が当てられた。「カカオ農園の人々」は働く男たちのインパクトある写真でした。出品作の一つであるチョコレート色の照明器具はその後、イタリアで製品化されたと聞いています。

同じように、見慣れた〈水〉も〈自分〉も〈色彩〉も、〈デザイン〉さえも予想外の貌《かお》を見せていました。つくる前に、気づくこと、読み替えること、視野を拡げること――それが21_21が打ち出した新機軸だったのだと思えます。展覧会としての成功不成功、試行錯誤も含めて、実験の名に値します。

――各展示ブースに、いまの目で解題を書かれたとか。

森山――各展示についての一行解題を説明するのは野暮ですのでしませんが、「ポスト・フォッシル：未来のデザイン発掘」の「シリコンが拓いた硅石器《けいせっき》時代、化石燃料時代の終わり。」には説明が必要そうです。

雑誌「日経エレクトロニクス」の名編集長だった西村吉雄さんの著書に『硅石器時代の技術と文明』（一九九六年）があります。硅石（珪石）は半導体に用いられるシリコンの原材料であって、情報産業の基盤です。七〇年代に入った日本で、鉄鋼石や化石燃料の輸入が伸びを止める一方でシリコンの輸入は激増したとのデータを元に、西村さんはその硅石（シリコン）をシンボルとして、工業社会から情報社会への転換を検証したのでした。

フォッシル（fossil）は化石ですから、ポスト・フォッシルとは化石燃料時代の次、あるいは化石燃料以前を暗示したのでしょう。展示物の造形は「以前」を思わせましたが、テキストでは「以後」を想定しました――でも、そんな説明が必要なようではコピーとしては落第です。

――四つのワードは21_21の七年を振り返るというより、デザインに今後も求められるものを示しているように思えてきました。

森山――四つの軸をそう感じていただけるなら嬉しい。ただバナーのフレーズと解題については、展覧会の見方を縛るものではなく、あくまでも一例とお考えいただきたい。これまでの展覧会から透けて見えた「デザインの情景あるいは定理」のドラフトにすぎません。送り手の代弁ではなく読み手による「展評」のつもりであって、必ずしも各ブースを説明するものではないのです。

たとえば「うつわ」展のフレーズ「うつわは宇宙」は、企画側がもらした言葉でした。でも解題にある、「陶芸にとって、壺は花のつぼみ、鉢はひらいた花、皿は地に落ちたひとひらの花弁」とは京都の陶芸作家・柳原睦夫の発言、そして「眼に見える言葉が書ならば、手に書ける言葉が茶碗なのである」は青山二郎の『眼の哲学・利休伝ノート』の一節です。

――主著に中川幸夫、石元泰博、新井淳一の評伝をもつ森山さんですので、まずD〈デザイン／アート／スピリット〉の系を書いたのではないですか。

森山――それが違うんです。〈素材／技術／革新〉に着手し、B→D→A→Cと進みました。デザインはMaking中心ではないと言いつつ、私にはデザインをまず〈素材／技術／革新〉の系として考える傾向があるようです。在籍したのが特許庁と日経BP社だったという経歴のせいかもしれません。

「日経デザイン」では個人特集は禁じ手であって、Bに属する「セカンド・ネイチャー」が、デザインの定義としてぴったりくるんです。佐藤卓さんがかつて書いた、「デザインは、人工によって自然を探すことなのではないか」との問いかけに共感を覚えます。

4 デザイン・ミュージアム実現への機運 「デザインあ展」の人気はジブリ展と同レベル

――ところで、デザイン展にはどのくらいの入場者があるものなのでしょうか。

森山――ミュージアム設立の機運とも関係するのですが、デザインに対する人々の関心の高まりは入場者数で実証済みです。二〇〇〇年以降、イームズ・デザイン展(東京都美術館、四十五日間)八万六〇〇〇人、ジャン・ポール・ゴルチェ展(上野の森美術館、五十三日間)八万三〇〇〇人。東京都現代美術館で開催された三宅一生展(六十二日間)に八万人と田中一光回顧展(六十二日間)に七万一〇〇〇人――そんな記録があります。

――21_21の方はどうですか。

森山――そうした会場よりずっと規模の小さい21_21で、それらに匹敵するのは「3・11」以降に開催された「東北の底力、心と光。『衣』、三宅一生。」と「テマヒマ展〈東北の食と住〉」合わせて五万人規模という数字です。両展に対するディレクターの思いの深さが伝わる構成、展示デザインでした。出品物には伝統パッケージ展の趣がありながら、そうしたモノが床に落とす影まで計算し尽くされている、と広範な観客を集めたのです。

「東北の底力」の解題にある「つくり手は世紀を時間の単位とするような一つの社会」は、ジョージ・ネルソンが先の書籍に寄せた序文の一節です。ちなみに、「滅びては困る民族がいるとしたらそれは日本人」とは、一九二〇年代に駐日フランス大使だった詩人・劇作家のポール・クローデルが太平洋戦争末期にパリで発した言葉ですし、東北を「手仕事の国」と評したのは民芸運動の指導者・柳宗悦でした。

その柳宗悦を初代館長とする日本民藝館の第五代館長に二〇一二年に就任したのが、「テマヒマ展」の共同ディレクターである深澤直人さんです。地域を世界につなぐその Linking の系〈東北／祈り／ユーモア〉は、伝統や歴史と深く関係します。さらに言うなら、祈りやユーモアは、困難な事態を耐えて乗りこえるための人間の知恵でありつづけているようです。

――本年（二〇一三年）開催の「デザインあ展」には入場待ちの行列ができ、子ども連れの観客が多くてバギーの置き場所に困ったというエピソードを残しました。

森山――同名のNHK・Eテレの番組あってのことでしょうが、入場者は二十二万人を超え、佐藤卓さんが関わった番組や展覧会はグッドデザイン賞大賞はじめ各賞を受賞しました。夏休み開催が恒例化しているスタジオジブリ展の初回（東京都現代美術館、二〇〇三年）の入場者数は二十二万人と発表されていますので、会期と面積を勘案すると同等の人気ぶりと言えるでしょう。背景にあるのは映画とテレビです。

こうしたことから、21_21の功績は、デザイン展に新機軸を打ち出したこと、これまでにない来館者をデザインに引き寄せたこと。展示技術の高さも挙げれば、三つになります。

「日本のデザインミュージアム実現にむけて展」会場風景
主催・写真提供＝21_21DESIGN SIGHT
企画＝森山明子、佐藤 卓、深澤直人　企画協力＝川上典李子
グラフィックデザイン＝佐藤卓デザイン事務所
会場デザイン＝NAOTO FUKASAWA DESIGN　写真＝吉村昌也

――表紙に「石原都知事、東京にデザイン・ミュージアムを作りましょう。」とのボディーコピーが踊る雑誌の特集号もありました。

森山――三宅一生さんの寄稿に呼応して、建築家の坂茂さんが編集したマガジンハウス刊のムックのことですね。翌々年の二〇〇五年、坂茂、原研哉、隈研吾、三宅理一をメンバーとするデザイン・ミュージアム・ジャパン（DMJ）設立準備委員会が開催した「DMJシンポジウム01」を拝聴しましたよ。
その後の動きはフォローできていないのですが、これもミュージアム実現への機運の現われです。つづいて二〇一〇年には、日本デザイン団体協議会(D-8)が展覧会「DESIGN ふたつの時代[60s vs 00s]ジャパンデザインミュージアム構想」展を開催しました。

——ミュージアムが実現するには何が必要なのですか。

森山——デザイン評論家の勝見勝のデザイン論には市民という意識が強くありました。で、今回の展覧会のポスターには次のようなコピーが盛り込まれています。

デザインの送り手は毎日が実験で、悪戦苦闘する。
受け手にとって、デザインは愛、夢、そして贈物。
語っても語っても語り尽くせないデザインの魅力。
そんなデザインに会える場、それがミュージアム。
だれもが、深い思いを抱いてその入口に立ちたい。

この呼びかけにある語り尽くせないデザインの魅力が受け手に届かなければ、展覧会もミュージアムもダメなのです。国や経済界の理解は必要ですが、デザインについての「産業の側面が強く歴史が浅い」、「熱いかもしれないが軽い」といった通念をくつがえさない限り、ミュージアムは実現しないように思います。

——世界にはデザイン・ミュージアムまたはデザイン部門を有する美術館が数十あるようですが、注目しているミュージアム、興味をもったデザイン展を挙げていただけますか。

森山——多くを見ているわけではありません。ミュージアムで話題なのは、来年(二〇一四年)三月にソウル市で開館を予定している「東大門デザインプラザ&パーク」ですね。ザハ・ハディドが設計した巨大なもので、サムスン出身のディレクターに最近お目にかかりました。
デザイン展では、日本にも巡回したニューヨーク発の「MoMAミュータント・マテリアルズ」展(一九九六年日本巡回)、ロサンゼルス発の「スキン+ボーンズ 一九八〇年代以降の建築とファッション」(二〇〇七年日本巡回)などが印象に残っています。

5 デザイン/アート/スピリット

歴史観にもとづく未来思考が共通

——デザインとアートの垣根が低くなり、美術系学生の関心が産業に近いインダストリアルデザインといったジャンルから離れつつあると聞いています。デザインとアートの関係をどう考えますか。

森山——確かに、デザイン学生の希望がまず「車のデザインがしたい！」だった時代とは様変わりしました。車はあこがれの対象から日用品となり、プロダクトに関しては大手企業志向は陰をひそめています。東京藝術大学デザイン科を典型として、卒業制作には個人で完結できるアート志向が濃厚なのです。

「デザイン・マネージメント」といった科目の履修生から、「アート・マネージメントとどう違うのですか」という質問を受けることがあります。アートとデザインをはっきり分離して考えたのは産業革命をはさむ近代だけで、アートはいま社会化を志向しています。また、「思想・感情の表現」を対象として文化の発展を目的とする著作権の世界が〝産業の米〟と化しつつあり、その点では産業発展を目的とする産業財産権と重なってきています。デザイン学生のアート志向は、そんな傾向の表裏であるように思えてなりません。

——それをご自身に即して説明くださいますか。

森山——私の出身は美学・美術史を学ぶ学科であって、デザインは研究対象にほとんど含まれていませんでした。卒業して就けた仕事がデザイン関連だったことで今日に至っているのですが、アートに対する関心は薄まってはいません。

今年二月に「柳澤紀子展　転生の渚」記念トークで、版画家の柳澤紀子さんと話す機会がありました。彼女は一回り年上ですが東京芸大大学院油画研究科修了、私は同大芸術学科卒。二人とも地方出身の現役学生でしたので、話してみると人がアーティストになるかならないかの違いがはっきりした気がしました。

——それは興味深いです。ぜひうかがいたい。

森山——違いの一番目は受け継ぐべき意思の強さです。家族、友人、先達に織り込まれたアート願望をリアルに受け止めることが人をアーティストにすることがあるように思えました。柳澤さんを応援した母親の早逝が、彼女の思いをいっそう強くしたのだと……。二番目は、アーティストにとっては自己の内面に降りての「自分探し」、ジャーナリストは「他者探し」を信条とするという違いです。

言語と造形の関係が要因の三番目です。若者らしい知的好奇心で書物に向かうとき、手を置き去りにしてしまわないかどうか。適性の問題はありますが、頭と手では働くスピードが違うのです。手を置き去りにしなかった柳澤さんの版画作品には、結果として、言語と映像と絵画という各メディアの特性と魅力が重層し、対立することなく響き合っています。

　このテーマに関連して思い出されるのは、ドイツのバウハウスでテキスタイルを学んだ一九一〇年生まれの山脇道子さんです。今世紀の学生の状況は山脇さんや柳澤さんとは異なるでしょうし、トークで話したのはアーティストとデザイナーとジャーナリストの違いでした。ですが、アーティストとデザイナーにもどこか似た事情があるように思えるのです。

――なるほど、なるほど。現在の学生にとっても参考になる見解だと考えます。では、デザインとアートと共にスピリットを掲げたのはなぜですか。

森山――スピリットは精神と訳すのが一般的ですが、原義は「呼吸」です。同じようにネイチャーは「生まれる」であって、自然とは別に本性といった意味もあります。今回の〈デザイン／アート／スピリット〉の表現者には、世界を感受して生きる〝呼吸〟に共通性があるように感じました。世界を引き寄せる想像力と価値に向かって飛躍する創造力が備わっている点でなら、デザイナーとアーティストに違いはないのです。

　ここに登場する方々には、自己に沈潜する本性と時代に鋭敏に反応する傾向、歴史への眼差しと未来思考とがあります。そして、倉俣史朗さんは制約の多いデザインだからこそ自由になれ、田中一光さんは永遠と刹那《せつな》、雅《みやび》と俗、東と西といった交点から離陸しながら、常に、見事に、デザインに着陸したのではなかったでしょうか。

――共通項はスピリットですか。何はともあれ、DMJ展のポスターをご覧になった多くの方々が、自分もその入口に立ちたいと思ってくれるといいですね。

森山――ありがとうございます。それによって、この展覧会が日本にデザイン・ミュージアムが実現するきっかけの一つになることを願っています。

（文責＝森山、二〇一三年）

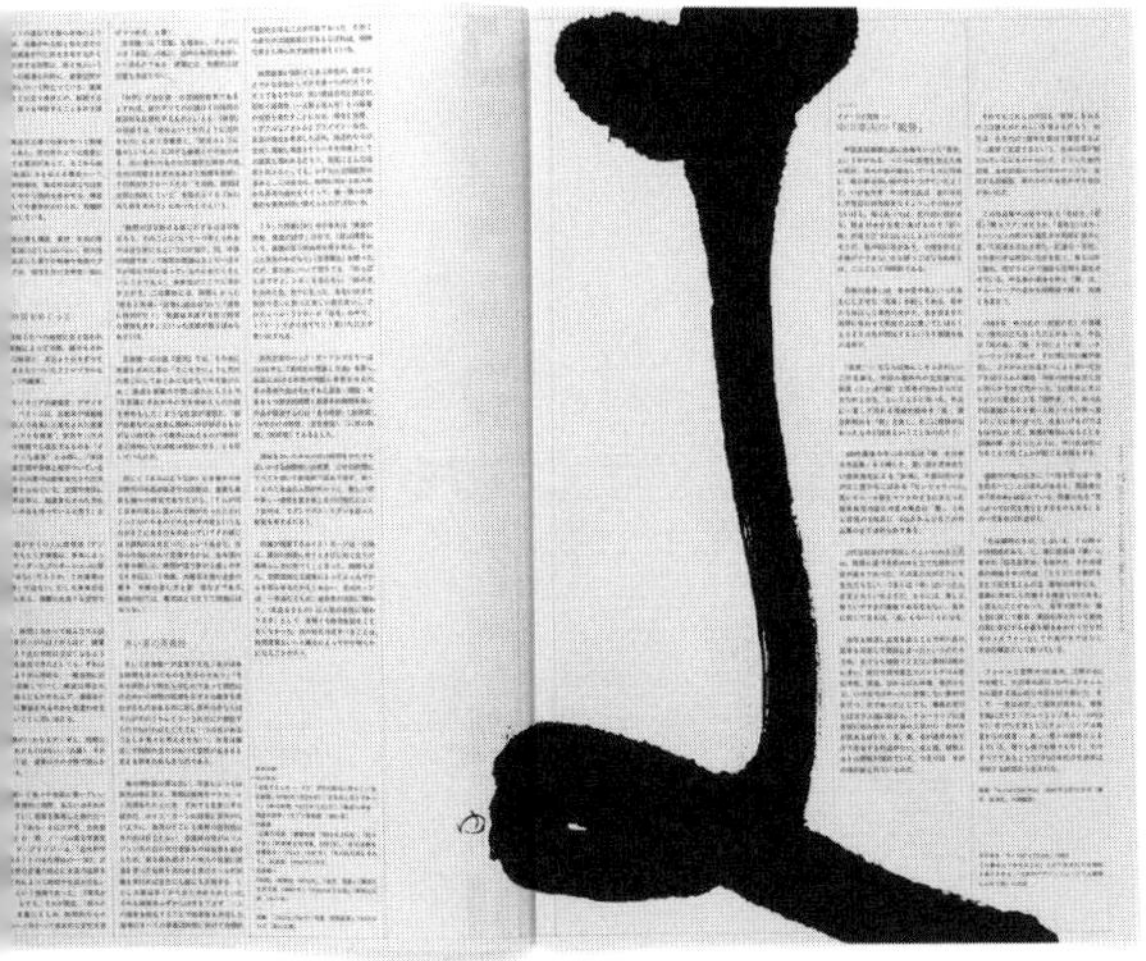

展覧会に際して発刊した「デザインジャーナリズム新聞2」
デザイン＝白井敬尚。書は中川幸夫「土」（一九八九年）

デザイン・写真提供＝白井敬尚

Ⅳ

［Design/Art/Spirits］言語と視覚言語の交感

［いけ花］前衛たちの友愛のしるしとして甦る「遮られない休息」…中川幸夫の〈天地創造〉…
中川幸夫の〈奇跡の花〉〈花の奇跡〉…ミルク色の旅の地平には……
［写真］写真と写真集の理想…追悼　石元泰博のいない世界で
［絵画］柳澤紀子の〈場所〉に接近する試み……人はどのようにして表現者となるのか…
岩絵具の粒子による「幸福」と「永遠」
［詩魂］ＮＨＫハート展選評１９９５─２０１５…我妻清貴の〈色〉…闇と痛みから生まれる詩

「第二〇回オマージュ瀧口修造　中川幸夫展『献花』オリーブ」2000

前衛たちの友愛のしるしとして甦る「遮られない休息」

瀧口修造邸の庭にあったオリーブの大樹のことはよく知られている。東京・西落合の初夏に咲く白い小花と銀色にひかる葉、そして秋に夫人の手でほうぼうに届けられる実は、イエスのパンと葡萄酒のように、繰り返し語られてきた。だが、その樹の、地下深く触手をめぐらす根まで視た者はいない。詩人、美術評論家、芸術家として以上に、存在そのものが憧憬の対象であり続けた瀧口は一九七九年七月一日に逝き、棺を葉でいっぱいに埋めた庭のオリーブは、邸が人手にわたるとまもなく、伐り倒されてしまったからだ。

夏の死の翌々年から、佐谷画廊によって毎年企画されている「オマージュ瀧口修造」の二十回目、いけ花作家の中川幸夫は根こそぎにしたオリーブ四本を銀座の地下に甦らせた。豊島から船で岡山に揚がり、陸路トラックでやってきた海からの使者――。中川生誕の地、瀬戸内海産のこの樹は、遠い過去にはゼウスとアテナイとアポロンに捧げられ、不死と実りを象徴する。

詩画集『物質のまなざし』や実験工房、さらにジョアン・ミロ、アンドレ・ブルトン、駒井哲郎ら瀧口の知己をタイトルとするオマージュ展の記念すべき二十回展は、『華　中川幸夫作品集』（求龍堂、一九七七年）のために瀧口が書いた「中川幸夫氏に　狂花思案抄」を由縁とする。カーネーション九百本の花弁ばかりをビニール袋に密封して腐乱させ自作ガラス器につめて和紙の上に逆さに置くと花液が白い紙を血のように染める中川の代表作「花坊主」を、瀧口がある一夕目撃する。「花をいける、という逆説の現場検証」「おそらく、いけばなの自己解析が起こっていたのである」――瀧口が驚きをこめて中川の花に触れた記念碑的な出来事だった。地下への階段をおりたザ・ギンザ・アートスペースの会場正面では、この「花坊主」の写真と中川による書「献」「花」が来訪者を迎える。「はじめ、いけばなは『供花』『献花』でもあった」という瀧口の記述を汲んでの主催者の命名だろう。

佐谷からの委嘱に作家がオリーブを企てたのはその日のうちだった。けれど、オリーブは花材としては難物だ。水揚げしにくく、大地から離れた途端に葉が乾いてちりちりと巻き、すぐに落ちてしまう。水と光なしに、地中海を原産とするこの植物はしばしも命脈を保てない。中川はほぼ一年、熟考と実験に耐えた。いけ花ほど不可思議な芸術はない。自然の造化の頂きにたつ花を大地から裁ち切り、虚構の花に転位させる無謀な企て――。室町時代、狂騒と享楽に走る人々の一方で、僧は餓死者を葬ってただちに花をいけ、武人は血に汚れた手で茶をたてた。それに次ぐ桃山期に立花《たてはな》は完成した。だが、中川が精神を共有するのは、佐々木道誉にさかのぼり利休を頂点とする乱世の花、「こころ深く刺す利休の死と対した花」に極まるようだ。

香川県丸亀に在った中川の最初の花個展は「スーラのデッサンとマチスの色彩感覚」と評され、「悪の華」を冒頭に配し抽象作品を中心とした初の作品集には体質から出てくる生理的迫力を指摘された。池坊を脱退し、東京に転居するのは作品集発刊の翌一九五六年、三十八歳。このときから、花の生命の全過程を徹底してともに生きる作品への助走が始まる。花はどう枯れるのか、どう腐るのか、どう消えるのか……。そうした実験の最初の結実が、制作の日付を一九七三年一月三十日とする「花坊主」なのだ。いけ花五―六百年の歴史になかった戦慄すべき花である。

オマージュ展の壁面と床は、デジタル出力による中川の代表作六点で構成してある。それらはすべて、寡默なアヴァンギャルド瀧口への捧げものであるかのようだ。「花坊主」は二人の邂逅《かいこう》の作。同じカーネーションによる「聖なる書」は『瀧口修造の詩的実験1927–1937』とおぼしい。棕櫚縄《しゅろなわ》で縛られたチューリップの塊が生命と物体の臨界を示す「闢《ヒラク》」は、瀧口のひらかれた精神のありようと共振する。瀧口の「妖精の距離」の妖精は「チューリップ星人」となって風に棲んでいる。

そして「遮《さえぎ》られない休息」。瀧口の詩「遮られない休息」の最終二行は「すべて　ことりともしない丘の上の球形の鏡」だが、作曲家の武満徹がまず二十二歳で同じ題名のピアノ曲を発表し、中川は海の底に横たわるガラスでそれを表現した。瀧口修造―武満徹―中川幸夫をつなぐ一本の線が引かれている。一九三七年―一九五二年―一九九一年と発表年を刻む「遮られない休息」の、半世紀をこえる、友愛とでも呼ぶしかない美しい線である。三冊目の作品集『中川幸夫の花』（求龍堂、一九八九年）に寄せて武満は書いた。「沈黙と哄笑。『花』という通念を打破る、動力学。ユーモアによって形容される自然。中川幸夫氏の花は、ひとつの決意であり、それはまた、無限の世界を包む容器なのだ。この花は、すべてに先駆けて咲く」。

三人に共通するのは、芸術の非実業化と、旺盛な好奇心だろうか。瀧口は自筆年譜に、「ジャーナリスティックな評論を書くことに困難を覚えはじめ」、「職業としての書くという労働に深い矛盾を感じる」と記した。勅使河原蒼風は前衛いけ花で芸術を実業としてみせ、中川はそれを徹底的に非実業化したと対比する評者もいる。流派をもたず弟子をとることのない中川は孤高の人だが、瀧口が、そして武満がそうであったように、足繁く無名のつくり手の発表会場に現われる。知ることに貪欲で、生まれ出ようとするものにやさしい。

同時開催のギャラリー小柳では、中川の「方舟」「海の耳」「海の乳房」が待っている。主の昇天でこの世に存在することを止めた瀧口の方舟は、オリーブとともに世紀最後の夏に甦った。それぞれの闘いの果ての、憧憬と友愛のしるしとして――。

（二〇〇〇年）

「花人中川幸夫の写真・ガラス・書　いのちのかたち」展　2005

中川幸夫の〈天地創造〉

1　花と言葉

「植物と動物との類比（植物は頭を下にし、口――すなわち根――を大地につっこんだ動物であるという）とは古来のものだが、チェザルピーノはそれを批判も抹消もしていない」[＊1]。ミシェル・フーコーの『言葉と物――人文科学の考古学』第二章「世界という散文」にこんな一文があって気になっていた。物それ自体の可視的で全体的な相似ではなく、もっと微妙な、関係同士の類似関係を扱い、ときにその関係を逆転させることもできる「類比（アナロジー）」の例として著者フーコーが持ちだしたもので、チェザルピーノの『植物誌16』（一五八三年）が出典だった。

花と地、水、火、風との関連で、やはり気になったのは渋沢孝輔の『花の断章』にある「天の火を奪いとり、あるいは地下の火の可憐な舌のように、さまざまな色の炎を燃え立たせている花に対して、自然はまた深い水を湛えている花を置く」[＊2]といった表現である。

中川幸夫の作品は――すぐれた芸術の多くがそうであるように――視る者を不安に陥れ、沈黙を強いつつ、また饒舌にもさせる。その饒舌のありようは、作品が達成したものをアナロジーとして語りだすしか術がないかのようだ。中川が一九九四年に「週刊朝日」に四十九作品を連載「おののき」として発表するにあたり、短い解題を書くことになって、そうした事態に直面した。

〈怒り葉〉は三島由紀夫自刃の日本刀、〈墓標〉はセント・ミカエル島、〈ブルース〉は寺山修司（「罐切りにひからびし血よ老年とならばブルースよりも眠りを」）、〈チューリップ星人〉は同じ三島の小説『美しい星』、〈森の家族A〉はヴァン・ゴッホの家族、〈西方へ〉は建礼門院――。そんな連想が浮かんで短文に登場させた。

作品のタイトル自体でも同じことは起こっており、たとえば〈魔の山〉はトーマス・マンの、対になる〈死の島〉は福永武彦の小説の題名であり、〈遮られない休息〉は瀧口修造と武満徹、〈白昼のザムザ〉はフランツ・カフカそして八木一夫、〈脳髄は林檎の重さ〉は西脇順三郎、〈白鳥・歌の・わかれ〉は中野重治と関連しているのが、ただちに気づかれるだろう。それらの何人かは、中川が実際に親交をむすんだ作家である。

いけ花にタイトルをつけるべきかどうかは、中川が三十代に熱心に参加した「白東社《びゃくとうしゃ》」（一九四九年―）においてテーマ性の問題と関連して議論となり、中川は一九五二年あたりからは、作品発表にあたってタイトルをつけることを常とした。『中川幸夫作品集』（一九五五年刊、以下『作品集』）では〈オランダカユウ〉や〈悪の華〉、『華中川幸夫作品集』（一九七七年刊、以下『華』）では〈ひらけない拳〉および〈デリシャスの像〉、〈花坊主〉、〈花狂〉、そして『中川幸夫の花』（一九八九年刊、以下『花』）にあっては〈鬼気〉、〈無言の凝結体〉といった題名が特徴的である。

後年、生い立ち（中川はそれを「故事来歴」と言った）を語ることにも自作解説にも慎重だった中川だが、制作が終わってのタイトル付けにこだわりは少なく、旧友の今井實、伴侶の半田唄子の意見を二人が亡くなるまでよく容れたのだと、本人から聞いたことがある。

ところで、いけ花を「造形の芸術」として探求し続けた中川に、「生命の芸術」なる概念が到来したのは一九八〇年のことである。「造型の芸術に対し　生命の芸術」と、中川愛用の「能率手帳'80」に記されている。

いけ花における造形の完成と、完成された造形の乗りこえとが共存している衝撃的な『華』の発刊から三年後、その乗りこえに具体的な像が与えられたのである。

代表作〈花坊主〉（一九七三年）の制作過程で中川は、「花の命の究極の姿をみる」といった発言をし[*3]、『華』巻末にポートレートとともに掲載されたのは「いけばな　は　私にとって生きる証《あかし》である」との一文だ。したがって、中川の創造したものとそのプロセスを、「生命の芸術」あるいは「生の芸術」と呼ぶことはたやすい。だがしかし、このフレーズは大いに検討されるべきだと思う。いけ花はそもそも、「生きている植物、しかも花という生命の瞬間をとらえて、そこに精神の創造を参加させようという特殊な芸術」[*4]であって、「生命の芸術」とはそれを同義反復するにすぎないかもしれないからだ。中川幸夫の「生命の芸術」とは何か。それをこの小論のテーマとし、「生命の芸術」を明らかにするためにまず、中川の創作のテーマを時代ごとに抽出してみよう。

2　花の造形

重森三玲を指導者とする超流派のいけ花研究集団である白東社に参加した「『作品集』の時代」（一九五〇—五六年）のテーマは「自己の花」であり、東京に転居しての「モダンの時代」（一九五六—七〇年）に格闘したのは「生きたオブジェ」だ。「『華』の時代」（一九七〇—七七年）は「造形の芸術」、「『花』の時代」（一九七八—八九年）は「生命の芸術」がテーマであって、「『魔の山』の時代」（一九八九—二〇〇三年）に志向するのが「花の奇跡・奇跡の花」。これが時代区分とテーマに対する私見である。

定型から脱する「自己の花」は、雑誌「いけばな芸術」（一九四九—五四年）の中川の連載「新いけばな入門」（一九五四年）の初回で表明していた。同じ連載において、「ものを創る本能」とは「生命感（生命の性質と運動）と心の働きの一致を成し遂げようとすること」とした上で、「造型の総てを貫く一脈の精気であると共に、方向でもあり、一切を統一して有機的な組織たらしめる造型の要素」と定義しての「動勢・リズム」を重要視した。

「生きたオブジェ」の「オブジェ」は「集団オブジェ」（一九五八―六〇年）結成に加わり、「中川幸夫・半田唄子造形オブジェ展」（一九六一年）に登場することから、この時代のテーマとして間違いあるまい。一般的には生きていない「物」を意味する「オブジェ」といけ花との関係を瀧口修造は、「いけ花はアニメートなものをリアニメートする芸術だったが、『オブジェ』によってイナニメートなるものをアニメートすることをはじめたのである」[*5]と述べた。中川の共感するところではあっただろうが、それを作品として成立させることができたのは一九六八年の個展に出品した連作〈訪問者〉においてである。

「造形の芸術」は中川のいけ花に常に内在するテーマながら、それがとりわけ強く意識されたのは『華』の時代であったと考える。カーネーションを透明なラップに密封する手法を発見したのは一九六〇年代後半であるが、〈花坊主〉を作品として完成するのは一九七三年、同じ手法によるチューリップの〈闢《ヒラク》〉制作は一九七六年だ。血を吐いて死に至るという「花の命の究極の姿」は、造形の力なくしては作品とはならないのである。

六十作品を収録した『華』の前半に置かれた作品の多くは逆説的であり、従来のいけ花を破壊する造形はむしろ見えやすい。一方、作品集後半に配された松、梅、桜、蓮といった伝統的な花材を用いた作品にも、さまざまな造形上の工夫がなされている。一九八九年の取材の折のメモにしたがって、それらの仕掛けの一端を紹介しよう。

紅蓮による〈微笑《ミショウ》〉および〈花狂〉では、花弁の一部をひっくり返すことで、見慣れた花を見慣れぬものに変貌させた。そうしたどこにもない虚構の花は、強い空間意識に裏づけられている。中川はそれらを「絶対花」と言い、「特定の茶室にいけるのと同じ強度、不自由が必要」と説明したのだった。牡丹をいけた〈魄〉では見える一輪の牡丹の後ろに実はもう一輪隠されており、花の色の濃さを確かなものとした。〈闘〉の鹿の子百合では花びら二つを取り去り、〈霽〉の黒松の下辺は一直線に切りそろえ、〈光梅〉の枝の芯は折られて皮だけで水を吸いあげている。〈廻〉〈空〉の枯れ蓮に何度も着色を施したのは、生命感を甦らせることをねらってのことだ。

伝統的な花材ではフォルムにおいても意味においても、ひそやかな違反が仕掛けられていたのだ。その意味上の違反とは、〈彼岸〉の桜では匂い、〈魄〉の牡丹には軽さ、〈空〉の蓮では空虚、といった具合である。

また、中川の作品にあっては、植物、動物、鉱物の境が消失しているのも特徴的だ。極楽蝶花の茎の集合が黒いマントをかぶって歩きだしそうな〈闇〉ほかを見るたびに、「植物は頭を下にし、口——すなわち根——を大地につっこんだ動物である」との転倒した類比を思いだす。作品に生命感が過剰な場合、植物は動物であるかのように動きだす。著莪《そが》(スレンダー・アイリス)の根が飛び跳ねそうな〈晨《アシタ》〉、「ジャコメッティが出来たよ」と中川が快哉を叫んだ〈チューリップ星人〉(一九九三年)に、そうした傾向は顕著だ。また、セメント着色による〈訪問者〉はやわらかな花芯であり、〈デリシャスの像〉の二個のりんごはブロンズ彫刻とみまがうのだから、植物と鉱物のあいだのメタモルフォーズも認められる。

中川の「造形の芸術」は、「密室の花」、「虚構の花」であった。ただし、その造形は手によるばかりではない。葉に紙や布を入れて包みそのまま乾かした〈廻〉や〈空〉の蓮のように、フォルムから手の痕跡を消そうとしたことにも注目したい。圧巻は『華』の掉尾を飾るチューリップの〈闢《ヒラク》〉だが、「あらかじめ縄を置き、糖質の多い花びらが自重でくっつく自然の作用を計算していたので、作品として自立できた」。そうして成立した作品については、「つくった時も今も、同じ気持で見ることができる」というのが中川の感想であった。

3 生命の芸術

「造形の芸術」から「生命の芸術」へと中川の意識が転換したのは一九八〇年だと先に書いた。だが、その生命とは『華』の時代の個別の「花のいのち」を超え、「発生のいけ花」[*6]から「花の発生」へと遡るものだということを、強調しておくべきだと考える。

中川は一九八〇年二月、NHKのラジオ番組に出演し、前年死去した詩人の瀧口修造、作家の中野重治、陶芸家の八木一夫について三日連続して語った。同じ年、ガラス作家の淡島雅吉、草月流家元の蒼風も逝き、写真家の土門拳が倒れて意識が戻ることはなかった。中川の芸術にとって大切な人々が、まるで誘いあうように次々と去って行ったのだ。

暗い日々が続いたこの年三月六日に書かれたのが、「造型の芸術に対し　生命の芸術／いのちの『自在に嬉戯する姿』／『もののみえたる光』／ものの命の輝き／その自由な発現が指標」である。ただ、これだけでは、その「いのち」の意味するところは必ずしも明らかではない。

ところが、同じ年の六月十一日、作曲家の武満徹が出演したNHKのテレビ番組「日曜美術館――私とルドン」を見た後には、「起源　ルドン　武満徹／いのち誕生　『記憶のまなざし』／目に見える背後にある大きな力／『宇宙初の世界』／自分の内面を見てる／消えさり　溶けさり　最初の花の記憶」に始まる箇条書きのメモを残した。ここには「見える物の法則を見えないもの（見えている背後）に／奉仕させる」とのフレーズも含まれる。「見える物の法則」とは造形であり、「見えないもの（見えている背後）」とは、武満徹の発言にあった人間が地上に生まれて最初に見た世界の風景、生命の神秘をみつめる記憶のまなざしなのではないか。

果たしてそれから四年後の一九八四年九月十四日、「花楽　花に水―中川幸夫展」の準備中に中川は「天地創造」と記すことになる。〈花楽《からく》〉とは、山ごぼうの実をはじめとする植物のエキスが、海綿に含ませた水を介して、白い和紙の上に色とりどりの不思議なフォルムを浮かび上がらせるパフォーマンスである。武蔵野美術大学の課外講座「中川幸夫：花霊を語る」(一九八九年)の一部として企画された〈花楽〉を見て、その不思議さを実感できた。

「生命の芸術」の最初の成果が〈花楽〉だったことがこれで理解できるだろう。しかし、中川はこの時代を総括する作品集『花』に、瀧口修造のデカルコマニーを思わせもする〈花楽〉を収録することはなかった。それは作品としてよりも、中川の芸術を転換させる契機となった点で重要だったのではなかろうか。

ぎりぎり間に合い、『花』の代表作となったのは〈魔の山〉および〈死の島〉である。「密室の花」にはカメラマン以外ほとんどだれも立ち入らせることなく、この時期には撮影も自分で行なった中川であったが、幸いにもこれらの作品の制作に立ち会うことができた。

一九八九年四月二十九日、富山から届いた十一箱のチューリップの花を解体する手伝いをした。その時の萼《がく》からはなれた無数の花びらが〈魔の山〉となった。中川のコメントは、「箱ごとひっくり返しただけで、何もしてないよ」というものだった。

同じチューリップによる〈死の島〉制作中の五月四日、自室にブリキでつくった横一メートルほどの水盤があり、花弁の塊が置かれていた。花びらは発酵して白い黴《かび》がはえ、花液が流れでていた。臭気を発するその塊に包丁を切り入れた瞬間、見た目にもはっきり分かるほど、中川の呼吸は荒かった。ただならぬ気配に鳥肌がたち、脚立にのぼってマミヤのカメラで撮影するのをただ傍観した。これが作品〈死の島〉となった。

一九八〇年六月の先のメモに続く「起源　悪の花　ヴィジョン／花を咲かせた大地の夜／人間の生に対して死の世界／この世界ならぬ風景」が、まさに目の前で繰り広げられていたのである。

舞踏家・大野一雄は一九八五年、「私の舞踏についての基本的な考えは、宇宙の摂理、または天地創造のメカニズムと言ってよいでしょうか。一人の人間の誕生から成熟、死といった、ただそれだけの履歴書で納まらない宇宙の履歴書を、瞬間的に、即興的に表すことができないか」[*7]と語った。「動勢・リズム」に照らせば舞踏といけ花の実作者の思想がぴったり重なり、ともに「天地創造」に向かったのは偶然ではない。

4 花による天地創造

「天の火を奪いとり、あるいは地下の火の可憐な舌のように、さまざまな色の炎を燃え立たせている花」の例として渋沢孝輔が挙げたのは車百合、向日葵、鶏頭であり、「自然はまた深い水を湛えている花を置く」とは朝顔のことだった。「色に驚き、匂いに誘われ、フォルムに驚嘆し、かさなり合った花弁の魔力」[*8]と列記していることから、中川にとっても自然にある花の魅力の第一は色であることが分かる。その花を手折って作品にするにあたっては、「壺は水であり、花はつねに火でありたい」、「花は永遠に土となる」といった思考を展開していた。

杉浦康平の『花と壺』豊穣と再生の宇宙軸』によれば、密教関係では蓮華を敷いた壺の上方にさらに蓮華が咲くといった図像がよく見られるという[*9]。「地に向かう花」と「天に向かう花」とがあるのだ。紅蓮による〈枯華〉は前者であり、〈微笑〉〈花狂〉が後者であるのは言うまでもない。運動の点からは、上昇するのが〈魔の山〉〈花狂〉であり、静止状態にあるのは〈遮られない休息〉、落下または下降するのは、たとえば〈花坊主〉〈死の島〉〈天空散華〉である。いずれの作品でも「メタモルフォーズ」と「運動」とが達成されている。

次に、『魔の山』の時代に中川が精力的に展開したコラボレーション、インスタレーションの内実を、「天地創造」に関連して探ってみる。

〈花楽〉は『花』に収録されることはなかったが、インスタレーション〈鏡の中の鏡の鏡〉(一九九七年)は『魔の山』で見ることができる。山口県立萩美術館・浦上記念館内のラベンダーの香りで満たされた茶室(設計・丹下健三)には、三つの円が見られた。左回りに中川が放ったラベンダーの花が描く軌跡、藍布に浮かぶ白い円、軸物「花鑑《はなかがみ》」の円である。白抜きの円は天上の月かと思うと、一瞬にして水に映ずる月に変わった。紫の花弁はむら雲でありつつ、水面に落ちる植物の影のようでもあった。軸物は〈花坊主〉の花液を吸いとった和紙が四半世紀後に甦ったもので、地下のマグマであるように感じられた。

その時、天と地とが入れ替わる時空の自在こそが、どこにもない「鏡」の意味なのだと確信した。すでに京都の杉本邸で芭蕉の葉と和紙による魅力的な〈時空律〉(一九九三年)を制作していた中川である。不自由な茶室だからこそ意欲をかきたてられるようだ。

京都・山崎にある待庵で千利休は桜を「客に迫るがごとくいけた」とされる。待庵にはじめて座した一九八九年四月、中川はその空間に利休がほんとうに出現したのだと言い、「死と対した花のこころ」を感じとった。横山正が中川の花について喝破した「発生のいけ花」と同じように、〈廻〉〈空〉〈嵩松〉(いずれも一九七二年)を嚆矢とする中川の茶室のインスタレーションは、「発生の茶室」と呼んでもいいかもしれない。

桜のインスタレーションは何度か体験した。中川は「異端——バサラからカブキへ」(一九九二年三月、草月ホール)のステージに、桜をまじえた巨大で豪奢な花笠をしつらえ、パネリストとしても登壇して「天才は遺伝しないのだから、家元といった制度は創造を保証しない」と発言した。休憩時間に参加者はステージにのぼるよう促され、そのとおりにすると、中川が座っていた花笠の下にだけ花の精気が満ちあふれていたことが記憶にある。荒木経惟との二人展「花淫さくら」(ギャラリー小柳、一九九七年三—四月)では、数種類の桜を同じ夕べに繚乱と咲かせるという離れ業をみることになった。

「花淫さくら」には伏線があった。二年前の四月四日、中川と荒木の二人の亡妻をしのび、拙宅で「四・四の会」(死・死の会)と称して桜の会を催すことになったのだ。木を扱う中川の手際はなんとも鮮やかで、十年ほど属した池坊で立華を体得していたころのさまが彷彿とした。福島県で切り倒されて運ばれたという桜は、障子の開き戸の下にしつらえた竹垣からコンクリートの天井をおおい、みるみる開いて極小の空間に花の精気を発散させた。その夕べ、居合わせた参会者は、二度と体験することがないだろう花酔いを体験したのだった。

『魔の山』掲載の最後の作品は〈天空散華〉(二〇〇二年)である。柳美里の一九九七年の文の一節、「私はいつも何万、何十万の薔薇が、中川幸夫氏の手によって空に飾られ、落下する瞬間を見たいと願っている。天空の薔薇こそが氏には相応しい」[*10]との符合に驚きながら赴いた新潟県十日町市の信濃川河川敷だった。

インスタレーションと呼ぶのがためらわれる内容と規模のこの〈天空散華〉については、あまりに多くの言葉が費やされているので、ここで触れることはしない。八十四歳の中川と九十六歳の大野一雄の花の競演には、「過激さで普遍性を得た『前衛』」、「霖雨の河原に色裂く」、「花の本性を暴く、天衣無縫の魔界の使者」、「華麗にして残酷な、空と地の生け花」、「狂気とエクスタシーの『精霊降誕』劇」といったタイトルが、それこそ新聞・雑誌に乱舞したのだ。

デヴィッド・エリオット森美術館館長は一九七〇年以降の美術を「見慣れたものを見慣れぬものに変え、新たな意味を与え」「心の奥底をかき乱す結果を導く美術」[*11]と定義する。世界同時性を獲得していた『花』の時代までの中川の芸術を評するまたとない一文であろう。その後の中川は、「贈り物」というべき晴れやかで自在な時空を創造する。切られた花は何ものかにメタモルフォーゼしているばかりではない。メタモルフォーゼした花が宇宙を構成するのである。これが、中川が世紀をこえて世界に示した先駆性の理由だと思う。

「造形の芸術」であってかつ「生命の芸術」であるようなもの。それによって達成されたのは、個別の花のいのちをこえた「天地創造」に他ならないのである。

（二〇〇五年）

註

［1］―ミシェル・フーコー『言葉と物―人文科学の考古学』四六頁（渡辺一民・佐々木明訳、新潮社、一九七四年）
［2］―渋沢孝輔『花の断章』五〇頁（画：中西夏之、書肆山田、一九八一年）
［3］―日本女性新聞一九七〇年十月七日掲載、「花への執念みせる中川氏、陶花展にいける」
［4］―『コレクション瀧口修造』第十巻（みすず書房、一九九一年）所収、「いけばなと造形芸術」二八一頁、初出は一九五七年
［5］―『コレクション瀧口修造』第十巻（みすず書房、一九九一年）所収、「西洋の中の東洋、東洋の中の西洋」二七四頁、初出は一九六七年
［6］―横山正「中川幸夫の―いけ花」（『家庭画報』一九九九年十月号特集）
［7］―毎日新聞一九八五年十二月十九日掲載、「発信点　大野一雄氏（舞踏家）アルヘンチーナ」
［8］―中川幸夫「花霊をもとめて」（『芸術生活』一九七三年九月号特集「花の思想5」）
［9］―杉浦康平『花と壺。豊穣と再生の宇宙軸』二二頁（私家版、一九八八年）
［10］―柳美里「中川幸夫に百万本の薔薇を与えよ」（『私の部屋bis』一九九七年秋号）
［11］―「MoMAニューヨーク近代美術館展　モダンってなに？」展カタログ一三頁（森美術館、二〇〇四年）

「樂翠亭美術館にて　中川幸夫――奇跡の花」展＋映画「華　いのち　中川幸夫」 2014

中川幸夫の〈奇跡の花〉〈花の奇跡〉

1　前衛いけ花における〈奇跡の花〉

その年の二月から三月、忘れられない出来事が相次いだ。石元泰博が二月六日に亡くなり、三月十日には「新井淳一氏のRCA名誉博士号と傘寿に集う会」があり、三月三十日に中川幸夫の訃報がもたらされたのだ。この三氏は、『まっしぐらの花――中川幸夫』（二〇〇五年）を初めとして、『石元泰博――写真という思考』（二〇一〇年）、『新井淳一――布・万華鏡』（二〇一二年）と筆者が刊行した評伝の表現者である。二〇一二年、梅と櫻の花のもとで、同じ大正生まれの石元は九十歳、中川は九十三歳の天寿をまっとうした。

死の影のもとに立ち尽くした中川の心境と制作は、愛用した「能率手帳」に詳述されている。一九七五年、二人の師とも言える水澤澄夫と重森三玲、縁深い棟方志功、いけ花の手ほどきをした叔母の隅ひさが誘いあうように亡くなり、作庭家・重森三玲に献じた作品は「花はしなず」であった。中川の守護神だった富山出身の瀧口修造一九七九年の死去に対しては、後に作品「遮られない休息」、展覧会「献花オリーブ」を捧げる。植物のエキスによる色とりどりの楕円の「花楽」と墨による円形の黒い太陽が浮かぶ作品を掲げたのは、伴侶である半田唄子の追悼冊子――彼女が息を引きとったのは一九八四年、奇しくも寓居近くは瀧口没と同じ病院のことだった。

「型やぶりの美、貫いた孤高」。これはある新聞に載った追悼記事のタイトルである。そのとおりなのだが、花のためなら中川は知己を頼ってどこへでも赴き、恐るべき想像力・創造力で作品に結実させた。その一例、中川晩年の傑作「天空散華」は富山県砺波のチューリップに端を発する。球根をとるために切られて川に流される夥しい花に撃たれたいけ花作家は、当地のさかい・ゆきおの導きで砺波から持ち帰ったチューリップを花材としてただちに「闢《ヒラク》」(一九七六年)を制作。次いで「魔の山」(一九八九年)。富山行から四半世紀をへた二〇〇二年五月十八日、荒天に見舞われた新潟県十日町の信濃川河川敷で、百万枚のチューリップの花びらを天から降らせたのだ。「天空散華」は奇跡の花、それ以外の形容はないと思われた。

「花坊主」(一九七三年)を代表作とするカーネーションと並んで作家独自の花材であるチューリップの栽培適地・富山ほど、三回忌の三月に幕開けする個展にふさわしい地はないだろう。

いけ花隆盛の拠点の一つであった香川県丸亀で花をはじめ、京都で研鑽を積み、東京に移って「造型の芸術」から「生命の芸術」へと飛躍した稀有な表現者が中川である。流派を脱し、六百年前の発生のいけ花に立ち返り、ついには花の発生の風景を幻視するに至った。天才・中川は確かな方法論を探求しつづける努力の人でもあった。

開花し、枯れすがれ、密封されて血のごとき花液を流すいのちの究極の姿を作品として定着した作家にとって、ガラスも書も花——植物の呼吸と動静を感受することで達成した。一九六〇年代に制作を始めたガラスの作品集には自筆の「名人危所遊」が表紙いっぱいにピンク色で踊り、書名はその名も『はながらす』(一九九三年)なのだ。

富山の地、それも、見事な庭といくつもの床の間を有する木造家屋が樂翠亭美術館である。中川のいけ花、

「樂翠亭美術館にて　中川幸夫—奇跡の花」　左—会場風景、　三〇九ページ—「迫る光」（一九八〇年）　主催・写真提供＝樂翠亭美術館、写真＝舘健志、二〇一四年

花楽、ガラス、書は、処を得て、花の奇跡として甦るにちがいない。中川幸夫の花は死なず、されどその人には遮られない休息を与えよ。

2　現代美術における〈花の奇跡〉

中川幸夫は美術界のアイドルだった。一四〇センチに満たない体躯の中川が展覧会場に足繁くひょこひょこと姿を見せると、たちまちにして作品も人も特別の輝きを帯びるのだった。詩人であり美術評論家の瀧口修造の退場以来、こんなオーラをまとった人物はほかにいなかろう。展示物がなんであれ、光景は変わらない。本人は知らなくとも、同時代を生きただれもが中川を知己と感じ、敬愛せずにはいられなかった。

そんな小さな巨人というべき中川は、世界の美術にあって先駆者、少なくとも世界同時性を有する表現者であった。ここでは、偶像ではなく、実像としてのその一端を書いておきたい。

ドイツに生まれインドで医学を修めたヴォルフガング・ライプ（一九五〇年―）に作品〈五つの未踏峰〉（一九八四年）がある。素材はハシバミの黄の花粉。高さ七センチほどの山は永遠の未踏峰だ。片や、中川の〈無言の凝結体A〉（一九八七年）の素材は粉末近くまで変容したカーネーションの花弁で、中央を貫く隆起部は背骨または尾根のようである。同じようにチューリップの腐敗した花弁の塊を、高松で石材に盛った〈聖なる山〉（一九九三年）について、筆者は書いたことがあった。

渤海《ぼっかい》のはるか東にある蓬來山は不老不死の仙境。
剣のごとく峨々《がが》として何人も到達叶わない。
ヴォルフガング・ライプの

七センチの金色の花粉の山も人の登れない山だろう。
高松の五剣山を望む、
西域から伝播した赭い花弁の頂もまた。

ライプのデビュー作は〈ミルク・ストーン〉(一九七五年)だが、二人は八〇年代の中川の欧州旅行中とライプが来日した折に実際に対面し、パリのカルティエ現代美術館での「être nature」展(一九九八年)にともに招待された。マルセル・デュシャン(一八八七—一九六八年)に次ぐ現代美術の変革者ヨーゼフ・ボイス(一九二一—八六年)と、同世代の中川にも共振するものがある。ボイスの脂肪、フェルト、蝋、動物の死骸など、彫刻にはなりそうもない素材による作品と、とりわけカーネーションの赤い花液が走る中川の〈花坊主〉(一九七三年)以降のいけ花ではそうだ。中川が瀬戸内海の豊島から根こそぎにしたオリーブを守護神であった瀧口修造(一九〇三—七九年)に捧げる「献花オリーブ」展(二〇〇〇年)を見たときには、七千本を目指してまずカッセルで樫の木を植えるパフォーマンスを始めたボイスの晩年を想起したものだった。

「ニューヨーク近代美術館展　モダンって何?」(森美術館、二〇〇四年)の第四部「変化に向かって(一九七〇年以降)」の代表作家は、当然のことながらボイスであった。同館のデヴィッド・エリオット館長はこのパートの意図を、「対象を変化させる美術の力、見慣れたものを見慣れぬものに変え、新たな意味を与え」、「多くは心の奥底をかき乱す結果を導く美術の能力を明らかにする」とした。これは中川作品によく当てはまる。中川愛用の「能率手帳」に「造型の芸術に対し　生命の芸術」と明記されたのは一九八〇年だが、その二年後には次の記述がある。

無機的―有機的
変移―造型芸術
生きている植物
花の命の瞬間
精神の創造の参加
空間的―時間的
という特異な性格

「彼の作品は挑発的で人の心をかき乱す」、「中川幸夫は過去四十年間の日本のアーティストのなかで最も重要な人物のひとりである。いけ花の伝統の中から始まった彼の作品は、世界の現代アートの前衛といえる」（二〇〇三年）と評したのは、カルティエ現代美術館のエルベ・シャンデス館長だ。こうした評価の源を、いまとなれば、中川の手帳の記述で確かめることができるのである。

「精神の創造の参加」については、シュルレアリストとして出発した瀧口修造と中川との交流が反映している。「いけばなと造形芸術」（初出は一九五七年）で瀧口が書いた「生きている植物、しかも花という生命の瞬間をとらえて、そこに精神の創造を参加させようという特殊な芸術」との見解は、ながらく中川が抱えた難題だったのだ。瀧口の死から三年、中川はその問いにはっきりと答えを見出したように思われる。西欧は中川にとって「追い付き追い越せ」の対象ではなく、確かな方法を探求する途上にあっただけである。それが、世界の美術における中川の先駆性の理由の一つであったと考えている。

モダンとは脱モダンをも包含すると解するならば、師である重森三玲の「永遠のモダン」を中川の精神とすることは可能だ。だが、その作品は造形のモダンをはるかに突き抜けている。集大成として百万枚のチューリップの花弁を降らせた〈天空散華〉(二〇〇二年)は、前衛いけ花が達成した「奇跡の花」をこえて、現代美術における「花の奇跡」と呼ぶにふさわしい。

荒天の信濃川河川敷。青々とした芝生に天空からとめどなく花びらが舞い降りる。最初は赤、そして白、フィナーレは黄をまじえた色とりどりの花弁。鳴り響く「皇帝円舞曲」とともに踊る、王妃に見まがう大野一雄にも花は惜しみなく降り注いだ。

中川晩年の晴れやかな作品、晴れやかな笑顔――それこそが花の奇跡、奇跡の現代美術。中川幸夫の花は死なず、である。

(二〇一四年)

ミルク色の旅の地平には……

『千野共美の花』のために 2006

桜町一丁目一番地。花をする人にとってこれ以上はないと思われる所番地に、千野共美は陶芸家の梶川智志と住んでいる。一階の土間は陶芸用のアトリエ。二階の窓辺のアクリルボックスの上におおぶりで肉厚な八手《やつで》がいけてあった。この最初の訪問の目的は、千野が師事した半田唄子および中川幸夫関連の資料拝借のためだったのだが、大胆にいけられた八手の緑に目を奪われた。

千野共美は寡黙な人で、みずからの花の制作について語るのを聞いたことは一度もない。したがって、アンドレ・ケルテスの「メランコリー・チューリップ」に魅せられたことなど知るよしもなかった。あとがきでそれを知ったのは、魅惑的な薔薇の連作〈午後の憂鬱《ゆううつ》 An afternoon's melancholy〉を作品集巻頭に配することに決めた後のことだ。その連作の制作年は一九九九年だから、千野のケルテス体験から二十年以上は経っている。中川幸夫（一九一八―二〇一二年）が夫人の半田唄子（一九〇七―八四年）の棺に捧げ、その後に著名陶芸家の器にいけた連作の花材が薔薇であったことも思いだされる。

「一輪の薔薇はすべての薔薇である」（ライナー・マリア・リルケ）。メランコリーと薔薇。この世紀末的で目もくらむようなテーマに、千野は銅版画に似た質感で答えをだした。硝酸塩が銅を腐蝕させ、こまかな気泡をたてる午後のひめやかな時間が作品に刻まれているかのようである。

千野が半田唄子に師事するようになった一九七一年はコンテンポラリーいけ花の研究グループが形成されるようになった時期にあたる。半田と中川は重森三玲が主宰する「白東社《びゃくとうしゃ》」に参加して以来の花の同志であって、そうした動きとはやや距離をとっていた。両者の関係を身近で見つめつづけ、半田、次いで中川の制作のサポートをだれよりも惜しまなかったのは千野である。〈半田唄子に Madame Cyrano〉、〈中川幸夫へ For Yukio Nakagawa〉の二作が収録されているが、このことについても彼女は多くを語らない。

半田と関係を持ちつつ、千野が花の教室を主宰するようになったのは一九八〇年。朝顔による〈フレアー Flare〉、寒葵による〈水平線 The horizon〉がこの時期の作品だ。撮影は作家自身で、鮮やかかつ深い色彩と大胆な構成が目をひく。「色感にすぐれ、博多生まれでぼくより動的で強い」と中川が評する明治生まれの半田の花の特質が、千野のなかに形を変えて継承されているように思えるデビュー作なのだ。

七〇年代につづき、野外におけるイベントやシンポジウムが各地で開催されるようになったのは「現代いけばな美術館１９８０」が契機だとされるが、千野にもそうした動きと連動する試みがある。一九九三年開催の〈ミルク色の旅の地平に On the milky trip〉のために小金井公園で制作した同名の作品が白眉だろう。秋色深まる公園の樹木と引き絞ったチューブの造形上の対比が絶妙である。中川が作品写真を見て、同じチューブを所望するというエピソードを残した。チューブは戦後いけ花によく登場する素材ながら、千野の使い方には独自の発見があったのである。

自然が完成した花を伐り、だれも見たことのないものにメタモルフォーズさせるいけ花という仕儀には、拙著『まっしぐらの花——中川幸夫』発刊後のいまも、なお解けない謎を感じている。花は短命で写真でしか定着できない。「part3 予期せぬ出来事、時のうつろい」には、造形としてのそうした脆弱さを逆手にとった作品を収めている。〈予期せぬ出来事 Unexpected happening〉、〈風が通り過ぎてゆく The wind lulled〉、〈雨

右―「發」
写真＝梶川智志
二〇〇三年
左―
「ミルク色の旅の地平にA」
写真＝梶川智志
一九九三年

だれ Rain drops〉、〈昆虫図鑑B Explanatory diagrams of insects B〉。あわあわと蜃気楼のような一九九〇年代のこうした作品には、いけ花に対する作家のある種の思いきりのよさが感得されて好ましい。

〈予期せぬ出来事〉〈午後の憂鬱〉といった作品を得たころ、千野は作品集の発刊を思い立った。中川幸夫もそうした果実を認めてゴーサインをだした。ところが、千野があれこれ本の形態などに思いを巡らしているうちに身辺あわただしく抜き差しならない状況になった。両親と義父が相次いで入院し、誘い合うように他界。中川も心身に変調を来たした。千野自身も食道を患って痩せた我が身を眺める日々が重なった。『魔の山 中川幸夫作品集』の編集に関して互いに連絡を取り合っていたから、この間の千野の事情は知らないわけではなかった。「――そうだ、眺めるべきはフィルム、フィルム」と、我に返ったように作品集への気力が舞い戻ったのは、二〇〇三年三月に中川の丸亀転居を実行して丸一年も経ってからだという。

中川転居後の千野の作品に〈大文字 DAIMONJI〉、〈發《はつ》 Moment〉がある。紫陽花を冠とする巨大なヘリコニア鳥がいるとの幻視を誘う〈大文字〉、漆黒の闇にすっくと立ち現われる貴婦人のごとき〈發〉。千野の新たな達成を画する作品の大きさがあり、緊張感が漲っている。いずれも梶川智志の花器および撮影による。千野共美の花は「ケルテス―半田―中川」という豊穣のデルタから生まれてひとり育ち、「千野―中川―梶川」の意思の所産がこの作品集と言うべきだろう。発刊を祝福したい。

（二〇〇六年）

『石元泰博──写真という思考』刊行記念トーク 2010

写真と写真集の理想

日時──二〇一〇年五月二十九日
会場──東京・青山ブックセンター
出演──写真家＝**石元泰博**、建築家＝**内藤廣**、司会・文責＝**森山明子**

森山──『石元泰博──写真という思考』の刊行を記念するトークショーにこのように多数ご参加いただき感謝申しあげます。グラフィックデザイナーの故・田中一光さんは石元さんについて「デザイナーに最も影響を与えた日本人写真家」と雑誌「クリエイション」に書かれました。その言葉どおりに、この会場には写真のみならず、デザイン、建築、ファインアートの関係者が大勢おられるようで、嬉しい限りです。私は武蔵野美術大学の森山明子と申しまして、今日は石元さんの写真の世界へご案内するガイドの役を果たしたいと思いますので、どうぞよろしくお願いいたします。

この五月、ヒューストン美術館＋イエール大学と六耀社から石元さんの写真による桂離宮関連の書籍が二冊発刊されました。さらに十月には水戸芸術館で出品点数五百点という大回顧展が予定されており、二〇一〇年は後々、「石元泰博ヴィンテージイヤー」と呼ばれることになるという予感があります。本日はまず『石元泰博──写真という思考』に掲載された代表作百点余をスライドショーでご覧いただき、次いで各章の扉に配した写真について解説を加えます。石元さんと建築家の内藤廣さんにご登壇いただくのはその後で、トークは一時間を予定します。それでは早速スライドショーと致しましょう。

──作品解説略──

シカゴの第一印象は「大いなる田舎」

森山──石元さんと内藤さんのお二人に登壇いただきますので、拍手でお迎えください〈拍手〉。先ほど説明したように、石元さんの在米年数はトータルで二十年に及び、ブックフェア「石元泰博21世紀の書棚から」には『壊れ行くアメリカ』や『貧困大国アメリカ』といった本が並んでいます。最初の質問です。石元さんは現在、アメリカに関してどのような感慨をお持ちなのでしょうか。

石元――僕が学んだインスティテュート・オブ・デザイン（ID、通称ニューバウハウス）というのは今もあるのかどうか知らないんだけれど〈笑〉、入学はモホイ＝ナジの死の二年後だったの。でもナジのことなんか何にも知らずに入っちゃった。日本に帰って来てから、随分ともったいつけて評価されているものだと思ったくらい。というのはコロラド州にあった日系人収容所のアマチ・キャンプから出るんだけれど、どこへでも行けたわけではなかった。同じキャンプにいたトシ・マツモトはニューヨークへ行ってファッション写真をやりますが、僕のように日本で教育を受けた「帰米二世」はNYといった沿岸部へは行けなくて、それで許された内陸のシカゴへ向かったんです。

　理由の一つは、欧州戦線で窮地に陥った米軍「テキサス大隊」救出のために日系兵の多くが死亡した戦いの直後に、デンバーの新聞にそれに抗議する五行くらいの詩を寄稿したのね。「砂漠の中に羊を囲って、毛を取り、肉まで取るのか」といった詩――それもあって行く先が制限されたんだね。

記念トークにおける石元泰博と内藤廣
主催＝武蔵野美術大学出版局・青山ブックセンター
写真＝須藤昌人

森山――石元さんにとっては、アメリカと言えばシカゴ、そしてIDのようですね。どうぞ続けてください。
石元――シカゴではシルクスクリーンの仕事に就き、ハリー・シゲタという割合いいカメラマンの紹介でフォート・ディアボーンというカメラクラブに入った。そのシゲタさんがロサンゼルスにあったアート・センターとシカゴのニューバウハウスを勧めてくれて、せっかくシカゴに住んだんだからとIDに入った。何も知らずに、写真学校かと思ったらデザインの学校だった。先生はハリー・キャラハンで、ニューヨークから来た学友のニューマンはキャラハンを知っていたけど、自分は何も知らなかった。後で日本に個展のためにやって来たキャラハンに聞いたところでは、かなり迷ったんだって。
森山――ポートフォリオを見て入学させようかどうか迷ったということですね。
石元――そうなの。カメラクラブの写真はまだピクトリアリズム〈絵画主義〉的だったということでしょう。写真の動向なんて何にも知らなかったから……。

森山――ＩＤ入学前にノース・ウェスタン大学の建築科に入っていますが。

石元――そうなんだけど、一年足らずで辞めて、写真をやることにした。で、ハリー・シゲタが勧めてくれたニューバウハウスに入学。学生は一四〇人くらい、写真学生は五人。学生より先生の数の方が多かった。

森山――何と贅沢な！でも石元さん入学時の在学生は四〇〇人と記録にあります。

内藤――それは一学年が一四〇人ということでしょう。

石元――そうそう。学生が少ないこともあって、しょっちゅうフラーやワックスマンとランチを一緒にした。特にワックスマンは親しくしてくれて、友達みたいだった。

森山――その二人はバックミンスター・フラーとコンラッド・ワックスマンで、私たちにとっては歴史上の人物ですよね。ところでシカゴの初印象はどんなものでしたか。

石元――当時ニューヨークに次ぐアメリカ第二の都市なんだけれど、ＮＹとは違ってシカゴは田舎の街という感じ。田舎の良さはあり、新しい建築発祥の地ではありましたが、でも半分は素朴な街だった。僕は行きたかったニューヨークに行けなかったから特にそう感じたのかもしれないんだけども。

写真と写真展の理想

森山――この在学中、次いで一九五八年末からの三年間石元夫妻はシカゴに住んで写真漬けの日々を送ります。その成果が写真集『シカゴ、シカゴ』（一九六九年刊）なんですが、内藤さんに質問です。シカゴにおける建築と都市の特性、それと石元さんが撮ったシカゴはどんな関係にあるとお考えでしょうか。

内藤――難しい質問ですね。さっきは投影されなかった、石元さんが街を俯瞰して撮ったほとんど真っ黒な一枚に僕は心底驚きました。シカゴには何度か行きましたが、僕の見たシカゴと全然違うと思った。乾いた都市というのはああいう風に見えるのかと――。シカゴという街は大火災があって、サリバンやライトやミースといった人々による新しい建築が興った歴史があります。一種のバブルがあって、超高層がばんばん建てられた。石元さんが住んだシカゴはそれが落ち着いた頃だったでしょうが、そうした街とそこに住む人々の気分が写真から伝わってきます。

森山――写真集『シカゴ、シカゴ』の前に日本橋の白木屋で一九六二年に同名の写真展が開かれています。その写真展の会場デザインを担当されたのが、実は三十歳の杉浦康平さんなのです。杉浦先生が会場にいらっしゃいますので、その経緯と写

真のインパクトについて一言いただきたいと思うのですが、皆さんいかがでしょうか。〈会場・拍手〉

石元——白木屋の展示は8×10インチの同サイズの小ぶりな写真に、何カ所か巨大に引き伸ばしたパネルがあって、そう、杉浦さんが担当してくれたんです。

杉浦——いきなりの質問ですね。一言で言えば非常に恐かったですね、石元さんの写真を扱うということ自体が。あの当時のデザイナーはみんな、石元さんの端正を通り越して厳格な写真に恐れを抱いていた。画面がきちっと決まっていて端正で厳格、それに深い人間観察が感じられ、修行僧が提示してくれる写真のように思えましたから、切ることも拡大することもできない。石元さんが焼いたプリントのまま展示しなければならないと肝に銘じたのですが、でもそれだけでは空間がもつのかという問題があって巨大な写真パネルを設けたわけなんです。

いま、思い出したことあります。「SD」(鹿島出版会)という雑誌で、その当時の編集長だった平良敬一さんの発案で石元さんのシカゴの写真を掲載したことがあるんです。が、強烈に覚えているのは、写真の凄さもさることながら、キャプション用に石元さんが持って来られたのがシカゴの新聞の切り抜きだったこと。シカゴの一日の出来事をデータで、例えば行き倒れが何人、ゴミが何トンなど。それを僕は写真の下に流し、当時としては最先端の考え方を提示することになりました。どちらが先だったかは判然としませんが(筆者註・「SD」創刊は一九六五年)、「シカゴ、シカゴ」展では石元さんが先ほど説明下さったとおり、グループ分けの意味も込めておそるおそる巨大パネルを用意しました。それが効果的だったのだと思います。

石元——あんな写真展は当時なかったね。

森山——その記念碑的な展覧会の会場写真は今回発刊の本に二点収録してあります。勇気を奮って聞いてみるものです、杉浦先生ありがとうございました。〈会場・拍手〉

写真と写真集の理想

森山——展覧会から七年後、今度は亀倉雄策さんのデザインで美術出版社から写真集が出ます。カバーはナボコフの「ロリータ」を思わせる少女で、文中ではなぜそれが選ばれたかは謎だと書きましたが、この本の発刊後、担当編集者だった上甲ミドリさんから電話をいただき「あれを亀倉さんに提案したのは私」だとうかがいました。ここだけの話です。シカゴの写真があまりに厳格でハードであるため、それとは違う一枚をカバーにしたかったのが提案の理由だったそうです。

石元——そう、それは知らなかった。〈会場・笑〉

森山——この写真集にはどなたもご存じの瀧口修造さんが文章

でしたか。

を寄せ、編集にも参画しました。名文だと思うのですがいかがでしたか。

石元――大辻清司さんがグラフィック集団、それと実験工房なんかを通じて瀧口さんを知っていて、それで書いてくれたんだと思う。

森山――『シカゴ、シカゴ』が会心の写真集である理由を編集、印刷についてうかがいます。一〇〇〇枚の紙焼きを最後は二〇二枚に絞るんですよね。

石元――モノクロの二色製版を亀倉さんが指示したんだけど、ページに光を当てると、凹凸があって黒とグレーが二重になっていることがはっきり見えるでしょ。これは凸版であって、僕はグラビア印刷は好まない。編集については亀倉さんが「デザインも少し分かるだろうから石元、お前がやれよ」と言ったので、家に持って帰って、ワイフと二人で並べてみて、それを亀倉さんがだいたいそのとおりにしてくれたの。

森山――「デザインも少し分かる」ですか。そうすると亀倉さんが巻末の「ノート」で書いた瀧口、大辻以上に写真の流れについては石元さんと滋子さんの夫婦合作だったことになります。それが「会心の写真集」最大の理由だとするなら、この話題はこれで終わりにしてよさそうです。素晴らしいエピソードでした。

建築写真家ではなく写真家

森山――内藤さんは六耀社から出たばかりの『桂離宮』の序文を書かれています。さらに「海の博物館」をはじめとするご自分の写真集四冊の撮影が石元さんという幸運な方です。石元さんの建築写真の特質についてお話しください。

内藤――石元さんの建築写真は戦後建築写真の歴史そのものなんです。それと同時に――メディアの方がいらっしゃると言いにくいんですが――石元さんの写真のクォリティーがメディアで表現できなくなっていく歴史でもあります。それが被写体のせいなのかメディアのせいなのかは即断できないのですが。で、いろんな意味で、石元泰博という存在を掘ると戦後建築のさまざまな問題が浮かび上がって来るはずです。石元さんにとっては、撮るに足るものが減っていく歴史かもしれない。

ですが、石元さんを建築写真家と呼んではいけなくて、写真家なんですね。そこがもの凄く大切なところだと思います。建築家が意図したものをすくい取るのではなく、その背後にあるその時代の文化的な状況が写り込んでしまう。

先ほど杉浦先生が言われたように厳格であり、対象に容赦がないですよね。なので、その厳格で容赦のなさを引き受ける被写体もメディアもなくなっていくと言うか……。

杉浦——でも、厳格で容赦はなくとも、一方でどこか温かみがある。

内藤——そうなんです。石元さんのことをみんな恐い人だと言うんですが、僕も付き合う前はそう思っていました。ところが付き合ってみるとそんなことはありませんでした。石元さんが対象に向かう時にはいつも鬼気迫る気配があるものだから、それを外側から見ると恐い印象となるのでしょう。

森山——一九五三年に帰国早々、ある建築雑誌の編集室を出るなり、石元さんが「日本の社会って嫌な社会ね」と吐き捨てるように口にしたと宮内嘉久さんは憶えていましたよ。

石元——自分は覚えてない。でも宮内嘉久さん、川添登さん、平良敬一さんと、建築メディアには当時〝人〟がいたね。みんなよく知っていました。

森山——内藤さんの発言は、浜口隆一さんの有名な石元評である「彼の悲劇は、むしろ彼のレンズに耐える建築が日本になかったことだ」と重なりますか。

内藤——石元さんも浜口さんもご自分に厳しい方ですが、建築評論家の浜口さんはその言葉どおり、筆を折りましたよね。建築に失望したことでその建築について書くことを止めた。石元さんは建築写真家ではなく写真家ですから、筆を折ることも建築を撮るのを止める必要もなかったということではないですか。

森山——なるほど、先の発言はそういう意味だったのですね。

石元——浜口さんはロックフェラー財団のスカラシップでアメリカに留学して、帰国する直前にワックスマンを訪ねてシカゴに来た。ワックスマンが「ここに日本人の写真学生がいる」と教えて、それで会ったんだよね。一九五三年に自分が日本にやって来た時、だれも知り合いがいなくて、浜口さんをまず訪ねました。それで最初に紹介されたのが丹下健三さん、そして前川國男さん、吉阪隆正さん、それからデザイナーなんだけれども、丹下さんが日本デザインコミッティー（元・国際デザインコミッティー）のメンバーとして他の人々と一緒に自分も推薦したみたいなの。これは最近、丹下夫人でいらした加藤とし子さんから聞いたんだけれども。

森山——そうだったんですか。で、浜口さんからは、「素晴らしい才能をもった写真学生がいる」とワックスマンが言ったとうかがいましたよ。

石元——それ知らない〈会場・笑〉。ワックスマンは建築、自分は写真だったんだけれど、さっきも話したように彼はなぜだか随分と可愛がってくれたんだよね。

無常とわび・さびは違うか

森山——話題を二〇〇四年刊の『刻（とき＝moment）』に移させて

いただきます。落ち葉、空き缶、雪のあしあと、雲といった被写体なのですが、そうしたうつろうものは一九九三年撮影の『伊勢神宮』と気持ちの上では重なりますか。

石元――みんな近所で撮ったもの、歩いて行けるところばかりだね。落ち葉も空き缶も家から五反田までの間、川面は目黒川、雲は家のベランダにカメラを据えての撮影だから。でも道は鋪装されて落ち葉も空き缶も今は撮れないし、雲は周りにビルがたくさん建ってもうダメなの。雪のあしあとはうちを出たばかりのところ。そういうものを撮っていると、歩いている人は何してるか分からないから不思議がられ、怪しまれた。〈会場・笑〉

森山――内藤さんからはどんなカメラで撮ったか聞かれて答えられず、「そんなことも知らずに本を書いてはいけない」とたしなめられましたよね。

内藤――そうでした。知りたい読者も多いでしょうから。

森山――機材のことは分からないし「インナー・ヒストリー」を書きたい私にとってはそんなに重要でもないので、写真の専門家が別の本を書いてくださることが著者としての本望です。それで、フィルムのサイズでインチとセンチを混同して間違っている箇所があって、この場を借りてお詫びします。では、聞いちゃいましょう。石元さん、例えば雲の撮影に使ったカメラは何でしたか。

石元――雲はハッセルだけ。空き缶と落ち葉は全部35ミリのキヤノン製。

森山――ということでした。でも雲にしても劇的な夕焼けや入道雲などは絶対に撮らないのはなぜですか。七章扉の雲はまだしも、他はボワーとしたものばかりですよね。

石元――どうしてそうなったかは分からないんだけれど、撮らないの。夕焼けなんかはロマンティックだと思うけど、撮らないことになったのよね。

森山――桂離宮にしても、内藤さんは「月下の桂」はなぜ撮らないか質問なさったことがありましたね。

内藤――訊いたんだけど答えてもらえなくて、それ以上は追及できませんでした。

森山――困りましたねぇ。私が推測するに、その理由は石元さんが何度か発言しているニューバウハウスの構成教育の弊害だという「デザイン的すぎる欠点」と関係するように思うのです。つまり写真家の意図で世界を切り取りたくないという……。偶然を大事にするという姿勢とも関連して。

石元――どうなんだろう、分からない。

森山――では別の質問をします。石元さんのこの時期の写真は「無常」を写してはいても「わび・さび」とは無縁だと感じるのですがいかがですか。無常は現象、わび・さびはそれが心理に反映したものだとすれば。
石元——むつかしいなぁ。ちょっと考えさせてね。ううん、わび・さびとはちょっと違う格好で撮ってはいるよね、確かに。
森山——それでは内藤さん、桂離宮の写真にわび・さびを感じますか。
内藤——ちょっと考えさせてください、僕にも〈会場・笑〉。その問題は生きていらしたら伊藤ていじさんに聞きたかったですね。それでは石元さんが考えてる間に僕が目撃した石元さんについてお話しします。

「行きあたりばったり」みたいな発言を石元さんはしてますが、そんなことは決してないと思うんです。「海の博物館」を撮っていただいた時、朝から夕方までの動き方に驚かされました。動きが大きいんです。普通ならここで撮ったら少し動いて違うショットを撮る——そんな撮り方かと想像していたのですが、ある光の状態下で、大きく移動して異なるポイントを次々に撮っていかれた。頭の中で光の状態と撮り方が、最初からビジョンとして完璧にあるように感じましたね。ある種デジタルな、緊密な思考の存在がうかがえたのでした。

それと、写真ができたというので少し早めにご自宅にうかがうと、テーブルの上でびりびりとプリントを破いておられたんです。もったいなくて破く予定の紙焼きをいただいて帰りましたが、凄いと思いました。対象について掴まえたいイメージが完全な形であり、そのイメージに到達するために限りなく厳密に、撮り、焼いて、選んでいることが。
森山——それでは石元さん、わび・さびについてはどうでしょう。
石元——やっぱり分からない。〈会場・笑〉

螺旋の時間と偶然について

森山——ライター泣かせな方なんです。別の質問として、「伊勢神宮の時間は螺旋で上昇していく時間」という発言と、石元さんが好む『方丈記』や『平家物語』との関係についてはどうですか。
石元——伊勢を撮影する中で、日本の時間というのはまっすぐでなくて前後する、螺旋状に回る時間のように感じたのね。
内藤——それについては補足します。石元さんがフランスかどこかで講演することになって、質問されたんです。「内藤さん、ヨーロッパの時間と日本の時間ってどうなの」と。石元さんの電話はいつも極端に短いのですが、その時は珍しく三十分くらい話しました。それで僕はやや苦しまぎれに「Eternity とEndless」の対比で答えたんです。ヨーロッパの時間は現在を起点にしてずっと続く永遠、日本は始まりもなく終わりもない無限といった時間観なのではないでしょうか。そんな対話がありました。石元さんが伊勢神宮を撮っていた頃だと思います。

森山――伊勢神宮撮影は式年遷宮の年の一九九三年、翌年アル ル国際写真フェスティバルで個展と受賞式に臨みますから、そのスピーチのためだったでしょう。

石元――内藤さんとは「時間の矢」のことなんか話したかもしれない。日本の時間はどうも曲がっちゃって、四季がはっきりしているのと関係があるように思うのね。

森山――アジアの時間、イスラムの時間というテーマもあるわけですが、私の初取材の時の発言「デザイン的すぎる欠点」はもう思ってはおられませんよね。

石元――ああ、なんでも型にはまっちゃうという問題ね。いや、今でも思っているの。壊したいんだけれど、壊せない。他の写真家のを見るとそうでもないんだけど、自分の場合は写真の四隅が決まりすぎていて、崩せないという……。

森山――大辻清司さんはそれを「贅沢な悩みでしょう」と評しました。それならボワッとした雲、偶然を手法とするカラー多重露光は構図を壊す試みだったわけですね。

石元――そうなんだけど、多重露光にしても、フレームに入っちゃうのよ。それぞれのショットが収まってしまうと、重ねて撮っても結局はフレームに収まるということなのかしらん。

内藤――『シブヤ、シブヤ』といったノーファインダーの場合はどうですか。

石元――ノーファインダーでも、カメラにもレンズにも慣れていると、こう撮ればこう入るとわかっちゃうからね。〈会場・笑〉

森山――多重露光は重ねの記録なしに、結果として四、五割は作品になってしまう。ノーファインダーでも同じだというのですから、何をか言わんやですよね、皆さん。そんなに出来過ぎたら、自由もなければ、面白くもないんじゃないですか、石元さん。

石元――面白くないよ。〈会場・笑〉

ザ・ファミリー・オブ・マン展秘話と黒い羊

森山――会場に横浜美術館館長の逢坂恵理子さんがお見えです。建築、デザインに次いで、ファインアートの観点から石元さんの写真に対してどのような関心をお持ちかうかがいたい。逢坂さんはこの秋(二〇一〇年)に出品点数五百点規模の石元さんの回顧展会場である水戸芸術館で長らくキュレーターをなさっていました。

逢坂――森山さん、ずるい！〈会場・拍手〉。その質問にはお答えせずにまったく違うお話しをします。小学校にあがる前、親に連れられていったのが「ザ・ファミリー・オブ・マン」展でした。展示写真のいくつかは、はっきりと覚えていて、石元さんの白人と黒人の少女の写真二点も記憶にあるんです。ですから私にとって日本人写真家の写真を見た最初が、石元さんでした。

森山――東京展は一九五六年開催です。それにしても小学校にあがる前とは！

逢坂――後にエドワード・スタイケンの企画で、石元さんは実行委員会のメンバーでもいらしたことを知るのですが、あの展覧会の作品群は私が写真に興味を持つようになるきっかけでした。で、石元さんにうかがいたいのは、写真展は実際にどうだったのかということです。

石元――その展覧会は日常を撮った写真ばかり選んでいたのよ。スタイケンはそれ以前にＭｏＭＡ（ニューヨーク近代美術館）で戦争写真の展覧会をやっていて、その時の経験と反省から「ザ・ファミリー・オブ・マン」を企画した経緯がある。戦争の写真を視た観客は、もう戦争をやってはいけないと思う前に、視た写真のことを忘れるというのよね。

森山――忘れるというか、忘れたいわけでしょう。

石元――そうかもしれない。それで戦争ではなく日常が大事とスタイケンは考えたみたい。でも日本ではああいうテーマは、ある意味で安手のヒューマニズムだということで批判もあった。アメリカではそんな批判はなくて、良かったでしょ。

ニューヨークでの戦争写真展を自分は見ていないんだけれど、スタイケンから意図を聞いて、日本での批判は間違ってると思った。

逢坂――大人になって知ったそうした批判に疑問がありましたので、石元さんのお考えをうかがって安心しました。

森山――逢坂さん、ありがとうございました。戦争と美術は大きな問題です。戦争を美しく定着すると誤ったメッセージを発し、でも残酷なだけでは人々は目を背けてしまうという意味で――。

約束の一時間が過ぎようとしています。

私から石元さんへの最後の質問です。サンフランシスコで石元さんが誕生するにあたり母親の美根さんは知り合いから、「子供の一人に黒い羊が生まれる」と予言されました。冥界の神々に捧げられる「黒い羊」はその後、どうなったのでしょう。

石元――それは産婆さんだった村山なみえ――朝日新聞創業者一族だと思う――が自分のお母さんに言ったこと……自分は、その黒い羊だったかもしれない。

森山――すべてを語らせようとするのはライターの悪い癖です。にも拘らず石元さん、答えにくい質問の数々にもお答えいただきありがとうございます。

――質疑応答略――

森山――石元泰博さんと内藤廣さん、お疲れさま、ありがとうございました。拍手でお送りください〈会場・拍手〉。トークショーはこれで終わりにいたします。

（二〇一〇年）

『日本写真年鑑2013』
追悼　石元泰博のいない世界で

石元さんのいない所で石元さんについて語る——二〇一二年二月六日以降、それが常態となってしまった。納棺は死去から三日経った二月九日、あまりにきれいなお顔に石元宅に集った一同は息を呑んだ。両の手は硬直することなく生前のままで、すぐれた彫刻家が柔らかな石から掘り出したばかりのよう。こんなことが稀に起こるらしい。滋子夫人逝去後の孤独、混迷を深める世界と日本に対する憂いから解き放たれた石元は安らいで見えた。

死は浄化であり、作品はその時から新たな再生の歩みを始める。写真家として、人間として、見事という他ない一生であった。だから、その死を悲しむことはない……。そう思いながらも、二月十一日の告別式での喪失感はいかんともしがたかった。参会者のだれもがそうだったことだろう。

伊勢神宮は遷宮によって「常若《とこわか》」

石元さんのいない空間で石元さんについて語る——生前にも、同じ体験をしていたことに気づく。二〇一一年十月三十日高知。「写真家・石元泰博の眼―桂、伊勢」展オープンの日、石元は体調を崩して、高知県立美術館に姿を見せることはなかった。当日午後のスペシャルトークは、石元抜きで、石元について語る場となったのだ。登壇したのは、石元の伊勢神宮撮影時に神宮にあった矢野憲一、石元撮影で四冊の自作の写真集をもつ建築家・内藤廣の両人。司会を依頼されていたため、主役の不在を埋めるべく、冒頭で代表作約百点を投影してつたないナレーションを加えた。

矢野憲一が最初に語った伊勢神宮公開の歴史は興味深かった。年間八九〇万人の参宮者を迎え、式年遷宮の模様が映像とともに報道される現在に至るには、長い年月が必要だったのだ。

新聞に撮影許可が下りた最初は一九五三年の第五十九回式年遷宮の時で、第六十一回の遷宮の年、石元は七十二歳。最後の機会と思って撮影を希望し、内宮の撮影申し込み三七社・四七〇人のなかから、「桂に実績のあることで許可が下りた」。選ばれたのは写真家四人と映像班一組。桂離宮撮影が伊勢神宮撮影につながったとは、「桂、伊勢」を記念するトークにふさわしい秘話だったと言えよう。

石元の撮影スタイルを述べた後の矢野の一言は「もう止めにしたらいい」。ドキッとするこの発言の真意は、伊勢神宮撮影は石元で打ち止めにしたらいいとの矢野一流の賛辞であった。

「遷宮直後の神宮を一番美しいとお感じですか」と質問してみた。「それはもうその通り。時錆びた木材にも美しさはあるだろうが、しかし新しい時が一番。何事にも〝旬〟がある」、「式年遷宮とは、そうした〝常若《とこわか》〟を願う人々の気持ちを具現化するものだろう」というのが矢野の答えである。

数の神秘、撮影二十年周期の不思議

石元さんにおける数の神秘について語りたい――式年遷宮の二十年は、石元における数の不思議とも大いに関係するからだ。三十歳までは勉強を続けようと農業学校時代に考えた通りイリノイ工科大学の卒業式は一九五二年六月十三日、満三十歳最後の日だった。これは予定された来高を取りやめた石元の電話メッセージとして、テープカットの場でも流されたエピソードである。

撮影には二十年周期がはっきりみてとれる。桂離宮の最初の撮影は一九五三年、それからきっかり二十年経った一九七三年に曼荼羅撮影があり、さらに二十年後、伊勢神宮の式年遷宮撮影が実現する。何という数字の連なりであることか。石元自身が二十年ごとに新たなテーマに遭遇している。石元写真における「常若」である。また、カラー多重露光写真を撮り終えてカメラを置いた二〇〇八年は、二十七歳でインスティテュート・オブ・デザインに入学してから六十年後であった。

内藤廣には「桂と伊勢の建築および石元写真との関係」という、答えにくい質問をした。一九九三年の式年遷宮の折、この建築家は儀式の一幕に運よく参加でき、二〇一〇年刊の再編集版『桂離宮』に、序文「踏石とアキカン」を寄せている。踏石は石元がはじめて桂離宮撮影を試みた際の主なる被写体であり、「落葉とあき缶」とは一九九二年の石元の個展のタイトル。桂も伊勢もすぐれた建築であるにせよ、石元にとって、被写体としては地面にめり込んだ空き缶と等価だ、との見解がその一文にうかがえる。卓見である。

実際の建築より石元さんの写真の方がいい——それが先の質問に対する簡潔な返答だった。桂には建築に挑むような写真家の視線が感じられ、伊勢では必ずしもそうではない理由について、「伊勢神宮は、日米の国籍をもった石元さんにとって特別なものだったのでしょう」と推し測る内藤であった。

石元の写真の特質を抽出するべく、京都・山崎にある国宝待庵を撮影していたら、との仮定を司会者として話題にした。「利休の待庵は二畳台目の極小空間、ある種の均質空間です。石元さんの資質と共鳴して、ただならぬ写真になった可能性がある」。こう発言した内藤は、もし待庵撮影が実現していたら、〈桂—伊勢—待庵〉がトライアングルを成して、石元の写真の真価がよりはっきりしたのではないか、とその機会がなかったことを残念がった。

トーク終盤、矢野憲一は待庵なる名称に触発されたのか、やや唐突に「浄暗《じょうあん》」と口にした。神主だった矢野にとって伊勢神宮の空間は「浄暗」なのだろうが、期せずして発せられたのが「待庵＝浄暗」説でもあったと解すれば、なおさら石元撮影の待庵が見たかったと口惜しい。

トークショー「写真と写真集の理想」での語り

石元さんと石元写真について語る——そんな機会があったことも思い出される。二〇〇九年五月十一日、「石元泰博「多重露光」」展が開かれた武蔵野美術大学美術館のプレス発表会で、アートディレクション担当の杉浦康平と石元との予定外のトークが始まり、急遽マイクを握って司会にまわった折のことだ。

最後の機会は二〇一〇年五月二十九日、拙著『石元泰博——写真という思考』発刊に際して青山ブックセンターで行われた記念トークショーの場である。石元登壇というこの稀なる機会に、会場は人で埋め尽くされた。ファッション関係者をうならせるセンスの良い出で立ちで登場したこの時の石元は、記憶を紡ぐように自らのシカゴ時代から語り始めた。

登壇者の内藤廣。求められて会場から発言した「シカゴ、シカゴ」展（一九六二年）のデザイナー杉浦康平、石元が出品した「ザ・ファミリー・オブ・マン」展（一九五五年）を幼少期に見たというキュレーターの逢坂恵理子。こんな三人のコメントにも、石元はいささかも気取ることなく、ユーモア漂わせる語り口を披露してくれた。

写真集『刻（moment）』に関連して、「現象としての無常を撮り、その作品は無常が心理に反映したわび・さびとは無関係なのでは？」との問に対しては、「むつかしいなぁ。ちょっと考えさせてね。ううん、わび・さびとはちょっと違う格好で撮ってはいるよね、確かに」。こんな具合だったのである。伝説の写真家、青山に降臨。聴衆はそのことを悦び、よく笑っていたのが司会者としては嬉しかった。

右―高知県立美術館
石元泰博展示室
二〇一四年十月開設
写真提供＝
高知県立美術館
写真上は石元夫妻の
リビングルームを
再現

言語を介したエロスとタナトスの表現

石元さんがいない時間を思う――石元没後、求められて何本か追悼文を書いた時には、石元不在の高知のスペシャルトークで兆したテーマが去来していた。その一つである「数の神秘」については先に言及した。もう一つは「エロス」だ。

待つことが浄めることであるようなエロスの発動を感じさせる石元の写真がある。一九五九―六一年のシカゴ滞在中に撮られた、雪降るシカゴの街頭で傘の男女がすれ違うショット。中景のごみ箱には「HELP KEEP/OUR CITY/CLEAN」が、二人の頭上には月に見まがう円形の空隙がある。「Help keep me clean＝私を浄め続けて」とのメッセージではあるまいか。そう想像してしまう端正な男女のストリート写真なのだ。浄化＝浄めの一点で、石元におけるエロスとタナトスとはつながる感がある。

このことに関連して、石元が文字や記号に意識的であることを示す作例を付記しておこう。「MIME FATAL」（FEMME FATAL＝運命の女）との看板もしくはポスターの前に立つ骨董商の老女は裸足で、その姿は『シカゴ、シカゴ』のカバーを飾ったロリータ（運命の少女）のなれの果てのごとく苦い。石元は『シンボルの哲学』の著者、スザンヌ・ランガーの使徒でもあったのだ。

実際、石元が「エロス」と言葉にするのを少なくとも二度聞いた。一度目は、建築家・白井晟一設計の佐世保の親和銀行の撮影を依頼された折、白井から「君、建物には、エロスがなければだめだよ」と言われたこと。二度目は、その何年か後、東寺で伝真言院両界曼荼羅の諸尊をファインダー越しにのぞき、はっきり「エロスを見た」と振り返った時のことだ。関係者全員がそのファインダー上の像のとりこになって、一度は断られた曼荼羅撮影が実現した。

「不二《ふに》」とは、理と智が一体となった密教における理想の状態とされる。石元は曼荼羅撮影では「不二＝ふたつにあらず」を感得し、伊勢神宮では「時間」の概念を刷新されたとする。

曼荼羅のあとに伊勢を撮影できたことを良しとし、神宮撮影の前後からは宇宙誌ともいうべき『刻』に結実する撮影を続けた。エロスとは触覚的で移ろうもの。曼荼羅が発端であるにせよ、不二はそれを超えて石元に大きな影響をもたらした。

構成が際立つ理知的な桂撮影から、曼荼羅体験を経て、対象に寄り添う伊勢に至る。さらに、特権的被写体から離れて時の移ろいを定着する『刻』へ。「語られることの少ない石元にとっての〝エロス〟とは、イデアとリアル、理と智、秩序と渾沌、視覚と触覚を媒介するキーファクターだったようだ」。追悼文執筆から一年経ったいまも、その感慨に変わりはない。

死は浄化であり、作品は新たな歩みを始める――石元さんのいない世界で、石元さんについて語ることが始まった二〇一二年である。石元さんがいなくとも、ある日ある所で石元さんを思い、石元さんについて語れば、石元さんはそこに降臨する。

（二〇一三年）

「柳澤紀子　夢の地面」展　2010

柳澤紀子の〈場所〉に接近する試み……

……黒曜石のごとき表層を走るニードル……

腐蝕銅版画家は描画する前の銅のプレートを三度変貌させる。鏡のように磨き上げ、版面に腐蝕止めのグランドを流して栗色のニス状の透明で均一な皮膜を成し、それを油煙の出る炎でいぶして黒曜石の如き美しい艶をもった肌を造るのである[*1]。

版はこれで描画を待つばかりとなるのだが、針《ニードル》はグランドをはがすのみで、版を刻するのはすべて酸の仕業ということになる。一度でも腐蝕銅版画を試みた者ならば、銅板は手強くも柔らかで、力仕事とは無縁な軽やかさで描けることに意外の感を抱くことだろう。

銅版画を制作する柳澤紀子の密室の作業を実際に見たことはない。だが、静岡県立美術館の座談会[*2]で流れたビデオ「土曜美の朝」[*3]に制作風景が挿入されていて驚かされた。

鉛筆による下絵を銅板に乗せプレス機にかけて転写するのが銅版画では一般的であって、反転した線にしたがって版面をニードルでひっかくことになる。だが柳澤は、原画を転写せずに、何枚ものドローイングを前にして、銅板に直接ニードルを走らせていたのだった。理由を訊ねると、「それを指摘されたことはないのだけれど」と前置きし、当惑をまじえて逆版にして描くことへの違和感を言葉にした。

……箸にはさんだ縫物針で自由に描く……

銅版画の技法書で、例外的に扱われる転写なしの描画である[*4]。作家にとって原画のイメージが制作の到達点であるならば、鉛筆による原画を裏返して転写しなければならない。しかし、ニードルで描いて銅色の鮮やかな線が現出するプロセスを大切にするなら、逆版はありえない。柳澤の制作の手順では、紙の上のドローイングと銅版上での描画は手の運動において連続し、最終作品は原画とは左右逆になる。

そのニードルにしても、柳澤は市販の専用ニードルではなく、箸に縫物針を挟んで描いていたという。この箸はおそらくは割り箸で、針をはさんで紐か針金で巻いて固定していただろう。こんなプリミティブな道具でも、薄い皮膜であるグランドを削るには充分なのだ。筆触をできる限りドローイングに近づけるための道具だということから、転写された線をなぞることをしない作家の感覚が理解できる。

柳澤の縫物針から連想するのは、ウィーンに生まれロンドンで作陶を続けたルーシー・リィー（一九〇二―九五年）の編物針だ。ユダヤ系であるため英国に亡命したルーシーは四十歳代、青銅器時代の焼きものと掻き落としのための鳥の骨に魅せられた。彼女は鳥の骨を編物針に代えて、特徴となる線刻による作風を確立していく。手仕事といったほどの意味をもつ「ブリコラージュ」概念を持ち出すまでもなく、美術家は身近にある慣れ親しんだ簡素な道具に工夫をこらし、まぎれもない己の作品世界へと沈潜する。

厳密なプロセスをたどる銅版画にあって、作家が真に生きる過程はどこなのかはもはや言うまでもないだろう。製版前に重ねるドローイングは夥しく、後年ドローイングと版画ほかによってミクストメディア作品を制作することになる作家の動機の一つは、この手法に由来するはずである。柳澤が選択した手法は奇しくも師である駒井哲郎と同じで[*5]、自由な描画の過程は制作の一プロセスにとどまるのではなく、銅版画家が生きる時間そのものなのだ。

さらにこの手法を採用することで、製版を終えた銅板をプレス機にかけて紙をめくる瞬間には、描画とは真逆のイメージの出現に立ち会うことができる。銀塩写真家が現像液の中の印画紙に黒白のイメージが浮かび上がるさまを天地創造に感じるとすれば、銅版画家が紙に出現するマチエールとイメージを同様に感受したとしても不思議ではない。

……作業机にはいつも鳥の羽根があって……

銅版画家の作業机にはさまざまな道具が並んでいる。大小の銅板、プレート準備用の銅板切、バイス、グラインダー、ヤスリ、線刻用のビュランやスクレーバーやバニッシャー。そうした金属製の道具にまじって、鳥の羽根もそっと置かれている。製版された銅板を硝酸一、水一・五を標準とする硝酸腐蝕液に移し、酸が銅に作用すると二酸化窒素の泡が発生するから、その気泡を鳥の羽根で軽くなでて取り去らなければならないからだ。

腐蝕液は凶器である。腐蝕によって発生する二酸化窒素ガスは気管や口腔の粘膜にふれると硝酸に戻り、唾液に溶けて下あごに溜まる。駒井は腐蝕の間は版のそばから離れなかったために、三坪のアトリエに充満したガスをたっぷり吸い込み、舌癌のために五十六歳で亡くなった[*6]。羽根は気泡による腐蝕の停止を解消できても、ガスの毒性を消し去りはしないのだ。

柳澤が駒井死去の一九七六年に発表した「Descent」には、羽根ではなく鳥自体、それも題名どおり墜落する黒い鳥がいる。羽根がはっきりと天使の翼のかたちをとるのは一九八〇年代後半、たとえば「空の片II」や「Wind」といった手彩色された版画においてだ。近年のミクストメディア作品に頻出する翼は、独立した形象として存在感を高めている。

パウル・クレーの「忘れっぽい天使」(一九三九年)は、筋硬化症に冒されて体の自由がきかなくなった画家が鉛筆でスケッチした忘れがたい今日の天使。アンゼルム・キーファーの鉛とブリキとスティールによる「翼のある本」(一九九二―九四年)は飛び立とうとはしているのだが、本当に飛べるかどうか覚束無い。水中に落下する男性を撮影して上下逆に投影するビル・ヴィオラの「聖天する天使(ミレニアムの五天使より)」(二〇〇一年)も思い起こされるが、「私の翼は重い」という柳澤のそれは、飛ぶというより墜ちてゆく印象が強い。

天使の翼はアレゴリーとしてではなく、人体にフィットする「あくまでも形と色」の必要から生まれたと作家自身は言う[*7]。だとすれば、手元にある羽根が描画の過程で紙に移ってはばたいた可能性を否定できない。その翼は、色をまぜる前のパレットの仕切りごとの鮮やかな色で彩られるようになる。

……透視され断片化するトルソー……

翼がそうであるなら、多くは頭部も四肢も欠く人体はどこから来たのかと問われれば、画学生に親しい石膏室に置かれ、入試の課題としても出題されるトルソーから、とまずは答えたい。

胴体だけのトルソーは、直立した通常の人体より量塊の観点ならばよほど勝る。「私が描く体の出発はアフリカの男性」「出会いはニューヨーク」とのことだから、記憶に沈む白いトルソーは「形と色」の要請から黒曜石のトルソーに変じたのではなかろうか。しかし、そうした身近な事物が作品に転位するのだとしても、その仕儀は無意識に属するだろう。そう思わせるのは、身体を作品の重要なテーマとする柳澤の関心を如実に反映する授業のドキュメントがあるからだ。二〇〇八年前期に大学院生と学部四年生を対象とした「美術解剖学の流れ・美術解剖図譜を見る眼」がそれである[*8]。

このゼミナールで柳澤が学生に提起した問題は三つあった。十六──十八世紀の美術解剖図譜からうかがわれる身体観およびそれらが今日の身体観に付加するものがあるか、歴史に埋もれた美術解剖図が今も訴求力を持つ理由は何か、版画(木版画、銅版画)による図譜の訴求力に今日学ぶべき点があるかどうか──柳澤の問題提起はこう要約できる。

学生が大いに興味を示した作例は、背景に生命の活力を示すアレゴリー的図像や死者の再生をメタファーとする動物が腐刻された「人体筋骨解剖図譜」(ベルンハルト・S・アルビヌス)、カラー・メゾチント技法による「人体構造解剖図集」(ゴーティエ・ダゴティ)だったと報告されている。これらが指導教員自身の関心を惹かないとは考えにくい。実際、柳澤が描く身体には解剖図的に内部が透ける傾向が認められ、身体周囲には隠喩的な形象が散乱状態で置かれている。また、ダゴティがカラー・メゾチントで縦一・二メートルもの四色版の全身解剖図を刊行したことに注目する柳澤のカラーのミクストメディア作品には、一辺二メートル超の巨大なものがある。

銅板の表層を形容する鏡と透明皮膜と黒曜石。描画用の縫物針と縫い目、腐蝕の過程で生じる気泡とそれを取り除く羽根、トルソー。これらは作品の中で次元を変えて甦り、そうした創作の場所には「近いは遠い、遠いは近い、些事は大事、大事は些事」とでもささやく妖精の声が木霊していると想像する。すぐれた表現者の創作の現場では、借り物でない「いま・ここ」と想像力が捉えた「かつて・かなた」とが交錯し、火花を放っているに違いない。

……墜落というテーマはどこから来たか……

柳澤の作品において身体の多くは直立することなく、蹲《うずくま》り、断片化し、散乱、墜落する。評者の誰もが指摘するこうした形象はどこから来たのか、どこへ行くのか。問題を解く鍵は、作家が若き日に関心をもったポール・ゴーギャン（一八四八―一九〇三年）にあるかもしれない。ただし、学生時代にゴーギャンの木版画に影響されたからといって、柳澤に大地的な活力を指摘することには違和感がある。

看者の性差によるのかもしれないが、世知にも長けた柳澤の物言い・もの腰の間隙に見てとれるのは、内向的で賢い少女の眼差しである。浜名湖の入江に位置する古人見《こびとみ》に育ち、油絵から版画に転じた画学生は、無際限な自由のなかでよりも不自由や欠損においてきらめくだろう。

ゴーギャンの木版画は確かに魅力的だ。柳澤と同じように原画とは逆版になっている作品も散見される。だが意識的、無意識的のいずれであれ、柳澤が現在に至るまで共鳴するのはカラリスト・ゴーギャンではなかろうか。「ゴーギャン展」（東京国立近代美術館、二〇〇九年）会場で、タヒチ以前と以後でモチーフは変わっても色彩感覚は一貫していると感得した。

『タヒチからの手紙』でゴーギャンが、遺作と言うべき「我々はどこから来たのか、我々は何者か、我々はどこへ行くのか」について記した「余りに意図を強調しすぎると、絵に可能性がなくなってしまう」[*9]との思考も柳澤の共感するところだろう。

作品を「きれいに作ろうと思ったことはない」と明かし、即興性や偶然性を実作に活かそうとする柳澤は、原子爆弾投下以降、ワールド・トレード・センター崩落以降を生きる現代の美術家である。ゴーギャンが遺作にこめた思弁は、核の実験場を意味する「Test Zone」の版画家に生きている。問いはいつも身近にあり、答えはどこまでも宙吊りのままだ。

蹲り、断片化し、散乱、墜落する黒曜石の身体はどこから来たかを再び問うなら、一つは造形上の要請から、もう一つは時代認識からとしか答えようがない。

静岡県立美術館のロダン館に展示された柳澤のミクストメディアの身体は、蹲ることで量塊《マッス》を、断片化し墜落することで運動《ムーブメント》を際立たせ、作品が過渡的であることで、自足せずに外部に開かれているように思えた。柳澤よりきっかり百年前に生まれ、「青銅時代」「地獄の門」「カレーの市民」「バルザック」と人類史をモチーフに駆け抜けたオーギュスト・ロダン(一八四〇—一九一七年)の生命感の強い彫刻をプレス機にかけたらどうなるか、あるいは紙にプレスされた柳澤の身体をブロンズに変換することはできないのか。ロダン館では不意に、そんな問いが兆したのだった。

……ニューヨーク、ラダック、インド、中東……

時空の概念をもたない妖精はどこへでも行く。中東が好きだという柳澤の旅の始まりはニューヨーク。滞在したのは一九七一—七五年の四年間(三十一—三十五歳)だ。アンディ・ウォーホル(一九二八—八七年)のシルクスクリーン全盛のニューヨーク、プリントメーキングワークショップで制作したのだが、ヒップな都市にどっぷり漬かった四年間は「ほとんどいい仕事ができなかった」と語っている。

駒井が政府私費留学生としてフランスに滞在したのは一九五四—五五年(三十四—三十五歳)。西洋文明の厚みに圧倒されて「自信喪失の記」[*10]を書く始末だった駒井と、大学院在学中に作品「聖」「Lips」で版画協会賞を受賞し(一九六四年)、修了六年後に敢行した柳澤の遊学の年齢および作品制作が不満足だったことは重なる。異なるのは、柳澤の陰翳ある在米体験が刺激的すぎたことのようだ。外部からの刺激の過多はしばしば創作を疎外する。

次いで帰国後の「Descent」(一九七六年)から「原風景への旅I・II」(一九八〇年)制作あたりの数年を、「あの当時は漂流しているみたいに大変な時期」と作家が振り返る理由は明らかではない。静岡での結婚や出産や育児が想定できるが、水に身を委ねる漂流は実生活上の大変さからだけだったわけではあるまい。

柳澤に転機をもたらすのは、留学による駒井の喪失感を救ったのと同様［＊11］、詩であったと推測できる。帰国以降、ポートフォリオ「海」発刊（一九八四年）までの個展や書誌には、詩人岡田隆彦との協同作業が目立ち、その岡田から友人の詩人吉増剛造を紹介されたのは一九八〇年頃のこと。過剰で透明な〈意識の流れ〉派とでも呼ぶべき吉増の詩と、「水邊《すいへん》の庭」以降の柳澤の作品には類縁性を感じる。

旅もした。柳澤は帰国して数年後、シルクロードの街ラダックへと。土色ばかりの中に緑、赤、黄の飾りがはためくラマ教の旗を眺めて、色彩を見直すことになる。インド・ベナレス（ヴァラナシ）では、火葬で焼け残った死体に群がる犬を目撃し、それを契機に作品に犬が登場する。この逸話から「人は犬に喰われるほど自由だ」とのコピーで知られる藤原新也の写真を連想する向きも多かろうが、柳澤が惹かれたのは犬のやさしい顔――犬の輪郭が糸の縫い目の状態で描かれるのは、そう感受した犬の表情のせいに違いない。

……版画とミクストメディアの大作と……

銅版画家・柳澤紀子にビッグバンが現象するのはポートフォリオ「水邊の庭」（一九九八年―）以降である。ミクストメディアによる大画面が多くなり、ドローイングや版画を施した雁皮紙がコラージュされて空気を孕み、原色が目立ち、作品は制作途上のように揺れている。身体にはアンモナイトが刻まれ、樹木が乱暴に接木される。六十歳目前の作家の創作にこうしたビッグバンに比すべき事態が出来《しゅったい》したのはなぜだろう。

答えのための手掛かりはなくはない。大湖に注ぐ入江に育ったカラリストには大作への指向性が認められ、雁皮紙やトレーシングペーパーといった水や氷に通じる半透明素材への偏愛も歴然としている。

先述の解剖図譜のゼミナールとは別に、柳澤は旧ソ連邦のパラジャーノフやヘルツォークといった映像作家による作品を教材に取り上げ、「場＝トポス」について思考をめぐらせる。大画面、透過光、時間という特質を有する映像に平面作品の突破口を予感したのは、時間軸にそって流れるイメージをミクストメディアの重なりに転化する可能性の故に相違ない。

「創造は、重力の下降作用、恩寵の上昇作用、それに自棄された恩寵の下降作用とから成り立っている」[*12]。思想家であるシモーヌ・ヴェイユ（一九〇九―四三年）のこの一文における「創造」は、柳澤の芸術創造にとっても示唆的である。

宇宙を統御する重力の元で人間とその精神は下降し、光に支配されるはずの天使さえ自棄された恩寵によって墜ちてゆく。もっとも、何らかの下降作用、その支配者である母なる重力がなければ、創造など必要ないとも言えるのだが……。それらが手掛かりとしてあるが、手掛かりにすぎないだろう。

今回の退任展を回顧展ではなく、通過点としての軽やかな展覧会にしたいと願う柳澤にとって、希望は未来にある。人の思考は、年齢を刻んで変幻し死すべき人の身体感覚に似ているのだろうか。それもまた誘いとしての問いにとどまり、答えは半透明の薄氷《うすらい》、紙と紙のあわい、行方の知れない風にたゆたっている。

（二〇一〇年）

註

［1］―駒井哲郎『銅版画のマチエール』二八、四〇、四一頁（美術出版社、一九七六年）。本論中の銅版画に関する記述はこの本を参照している

［2］―「静岡の美術IX　柳澤紀子―水邊の庭―」展（静岡県立美術館、二〇〇九年五月二十六日―七月五日）の併催イベントであるスペシャルトークは六月七日開催

［3］―ＮＨＫ総合テレビ「土曜美の朝」（一九九八年八年二十九日放送）

［4］―『銅版画のマチエール』に、「絵が逆になってもかまわないからもっと自由に描きたいという人でも、最初から無瑕のプレートに決定

的な線を描くのは不安だという時には」（六六頁）といった記述がある

［5］―前掲書の「エッチング（オー・フォルト）」の項で駒井は、「ぼくはほとんど下絵を取らないで、簡単な覚え書きか、あるいはそれすらもしないで直接プレート上に描く場合が多い」（六五頁）と書いている

［6］―中林忠良「駒井哲郎の時代」（『駒井哲郎：夢の水脈――銅版画とブックワークに通うもの』展図録所収、世田谷美術館、二〇〇〇年）

［7］―「対談録：柳澤紀子×建畠哲」（『静岡の美術IX　柳澤紀子――水邊の庭』所収）。本論中の柳澤の発言はこの対談録中の発言および筆者との談話による

［8］―柳澤紀子「ワークショップの場としての美術資料図書館」（『別冊KALEO　DOCUMENT MAU M&L/L』所収、武蔵野美術大学美術館・図書館、二〇一〇年）

［9］―『タヒチからの手紙』（「ゴーギャン」展図録一一二頁、東京国立近代美術館、二〇〇九年）

［10］―駒井哲郎「自信喪失の記」（『芸術新潮』一九五六年三月号所収）

［11］―清水真砂「駒井哲郎：夢の水脈　銅版画とブックワークに通うもの」（註［6］参照）

［12］―シモーヌ・ヴェイユ『重力と恩寵』一三頁（La Pesanteur de la Grâce, 渡辺義愛訳、春秋社、二〇〇九年）

人はどのようにして表現者となるのか

「柳澤紀子展　転生の渚」記念トークを終えて　2013

「柳澤紀子展　転生の渚」のテープカットの場で、柳澤は関係者に対する謝辞を連ねたあとに、言葉少なに現在の心境を語った。「前へ前へ、遠くへ遠くへと走ってきたような気がします。今回、生まれ育った地にある浜松市美術館と平野美術館で二館同時展を開催していただくことになり、いやおうなく、過去を振り返ったりしております」と。その例として、旧・天竜市出身で文化勲章受章者である秋野不矩の名を、自分を励ました作家として口にした。

トークは翌日午後だったため、午前中に遠州鉄道を利用して浜松市秋野不矩美術館に足をのばした。藤森照信設計の砦のような美術館のテラスでは、柳澤を知る老齢の夫妻と言葉を交わすことができた。往きのタクシーの運転手から「本田宗一郎物づくり伝承館」は美術館から歩いて行ける距離にあると教わっていたため、そこへも行った。

「製品を見れば、目からその人の思想が入ってくる　本田宗一郎」とのプレートが掲げてあった。製品を作品に替えれば、造形芸術の本質を突いていることに驚嘆した。さらに、本田没後製造の二輪車「ドリーム号」のボディには銀色に輝くレリーフ状の羽根が光る。柳澤展で吊るされた天使の羽根とそっくりであることに奇縁を感じた。天竜における秋野不矩と本田宗一郎。この地の特性に思いを馳せないわけにはいかない。古橋紀子、現在の柳澤紀子はこんな場所《トポス》で誕生していた。

小学六年生の油絵の自画像が始まり

武蔵野美術大学における二〇一〇年の柳澤の退任展の折、依頼されて図録に「柳澤紀子の〈場所〉に接近する試み……」を書くため、関連資料を読んだ。すると、東京藝術大学大学院在学中の一九六四年に早くも「聖」「Lips」で第三十二回日本版画協会賞を受賞していた。この二点は今回、平野美術館に展示されている。だが次なる受賞は一九九一年の静岡県文化奨励賞で、両者には三十年近く隔たりがあることを知り、この空白に、作家の来歴の特異性とそれに対する感慨があるのではないかと想像した。

人はどのようにしてアーティストになるのか。柳澤を対象としてこの問いに答えを見いだすには、浜松での幼少期までさかのぼらなくてならないような気がして、最初の絵画体験について聞いてみた。答えは、「小学校六年の時に両親から与えられた油絵の具のセットで描いた自画像」である。

浜松で工具商を営んでいた両親とりわけ母親は、娘に残すのは金銭や宝飾品ではなく教育だけとの考えの持ち主だった。長じて後は娘たちに、教育が「まさかの時の杖」となる職業に結びつくのだと語った。戦時を体験した女性ならではの処世感なのだろう。

三人姉妹の長女として生まれた柳澤は、小学校時代は特に絵が好きというわけではなかったというが、その道具をきっかけの一つとして、中学生になると絵画コンクールで数々の賞に彩られる。誉められて育つ教育のありがたさを知るわけだが、この中学時代が柳澤にとってもっとも楽しい時期となったという。

「東京芸大を目指し、充血した眼が腫れ上がるほどデッサンと油絵を描き込んでいたころ」（「出会い」静岡新聞一九八二年一月十二日）、と書いたことのある柳澤である。地元の高校では受験勉強のためのアトリエが使えず、

「夢の地面」
七五×一〇五㎝
エッチング
二〇一〇年

近隣の高校に出かけて準備にいそしんだというが、これは東京のすいどーばた美術学院に通っていた時期と重なる。

テープカットの後のロビーで柳澤の高校の後輩だという女性たちと話すと、東京通いのために欠席が重なって、卒業があやぶまれたようだ。女子美術大学受験の時にはものもらいが二つできて遠近が定かではなく、難関で知られる東京芸大受験を迎えても完治しなかった。先の出席不足が不問に付されたのは、東京芸大油画科現役合格との吉報のためだったらしい。

当時、女子高校生に「浪人」という選択はなかった。「不良と不幸とゆき遅れのはじまり」というわけで、私立大学の受験も叶った柳澤に比して、十二年後に受験した新潟の県立高校出身の私には現役以外にいくつもの条件があった。父親は四人姉妹の三女に、大学進学などしてほしくなかったのだ――。チャンスが一回だけの石膏デッサンの課題が何であったか、柳澤も私も忘れることはない。

結婚・出産、画業空白の年月

大学で林武教室に属した柳澤は、林の自宅アトリエのありさまに「これはまさに戦場だ！　そうだ、そもそも芸術は戦いなのだ」と感受するような学生だった。銅版画に出会うのは三年生のときで、フランス帰りの駒井哲郎が非常勤講師として着任して音楽学部に間借りして開いた版画教室。「銅版画は内心で演じられるドラマを表現するのに最も適している」。まわりのだれをも魅了して多くの後進を育てた駒井の作品と指導については私も垣間みる機会があったが、この駒井の言葉が大学院で版画を専攻した柳澤にとっての長らくの問いかけとなった。

在学中に第三十二回日本版画協会賞を受賞。結婚して一九七一年から四年間は、夫である柳澤伯夫の転勤でニューヨークに住んだ。ニューヨークでの生活は刺激の多いものだったが、長女の出産はこの滞在中だ。「大学院を修了するまでは、絵画の世界に男女の不平等があるなどと考えもしなかった。恨み言を言いたいわけではないけれど、作品発表の機会が、男性に比較して二十年は遅れた」。田町サロンでのトークで、こうもらした柳澤であった。

事実、渡米から文化庁派遣在外研究員としてロンドンに滞在した一九九二年まで、「漂流しているみたいだった」という柳澤には二十年の年月が横たわっている。詩人・岡田隆彦との八四年の詩画集『海へ』発刊、翌年ソウルの空間美術館で、八七年にはリスボンでの個展開催などがこの間の成果としてあげられる。『海へ』の前年にはポートフォリオ「海景」もあるが、日本版画協会賞受賞から数えれば、この『海へ』刊行が二十年後ということになる。

母への思いからアフリカのひとりの母へ

海というテーマと詩とは、遠州灘の辺りで育った画家にとって、決定的だったのだろう。作品「海景」と「海へ」から、個展「水邊《すいへん》の庭」、「転生の渚」へとつづくのだ。これらが水の系列だとすれば、地の系列といえそうな作品には、静岡県内の施設のために一九八九―九七年に製作した壁画やモニュメント「地のかけら」、「気

「光る身体Ⅰ」
二九・五×二九・五㎝
エッチングほか
写真＝岡野圭
写真提供＝鎌倉画廊
二〇一四年

が満ちて」、「分水嶺」、「地の根」がある。

　柳澤の母親は四十七歳で亡くなった。教育を最優先した母親のことを話し終えた彼女から、「あなたのお母さんの〈山に入る〉はいい言葉でしたねぇ」と問いかけられた。

　山間部から稲作地帯に嫁いだ私の母は、次女夫婦に家督を譲った六十歳のときに、「これからは山に入る」と宣言したのだと、両親と同居するその姉が教えてくれた。水利権などで掟に縛られ計画経済に近い稲作ではなく、狩猟採集の名残がある山へ。山菜採りや茸狩りもしただろうが、山での母の営みのシンボルは淡いピンクのかたくりの花の採集だったとの感がある。

「原始、女性は太陽だった」と「青踏」で高らかに謳った平塚らいちょう（一八八六―一九七一年）は、農耕社会ではなく、狩猟採集社会の自由に満ち満ちていた女性たちを思い描いていただろう。そんな傑出した女性ではない母も、魂の在処《ありか》を山に託して八十八歳まで生きた。

　銀座のとあるビストロで唐突に持ちだしたこのエピソードを、同席していた詩人の吉増剛造、ファイバーアーティストの辻けい、そして画家の柳澤紀子は即座に受け止めてくれたのだった。

　それもそのはずだ。柳澤の作品には、「人類はアフリカのひとりの母から生まれた」との学説をシンボライズする黒人男性、アンモナイトをはじめとする人類誕生以前から生息していた動植物がよく登場する。母を契機とする血の記憶は、どこまでも遡ることが可能なのだ。また、そのたった一言のために、吉増剛造は太古の女たちの「野遊び」「山遊び」に言及した自著『生涯は夢の中径《なかみち》　折口信夫と歩行』を届けてくれ、辻けいは近況を伝えるのに「山に入る」を作品制作中を意味する符号とするようになった。

太古の記憶が大げさなら、絵のコンクールに入賞する娘の紀子を応援する母、中学生で英語の弁論大会を勝ち抜くと「通詞《つうじ》になったらいい」とすすめる明治生まれの私の祖母もいた。黒船来航からちょうど百年後に生まれた孫娘に、繭から糸を紡ぐことを晩年の張り合いとした祖母は通訳の古い言い方をもって、意外な国際感覚、隠された向学心を感じさせたのだった。

アーティストになる条件はきっちり足に合った靴

きっちり足に合った靴さえあれば、じぶんはどこまでも歩いてゆけるはずだ。そう心のどこかで思いつづけ、完璧な靴に出会わなかった不幸をかこちながら、私はこれまで生きてきたような気がする。

須賀敦子が生前発刊した最後の本『ユルスナールの靴』の中の、忘れられない一節である。柳澤はその完璧な靴を早くに見いだしたがためにアーティストになれたのではないか。そんな気持ちがあって、共感できるこの一節をトークの場で提示した。画業を積み重ねることままならない時期はあったにせよ、銅版画というメディアを疑ったことのなさそうな柳澤は、推測どおり「そうかもしれない」と答えた。思いどおりに生きられる人は稀で、それでも希望を託せる何かを探しだして人は生きてきた。家族、友人、先達の、織り込まれたそうした願望が人をアーティストにすることがあるだろう。柳澤の場合は、母親の早逝が創作を持続する意思をいっそう強めたような気がする。

もう一つ、トークの最中にアーティストになる条件として兆したことがあった。「下絵から銅版へ写しとる翻訳作業。日常の精神的なドラマを抽象的に線で彫る。自分の内側を掘り起こす、記憶を呼びさます」との、浜松市美術館の「クリエーション」のパートに掲示されていた彼女の文章に触発されてのことである。

アーティストにとっては自分の内側に降りる「自分探し」を回避することはできず、ジャーナリストは「他者探し」を信条とする。「デザイン記者」は、取材の場で作品とその思考に真摯に向き合うのが基本。私というレンズの歪みをできるかぎり排除するのが職業倫理なのだ。とるに足らない自己に向き合う不毛な時間はそこには存在しない。

同じ小学生だったとき、最初の油絵が自画像だった柳澤と、記憶にある最初の自作が映画「モンパルナスの灯」でモディリアニを演じたジェラール・フィリップの似顔絵だった当方では、関心のありように決定的な違いがある。記事を書くだけで生活できる。それは個人の能力以上に媒体と会社があるお陰だから、フリーランスになるとか自分の会社をつくるといった願望をもったことがない私は、何もかもがアーティストには向いていない。「二十四時間自由なら、キッチンドリンカーになっていたような気がする」とは、必ずしも受け狙いの発言だったわけではない。武蔵野美大での数年の教歴以外、柳澤は定職をもたないフリーランスとして生きてきた。

レジェやボナールといった画家を手本にして入賞を繰り返した十代を振り返った柳澤は、「絵はまず模倣です。作品に登場するモチーフはすべて既知のもの、作品は引用の織物なのです」と、浅薄なオリジナリティー神話を否定した。このことは言語に関しては自明である。言葉はある範囲の人々にとっての共有財産で、造語だらけの文章など成り立つわけがない。既知の要素を織物として紡ぐのがテキストであることを、詩画集をなした柳澤はよくわかっているのではあるまいか。そればかりでないかもしれない。「銅版画は内心で演じられるドラマを表現するのに最も適している」との駒井哲郎の言葉を四半世紀間も反芻しつづけたという柳澤である。ドラマは言語化の産物としてよく成立するのではないか、そうも思えてくるのだ。

さらに近年、ミクストメディアの大作が目立つのは、イメージを平面上に層として重ねて、時間軸にそって流れる映像の魅力を空間へと転換する試みなのではあるまいか。そんな見解を私はもっている。言語と映像と絵画——柳澤の作品には、各メディアの特性と魅力とが重層し、対立することなく響き合っている。

言葉と造形の互助と乖離の関係

ところで、地方から現役で東京芸大に入学すると、戸惑うことが多かったのは二人とも同じだった。

「実存主義全盛で、数年浪人した者や職業経験あって入学した同級生はそうした哲学に精通しているように見えた。わからないことにそう傷つくことなくうっちゃっておける昨今と違って、知らないことを自他ともに許せない時代だった。それでサルトルとボーボワールに代表される実存主義関連の本を、理解できてもできなくても、必死で読んだ。アートの動向についても同じでした」と柳澤は明かした。

私が入学した時には実存主義熱は過ぎ去って構造主義が主流、ミシェル・フーコー、ロラン・バルト、メルロ・ポンティなどが必須科目となっていた。小林秀雄の『近代絵画』を読んだだけ、いまはない長岡現代美術館で何人かの現代作家を知るのみで上京すると、すべては未知の領域であった。

本を読んで概念を吸収する速度と、白紙に手で描くスピードは違う。言語のスピードに慣れると、手は置いていかれがちだ。だが柳澤は本を読みながらも、モデルが始終出入りする油画教室に属することで、手を置き去りにすることはなかった。彼女は必死で読み、必死で描いた。

柳澤がニューヨークに滞在した一九七〇年代前半は「ポップアートからコンセプチュアルアートへと移行する気配があった」という。芸大にも部分的ながらその傾向は流れこんでいたような気がするが、それを自分に引きつけて消化する理由が在学中の私からは失せていた。

デュシャンによって絵画に介入した言語は、具象か抽象かといった二分法を意味のないものとした。「具象か抽象かといった分け方はしない」とは柳澤の述懐である。だが、アンディ・ウォーホル、イサム・ノグチ、猪熊弦一郎といった独自に歩む作家の知遇を得ながら、柳澤のテーマと作風は彼の地では定まらなかったようだ。外からの強すぎる刺激は、自己に沈潜しての創作を阻害することがある。彼女が〈水と地〉とを我がものとするには、一九八〇年の西チベットはラダック体験まで待たなければならなかったようだ。

ゴーギャンの色彩と永遠の問いかけ

トーク前の打ち合わせ室で、ゴーギャンのことが話題になった。いまなおアートのアポリアとして生きているのは、デュシャンのゲーム感覚と思弁ではなく、ゴーギャンの遺作「我々はどこから来たのか、我々は何者か、我々はどこへ行くのか」ではあるまいか。そんな見方を確認しあったのだ。ゴーギャンは柳澤の色彩感覚に合致する画家だが、それ以上に、悲運だったゴーギャンの問いかけはいまを生きるアーティストが超えることのできない壁だろう。柳澤の連作「Test Zone」、そして東日本大震災をへての今回の新作は、その問に答えようとするものでもある。

作品に登場する動物にそそぐ柳澤の眼差しはあたたかい。輪郭が糸の縫目のように見える筆致にも注目する。「ある時から、動物を描かなくてはと思ったの」とは市美術館での発言だが、核の下では、人間と、人間によって居場所を奪われた動物とは同じ境涯に置かれていると考えることができるのではないか。「そうですよ」と画家は答えた。作品を見れば、目からその人の思想が入ってくる——。

二〇〇九年にはじめて日本上陸したゴーギャンの先の遺作を、柳澤は名古屋ボストン美術館で、私は東京国立近代美術館で見た。タヒチ以前と以後で、モチーフは変わっても色彩に変化はなかった。色彩感覚はたぶんに生理的なもので変化することが少ないというのが定説である。書き手の経験から言えば、絵画における色彩は、言葉における音だと思うと発言した。母音は発する口の形によって世界における位置を表し、言葉がまとう色に相当するのが子音。サ行は緑から青の色を着て、マ行はモーブ、紫色を帯びている。両美術館で柳澤は、上質なカシミヤ製の鮮やかな青紫色のマフラーをひるがえしていた。

銅版画における色彩はなべて美しい。その中でも、柳澤の「水邊の庭」、とりわけ「同Ⅶ」の深いブルーグリーンなどにはほれぼれとする。創作の秘密を明かす発言として注目したのは、「私の場合、形と色は必ず同時に降りてくる」であった。本物の詩人なら、意味と音とが同時にやってくるといったように、事態は同じなのかもしれない。

作家の「思考の断片」、「折々の記録」

図録「転生の渚」では、柳澤紀子のエッセイを堪能できるのが嬉しい。それで、「須賀敦子は好きですか」と聞いてみた。晩年十年ほどの執筆活動が読書界の評価を獲得して、没後に全集が刊行されたイタリア文学者にしてエッセイスト、小説は未完に終ったのが須賀である。「キリスト者としての発言が鼻について、たくさんは読んでいないのだけれど」と彼女は答えたが、二人の文章にはどこか類縁性があるように感じられる。たとえば、柳澤の「思考の断片8……浜名湖……」。

私が生まれ育った広大な遠州灘、
台風の後の荒れた海岸、幼い時からずっと見ていた場所《トポス》
その辺りの古人見町《こびとみちょう》　出身地の見慣れた風景　過去の記憶の風景が広がる。
水辺を背にして貼り付くように集落がある
幼い頃に歩いた道、水のある風景、船、水辺の景色が
古人見という村が心の奥に、この磁場の風景がいつも引っかかっている
記憶の底にある水の原風景
自身のなかでイメージをつくっているかもしれないが。

「前へ前へ、遠くへ遠くへと走ってきた」柳澤が、いま振り返る古人見である。その文章を聞き手の私は浜松市美術館でのトークの最後に朗読した。田町サロンでは、「作品の今後のテーマは何ですか」との質問に対する柳澤の「答えがあればすでに作品にしています」を引き取るかたちで、通過点だという退任展の図録「夢の地面」に私が書いた一文の末尾を読み上げて補足とした。とはいえ、柳澤には強い願望がある。「晩年の作品がいい、と言われるアーティストになりたい」。そうした願望に向かって、いくつかの心づもりが、予定表に下書きしてあるようだ。ロダンの百年後、一九四〇年生まれの作家の名刺の肩書きは「ARTIST」。唯一定職の機会とした大学を離れて二年、その眼差しは柔らかくも勁《つよ》い。

（二〇一三年）

開催——二〇一三年二月二十三日、「柳澤紀子展　転生の渚」記念トーク「柳澤紀子＋森山明子」、浜松市美術館＋田町サロン

「井上耐子　時空を越えて」展　2014

岩絵具の粒子による「幸福」と「永遠」

半世紀におよぶ井上耐子の作品群を鑑賞する機会を得た。二〇一四年、武蔵野美術大学美術館で開催された展覧会においてである。一九六八年制作の「立」から二〇一四年の「島の調べ」まで、年代順に大作四十点が出品されていたのだが、それらはまるで一枚の絵のようであった。

何枚もの絵を一枚の絵に感じる——こうした事態はオランジュリー美術館でクロード・モネの睡蓮の連作に向き合った人々が抱くのに似た感慨かもしれない。井上はそこを訪れた最初の二度はあいにく閉館中で、三度目にやっと楕円形の天窓から自然光がやさしく降り注ぐ「睡蓮の間」の素晴らしさを体験できたのだという。三度もトライしたことから、井上にとってこれは画家としてよほど切実だったに違いない。

「命そのもの」を描くことに始まり、色彩は不変

馬は、「命そのものを描きたい」という動機で、井上が卒業制作で取り組んだモチーフである。「春夏、秋冬、仔馬が生まれると聞いては飛んでいく」といった那須野行きは六八年以来、五十年に及ぶ。次いで、ラスコー洞窟壁画に対面した初回は一九七九年初夏で、一万五千年前の躍動するバイソン(野牛)、牛、馬、鹿などに感動した。そこで見た野牛をはじめとする動物は、一九八〇年から三年間、院展出品の大作で同じように躍

「ラスコー幻想」
二一二×一七二㎝
一九八〇年

動している。

子どもが最初に登場するのは一九八七年の「遠い響」。四十一歳で授かった待望の長女香里はこの絵の制作時には一歳だから、絵の中の少女は実在する子どもではない。幼なすぎて海外に連れていけなかった我が子を思いながらの制作に対して画家は、「だから実感が足りなくて、絵がまだ硬い」と展覧会場で漏らした。

馬とともに題材としてまず描かれた女性は、現在に至るまで変わらぬモチーフだ。一人、二人、母子像、三人、四人と組合わせは数種あり、着衣と裸婦が共存している。実際に目撃した紀元前六—五世紀のフレスコによるエトルリア壁画の人物を背景にしたり、郷里・瀬戸内の三美神とおぼしき作品もある。人体表現は柔らかさ・軽やかさを増しつつ、特徴的なのは絵の中の子どもが「遠い響」以上には成長せず、女性も老いることがないことだろう。

法務省から受刑者の作業衣や舎房衣といった被服の色彩改善提案を依頼されたのは二〇〇四年のことだった。刑務所の見学では赤と緑の縦縞の布団地には驚かされたが、他は徹底して無地、暗いモノトーンしかなかった。色彩心理学が専門の千々岩英彰と連名で提案したのは「色をさす」。例えば、男子舎房衣にはミント色、女子作業衣にはピーチ色、そして赤と緑の縞だった布団地は柿色と栗色のストライプ。ピーチ色を含む色相帯は井上の絵の主調色に合致し、植物や空の色彩はライトグリーン系のミント色に近い。

ピンク、肌色、淡い褐色が画面を覆う井上の色は全作品が一枚の絵のようであり、二十代にして画家としてほぼ完成していたとの実感を筆者が抱くおもな理由だ。ただ日本画を見るたびに、絵の素晴らしさ以前に、多くは稀少な鉱物を粉末にした岩絵具自体の美しさに目を奪われる。鉱物の粒子が光を受けてきらめくからで、その分、日本画の美しさとは何なのかと考えさせられもする。

「岩絵具の魅力に引かれたことが、私の日本画との出会い」とする井上は、その筆頭に、「群青や緑青のように美しい天然顔料は、藍銅鉱や孔雀石の岩石を砕いて作られる」と例示する。その上で、「貝殻から作られる胡粉は白い色の中に不思議なぬくもりをたたえていて、私にとってもっとも大切な色である」と表明している。鉱物を乳鉢で細かくすり潰すほど粒子が光を反射して彩度を減じるのが岩絵具の特徴だと聞くが、胡粉は色面にさらに柔らかさをもたらす。井上は自作の下絵をすべてクレパスで描く。粒子の点で岩絵具に近いパステルを下絵に用いない理由を問うと、「パステルは岩絵具に似すぎて、最終作品で飛躍できないから」との答えが返ってきた。下絵ではあるが、それ自体でクレパス画として成立しており、本画にはない黒に近い輪郭がくっきりと描き込まれている。こうした対照は、絵具と絵画に対する画家の直感と経験による必然的な選択の結果なのだと考えられる。

生命は輪郭をもたない粒子の運動

生物学者の福岡伸一は述べている。例えば固体と認識している身体にしても、「すこし時間軸を長くとれば、不断の流入と流出の中にある液体のようなものでしかなく、もっと長い目でみれば分子と原子が緩やかに淀んでいる（略）不定形の気体であって、その外側にある大気とのあいだには絶えず交換が行われるゆえ、明確な区別や界面はない」（「芸術と科学のあいだ（40）」日経新聞二〇一四年十一月十六日）。その例として、日本画家・高山辰雄の「牡丹　洛陽の朝」を図版に掲げて解説した。

輪郭を引かない点描画、朦朧《もうろう》体といった絵画の歴史を越えて、井上が輪郭に頼らないのは、「命そのもの」を描くために直感的に選んだ手法だったように思えてくる。それも、岩絵具が粒状であることで、福岡が指摘する大気と交換する分子と原子のイメージがあったのかもしれないとも思う。視覚ではなく触覚や嗅覚によって輪郭の溶けた世界を感受する時は、誰もが望むだろう前記憶につながる「仕合わせ」な時間である。

空海生誕千二百年に当たる一九七三年、井上は東寺蔵「伝真言院両界曼荼羅」の胎蔵界曼荼羅の再現模写を開始、同じ年に石元泰博はその両界曼荼羅撮影に挑んで、写真と製版による奇跡的な「復元」との評を得た。写真集『刻（moment）』（二〇〇四年）収録の文章で、石元夫人の滋子は夫妻の会話として、「肉体も〈もの〉も消滅する。けれど何か大きな力（略）で、みんな小さな小さな粒子となって、次々につながり、螺旋を描きながら限りなく上昇しているのではないかしら」、との一節を遺している。命あるものの終の姿、流動をつづける永続のイメージである。粒子レベルの想像力の発露とでも言おうか。

井上と石元をつなぐ曼荼羅体験は、モネの睡蓮にもあるような気がする。石元は八〇年にニューヨーク近代美術館で同館所蔵のモネの「睡蓮」を撮影し、井上は同じ年に同美術館を、後にパリにある「睡蓮の間」を訪れた。石元にとっては複写に近い仕事ながら曼荼羅がそうであったように睡蓮撮影も対象に没入できる得がたい経験で、『刻』では水面が主要な被写体となった。一方の井上は、その場に立つことで古の壁画に加え「睡蓮の間」総体を到達点とするような絵画のあり方を遠望できたのではないか。

絵画における「永遠の現在」

幸福の絵画とはどんなものだろう。森美術館はデヴィッド・エリオットを館長に迎えた二〇〇三—四年の開館展を「ハピネス　アートに見る幸福への鍵」と名付けた。「9・11」後に幸福をめぐる旅のテーマは、「アルカディア」「ニルヴァーナ」「デザイア」「ハーモニー」。モダンアートだけを扱った展覧会ではないものの、モネは主要な作家だった。井上の絵の平穏さと変わらなさのゆえに彼女の画業の本質を第一に「女性性」の顕現とするのが特に重要とは思えないのは、表現されているのが「アルカディア」や「ハーモニー」に通じる時空を越える祈念の世界だからだ。

美術史家のハンス・ゼードルマイヤーは、真の美術作品はそれぞれに過去・現在・未来をもつ歴史的時間と超歴史的時間を担い、作品が顕現するのは「真の時間」（脱時間）、「みせかけの時間」（混合時間）、「にせの時間」（無時間）だとした。展覧会は「時空を越えて」と命名されている。ラスコーやエトルリアが時空を越えているばかりでなく、自らの創作もそうあることを願ってのタイトルのはずである。

有史以来の生命の誕生と躍動という歴史的時間、そして千年万年を越えて残る絵画の超歴史的時間の両方を画業に据えるとの野心を画家が抱いたとしたら……。それこそが「真の時間」を顕現させると考えたのだとしたら……。若くして国宝級の古画の模写に抜擢《ばってき》される一方、自己の作品を描き続ける井上耐子の「幸福の絵画」が「永遠の現在」を感じさせるのは、そのためではないのか。

記念トークにふさわしいエピソードを聞いた。ラスコー洞窟の前に咲く草花と那須野のそれは同じだったと。その植物はマツムシソウ。時空を越える生命の神秘の一例と言えよう。

（二〇一五年）

NHKハート展選評 1995―2015

1995 ハート展の世界はもっと晴れやか

東京・渋谷のNHKの一室に、二五〇〇編もの応募作品が分類ごとに積み上げられていた。肢体不自由、知的障害、聴覚障害、内部障害、精神障害…。読み進むのに強い緊張があった。書き手の立場に立てるだろうか、偏見をもって読み飛ばしはしないだろうか。何時間か経過して窓の外の夕暮れに気づくころには、そうした緊張を忘れていた。ワープロ文字に混じる手書きの生気と、驚くべき物質のような言葉の塊に洗われたからだろう。

展覧会を見た方々が発した感想も、それに近かったようだ。展覧会場で、入選者のご家族から「ビジュアルが深刻すぎる。障害者の世界はもっと晴れやか」とも聞いた。さまざまな発見があった貴重な体験をさせていただきました。

1996 光をもたらすもの

重度の知的障害をもつ人のうち十人に一人は芸術的才能に恵まれ、障害が重ければ重いほど作品は面白いと、重度知的障害者の更生施設「みずのき寮」（京都）の絵画教室で指導に当たる西垣画伯は言い切る（日経新聞九四年十一月十七日）。大江健三郎氏がノーベル賞の記念講演で子息である光さんの「泣き叫ぶ暗い魂の声」に言及し、作曲という表現が光さんの悲しみのかたまりを癒し、聴き手も癒すと述べたのも記憶に新しい。

今年の応募作品のなかには、絵を描きこんだ詩の応募が何点もあった。手書きの文字の生気に昨年は驚かされたが、今回はさらにいっぱいに伸びる野菜の大木や、紙面の外にまで這いだしそうな虫の何匹かにびっくりさせられたりする楽しみが加わった。そうした〝挑戦〟を受けて立たなくてはならない作画者は大変…と、詩の選考にあたりながらひそかに余計な同情をした。

二回目を迎えたハート展。三〇〇〇点に迫る応募作品。選考の資格があるのかどうか戸惑いながら、今年もまた貴重な体験をさせていただきました。こうした運動のひろがることを切に願います。

1997 若い応募者の炯眼《けいがん》にふれて

くも膜下出血から生還した〈文香先生〉を迎えたうれしさを、文章と絵で紙一杯に描写する。自分が入院しているあいだに〈死んじゃった〉カブト虫の首をいとおしむ。ころんでしまってながめた廊下のほこりを、〈一億のはげしい祭りだ〉と感受する…。

こうした作品は、八歳や十二歳や十歳の応募者のものだった。三回目を迎えたハート展には三〇〇〇点を超える応募があって、選考せざるをえなくて選考に残った五〇編の半数ちかくが、二十歳までの若い応募者の作品だったことが今年の特徴と言えるだろう。

リコーダーを吹くと蛇を呼びよせてしまう九歳の少女は、〈まどをしめればいいよ〉とわかっている。きらきらかがやく〝炯眼〟がそのまま賢者の眼であるような、稀有な詩のかずかずに触れて、このハート展の深まりを実感している。この試みは、とほうもなく大切な何かの扉をいま開こうとしている…。

1998 「おかえり」と「ただいま」と

フランスの画家デュビュッフェが名付け、作品を収集した「アール・ブュリュット――生の芸術」が注目を浴び、それと重なる面もある「アウトサイダー・アート」という呼称もあるのだという。それに関連したいくつかの展覧会が、描かずにはいられない衝動のもつオリジナリティーでみる人の感情を揺さぶったと報じられている。今年のハート展では、「宇宙でほんの少し夢を見て　数少ない光りがこぼれていく」(増沢友也)といった二行に出会うことができた。

一方で、「バリアフリー・デザイン」が定着の兆しをみせ、「ユニバーサル・デザイン」はそれをさらに進化させたものだという解釈もなされている。怪我や病気や高齢によってだれもが平均的生活者でなくなる可能性を抱えていることに、社会が気付きだしたと言えるだろう。〈「おかえり」としか／言う事のなかった／くちびるが／小さく「ただいま」と／呟く〉(笹原由理)ことがだれにでも起こると。それに気付いてみれば、現実にある道具や施設や情報のあり方がそうした可能性にいかに応えていないかに驚くことが多いことも――。

ハート展の何回目かの応募者の詩の一節に「障害は個性だ」とあったのが記憶に残っている。アートの動きはそのことを直截に評価する。デザインもまた、このことを鏡として、多様性のみなもとを探っていかなくてはならないだろう。宇宙を少し散歩して、「おかえり」も「ただいま」も、だれもが言えるように。

1999 ニーチェの子供たちへ

五回目のハート展予備選考を終え熊本へ。巡回展開催都市の一つであるこの地にあっても、寄せられた詩の風景が意識にのぼっていた――〈生きている人は　手をふって〉と声をかけて朝が始まり、〈頭が空のてっぺんまでとんだ〉かき氷、〈闇の中を獣の声のような　風が通り抜ける〉夜があり、〈うさぎのさびしさで　人は温もりの中に入っていく〉――。

黒亭という名の麺業店には「愚者と賢者との密会」を含むニーチェの一節が掲げてあった。白いスープに香ばしい黒い粒々が浮かび、〈ゲンコツに付いた真珠〉や〈開け手っちゃん〉がその卓子に現れそうな気配がした。

第一回目から数えれば、バリア・コンシャスな方々からの一万五〇〇〇点近い作品があった。一編ずつの詩が届けられる作画者は、選考委員である私がそうであったように、一瞬緊張を強いられる弱者となる。そして、作品を制作する過程で知るのではないか――表現においては弱者も強者もいないのだということを。ユーモアという、詩の美質のせいで。

2000〈第一回世界ハート展〉
若木のような詩人たち

この国には〈眼聴耳視《げんちょうじし》〉という熟語があるけれど、『観る耳・聴く眼』〈窪田般弥著〉をひらけば〈お前が世界を見たいなら　眼をお閉じ〉というフランスの作家の引用にも出会うから、漢字世界だけのものではないようだ。若木が感受する樹液の流れや風の音、〈ときには空爆〉が、それに近いかもしれない。しなやかな若木のような詩人たちが、ハート展を〈やめることのできない出来事〉にしてしまった。

「くも膜下出血」の戸谷さほさん、「ときめき」の秋山朝日さん、「恐竜のはなし」の三浦史朗さん、「できちゃった」の網代一法さん、「あしのけ」の植村周平さん、そして「いろの詩」の我妻清貴さん……。八歳から十三歳でわたしたちの前に現れ、生きることが言葉である稀有なきらめきを聴かせてくれた詩人たちだ。今年もその何人かと出会い、さらにそれらの作品を世界五都市に送りだす幸い！

2001〈第二回世界ハート展〉
魚釣りする少年の惑星

「世界ハート展」第四の開催地、ハノイの開会式にバンコクから合流した。古都の夏に、「ふわりと浮かんだ蓮の香り　思春期を迎える田んぼ」〈「無題」〉を探した。〈ベトちゃん・ドクちゃん〉で知られるグエン・ドクさん作画の「入院の日に」を探した。この年、ベトナムはフランスからの独立五十五周年、ベトナム戦争終結二十五年目にあたった。戦争の傷跡は深く、いまも「夜

が明けるとき　闇は涙を流す」(「わたしの目の夜明け」)。

生物種の絶滅と同じように、言語もまた絶滅への道をたどっているという。百年前に六〇〇〇語あったものが現在は三〇〇〇語、百年後に残るのは六〇〇語ほどだとの予測もある。もしそうなら、「お前が黙る時は眠る時だ」(原田華代「コミュニケーション」)がやってくるのだろうか。残ってほしい言語、言葉はたくさんある。「だだ(父)」(長久保ツルエ)も「あっぱ」(母／三浦ナツ)も、月と雨との「かくれんぼ」(関根大徳)もそうした例だ。

海と山がプロレスをするのは「むかしむかしの魚釣り」(森克志)。詩は泳ぐ。ことばの魚釣りが、いつまでもできる惑星でありたい。

2003　満ち満ちる音と声

音が聞こえる。〈プチ　プチ　プチ〉は、玉ねぎをいためる音。ピンクが〈シュー〉で、赤が〈ビューン〉なのは、花火。声が聞こえる。話しかける最初は〈あ、あのね〉、〈あのね　わたしね〉で、毎日ねだったカルピスは〈カアピス〉だったと。〈ピー・ピー・ピー〉はパソコンのエラー音、〈トクトクトク〉は頭に伝わる心臓の音である。

広々とした選考会の会場に、かすかな音やはずむ声が満ち満ちて、気がつくと秋の夕暮れが迫っている。急がなくてはいけないのだけれど、それでも聞こえてくる。小学六年の弟と四歳の妹がけんかして、口の達者な〈妹がかつ‼〉のを知ってるお兄さんの詩は「妹と弟」(服部翔一)。その弟が書いたかのような「おねえちゃんとぼく」(清水徹)だから、おかあさんやおとうさんにはかてても、おねえちゃんにはやっぱり、〈ぼくがまける〉のだ。

こんな日の帰り道は、「わらいがとまらん」栗栖晶さんの気持が、少しだけわかる。ハート展の詩は、肩にとまった小鳥のようだ。

2004　選考会の後に起こる嬉しいこと

右手には牧口さんと安積さんがおられ、左手には黛さんと吉増さん、正面には船越さん。テーブルには全応募作四二九一編のうち予備選考をへた二六三編の作品の束、事前選考の結果を記した集計表、そして何色もの付せん。十月二十日、選考委員会の始まりの光景だった。

応募者の暮らしとこころに精通している右からの発言に聞き入り、詩のことばを解き明かしてくれる左からの指摘にはっとさせられる。目を上げると、すっと背筋を伸ばした船越さんがいる。問いかけがあり、応援も反論も沈黙もまじえての七時間。作画という贈り物を受けとる機会を与えることのできなかった詩にこころを残しながら、その作品の束を抱え、いつものように会場を後にした。

〈いつものように〉ではないことが起こるのはその後だ。たとえば、バターで〈口の中が甘くなる〉のは柴田健太さんのお陰で、リンゴの赤と白に〈ドキドキする〉のは阿部優一さんの詩の影響に違いない。四二九一編の応募作のすべてと七時間を共にした選考会メンバーに感謝している。

2005 たくましく根を張って

ハート展が詩の公募を始めてから十回目の今年、応募総数がついに三万編を超えました。二四六八編だった初年度から今年の四六二〇編へと、ハート展の輪は大きく広がっています。牧口一二さんは大阪で、私はNHKの方々と東京で、第一次選考としてそれだけの詩を読ませていただいたことになります。

その間、世界ハート展が二度あって、開催地の一つであるハノイを訪れもしました。「ハート展、大樹に育ちましたですね」、「心に、生涯にきざむ経験をいたしました」。秋に米国アイオワ大学に長期滞在なさる詩人の吉増剛造さんから、こんなメッセージが届きました。十年間、選考をなさってのお言葉です。ハート展はたくましい根をもっている……。

新たに佐々木幹郎さんと川井郁子さんが加わっての今年の二次選考会で、十一歳の神野美優さんが寄せた詩「みんなに会えてよかった」に思わず拍手した場面がありました。「さん」と呼ばせていただける多くの方々に会うことができて、ほんとによかったのです。

2006 いつもと違う地図、でも同じ余韻

最終選考会が始まったばかりだというのに、なんだかいつもと〝地図〟が違うような気がした。二次選考の集計表を前にして議論は進むのだけれど、年齢の高い方々の応募作がどんどん決まっていくように思えたのだ。いつもはなんといっても十代の作品が圧倒していた。

六十七歳の馬場康子さんの「友」は、胸にペースメーカーをしてバタフライに夢中な八十五歳の友人の詩である。二人ともお目が不自由なのだが、「プールに入れば河童さん」らしい。彼女ばかりではなかった。公園で目の前を跳ねて行く少女を「分身が走る！」と題して描いた七十四歳の小嶋勇介さんの詩には、少女と一緒に駆けだしそうな勢いが漲っていた。

最年少は「さくら」の野末始希さん六歳。ハート展の輪はこんなにもひろがっている！　選考会という場のおかげで、ほんとに多様なそれぞれの詩の世界にひたり、そこで見えたことを言葉にして確かめ合う。地図は違っても、いつもと同じいい秋の一日だったことに感謝している。

2007 詩の成熟がタイトルとユーモアになって

いつもの年にもまして、心に残る詩が数多く寄せられた今年です。題名を見ただけでわくわくする作品がいくつもありました。「のびろのびろだいすきな木」、「青鮫は、宿題を食べますか?」、「悪魔の詩とぼくの詩ぼくに語りかける」、「水色の靴」、「よ。」――期待にたがわず、いずれも素晴らしい内容でした。そして――。

「ねむくないよ/らいおんの/まねしただけ」という「あくび」という詩には、思わず手をたたいていました。選考会であくびをする人はまさかいませんけれど、もしいたとしても、それはそれで許されそうなユーモアを湛えていたからです。「〈欠伸〉という漢字は不思議ですねぇ」と声が挙がり、しばし沈黙する場面もあったのです「よ。」

そう、ハート展の詩の成熟ぶりはこの年、題名に凝縮されていました。ところで――。ケチャップが指輪の「オムライス」、「絶望の爪先に/希望という/マニキュアを塗った」という「抵抗」。赤が際立つ二編の詩ですが、来たる年には激しい恋歌も読んでみたい。

2008 応募総数五万点超となったハート展の秋

秋が深まると奈良から正倉院展の報が流れます。「シルクロードの終着駅」と呼ばれもする東アジアの宝物九〇〇〇点から、年ごとに選びぬかれた工芸品が展示に供されるのです。二〇〇八年には六十回を数える予定といいます。同じころ、古都に赴かなくとも至るところで楽しむことのできるのが吹き寄せでしょう。紅葉した葉の幾枚かを選り分ける誘惑に駆られるほどに、色の輝きは心を揺さぶります。

ところで、ハート展の応募作が今年度で五万編を超えました。驚くべき作品数です。十月の最終選考会ではこの企画がアジアに広がることを望む声が挙がったのでした。「おさかなになろうねの話」、「あかねさん」、「わんこ」、「あやちゃん」……。ママとぼく、ぼくとあかねさん、わたしと犬、あやちゃんと私との愛の詩は、宝物にも紅葉にも匹敵すると感じるのは私だけではないはずです。「ワン　ワン　ワン」が「好き　好き　好き」と聞こえるなんて、山本真秀さんの耳は秋晴れのように素敵だと思います。

2009 詩を書くおとなはどこにいる

子供はだれでも詩人、しばしば神童――けれどそうした子供も長じるとフツーの人に変わるとはよく言われる。ハート展でも全体の半数以上を二十歳未満の応募者の詩が占め、入選する比率は十歳までが抜群に高い。田んぼは、「コップに入れて／おきっぱなしの／ぎゅうにゅうみたいに／あったかい」(「田うえ」)という眞野悠さん(当時十歳)の詩行に出会うと、〝子供は詩人にして神童〟を実感する。

詩を書く大人はどこにいるのだろう。今年度、最高齢の応募者は九十三歳、入選した「こい心」の小林壽子さんは七十二歳。「とんぼ」と「やぎ」、最後に「にんげん」が登場するこの詩の巧まざるユーモアは心を満たす。

「田うえ」は静岡で、「こい心」は長野で生まれた。最終選考会ではふたりの大詩人、ブラジル帰りの吉増さんとツリーハウスに興じる佐々木さんが両隣にいる。学童詩人に田園詩人に大詩人のみなさん、これからもハート展をよろしくお願いします――そう書きたい気持ちでいっぱいになる。

2010　細やかで濃やかな生がそこにある

応募作が六〇〇〇点をこえると、一次選考、最終選考を経ての入選の確率は一パーセントに満たないことになる。樹上の果実、地中に隠された希少鉱石のような入選作――それらは天才でありつつ亡びるかもしれない日本語の、最良の部分につながっているようだ。

たとえば、鉛筆と消しゴムはよく登場するモチーフながら、「けしごむはえんぴつのかなしみは／少しそまって灰色になって／小さくなります」(伊藤豊子)などと感受した人が、かつてこの国に、いまも日本語で書く詩人に、いるだろうか。疲れた母はラーメン屋でいねむりし(近藤貴之)、娘は「かあか」の声をききたがり(丸橋美鈴)、廊下をともにいざる息子に母は「お互い難儀やな」(大西勝徳)と笑いかける。そんな母には父からの、「たんぽぽとか／はこべとか／スミレとかさ。」(三浦史朗)、といった花束が届くかもしれないのである。

細やかに生きる時のかさなり――。三人の新たな選考委員を迎えて、十五回目の最終選考会は、選ばれた詩と釣り合う濃やかさに満ちていたことを報告したい。

2011　秋の村に響いたこころの石の割れる音

きれいに晴れた秋の日、学会の仲間と「ねむの木村」を散策した。浜松からバスで「ねむの木こども美術館〈どんぐり〉」着。画集『ねむの木の詩』などで知られる作品に見入った後、同館〈ねむの木緑の中〉まで山道をのぼり、そこから、関連施設が陸続と建ち並ぶ坂道をしっかり歩いて、学園へと下る。

坂道を歩きながら、銀色に光る「踊る鉄塔」(中谷茂樹)を思いだしていた。詩の冒頭は「風が吹いたら送電線が／揺れる　すると鉄塔が踊りだす」。肢体不自由児養護施設「ねむの木学園」が開園したのは一九六八年。ほどなく、「ねむの木美術教室」が開かれている。それらは周知だが、一帯が村と呼ばれるほどに育っていることを知らなかった不明を恥じた。

　ねむの木の立つ運動場への石段を降りながら響いてきた詩句は、「こころのいしを／じぶんで／とんかちでわりました」（西澤美紀「こころ」）。こころの石を割り、時にはこころに石を育てる。書くこと、描くことは、それに近いかもしれない。

2012　「その人達の神様」がとどく先

　最終選考会で選ばれた詩を作画者のどなたにとどけるかの討議は、最終選考会に引き続いて当日の夜、行なわれる。真摯な選考会の余韻のなかで、詩と作画の組み合わせが進行するのである。詩の募集が始まるころよりその年の作画者依頼の準備に入っていた主催者にまじって、選考委員として初回からそこに陪席している。この催しの〝地面〟と言うべき応募総数が七万点を超え、ボランティアとして参加する作画者は、世界展も含めれば九〇〇人に近い。

　人々の営みの〝地面〟が東日本大震災でもろくも崩れ去った二〇一一年、東日本大震災についてつづった「その人達の神様」（河野保彦、八十一歳、福島県出身）のビジュアルは一九七二年生まれの美術家、小谷元彦さんに依頼することになった。二〇一〇年十一月に東京でオープン、静岡、高松、熊本に巡回してきっかり一年後に幕を閉じた「小谷元彦：幽体の知覚　1997―2010」展の作家である。そうしたペアが五〇組、詩と絵は一年かけて全国を巡回する。ハート展の感動と復興の槌音とが、見事に響き合うことを願わずにはいられない。

2013　ほのかなエロス

　エロスを感じさせる詩をハート展でたっぷり読んでみたい、詩歌の歴史で際立つのは恋の歌だから――長く抱いてきたこんな願いを叶える作品に今回、何編も出合うことができた。

〈私のオッパイは／白いマシュマロのよう／やわらかくって食べごろよ〉と笑わせてくれたのは回想のなかの「看護師さん」。現在進行形の「これからの二人」は、〈長く伸びた二つの影に見惚れたりする〉。これらは大人の女性の二編である。〈きょうはあつくて　とけそう。〉な女児は、自分が〈なにあじ〉かと聞かれて〈ただのバニラアイスだよ。〉と答える。バニラは真っ白。さらに年下の、就学前の男児にとって、とうもろこしは〈きんいろのながいかみ〉をして〈うすいようふく〉をまとっている。

　ハート展の詩の選考がはじまって足掛け二十年の今年、応募

第十九回ＮＨＫハート展の入選作、当時十八歳の杉本忠幸「くらげ」、作画者は画家の川口起美雄。手書きの詩は、「うみのふかいところに／くらげがゆっくり／うかんでいる／くらげは、うみを／たべている／まつというじかんを／たべている。」

者も応募作も遥かに遠くまできた感がある。詩のカタチやタイトル付けが巧みになり、ユーモアという美質にはいっそう磨きがかかっている。悦ばしい限りである。

2014 想像力と創造力――

「死にたいと言っていい／叫んでもいい／でも、実行しないで」。加藤貴代美さんの詩には、自傷行為を繰り返してきただろう人を前に、こんな言葉をかけてあげる看護師さんが登場している。その台詞のお陰で、詩の題名は「死にたい」でも、最終行は「もうやらないよ‼」と強調の感嘆符二つ。経験に裏打ちされた看護師の知性にはかなわないな、と思ってしまう。

「くらげは、うみを／たべている／まつというじかんを／たべている。」こちらは杉本忠幸さんの「くらげ」の一節。やっぱりかなわない、こんな発想できそうにない、と思い知らされる。人智を超える海の生きもの。例えば五千万年を生きてきたシャチは不必要にほかの動物を攻撃することなく、有り余る情報処理能力を遊びに費やす。満月の夜に集って交わし合う声をオシログラフで再現すると、音で世界を観る存在であると分かるらしい。

ＮＨＫハート展の世界はこんな詩を書ける創造力と、彼ら彼女らに接する家族やプロフェッショナルの想像力によって支えられている。十九回、二十年に及ぶ読み手としての幸いをかみしめます。

2015 二十歳のハート、時空を翔ける

「縄文のビーナス」、「合掌土偶」など縄文時代の土偶はすばらしく、想像を掻き立てずにはおかない。その一つである「ハート形土偶」は、戦時下の群馬で偶然発見された。特異なハート形の顔、控えめな乳房、へそを示す小さな穴。そこから下がる線は妊娠線で、さらには産道の表現も見られるという。

「お風呂を広くした」(村上有香)結果、〈目はハート／大腸に花が咲いた〉。その花はどんな花なのだろう。「青林檎」(豊原清明)では、〈作業所の給料をすべて貯金して／父母に五百ずつあげた(今は…。)／妊娠少女のような気分で／心臓の坂道を歩いている〉。心臓の坂道とはどんな道なのですか。詩の謎は魅力的で、土と水を食べ物として最後は土に還る〈木の生き方とてもかっこいい〉とする、「木の生き方」(高橋祐輝)の感性も素晴らしい。

二十回を数えるハート展は遥かかなたの縄文の想像力に連なり、縄文の祈りは今日をも照らしている。時空をこえる言語と造形の力である。

註―ＮＨＫハート展とは、一九九四年から障がいのある方々から詩を募集し、選ばれた五十編にアーティスト、デザイナー、タレントらがビジュアル作品を制作、それらを翌年に全国巡回する福祉プロジェクト。二回の世界ハート展を含み、二〇一五年に二十回を数える。ユニバーサルデザインの観点からも注目できる企画である。主催はＮＨＫ、ＮＨＫ厚生文化事業団、ＮＨＫサービスセンター、全国社会福祉協議会。

イメージの冒険 1995

我妻清貴の〈色〉

「おこった心は　赤とこげ茶」で始まる一編の詩。これはNHKが十二月九日の「障害者の日」に向けて一九九四年に募集した夥しい応募作のなかにあったものだ。応募者は我妻清貴、十三歳。同じ赤に対しては「事件の色は赤とはいいろ」といった一行も含んでいて、「いろの詩」が題名である。

色と世界の関わりについては、少しは連想できるものがある。例えばアルチュール・ランボーの詩「母音」。「A《アー》は黒、E《ウー》は白、I《イー》は赤、U《ユー》は緑、O《オー》は青、母音たちよ」で始まるランボー十七歳の夏、ヴェルレーヌに送ったとされる作品だ。多くの注釈が集中したことで知られ、色彩聴覚の展開、神秘学的な象徴主義、文字の形態からの想像力による展開と見る説など、枚挙にいとまがないと『ランボー作品集』（思潮社、一九六五年）の訳者、粟津則雄は解説した。

ここでは、緋の衣、吐かれた血、美しい唇の笑みが赤である。茶色は登場しない。中国の陰陽五行では青、赤、黄、白、黒が正色で、方位、季節、五臓はもとより、音「呼、笑、歌、哭、呻」とも対応している。南、夏、火、朱雀、そして笑ほかが、赤のコスモロジーということになる。一方の茶は、主役を演じる色ではない。古代の仏教では、修行僧に俗世への愛着を抱かせないために、汚れた色に染めた衣をつけさせたという。その色は「壊色《えじき》」と称された土埃《つちぼこり》のような薄い茶色だ。

おこった心は　赤とごけ茶。
ないた色は、青と水色。
うれしい色は、だいだいと肌いろと、黄色。
事件の色は赤とはいいろ。
ぼくのいまのこころの色は、だいだい色。
黒い色は、かなしみの色。

画用紙を何色ものクレパスで塗りつぶし、結局は褐色になってしまったようなおもむきが、冒頭の「赤とこげ茶」にある。事件は血が流されるにもかかわらず解決に至らなくて灰色で終る場合も多い。泣くことと悲しみとは全く別のものであることを少年はすでに知っている。我妻少年が自閉症で、小学四年生の時に熱心な国語教師の指導でこの詩を書いたことを、母親から聞いた。おこった心、ないた色、かなしみの色を言葉に綴ることで、そうした感情そのものが洗い流されるのだとしたら、うれしい色の確認がうれしさをよく定着するとしたら、色の癒しの実例となるだろう。
「いろの詩」を最初として我妻少年の詩作は続けられた。「色」に次いで「音」に対する興味が際立つようになった中学一年生、十三歳の最近作は「おねえぐまの詩」である。

おねえちゃんが
パジャマに着がえると

おねえぐま。
うんちでかい。
きよくんが、パジャマに
着がえると
きよたん。
おかあさんが、
パジャマに着がえると
おかあサンタ。
（夏になるとおかあさんスター）

色でいえば「だいだいいろと肌いろと、黄色」とかつて書いた気分が溢れているような気がする。高校一年生の姉をおこらせたという「うんちでかい」の言い切りが気持ちがいい。金子光晴の作品をただちに思い浮かべる。

詩集『短唱』にある「E」の一節。「さあ。もつていらつしやい。なんでもたべるわ。花でも、葉でも、虫でも、サラダでも、牛でも、らくだでも、男たちでも、あしたにならないうちに、みんな消化して、ふというんこにしておし出してしまうから」。さらに、戦後の、「恋人よ。たうとう僕は　あなたのうんこになりました」（「人間悲劇」No.2）。

いずれにも、食欲に結びつけられた女性の生命力の強さ、それに対する詩人のアンビバレンツが表現されているだろう。

一方、「舌」では、色と味の対応を試みる。「甘みは橙黄《オレンジ》、辛さは白、にがいのは黄、酸っぱさは青、渋みは褐。これで五つの味と、フランスのあかんぼ詩人もどきに、私はうたふ」。あかんぼ詩人とはランボーで、生涯かけて舌が求めるのは「恋人の唇」である。

重度知的障害者の更生施設「みずのき寮」(京都府)の絵画教室で指導に当たる西垣籌一画伯は、重度の知的障害をもつ人のうち十人に一人は芸術的才能に恵まれ、「障害が重ければ重いほど、作品は面白い」と言い切っている(日経新聞一九九四年十一月十七日)。

また、ノーベル賞受賞記念講演で大江健三郎は息子である光さんの「泣き叫ぶ暗い魂の声」に言及した。作曲という表現が光さんの悲しみのかたまりを癒し、聴き手も癒すと――。

緊張すると口数が多いが、ふだんの会話は少ないという清貴さんの詩もそれらに連なるものであることを、応募された五編の詩から実感した。

改めて思う。色もリズムも生を獲得する原初的な営みである。障害の有無にかかわらず、表現とは、イメージの冒険とは、もとより、そうしたものではなかったかと。

(一九九五年)

闇と痛みから生まれる詩

『笹原由理第二詩集　夜の声／夜の場所』２００２

笹原由理さんの詩にはじめて触れた時のことはよく覚えている。それは一九九五年十月。前年に始められた「ＮＨＫハート展」第二回目の、夥しい応募作品のなかに由理さんの詩はあった。

「空」
雲が通ると
空の高さがよく分かる

選考委員として読んだわずか二行の詩が、ぬけるような空をＮＨＫの会議室にもたらした。ハート展の入選作品には、アーティストらがボランティアで独自のビジュアル作品を寄せる仕組みがある。この詩「空」は、グラフィックデザイナーの山城隆一による地平線と二匹の猫の見事な絵とともに各地の展覧会場をまわった。絵を介して由理さんと山城さんの間に生まれた交流だったが、一九九七年に山城さんは故人となった。

翌年も由理さんから詩は寄せられた。それが「一人きりの夜」、翌々年が「外出」だった。

「外出」
「おかえり」としか
言う事のなかった
くちびるが
小さく「ただいま」と
呟く

この詩には驚嘆させられた。由理さんはそれまで、外出することはめったになかったと思われる。ところがある時、外出という稀な経験をする。帰宅して、小さく声にした「ただいま」。いつもは、帰ってきた家族に「おかえり」としか言うことがなかったことに、そのとき気づいたのだろう。巧みな行替えと、「おかえり」と「ただいま」の対比が、書き手のこころの震えを伝えて余りある。声がくちびると触れ合う感触までが伝わってくる。この詩のビジュアルは、画家のまりのるうにい。詩では特定していない外出先を、るうにいさんは星雲渦巻く銀河へと広げて表現した。あるいは、由理さんにとって外出は、宇宙飛行にも匹敵する困難で未知な体験だったということかもしれない。
由理さんは続いて、別離の詩を寄せる。

「亡き父への…」
「さよなら」と言えなくて

「またね」と言いたくなくて
「じゃあね」と言った

別れの言葉

帰宅しても「おかえり」と迎えるその人は、今はもういないのだ。書かれたのは前年ながら、同じ一九九八年の応募作にあったのが「夜の声」で、いずれを入選作とするかで選考会で意見が分かれたと記憶している。由理さんは、手負いの獣の叫びのような風の声として、別れの苦痛を予聴していたのだろう。

「夜の声」
闇の中を
獣の声のような
風が通り抜ける

夜が生きている

声は闇を通り抜ける。声は体内という暗闇からしか生まれない。〈くちびる〉ではなく、〈唇〉という器官に乗っているだけの言葉は、生きものの声ではないのだろう。

「喧嘩」
唇の上に
知らない言葉が
乗っている

一九九九―二〇〇〇年、「ハート展」はNHKのミレニアムイベントとなった。ニューヨーク、サンパウロ、パリ、ハノイ、シドニーと世界五都市をまわって帰還した東京の展覧会に、由理さんはストレッチャーに乗って福岡からやって来た。初めての東京への〈外出〉だったという。その折に、最初の詩集『風の紋　由理の詩I』をいただいた。一九八二年から八四年の間の作品を収め、二十歳の誕生日に発刊された詩集だ。由理さんが詩を発表する契機をつくった藤井千津子教諭が後書きで、「珊瑚細工のような、細く透き通った」と形容した中学生の由理さんの指は、そのときも変わらなかった。けれど、第一詩集の作品群から、ハート展に寄せた詩へでは、目眩がするほどの飛躍があるように思えた。『由理の詩I』は続編を待っているような気もした。

その後、母親の笹原和子《まさこ》さんから、百五十編ほどの由理さんの手書きの詩が届く。わずかしか知らなかった由理さんの詩の世界が、それこそ、かすかな音とともに天上から降ってくる思いがした。その中から、短詩の傾向が顕著となった一九九二年以降の作品を編んだのがこの第二詩集である。

作品が届けられてから、一年半が経とうとしている。発刊元、画、装幀と、望みうる限りの陣容を整えたかったからだ。日本画家・内田あぐりさんの素描作品は、「詩の卵」を産み続ける作者と、その外観ではなく内実において共振している。感謝するばかりだ。一年に一度、作品を応募し読むという著者と編者の関係から、発刊は七夕の日とした。執筆年月日の順番を入れ替え、詩の形または主題ごとに、章立てに近い構成を採ってある。それぞれの章が、一つひとつの独立する小惑星のように、読者に受けとってもらえればさいわいだ。[銀河]を冒頭に措いたのも、編集上のささやかな修辞のつもりである。

『風の紋』のなかの詩「夜」には、〈暗闇は恐い／何かが現れそうだから／全てが恐くなる〉という三行がある。それがこの詩集の「子守唄」では、〈寝付けずに／夜が恐い日は／今働いている人を思う…略…宇宙に包まれた／この地球《ほし》を思う〉となっている。前掲の「夜の声」では、獣の声のような風を〈夜が生きている〉と受けとめるに至る。第一詩集の〈痛い時はもういやだ／少し痛くない時はなんとなく不安〉は、〈手足は透明に／存在を主張し／今、詩が生まれる〉となった。声が生まれる〈闇／痛み〉を直視することで、産み落とされる卵のように、夜明けに葉先からしたたる雫のように、独自の詩の言葉と形が立ち現われる。題名を『夜の声／夜の場所』とした理由だ。そのなかに、二行または三行といった短詩が多数ある。〈名詞―助詞―動詞〉に還元された、目の覚める仕業といっていい。前掲の「空」「喧嘩」に、二編だけ加えよう。

「空の雫」
心を少し凹ませて
空の雫を溜めてみる

「鳶」
文字を書くように

鳶が飛ぶ
鳶が鳴く

一つひとつの詩は、互いが互いの変奏曲でありつつ、まとまると惑星の描く軌道を思わせる運動性を秘めている。カンディンスキーの抽象画にも似て、その運動は楕円だったり、直進したり、点に収斂したりと多彩だ。「銀河」では、夜汽車に誘なわれて詩人は海王星に向かい、宇宙から地球という星を眺める。宇宙空間で、大地に耳をよせて地球の声を聴くことを夢みる。続く「詩の卵」では、意識は等身大の居室と白紙と身体とをジグザグに往復しながら、遂に詩の「誕生」を迎えることができる。

しかしその僥倖《ぎょうこう》も束の間、父の死が詩人に襲いかかる。哀しみは加虐に向きを変えもし、「血の色」の涙が一粒流れる、〈人を傷つけた棘が／生まれてくる力を吸い取る〉。〈この苦しみも／好きになりたい〉で始まる「雷雨」だが、憎しみと渇きに惑った心を癒すのは、嵐とどろく海底の闇、稲妻と雷雨という激しさだ。そうした修羅を経てこそ、〈冷たく光る／自分を嫌いな／プライドを大事に拾おう〉といった静止点が訪れるのである。

さて、「夜の声／夜の場所」は〈息をふさぐ色〉の夕方から「夜の声」を聴く夜半へ、そして垂直な月の光を形象化するかのような二行詩・三行詩に姿を変える。そうした短詩を集めると「空の雫」になる。クレーンと黄の蝶の「工事現場」、赤い屋根の上を人が歩く「棟上げ」を遠望しての微視的な筆致が鮮やかなのは「時の風」だ。ところが、川辺の夕陽を浴びて母が笑いかける「散歩」では、時間の化石の上を真っ直ぐに踏み締める「道」に、「春夏秋冬」の循環する時間が続いている。

「道」
行けなかった距離に積もった
時間の化石の上を
ザクザクと踏み締めながら
通っていく

空間上の往還に始まり、循環する時間で終わる一冊の書物。詩は文字ではなく原初、声として存在した。闇と痛みから生まれる時空律は、八つの楽曲、八枚の絵画にも感じられる。これは編集という立場での一つの読み方に過ぎないが、そう構成したくなる多声楽的《ポリフォニック》な要素が、由理さんの詩の全体にはある。

戦後日本を代表する詩人である吉岡実の最初の詩集『静物』に、塵と光にみがかれた卵は〈森閑とした場所にうまれ〉(「卵」)、〈煌々と一個の卵が一個の月に向かっている〉(「静物」)という詩行がある。編者にとって由理さんの詩は、その卵と月の再来だった。

二〇〇〇年十二月五日の世界ハート展の東京会場で会ったきりの笹原由理さん、そして和子さんである。二〇〇二年の七夕、幾人もの誠意によって生まれた『夜の声／夜の場所』が、行橋の由理さんのもとに届くだろう。ページをめくる華奢な指を想像する。その夜に、少しくぐもってやや高めの由理さんの声を聴くのが、楽しみでもあり、恐くもある。

（二〇〇二年）

謝辞——結にかえて

本書は武蔵野美術大学の二〇一五年度出版助成を受けて刊行するものである。

発行所の美学出版は、拙著『新井淳一——布・万華鏡』（二〇一二年）、芸術工学会地域デザイン史特設委員会で筆者がコア編集会議メンバーの任にあった『日本・地域・デザイン史I』（二〇一三年）に続いての発刊であって、同社の黒田結花に心よりの感謝の言葉を記したい。デザイン担当の佐藤篤司は、筆者が編集に参加した『魔の山　中川幸夫作品集』（求龍堂、二〇〇三年）以来、杉浦康平先生とともに拙著のデザインに当たってくださった。今回もご快諾いただき、感謝の言葉もない。

松屋銀座七階の「デザインギャラリー1953」において平野敬子・企画で開催いただいた「本の知と美の領域vol.2—森山明子の仕事」展に合わせ「デザインジャーナリズム新聞」を発刊したことが本書をまとめる動機のひとつであり、日本デザインコミッティーならびに平野敬子と新聞デザイン担当の白井敬尚のお二人にも感謝の気持ちを記したい。

収録した記事は筆者が一九八六年から一九九八年まで在籍した日経BP社の月刊「日経デザイン」誌に始まり、書籍、一般雑誌、PR誌、学会誌、展覧会図録などに掲載した拙稿を含む。「日経デザイン」在籍時には諸先輩方に多大な指導をいただき、社外にあって助言下さった方々も数知れない。各媒体の編集者、デザイナー諸氏の氏名を記すことはしないが、初出一覧と著作一覧中のデザイナー名をもって感謝の気持ちを表したい。筆者にとって欠くべからざる強い味方は担当編集者とデザイナーであったことを再認識している。図版提供者にもお礼を申します。

テキストの多くは取材に基づく記事であることから、それを受けてくださった方々が書き手の一部であるとも言える。「日経デザイン」掲載の「シリーズ・証言」に登場くださった稀有なパイオニアたちをはじめとして、数限りない取材の受け手の方々に、拙稿の再録をお許しいただきたいと思う。なお、敬称を省略しての初出から三十年近く経た記事もあり、登場する各氏の肩書きや所属名は初出のままとしたことをお断りしたい。また改題したものがある。
本書の発刊を機に、すべての方々への感謝の気持ちを次の仕事につなげられればと願っている。

初出一覧

I［Design History］昭和デザインのパイオニアたち

河野鷹思……「日経デザイン」一九八七年十月号〈シリーズ・証言〉以下同欄
岡　秀行……同一九八八年十月号
亀倉雄策……同一九九〇年六月号
豊口克平……同一九八七年八月号を改稿
真野善一……同一九八八年四月号
山脇道子……同一九八九年十月号
小池千枝……同一九八七年十二月号
浦辺鎮太郎……同一九八九年二月号
大野一雄……同一九九〇年二月号
中川幸夫……同一九八九年六月号
石元泰博……同一九八八年二月号
昭和デザイン史点描……『デザイン〝遣唐使のころ〟　昭和のデザイン〈パイオニア編〉』『てんとう虫は舞い降りた　昭和のデザイン〈エポック編〉』(日経BP社、一九九五年)、『メイド・イン・ジャパンの時代　昭和のデザイン〈プロダクト編〉』(同、一九九六年)の「はじめに」を改稿
以上、©日経BP社

II［Design Journalism］時代の諸相を描出する

デザイン批評における瀧口修造と勝見勝……『近代日本デザイン史』（美学出版、二〇〇六年）

狂える時代の〈デザイン〉の水脈……「美術手帖」二〇〇〇年三月号

世界の中の日本のデザイン……「パテント」一九九二年八月号

アルベールビル冬季五輪は脱フランス……「日経デザイン」一九九二年四月号トピックス欄©日経BP社

異能素材……「日経デザイン」一九九六年四月号〈特集・異能素材〉前文および各章扉文©日経BP社

デザイン思想の中のCUD……カラーユニバーサルデザイン機構設立十周年記念冊子、二〇一五年一月

サインデザインの視点……「SIGNS in JAPAN」九七—一〇〇号、二〇〇〇年九月—二〇〇一年三月号「視点」欄

私の選んだ一品……『私の選んだ一品』一—八（日本デザイン振興会編、阪急コミュニケーションズ他、二〇〇二—二〇〇九年）

柳宗理＋三宅一生「アノニマウス・デザインに向かって」……「approach」一九九八年夏号〈特集・柳宗理〉、竹中工務店

デザインの二十一世紀へ……『内田繁と松岡正剛が開く デザイン12の扉』（丸善、二〇〇一年）

デザイン・ジャーナリズムって何ですか？……「デザインジャーナリズム新聞」（風骨庵、二〇一三年三月）

III［Design Culture］デザインカルチャー断章

卵と文庫本は似ている……『20世紀の良品』（良品計画、二〇〇〇年）

インドで美術を再発見した女子高生は……『まち・ひと・まちづくり』二〇〇一年八月号

何もない空間のための家具……「デザインジャーナリズム新聞1」（風骨庵、二〇一三年三月）

時間としての「海の博物館」……「ZEUS」No.11、一九九三年十一月号〈特集・時間建築〉、菊川工業

未必の故意……「建築文化」一九九七年十一月号〈内藤廣 サイレント・アーキテクチュア〉

鈴木成文のための三月の奇想曲……「芸術工学会」五十三号、二〇一〇年九月

Knowledgeを設計した瀬底恒……「approach200 1964-2012」展（二〇一二年十二月三日—二〇一三年一月三十一日、ギャラリーエークワッド）、「THOUGHT IN JAPAN 700通のエアメール—瀬底恒が結んだ世界と日本—」展（二〇一一年十一月十一日—二〇一二年一月十九日、ギャラリーエークワッド）リーフレット、『瀬底恒を巡る一〇〇人のボーイフレンド・ガールフレンド——戦後日本のデザイン界を支えた瀬底恒さん——』（私家版、二〇〇四年）を改稿

うつわの時空の余白に……『うつわ ルーシー・リィー、ジェニファー・リー、エルンスト・ガンペール』（21_21 DESIGN SIGHT編、求龍堂、二〇〇九年）

「新井淳一——伝統と創生」展に寄せて……「新井淳一と石内都にとっての桐生、織、自由」（未発表）、〈上〉「世界的桐生人 地域拠点、

大資本に反発」（愛媛新聞二〇一三年十一月一日）、〈下〉「戦争の申し子　合成繊維開発にまい進」（同十一月二日）を一本化

『欧文書体百花事典』一気に読み通させる魅力に満ちる……週刊読書人二〇〇三年八月二十九日号

『グラウンドスケープ宣言』放たれた矢……「新建築」二〇〇四年七月号

『萬歳樂』大輪の花を咲かせて散った若き狂言師の肖像……「週刊東洋経済」二〇〇四年十一月二十七日号

『縞のミステリー』間然するところなき縞の追跡劇……図書新聞二〇一一年九月三日号改稿

『VANから遠く離れて』「衣食住遊」の豊かな人生……共同通信配信、二〇一二年五・六月

デザイン・ミュージアムって何ですか？……「デザインジャーナリズム新聞2」（風骨庵、二〇一三年十月）

Ⅳ［Design／Art／Sprits］言語と視覚言語の交感

前衛たちの友愛のしるしとして甦る「遮られない休息」……「アサヒグラフ」二〇〇〇年六月二十一日号

中川幸夫の〈天地創造〉……「花人中川幸夫の写真・ガラス・書　いのちのかたち」展図録（宮城県立美術館＋猪熊弦一郎現代美術館、二〇〇五年六月）

中川幸夫の〈奇跡の花〉〈花の奇跡〉……「樂翠亭美術館にて　中川幸夫──奇跡の花」図録（二〇一四年三月二十一日─六月二十二日）、
映画「華　いのち　中川幸夫」パンフレット（イメージ・テン、二〇一四年）

ミルク色の旅の地平には……『千野共美の花』（美術出版社、二〇〇六年）

写真と写真集の理想──『石元泰博──写真という思考』刊行記念トーク……武蔵野美術大学出版局ホームページ、二〇一〇年

追悼　石元泰博のいない世界で……『日本写真年鑑２０１３』（公益社団法人日本写真協会、二〇一三年）

柳澤紀子の〈場所〉に接近する試み……「柳澤紀子　夢の地面」展図録（武蔵野美術大学美術館、二〇一〇年）

人はどのようにして表現者となるのか……「デザインジャーナリズム新聞2」（風骨庵、二〇一三年十月）

岩絵具の粒子による「幸福」と「永遠」──「井上耐子　時空を越えて」展……書き下ろし

NHKハート展選評　１９９５─２０１５……「NHKハート展」図録（NHKサービスセンター、一九九五─二〇一五年）

我妻清貴の〈色〉……「KAWASHIMA」四〇号、一九九五年三月号（筆者名＝森凍礼、川島織物）

闇と痛みから生まれる詩……『笹原由理第二詩集　夜の声／夜の場所』（求龍堂、二〇〇二年）

著者略歴

森山明子
デザインジャーナリスト　武蔵野美術大学教授

一九五三年新潟県生まれ。一九七五年東京芸術大学美術学部芸術学科卒業。特許庁意匠課審査官、国際デザイン交流協会勤務を経て、一九八六年日経マグロウヒル社(現・日経BP社)入社。「日経デザイン」の創刊にかかわり、一九九三―九八年同誌編集長。一九九八年から現職、デザイン情報学科所属。NHKハート展詩選考委員、グッドデザイン賞審査副委員長、芸術工学会副会長・理事、公益財団法人の三宅一生デザイン文化財団理事、日本デザイン振興会評議員などをつとめる。主著は『まっしぐらの花――中川幸夫』、『石元泰博――写真という思考』、『新井淳一――布・万華鏡』。

著作一覧　AD＝アートディレクター、D＝デザイナー

『型而工房から　豊口克平とデザインの半世紀』(共同編集、美術出版社、一九八七年)D＝U・G・サトー
『昭和のデザイン〈パイオニア編〉』(編集長・共同執筆、日経BP社、一九九五年)D＝吉田カツヨ
『昭和のデザイン〈エポック編〉』(編集長、日経BP社、一九九五年)D＝吉田カツヨ
『イメージ・リソース』(単著、日経BP社、一九九五年、非売品)D＝吉田カツヨ
『ラピス・エクシリス』(単著、風骨庵、一九九五年、私家版)D＝吉田カツヨ
『昭和のデザイン〈プロダクト編〉』(編集長、日経BP社、一九九六年)D＝吉田カツヨ
『産業財産権標準テキスト 意匠編』(策定普及推進委員会委員／企画・編集分科会委員長、共著、工業所有権情報・研修館、二〇〇〇年)D＝吉田カツヨ
『内田繁＋松岡正剛が開く――デザイン12の扉』(編著、丸善、二〇〇一年)D＝薬師寺デザイン研究所
『笹原由理第二詩集　夜の声／夜の場所』(編集・解説、求龍堂、二〇〇二年)D＝工藤強勝
『魔の山　中川幸夫作品集』(編集・年譜作成、求龍堂、二〇〇三年)AD＝杉浦康平　D＝佐藤篤司
『カラー版　日本デザイン史』(共同監修・共著、美術出版社、二〇〇三年)D＝中垣信夫＋山本円香
『まっしぐらの花――中川幸夫』(単著、美術出版社、二〇〇五年)造本＝杉浦康平＋佐藤篤司＋宮脇宗平
『千野共美の花』(編集・解説、美術出版社、二〇〇六年)D＝工藤強勝

『Gマーク大全　グッドデザイン賞の五〇年』（監修・共著、日本産業デザイン振興会編・美術出版社刊、二〇〇七年）D＝工藤強勝

「石元泰博［多重露光］」展図録（監修・編集・解説、武蔵野美術大学、二〇〇九年）AD＝杉浦康平　D＝佐藤篤司

『笹原由理第三詩集　翳をくぐる』（編集、求龍堂、二〇一〇年）D＝工藤強勝

『石元泰博――写真という思考』（単著、武蔵野美術大学出版局、二〇一〇年）造本＝杉浦康平＋佐藤篤司

『新井淳一――布・万華鏡』（単著、美学出版、二〇一二年）造本＝杉浦康平＋佐藤篤司

『SPACE・SPIRITS　内藤廣＋石元泰博――空間との対話』（編集、ADP、二〇一三年）D＝吉田カツヨ

「デザインジャーナリズム新聞」（単著、風骨庵、二〇一三年三月）D＝白井敬尚

「デザインジャーナリズム新聞２」（単著、風骨庵、二〇一三年十月）D＝白井敬尚

写真＝山田脩二

Akiko Moriyama

Design Journalist
Professor, Musashino Art University

Graduated 1975 from the Art Department, Faculty of Fine Arts, Tokyo University of the Arts. Joined Nikkei McGraw-Hill, Inc. (currently Nikkei Business Publications, Inc.) in 1986 after working as a design patent examiner at the Japan Patent Office and the Japan Design Foundation. Was involved in launching the magazine Nikkei Design, and served as its editor in chief from 1993 to 1998. Since 1998, has been a professor in the Department of Design Informatics at Musashino Art University.

Author of
Yukio Nakagawa: *An Artist Who Devoted His Life to Flowers*,
Yasuhiro Ishimoto: *Beyond the Eye that Shapes*, and
Junichi Arai: *The Dream Weaver*.
Served as supervisor and co-author for
The Concise History of Japanese Modern Design and
Complete Collection of the G-Mark System.

Design Journalism: Coverage and Resonance, from 1987 to 2015

This book is not a discussion of design journalism, but an actual record of its practice by the author. The book is given the subtitle "Coverage and Resonance" for a reason. The task of design journalism involves coverage and careful analysis of the subject. We could go so far as to say that an article is a fruit borne from the resonance between a subject and a journalist. Examining the words spoken by the person concerned, a journalist probes into the person's subconscious and tries to clarify the hidden meaning of the person's works and events— this is what the author means by "resonance."

Part I, Design History, contains 11 short biographies which were first published in Nikkei Design and later collected in the book Design of Showa (Pioneers) (Nikkei Business Publication Inc.) published in 1995. Part II, Design Journalism, covers various styles of articles that capture diverse aspects of the times, including conversations, transcripts of lectures, and interviews. As in Part II, Part III also contains articles of various styles, and in this section, the author's aim is to select topics that deal with "Design Culture" and connect them with issues concerning the establishment of a design museum. Part IV, Design/ Art/ Spirits, will include pieces on ikebana, photographs, paintings, and poetry.

According to the author, design is a complete affirmation of the positivity of humanity. In that sense, design is different from technology, which is neutral, and also different from art, which is often inspired by negation. This book is compiled of 80 pieces of writing selected from the author's kaleidoscopic writing career over the past 28 years. In these writings readers will discover the correlation between the ever-changing realm of design and the unchangeable sphere of the human mind.

デザイン・ジャーナリズム **取材と共謀 1987→2015**

二〇一五年七月七日　初版第一刷発行

著者――森山明子

発行所――美学出版
東京都中野区中央二―四―二　第二豊明ビル
〒一六四―〇〇一一
[電話]〇三―五九三七―五四六六
[ファクシミリ]〇三―五九三七―五四六九
[E-mail] info@bigaku-shuppan.jp
[URL] http://ww.bigaku-shuppan.jp

デザイン――佐藤篤司

印刷・製本――創栄図書印刷株式会社

ISBN978-4-902078-39-8　Printed in Japan